고졸·전문대졸

생산직·기술직

인적성검사 필기시험

시대에듀

2025 최신판 시대에듀 고졸 · 전문대졸 / 생산직 · 기술직
인적성검사 필기시험(기초과학/영어/한국사) + 무료고졸특강

Always **with you**

사람의 인연은 길에서 우연하게 만나거나 함께 살아가는 것만을 의미하지는 않습니다.
책을 펴내는 출판사와 그 책을 읽는 독자의 만남도 소중한 인연입니다.
시대에듀는 항상 독자의 마음을 헤아리기 위해 노력하고 있습니다. 늘 독자와 함께하겠습니다.

머리말 PREFACE

현재 많은 기업체에서 서류전형에 이어 인적성검사 및 필기시험을 통해 기업별 맞춤 인재를 선발하고 있다. 대부분의 기업은 대졸 수준과 고졸 · 전문대졸 및 생산직 · 기술직을 별도의 전형으로 구분하여 따로 선발하고 있다.

인적성검사 및 필기시험 역시 유형 및 난이도가 상이하여 고졸 · 전문대졸, 생산직 · 기술직 수준의 시험을 준비하는 수험생들이 혼란을 겪는 경우가 많다. 그렇기 때문에 입사경쟁률이 점점 높아지는 현재 상황에서 인적성검사와 필기시험에 대한 철저한 대비 없이 취업시장에 뛰어든다는 것은 총 없이 맨몸으로 전쟁터에 나가는 것과 같다.

이에 시대에듀에서는 수험생들이 2025년 취업시장에서 좋은 성적을 거둘 수 있는 길잡이가 되기 위하여 다음과 같은 특징의 본서를 구성하였다.

도서의 특징

❶ 2개년(2024~2023년) 주요기업 생산직 기출복원문제를 수록하여 최근 출제경향을 한눈에 파악할 수 있도록 하였다.

❷ 적성검사(언어/수리/추리/지각), 기초과학(물리/화학), 영어, 한국사 대표유형 및 적중예상 문제로 구성하여 어떠한 유형에도 대비할 수 있도록 하였다.

❸ 필기시험과 함께 실시되고 있는 인성검사의 유형과 그에 해당하는 모의연습을 수록하여 필기시험에 완벽히 대비할 수 있도록 하였다.

❹ 면접 유형 및 실전 대책 그리고 기업별 실제 면접 기출 질문을 수록하여 취업 전반에 도움이 되도록 하였다.

끝으로 고졸 · 전문대졸/생산직 · 기술직 인적성검사 및 필기시험을 준비하는 모든 수험생에게 합격의 행운이 따르기를 진심으로 바란다.

SDC(Sidae Data Center) 씀

도서 200% 활용하기 STRUCTURES

2개년 주요기업 생산직 기출복원문제

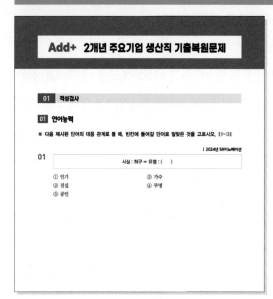

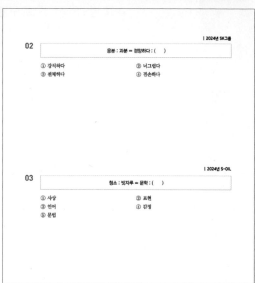

▶ 2개년(2024~2023년) 주요기업 생산직 기출복원문제를 바탕으로 영역별 출제경향과 문제 유형을 확인할 수 있도록 하였다.

대표유형 및 적중예상문제

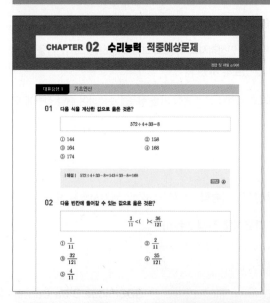

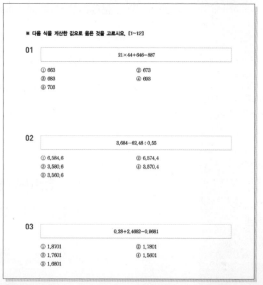

▶ 영역별 대표유형을 수록해 출제유형을 확인할 수 있도록 하였으며, 적중예상문제를 통해 각 유형의 문제들을 실제로 충분히 풀어보고 패턴을 익힐 수 있도록 구성하였다.

인성검사 및 면접

PART 5 인성검사

개인이 업무를 수행하면서 성과물을 높일적으로 만들기 위해서는 개인의 능력과 경험 그리고 회사의 교육 및 훈련 등이 필요하겠지만, 개인의 성격이나 성향 역시 중요하다. 여러 직무분석 연구에서 나온 결과물에 따르면, 직무에서의 성공과 관련된 특성을 풀 최고 70% 이상이 능력보다는 성격과 관련이 있다고 한다. 그래서 최근 기업들은 인성검사의 비중을 높이고 있는 추세이다.

현재 기업들은 인성검사를 KIRBS(한국행동과학연구소)나 SHR(에스에이치알) 등의 전문기관에 의뢰해서 시행하고 있다. 전문기관에 인성검사 방법에 차이가 있고, 보안을 위해서 인성검사를 의뢰한 기업을 공개하지 않을 수 있기 때문에 특정 기업의 인성검사를 정확하게 판단할 수 없지만, 지원자들이 후기에 올린 문제를 통해 유형을 예상할 수 있다.

01 인성검사 수검요령

인성검사에서 가장 중요한 것은 솔직한 답변이다. (이하 생략)

CHAPTER 01 면접 유형 및 실전 대책

01 면접 주요사항

면접의 사전적 정의는 면접관이 지원자를 직접 만나보고 인품(人品)이나 언행(言行) 따위를 시험하는 일로, 흔히 필기시험 후에 최종적으로 심사하는 방법이다. (이하 생략)

▶ 필기시험 또는 면접과 함께 치르는 인성검사를 유형별로 수록하였으며, 기업별 시행되는 면접의 실제 기출 질문을 수록하여 취업의 최종 관문까지 대비할 수 있도록 하였다.

정답 및 해설

CHAPTER 01 언어능력 적중예상문제

CHAPTER 01 물리 적중예상문제

▶ 상세한 해설과 더불어 오답분석을 통해 문제의 해답을 완벽히 이해하는 데 도움이 되도록 하였다.

1주 완성 학습플랜

본서에 수록된 전 영역을 단기간에 끝낼 수 있도록 구성한 학습플랜이다. 한 번에 전 영역을 공부하지 않고, 한 영역을 집중적으로 공부할 수 있도록 하였다. 필기시험에 대한 기초 학습은 되어 있으나, 학습 계획 세우기에 자신이 없는 분들이나 미리 시험에 대비하지 못해 단시간에 많은 분량을 봐야 하는 수험생에게 추천한다.

ONE WEEK STUDY PLAN			
	1일 차 ☐	2일 차 ☐	3일 차 ☐
Start!	____월____일	____월____일	____월____일
	4일 차 ☐	5일 차 ☐	6일 차 ☐	7일 차 ☐
	____월____일	____월____일	____월____일	____월____일

나만의 학습플랜

필기시험을 처음 준비하는 수험생이나 장기간에 걸쳐 꾸준히 학습하기 원하는 수험생 그리고 자신의 일정에 따라 준비하고자 한다면 나만의 학습플랜을 구성하여 목표한 만큼 공부할 수 있도록 하였다. 이 책의 목차를 바탕으로 자신의 시간과 능력에 맞게 계획을 제대로 세웠다면, 합격으로 반 이상 간 것이나 다름없다.

FOUR WEEKS STUDY PLAN

	SUN	MON	TUE	WED	THU	FRI	SAT
1주 차 ☐	☐	☐	☐	☐	☐	☐	☐

	SUN	MON	TUE	WED	THU	FRI	SAT
2주 차 ☐	☐	☐	☐	☐	☐	☐	☐

	SUN	MON	TUE	WED	THU	FRI	SAT
3주 차 ☐	☐	☐	☐	☐	☐	☐	☐

	SUN	MON	TUE	WED	THU	FRI	SAT
4주 차 ☐	☐	☐	☐	☐	☐	☐	☐

이 책의 차례 CONTENTS

Add+

2개년 주요기업 생산직
기출복원문제

01 적성검사

01 언어능력

※ 다음 제시된 단어의 대응 관계로 볼 때, 빈칸에 들어갈 단어로 알맞은 것을 고르시오. [1~3]

| 2024년 SK이노베이션

01

사실 : 허구 = 유명 : (   )

① 인기   ② 가수
③ 진실   ④ 무명
⑤ 공인

정답 및 해설

01 제시된 단어는 반의 관계이다.
'사실'의 반의어는 '허구'이며, '유명'의 반의어는 '무명'이다.

01 ④ **정답**

02

응분 : 과분 = 겸양하다 : ( )

① 강직하다   ② 너그럽다

③ 젠체하다   ④ 겸손하다

03

청소 : 빗자루 = 문학 : ( )

① 사상   ② 표현

③ 언어   ④ 감정

⑤ 문법

정답 및 해설

02 제시된 단어는 반의 관계이다.
'응분'은 어떤 정도나 분수에 맞음을 의미하는 말로 '과분'과 반대되는 의미를 가지며, '겸양하다'는 겸손한 태도로 양보하거나 사양한다는 의미의 말로 잘난 체한다는 의미의 '젠체하다'와 반대되는 의미를 가진다.

03 제시된 단어는 도구와 용도의 관계이다.
'빗자루'로 '청소'를 하고, '언어'로 '문학'을 창작한다.

02 ③   **03** ③   **정답**

※ 다음 제시된 단어의 대응 관계로 볼 때, 빈칸에 들어갈 단어끼리 바르게 짝지어진 것을 고르시오.
  [4~5]

| 2023년 S-OIL

04

(A) : 제거하다 = 소란하다 : (B)

	A	B
①	처신하다	예민하다
②	배제하다	혼잡하다
③	반격하다	조용하다
④	봉합하다	산만하다
⑤	삭제하다	한산하다

| 2023년 S-OIL

05

(A) : 눈 = 여름 : (B)

	A	B
①	썰매	서리
②	눈사람	홍수
③	겨울	장마
④	추위	더위
⑤	호떡	냉면

정답 및 해설

04 제시된 단어는 유의 관계이다.
'제거하다'의 유의어는 '배제하다'이고, '소란하다'의 유의어는 '혼잡하다'이다.
• 배제하다 : 받아들이지 아니하고 물리쳐 제외하다.

[오답분석]
• 처신하다 : 세상을 살아가는 데 가져야 할 몸가짐이나 행동을 취하다.
• 반격하다 : 되받아 공격하다.

05 '눈'은 '겨울'에 내리고, '장마'는 '여름'에 온다.

04 ② 05 ③ ◁ 정답

06 다음 글의 주제로 가장 적절한 것은?

> 발전된 산업 사회는 인간을 단순한 수단으로 지배하기 위해 새로운 수단을 발전시키고 있다. 여러 사회 과학과 심층 심리학이 이를 위해 동원되고 있다. 목적이나 이념의 문제를 배제하고 가치 판단으로부터의 중립을 표방하는 사회 과학들은 인간 조종을 위한 기술적·합리적인 수단을 개발해 대중 지배에 이바지한다. 사회학자인 헤르베르트 마르쿠제는 이런 발전된 산업 사회에서의 도구화된 지성을 비판하면서 이것을 '현대인의 일차원적 사유'라고 불렀다. 비판과 초월을 모르는 도구화된 사유라는 것이다.
>
> 발전된 산업 사회는 이처럼 사회 과학과 도구화된 지성을 동원해 인간을 조종하고 대중을 지배할 뿐만 아니라 향상된 생산력을 통해 인간을 매우 효율적으로 거의 완전하게 지배한다. 즉 발전된 산업 사회는 높은 생산력을 통해 늘 새로운 수요들을 창조하고, 모든 선전 수단을 동원하여 이러한 새로운 수요들을 인간의 삶을 위해 불가결한 것으로 만든다. 그리하여 인간이 새로운 수요들을 지향하지 않을 수 없게 한다. 이렇게 산업 사회는 늘 새로운 수요의 창조와 공급을 통해 인간의 삶을 지배하고 그의 인격을 사로잡아 버리는 것이다.

① 산업 사회의 특징과 문제점
② 산업 사회의 대중 지배 양상
③ 산업 사회의 발전과 경제력 향상
④ 산업 사회에서 도구화된 지성의 문제점
⑤ 산업 사회의 새로운 수요의 창조와 공급

정답 및 해설

06 산업 사회의 여러 가지 특징에 대해 설명함으로써 산업 사회가 가지고 있는 문제점들을 강조하고 있다.

06 ① **정답**

07 다음 글의 중심 내용으로 가장 적절한 것은?

> 세계 최대의 소금사막인 우유니 사막은 남아메리카 중앙부 볼리비아의 포토시주(州)에 위치한 소금
> 호수로, '우유니 소금사막' 혹은 '우유니 염지' 등으로 불린다. 지각변동으로 솟아오른 바다가 빙하
> 기를 거쳐 녹기 시작하면서 거대한 호수가 생겨났다. 면적은 1만 2,000km²이며 해발고도 3,680m
> 의 고지대에 위치한다. 물이 배수되지 않은 지형적 특성 때문에 물이 고여 얕은 호수가 되었으며,
> 소금으로 덮인 수면 위에 푸른 하늘과 흰 구름이 거울처럼 투명하게 반사되어 관광지로도 이름이
> 높다. 소금층 두께는 30cm부터 깊은 곳은 100m 이상이며, 호수의 소금 매장량은 약 100억 톤 이
> 상이다. 우기인 12월에서 3월 사이에는 20~30cm의 물이 고여 얕은 염호를 형성하는 반면, 긴
> 건기 동안에는 표면뿐만 아니라 사막의 아래까지 증발한다. 특이한 점은 지역에 따라 호수의 색이
> 흰색, 적색, 녹색 등의 다른 빛깔을 띤다는 점이다. 이는 호수마다 쌓인 침전물의 색깔과 조류의
> 색깔이 다르기 때문이다. 또한 소금 사막 곳곳에서는 커다란 바위부터 작은 모래까지 한꺼번에 섞인
> 빙하성 퇴적물들과 같은 빙하의 흔적들을 볼 수 있다.

① 우유니 사막 이름의 유래
② 우유니 사막의 주민 생활
③ 우유니 사막의 기후와 식생
④ 우유니 사막의 관광 상품 종류
⑤ 우유니 사막의 자연지리적 특징

정답 및 해설

07 제시문은 우유니 사막의 위치와 형성, 특징 등에 대해 설명하고 있으므로 '우유니 사막의 자연지리적 특징'이 중심 내용으
로 가장 적절하다.

07 ⑤ ◀정답

08 다음 글의 내용으로 적절하지 않은 것은?

최근 민간 부문에 이어 공공 부문의 인사관리 분야에 '역량(Competency)'의 개념이 핵심 주제로 등장하고 있다. '역량'이라는 개념은 1973년 사회심리학자인 맥클랜드에 의하여 '전통적 학업 적성 검사 혹은 성취도 검사의 문제점 지적'이라는 연구에서 본격적으로 논의된 이후 다양하게 정의되어 왔으나, 여기서의 역량의 개념은 직무에서 탁월한 성과를 나타내는 고성과자(High Performer)에게서 일관되게 관찰되는 행동적 특성을 의미한다. 즉, 지식·기술·태도 등 내적 특성들이 상호작용하여 높은 성과로 이어지는 행동적 특성이다. 따라서 역량은 관찰과 측정할 수 있는 구체적인 행위의 관점에서 설명된다. 조직이 필요로 하는 역량 모델이 개발된다면 이는 채용이나 선발, 경력관리, 평가와 보상, 교육·훈련 등 다양한 인사관리 분야에 적용될 수 있다.

① 역량의 개념 정의는 역사적으로 다양하였다.
② 역량은 개인의 내재적 특성을 포함하는 개념이다.
③ 역량 모델의 개발은 조직의 인사관리를 용이하게 한다.
④ 역량은 직무에서 높은 성과로 이어지는 행동적 특성을 말한다.
⑤ 역량 모델은 공공 부문보다 민간 부문에서 더욱 효과적으로 작용한다.

정답 및 해설

08 민간 부문에서 역량 모델의 도입에 대한 논의가 먼저 이루어진 것으로 짐작할 수는 있지만, 이것이 민간 부문에서 더욱 효과적으로 작용한다는 것을 의미한다고 보기는 어렵다.

08 ⑤ 〈정답

※ 다음 글의 내용으로 가장 적절한 것을 고르시오. [9~10]

| 2024년 포스코그룹

09

> 지금까지 보았듯이 체계라는 개념은 많은 현실주의자들에게 있어서 중요한 개념이다. 무질서 상태라는 단순한 개념이건 현대의 현실주의자가 고안한 정교한 이론이건 간에 체계라는 것은 국제적인 행위체에 영향을 주기 때문에 중요시되는 것이다. 그런데 최근의 현실주의자들은 체계를 하나의 유기체로 보고 얼핏 국가의 의지나 행동으로부터 독립한 듯이 기술하고 있다. 정치가는 거의 자율성이 없으며 획책할 여지도 없어서, 정책결정 과정에서는 인간의 의지가 별 효과가 없는 것으로 본다. 행위자로서 인간은 눈앞에 버티고 선 냉혹한 체계의 앞잡이에 불과하고 그러한 체계는 이해할 수 없는 기능을 갖는 하나의 구조이며 그러한 메커니즘에 대하여 막연하게 인지할 수밖에 없다. 정치가들은 무수한 제약에 직면하지만 호기는 거의 오지 않는다. 정치가들은 권력정치라고 불리는 세계규모의 게임에 열중할 뿐이며 자발적으로 규칙을 변화시키고 싶어도 그렇게 하지 못한다. 결국 비판의 초점은 현실주의적 연구의 대부분은 숙명론적이며 결정론적이거나 비관론적인 저류가 흐르고 있다고 지적한다. 그 결과, 이러한 비판 중에는 행위자로서 인간과 구조는 상호 간에 영향을 주고 있다는 것을 강조하면서 구조를 보다 동적으로 파악하는 사회학에 눈을 돌리는 학자도 있다.

① 이상주의자들에게 있어서 체계라는 개념은 그리 중요하지 않다.
② 무질서 상태는 국제적 행위체로서 작용하는 체계가 없는 혼란스러운 상태를 의미한다.
③ 현실주의자들은 숙명론 혹은 결정론을 신랄하게 비판한다.
④ 현실주의적 관점에서 정치인들은 체계 앞에서 무기력하다.

정답 및 해설

09 오답분석

① 제시문에서 언급되지 않은 내용이다.
② '무질서 상태'가 '체계가 없는' 상태라고 할 수 없으며, 그것이 '혼란스러운 상태'를 의미하는지도 제시문을 통해서 알 수 없다.
③ 현실주의자들은 숙명론적이며 결정론적이라고 비판받는다.

09 ④ 《정답》

10

예술과 도덕의 관계, 더 구체적으로는 예술작품의 미적 가치와 도덕적 가치의 관계는 동서양을 막론하고 사상사의 중요한 주제들 중 하나이다. 그 관계에 대한 입장들로는 '극단적 도덕주의', '온건한 도덕주의', '자율성주의'가 있다. 이 입장들은 예술작품이 도덕적 가치판단의 대상이 될 수 있느냐는 물음에 각기 다른 대답을 한다.

극단적 도덕주의 입장은 모든 예술작품을 도덕적 가치판단의 대상으로 본다. 이 입장은 도덕적 가치를 가장 우선적인 가치이자 가장 포괄적인 가치로 본다. 따라서 모든 예술작품은 도덕적 가치에 의해서 긍정적으로 또는 부정적으로 평가된다. 또한 도덕적 가치는 미적 가치를 비롯한 다른 가치들보다 우선한다. 이러한 입장을 대표하는 사람이 바로 톨스토이이다. 그는 인간의 형제애에 관한 정서를 전달함으로써 인류의 심정적 통합을 이루는 것이 예술의 핵심적 가치라고 보았다.

온건한 도덕주의는 오직 일부 예술작품만이 도덕적 판단의 대상이 된다고 보는 입장이다. 따라서 일부의 예술작품들에 대해서만 긍정적인 또는 부정적인 도덕적 가치판단이 가능하다고 본다. 이 입장에 따르면, 도덕적 판단의 대상이 되는 예술작품의 도덕적 가치와 미적 가치는 서로 독립적으로 성립하는 것이 아니다. 그것들은 서로 내적으로 연결되어 있기 때문에 어떤 예술작품이 가지는 도덕적 장점이 그 예술작품의 미적 강점이 된다. 또한 어떤 예술작품의 도덕적 결함은 그 예술작품의 미적 결함이 된다.

자율성주의는 어떠한 예술작품도 도덕적 가치판단의 대상이 될 수 없다고 보는 입장이다. 이 입장에 따르면, 도덕적 가치와 미적 가치는 서로 자율성을 유지한다. 즉, 도덕적 가치와 미적 가치는 각각 독립적인 영역에서 구현되고 서로 다른 기준에 의해 평가된다는 것이다. 결국 자율성주의는 예술작품에 대한 도덕적 가치판단을 범주착오에 해당하는 것으로 본다.

① 톨스토이는 극단적 도덕주의를 비판하면서 예술작품은 인류의 심정적 통합 정도에만 기여해야 한다고 주장했다.

② 온건한 도덕주의에서는 미적 가치와 도덕적 가치의 독립적인 지위를 인정해야 한다고 본다.

③ 자율성주의는 도덕적 가치판단은 작품을 감상하는 각자에게 맡겨야 한다고 주장한다.

④ 온건한 도덕주의에서 도덕적 판단의 대상이 되는 예술작품은 극단적 도덕주의에서도 도덕적 판단의 대상이 된다.

정답 및 해설

10 온건한 도덕주의는 일부 예술작품만 도덕적 판단의 대상이 된다고 보고, 극단적 도덕주의는 모든 예술작품이 도덕적 판단의 대상이 된다고 본다. 따라서 온건한 도덕주의에서 도덕적 판단의 대상이 되는 예술작품은 극단적 도덕주의에서도 도덕적 판단의 대상이다.

[오답분석]
① 두 번째 문단 네 번째 줄에서 톨스토이는 극단적 도덕주의의 입장을 대표한다고 하였다.
② 온건한 도덕주의에서는 예술작품 중 일부에 대해서 긍정적 또는 부정적인 도덕적 가치판단이 가능하다고 하였으며, 미적 가치와 도덕적 가치의 독립적인 지위를 인정해야 한다는 언급은 없다.
③ 자율성주의는 모든 예술작품이 도덕적 가치판단의 대상이 될 수 없다고 본다.

10 ④ 〈 정답

※ 다음 문단을 논리적 순서대로 나열한 것을 고르시오. [11~12]

▎2024년 포스코그룹

11

> (가) 세종대왕은 백성들이 어려운 한자를 익히지 못해 글을 읽고 쓰지 못하는 것을 안타깝게 여겼다. 당시에는 오직 사대부들만 한자를 배워 지식을 독점했기 때문에 권력 역시 이들의 것이었다. 세종대왕은 이를 가엾게 여기다가 온 국민이 쉽게 깨우칠 수 있는 문자를 만들었다.
>
> (나) 훈민정음을 세상에 설명하기 위해 1446년(세종 28년) 정인지 등의 학자가 세종대왕의 명령을 받고 한문으로 편찬한 해설서인 『훈민정음 해례본』을 편찬하고, 정인지·안지·권제 등을 명해 조선 왕조 창업을 노래한 『용비어천가』를 펴냈다.
>
> (다) 이러한 반대를 물리치고, 세종대왕은 1446년 훈민정음을 세상에 알리게 된다. 실제로 '백성을 가르치는 바른 소리'라는 뜻의 훈민정음의 서문을 보면 평생 글을 모른 채 살아가는 사람들에 대한 애민정신이 명확히 드러난다.
>
> (라) 세종대왕은 각고의 노력 끝에 훈민정음을 만들었지만, 대신들은 물론 집현전 학자들까지도 한글 창제에 대해 거세게 반발했다. 최만리, 정찬손 등의 학자들이 반대 상소를 올리자 세종대왕이 "이두를 제작한 뜻이 백성을 편리하게 하려 함이라면, 지금의 언문(한글)도 백성을 편리하게 하려 하는 것이다."라고 질타한 일화가 『세종실록』에 남아 있을 정도다.

① (가) – (나) – (라) – (다)   ② (가) – (라) – (다) – (나)

③ (나) – (다) – (라) – (가)   ④ (나) – (라) – (다) – (가)

정답 및 해설

11 제시문은 세종대왕이 한글을 창제하고 반포하는 과정을 설명하고 있다. 따라서 (가) 세종대왕이 글을 읽고 쓰지 못하는 백성들을 안타깝게 여김 – (라) 훈민정음을 만들었지만 신하들의 반대에 부딪힘 – (다) 훈민정음을 세상에 알림 – (나) 훈민정음의 해설서인 『훈민정음 해례본』과 『용비어천가』를 펴냄 순으로 나열하는 것이 적절하다.

11 ② **정답**

12

(가) 오류가 발견된 교과서들은 편향적 내용을 검증 없이 인용하거나 부실한 통계를 일반화하는 등의 문제점을 보였다. 대표적으로 교과서 대부분이 대도시의 온도 상승 평균값만을 보고 한반도의 기온 상승이 세계 평균보다 2배 높다고 과장한 것으로 나타났다.

(나) 환경 관련 교과서 대부분이 표면적으로 드러나는 사실을 검증하지 않고 그대로 싣는 문제점을 보였다. 고등학생들이 보는 교과서인 만큼 객관적 사실에 기반을 둬 균형 있는 내용을 실어야 한다.

(다) 고등학교 환경 관련 교과서 대부분이 특정 주장을 검증 없이 게재하는 등 많은 오류가 존재한다는 보수 환경·시민단체의 지적이 제기됐다. 환경정보평가원이 고등학교 환경 관련 교과서 23종을 분석한 결과 총 1,175개의 오류가 발견됐다.

(라) 또한 우리나라 전력 생산의 상당 부분을 차지하는 원자력 발전의 경우 단점만을 자세히 기술하고 경제성과 효율성이 낮은 신재생 에너지는 장점만 언급한 교과서도 있었다.

① (가) - (라) - (나) - (다) 　　　② (나) - (가) - (라) - (다)
③ (다) - (가) - (라) - (나) 　　　④ (다) - (라) - (나) - (가)

정답 및 해설

12　제시문은 교과서에서 많은 오류가 발견된 사실을 제시하고 오류의 유형과 예시를 차례로 언급하며 이에 대한 문제 해결을 요구하고 있는 글이다. 따라서 (다) 교과서에서 많은 오류가 발견 - (가) 교과서에서 나타나는 오류의 유형과 예시 - (라) 편향된 내용을 담은 교과서의 또 다른 예시 - (나) 교과서의 문제 지적과 해결 촉구 순으로 나열하는 것이 적절하다.

12 ③ ◀ 정답

※ 다음 식을 계산한 값으로 옳은 것을 고르시오. [1~2]

01

| 2024년 SK이노베이션

$$1,223+2,124+5,455-6,751$$

① 2,011   ② 2,021

③ 2,031   ④ 2,041

⑤ 2,051

02

| 2023년 삼성 5급

$$5^3-4^3-2^2+7^3$$

① 370   ② 380

③ 390   ④ 400

정답 및 해설

01 $1,223+2,124+5,455-6,751$
$=8,802-6,751$
$=2,051$

02 $5^3-4^3-2^2+7^3$
$=(125+343)-(64+4)$
$=468-68$
$=400$

01 ⑤ 02 ④ 〈정답〉

※ 다음과 같이 일정한 규칙으로 수를 나열할 때, 빈칸에 들어갈 수로 알맞은 것을 고르시오. [3~4]

| 2024년 포스코그룹

03

| 4 | 2 | 6 | −2 | 14 | −18 | ( ) |

① 46
② −46
③ 52
④ −52

| 2024년 S-OIL

04

| <u>4</u> | 5 | 19 | <u>8</u> | 7 | 55 | <u>10</u> | 2 | ( ) |

① 19
② 20
③ 21
④ 22
⑤ 23

정답 및 해설

03 앞의 항에 -2^1, $+2^2$, -2^3, $+2^4$, -2^5, …인 수열이다.
따라서 ( )$=-18+2^6=46$이다.

04 각 항에 나열된 수를 각각 A, B, C라고 하면 다음과 같은 식이 성립한다.
$\underline{A\ B\ C} \rightarrow A \times B - 1 = C$
따라서 ( )$=10 \times 2 - 1 = 19$이다.

03 ① 04 ① 《정답》

05 다음은 2024년 1 ~ 7월 서울 지하철 승차인원에 대한 자료이다. 이에 대한 설명으로 옳지 않은 것은?

〈2024년 1 ~ 7월 서울 지하철 승차인원〉

(단위 : 만 명)

구분	1월	2월	3월	4월	5월	6월	7월
1호선	818	731	873	831	858	801	819
2호선	4,611	4,043	4,926	4,748	4,847	4,569	4,758
3호선	1,664	1,475	1,807	1,752	1,802	1,686	1,725
4호선	1,692	1,497	1,899	1,828	1,886	1,751	1,725
5호선	1,796	1,562	1,937	1,910	1,939	1,814	1,841
6호선	1,020	906	1,157	1,118	1,164	1,067	1,071
7호선	2,094	1,843	2,288	2,238	2,298	2,137	2,160
8호선	550	480	593	582	595	554	572
합계	14,245	12,537	15,480	15,007	15,389	14,379	14,671

① 1 ~ 7월 중 3월의 전체 승차인원이 가장 많았다.

② 3호선과 4호선의 승차인원 차이는 5월에 가장 컸다.

③ 8호선의 7월 승차인원은 1월 대비 3% 이상 증가하였다.

④ 4호선을 제외한 7월의 호선별 승차인원은 모두 전월 대비 증가하였다.

정답 및 해설 ──────────────────────────────────────○

05 3호선과 4호선의 7월 승차인원은 같으므로 1 ~ 6월 승차인원 차이를 비교하면 다음과 같다.

- 1월 : $1,692 - 1,664 = 28$만 명
- 2월 : $1,497 - 1,475 = 22$만 명
- 3월 : $1,899 - 1,807 = 92$만 명
- 4월 : $1,828 - 1,752 = 76$만 명
- 5월 : $1,886 - 1,802 = 84$만 명
- 6월 : $1,751 - 1,686 = 65$만 명

따라서 3호선과 4호선의 승차인원 차이는 3월에 가장 컸다.

[오답분석]

①·④ 제시된 자료를 통해 확인할 수 있다.

③ 8호선 7월 승차인원의 1월 대비 증가율은 $\frac{572-550}{550} \times 100 = 4\%$로, 3% 이상이다.

05 ② ◁〈정답

06 다음은 우편 매출액에 대한 자료이다. 이에 대한 설명으로 옳지 않은 것은?

〈우편 매출액〉

(단위 : 백만 원)

구분	2019년	2020년	2021년	2022년	2023년				
					소계	1분기	2분기	3분기	4분기
일반통상	113	105	101	104	102	28	22	25	27
특수통상	52	57	58	56	52	12	15	15	10
소포우편	30	35	37	40	42	10	12	12	8
합계	195	197	196	200	196	50	49	52	45

① 매년 매출액이 가장 높은 분야는 일반통상 분야이다.

② 소포우편 분야의 2019년 대비 2023년 매출액 증가율은 60% 이상이다.

③ 1년 집계를 기준으로 매년 매출액이 증가하고 있는 분야는 소포우편 분야뿐이다.

④ 2023년 1분기 매출액에서 특수통상 분야의 매출액이 차지하는 비중은 20% 이상이다.

정답 및 해설

06 소포우편 분야의 2019년 대비 2023년 매출액 증가율은 $\frac{42-30}{30} \times 100 = 40\%$이므로 옳지 않은 설명이다.

오답분석

① 매년 매출액이 가장 높은 분야는 일반통상 분야인 것을 자료에서 쉽게 확인할 수 있다.

③ 일반통상 분야의 매출액은 2020년, 2021년, 2023년에, 특수통상 분야의 매출액은 2022년, 2023년에 감소한 반면, 소포우편 분야는 매년 매출액이 증가했다.

④ 2023년 1분기 매출액에서 특수통상 분야의 매출액이 차지하는 비중은 $\frac{12}{50} \times 100 = 24\%$이므로 20% 이상이다.

06 ② 《정답》

07 다음은 지난달 봉사 장소별 봉사자 수를 연령대별로 조사한 자료이다. 이에 대한 〈보기〉의 설명 중 옳은 것을 모두 고르면?

〈봉사 장소의 연령대별 봉사자 수〉

(단위 : 명)

구분	10대	20대	30대	40대	50대	합계
보육원	148	197	405	674	576	2,000
요양원	65	42	33	298	296	734
무료급식소	121	201	138	274	381	1,115
노숙자쉼터	–	93	118	242	347	800
유기견보호소	166	117	56	12	–	351
합계	500	650	750	1,500	1,600	5,000

보기

ㄱ. 전체 보육원 봉사자 중 30대 이하가 차지하는 비율은 36%이다.
ㄴ. 전체 무료급식소 봉사자 중 40·50대는 절반 이상이다.
ㄷ. 전체 봉사자 중 50대의 비율은 20대의 3배이다.
ㄹ. 전체 노숙자쉼터 봉사자 중 30대는 15% 미만이다.

① ㄱ, ㄷ 　　② ㄱ, ㄹ
③ ㄴ, ㄷ 　　④ ㄴ, ㄹ

정답 및 해설

07 ㄴ. 전체 무료급식소 봉사자 중 40·50대는 274+381=655명으로 전체 1,115명의 절반 이상이다.
ㄹ. 전체 노숙자쉼터 봉사자는 총 800명으로 이 중 30대는 118명이다.

따라서 전체 노숙자쉼터 봉사자 중 30대가 차지하는 비율은 $\frac{118}{800}\times100=14.75\%$이다.

오답분석

ㄱ. 전체 보육원 봉사자는 총 2,000명으로 이 중 30대 이하 봉사자는 148+197+405=750명이다.

따라서 전체 보육원 봉사자 중 30대 이하가 차지하는 비율은 $\frac{750}{2,000}\times100=37.5\%$이다.

ㄷ. 전체 봉사자 중 50대의 비율은 $\frac{1,600}{5,000}\times100=32\%$이고, 20대의 비율은 $\frac{650}{5,000}\times100=13\%$이다.

따라서 전체 봉사자 중 50대의 비율은 20대의 약 $\frac{32}{13}≒2.5$배이다.

07 ④ 정답

08 다음은 가족 수별 평균 실내온도에 따른 일평균 에어컨 가동시간을 나타낸 자료이다. 이에 대한 설명으로 옳은 것은?

〈가족 수별 평균 실내온도에 따른 일평균 에어컨 가동시간〉

(단위 : 시간/일)

가족 수 \ 평균 실내온도		26℃ 미만	26℃ 이상 28℃ 미만	28℃ 이상 30℃ 미만	30℃ 이상
1인 가구		1.4	3.5	4.4	6.3
2인 가구	자녀 있음	3.5	8.4	16.5	20.8
	자녀 없음	1.2	3.1	10.2	15.2
3인 가구		4.2	10.4	17.6	16
4인 가구		4.4	10.8	18.8	20
5인 가구		4	11.4	20.2	22.8
6인 가구 이상		5.1	11.2	20.8	22

① 1인 가구의 경우 평균 실내온도가 30℃ 이상일 때, 일평균 에어컨 가동시간은 26℃ 미만일 때보다 5배 이상 많다.

② 2인 가구는 자녀의 유무에 따라 평균 실내온도에 따른 일평균 에어컨 가동시간이 2배 이상 차이난다.

③ 가구원 수가 4인 이상일 때, 평균 실내온도가 28℃ 이상이 될 경우 일평균 에어컨 가동시간이 20시간을 초과한다.

④ 3인 가구의 26℃ 이상 28℃ 미만일 때, 에어컨 가동시간은 30℃ 이상일 때의 65% 수준이다.

정답 및 해설 ○───○

08 3인 가구의 26℃ 이상 28℃ 미만일 때, 에어컨 가동시간은 10.4시간이고 30℃ 이상일 때는 16시간이므로 $\frac{10.4}{16} \times 100 =$ 65% 수준이다.

오답분석

① 1인 가구의 평균 실내온도가 30℃ 이상일 때 일평균 에어컨 가동시간은 6.3시간으로 26℃ 미만일 때의 1.4시간보다 $\frac{6.3}{1.4} = 4.5$배 더 많다.

② 평균 실내온도가 28℃ 미만일 때, 자녀가 있는 2인 가구의 일평균 에어컨 가동시간은 자녀가 없는 2인 가구보다 2배 이상 많지만, 28℃ 이상일 경우에는 2배 미만이다.

③ 평균 실내온도가 28℃ 이상 30℃ 미만일 때의 4인 가구의 일평균 에어컨 가동시간은 18.8시간이다.

08 ④ 〈 정답

09 A는 40km/h의 속력으로 30km를 가는 데 45분이 걸리고, B는 30km/h의 속력으로 x km만큼 갔을 때, A보다 5분 덜 걸렸다. 이때 B가 이동한 거리는?

① 15km

② 20km

③ 25km

④ 30km

⑤ 35km

10 빨간 공 4개, 하얀 공 6개가 들어있는 주머니에서 공 2개를 동시에 꺼낼 때, 적어도 1개는 하얀 공을 꺼낼 확률은?

① $\dfrac{1}{4}$

② $\dfrac{3}{5}$

③ $\dfrac{5}{12}$

④ $\dfrac{13}{15}$

정답 및 해설

09 B는 30km/h의 속력으로 x km의 거리를 45−5=40분 만에 갔으므로, B가 이동한 거리는 다음과 같다.

$30 \times \dfrac{40}{60} = 20$

따라서 B가 이동한 거리는 20km이다.

10 (적어도 1개는 하얀 공을 꺼낼 확률)=1−(모두 빨간 공을 꺼낼 확률)
- 전체 공의 개수 : 4+6=10개

- 2개의 공 모두 빨간 공을 꺼낼 확률 : $\dfrac{_4C_2}{_{10}C_2} = \dfrac{2}{15}$

따라서 적어도 1개는 하얀 공을 꺼낼 확률은 $1 - \dfrac{2}{15} = \dfrac{13}{15}$ 이다.

09 ② **10** ④ 〈정답

11 프로젝트를 완료하는 데 A사원이 혼자 하면 7일, B사원이 혼자 하면 9일이 걸린다. 3일 동안 두 사원이 함께 프로젝트를 진행하다가 B사원이 병가를 내는 바람에 나머지는 A사원이 혼자 처리해야 한다고 할 때, A사원이 남은 프로젝트를 완료하는 데 걸리는 기간은?

① 1일 ② 2일
③ 3일 ④ 4일
⑤ 5일

12 농도 5%의 소금물 20g에 농도 2%의 소금물 몇 g을 넣어야 농도 3%의 소금물이 되는가?

① 32g ② 35g
③ 38g ④ 40g

정답 및 해설

11 프로젝트를 완료하는 일의 양을 1이라 하면, A사원과 B사원은 하루에 각각 $\frac{1}{7}$, $\frac{1}{9}$ 만큼의 일을 할 수 있다.

두 사람이 3일 동안 같이 한 일의 양은 $\left(\frac{1}{7}+\frac{1}{9}\right)\times3=\frac{16}{21}$ 이므로, A사원이 혼자 해야 할 일의 양은 $\frac{5}{21}$ 이다.

이때 A사원이 프로젝트를 완료하는 데 걸리는 시간을 x일이라 하면 다음과 같은 식이 성립한다.

$\frac{1}{7}\times x=\frac{5}{21}$

$\therefore x=\frac{5}{3}$

따라서 A사원이 혼자 프로젝트를 완료하는 데 총 2일이 더 걸린다.

12 농도 2% 소금물의 양을 xg이라고 하면 다음과 같은 식이 성립한다.

$\frac{\frac{5}{100}\times20+\frac{2}{100}\times x}{20+x}\times100=3 \rightarrow \frac{100+2x}{20+x}=3$

$\rightarrow 100+2x=3(20+x) \rightarrow 100+2x=60+3x$

$\therefore x=40$

따라서 농도 2%의 소금물 40g을 넣으면 농도 3%의 소금물이 된다.

13 어떤 일을 완수하는 데 민수는 1시간이 걸리고, 아버지는 15분이 걸린다. 민수가 30분간 혼자서 일하는 중에 아버지가 오셔서 함께 그 일을 끝마쳤다면, 민수가 아버지와 함께 일한 시간은?

① 5분   ② 6분

③ 7분   ④ 8분

⑤ 9분

14 수학과에 재학 중인 P씨는 자신의 나이로 문제를 만들었다. 자신의 나이에서 4살을 빼고 27을 곱한 다음 1을 더한 값을 2로 나누면 A가 나오고, 자신의 나이 2배에서 1을 빼고 3을 곱한 값과 자신의 나이에서 5배를 하고 2를 더한 다음 2를 곱한 값의 합을 반으로 나눈 값은 A보다 56이 적다고 할 때, P씨의 나이는?

① 20살   ② 25살

③ 30살   ④ 35살

정답 및 해설

13 전체 일의 양을 1이라 하면 민수와 아버지가 1분 동안 하는 일의 양은 각각 $\frac{1}{60}$, $\frac{1}{15}$이다.

민수가 아버지와 함께 일한 시간을 x분이라 하면 다음과 같은 식이 성립한다.

$\frac{1}{60} \times 30 + \left[\left(\frac{1}{60} + \frac{1}{15} \right) \times x \right] = 1$

$\therefore x = 6$

따라서 민수와 아버지가 함께 일한 시간은 6분이다.

14 P씨의 나이를 x살이라 하자.

$A = \frac{27(x-4)+1}{2}$ $\cdots \bigcirc$

$A - 56 = \frac{(2x-1)3 + (5x+2)2}{2}$ $\cdots \bigcirc\!\!\bigcirc$

ⓒ에 ㉠을 대입하면 다음과 같은 식이 성립한다.

$\frac{(2x-1)3 + (5x+2)2}{2} + 56 = \frac{27(x-4)+1}{2}$

$\rightarrow \frac{6x-3+10x+4}{2} + 56 = \frac{27x-107}{2}$

$\rightarrow 16x + 1 + 112 = 27x - 107$

$\rightarrow 11x = 220$

$\therefore x = 20$

따라서 P씨의 나이는 20살이다.

13 ②   14 ①   정답

┃ 2024년 포스코그룹

01 다음 도형 또는 내부의 기호들은 일정한 규칙으로 변화하고 있다. ?에 들어갈 도형으로 알맞은 것은?

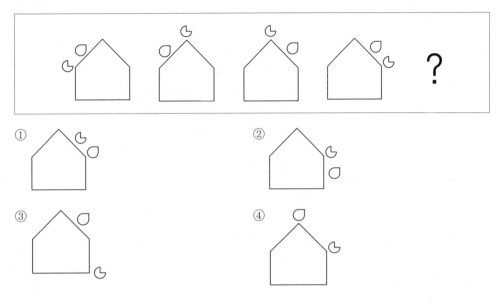

01 가장 큰 도형은 그대로, 외부 도형은 꼭짓점과 변을 기준으로 번갈아 가며 시계 방향으로 이동하는 규칙이다.

01 ② 정답

02 다음 도형의 규칙을 보고 ?에 들어갈 도형으로 알맞은 것을 고르면?

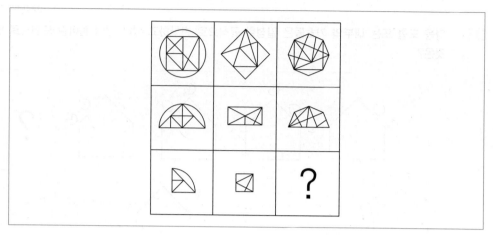

①

②

③

④

정답 및 해설

02 규칙은 세로로 적용된다.
첫 번째 도형을 45° 방향 대각선으로 자른 후 윗부분을 시계 방향으로 45°만큼 회전한 것이 두 번째 도형, 이를 수직으로 자른 후의 오른쪽 부분이 세 번째 도형이다.

02 ④ ◀ 정답

※ 다음 명제가 모두 참일 때, 빈칸에 들어갈 명제로 옳은 것을 고르시오. **[3~5]**

| 2024년 SK그룹

03

- 날씨가 좋으면 야외활동을 한다.
- 날씨가 좋지 않으면 행복하지 않다.
- _____

① 날씨가 좋으면 행복한 것이다.
② 야외활동을 하지 않으면 행복하지 않다.
③ 행복하지 않으면 날씨가 좋지 않은 것이다.
④ 날씨가 좋지 않으면 야외활동을 하지 않는다.

| 2023년 SK그룹

04

- 비가 오면 한강 물이 불어난다.
- 비가 오지 않으면 보트를 타지 않은 것이다.
- _____
- 자전거를 타지 않으면 한강 물이 불어난 것이다.

① 자전거를 타면 비가 오지 않는다.
② 보트를 타면 자전거를 탄다.
③ 한강 물이 불어나면 보트를 타지 않은 것이다.
④ 자전거를 타지 않으면 보트를 탄다.

정답 및 해설

03 '날씨가 좋다.'를 p, '야외활동을 한다.'를 q, '행복하다.'를 r이라고 하면, 각 명제는 순서대로 $p \rightarrow q$, $\sim p \rightarrow \sim r$이고, 두 명제를 연결하면 $r \rightarrow p \rightarrow q$이므로 $r \rightarrow q$, $\sim q \rightarrow \sim r$이 성립한다.
따라서 빈칸에 들어갈 명제는 '야외활동을 하지 않으면 행복하지 않다.'이다.

04 '비가 온다.'를 p, '한강 물이 불어난다.'를 q, '보트를 탄다.'를 r, '자전거를 탄다.'를 s라고 하면, 각 명제는 순서대로 $p \rightarrow q$, $\sim p \rightarrow \sim r$, $\sim s \rightarrow q$이므로 $r \rightarrow p \rightarrow q$가 성립하고, 결론이 $\sim s \rightarrow q$가 되기 위해서는 $\sim s \rightarrow r$이라는 명제가 필요하다. 따라서 빈칸에 들어갈 명제는 '자전거를 타지 않으면 보트를 탄다.'이다.

03 ② **04** ④ 《정답

05

> - 음악을 좋아하는 사람은 미술을 좋아한다.
> - 사회를 좋아하는 사람은 음악을 좋아한다.
> - _____

① 음악을 좋아하는 사람은 사회를 좋아한다.
② 미술을 좋아하지 않는 사람은 사회를 좋아하지 않는다.
③ 미술을 좋아하는 사람은 사회를 좋아하지 않는다.
④ 사회를 좋아하지 않는 사람은 미술을 좋아한다.

06 다음은 이번 주 기상예보이다. 이에 근거하여 바르게 추론한 것은?

> - 주말을 제외한 이번 주 월요일부터 금요일까지의 평균 낮 기온은 25도로 예상됩니다.
> - 화요일의 낮 기온은 26도로 월요일보다 1도 높을 것으로 예상됩니다.
> - 수요일 낮에는 많은 양의 비가 내리면서 전일보다 3도 낮은 기온이 예상됩니다.
> - 금요일의 낮 기온은 이번 주 평균 낮 기온으로 예상됩니다.

① 월요일과 목요일의 낮 기온은 같을 것이다.
② 목요일의 낮 기온은 26도로 예상할 수 있다.
③ 화요일의 낮 기온이 주말보다 높을 것이다.
④ 목요일의 낮 기온은 월~금요일의 평균 기온보다 낮을 것이다.

정답 및 해설

05 '음악을 좋아한다.'를 p, '미술을 좋아한다.'를 q, '사회를 좋아한다.'를 r이라고 하면, 각 명제는 순서대로 $p \rightarrow q$, $r \rightarrow p$이므로 $r \rightarrow p \rightarrow q$가 성립한다. 이에 따라 $r \rightarrow q$의 대우 명제인 $\sim q \rightarrow \sim r$이라는 명제가 필요하다. 따라서 빈칸에 들어갈 명제는 '미술을 좋아하지 않는 사람은 사회를 좋아하지 않는다.'이다.

06 주어진 예보에 따라 월~금의 평균 낮 기온을 정리하면 다음과 같다.

월	화	수	목	금	평균
25도	26도	23도		25도	25도

이번 주 월~금의 평균 낮 기온은 25도이므로 목요일의 낮 기온을 구하면 다음과 같다.
$$\frac{25+26+23+25+x}{5}=25 \rightarrow x=25\times5-99=26$$
따라서 목요일의 낮 기온은 26도로 예상할 수 있다.

05 ② 06 ② 〈정답

07 A ～ F 6명이 다음 〈조건〉에 따라 6층짜리 주택에 층별로 각각 입주할 때, 항상 참인 것은?

> 조건
> • B와 D 중 높은 층에서 낮은 층의 수를 빼면 4이다.
> • B와 F는 인접한 층에 살 수 없다.
> • A는 E보다 밑에 산다.
> • D는 A보다 밑에 산다.
> • A는 3층에 산다.

① A는 D보다 낮은 곳에 산다.
② B는 F보다 높은 곳에 산다.
③ C는 B보다 높은 곳에 산다.
④ C는 5층에 산다.

정답 및 해설

07 주어진 조건을 다섯 가지 경우로 정리하면 다음과 같다.

구분	1층	2층	3층	4층	5층	6층
경우 1	C	D	A	F	E	B
경우 2	F	D	A	C	E	B
경우 3	F	D	A	E	C	B
경우 4	D	F	A	E	B	C
경우 5	D	F	A	C	B	E

따라서 B는 항상 F보다 높은 층에 산다.

오답분석
① A는 항상 D보다 높은 층에 산다.
③ C는 B보다 높은 곳에 살 수도 낮은 곳에 살 수도 있다.
④ C는 1, 4, 5, 6층에 살 수 있다.

07 ② 〈정답〉

08 A ~ E 다섯 명이 100m 달리기를 했다. 기록 측정 결과가 나오기 전에 그들끼리의 대화를 통해 순위를 예측해 보려고 한다. 그들의 대화가 다음과 같고 이 중 한 사람이 거짓말을 하고 있다고 할 때 A ~ E의 순위로 옳은 것은?

> • A : 나는 1등이 아니고, 3등도 아니야.
> • B : 나는 1등이 아니고, 2등도 아니야.
> • C : 나는 3등이 아니고, 4등도 아니야.
> • D : 나는 A와 B보다 늦게 들어왔어.
> • E : 나는 C보다는 빠르게 들어왔지만, A보다는 늦게 들어왔어.

① A − C − E − B − D
② C − A − D − B − E
③ C − E − B − A − D
④ E − A − B − C − D
⑤ E − C − B − A − D

정답 및 해설 ─────────────────────────────○

08 한 명만 거짓말을 하고 있기 때문에 모두의 말을 참이라고 가정하고, 모순이 어디서 발생하는지 생각해 본다.
다섯 명의 말에 따르면, 1등을 할 수 있는 사람은 C밖에 없는 경우 E의 진술과 모순이 생기는 것을 알 수 있다.
만약 C의 진술이 거짓이라고 가정하면, 1등을 할 수 있는 사람이 없게 되므로 모순이다.
따라서 E의 진술이 거짓이므로 달리기 결과의 순위는 C − A − E − B − D, C − A − B − D − E, C − E − B − A − D 중에 하나임을 알 수 있다.

08 ③ 《정답

※ 다음 명제가 모두 참일 때, 항상 참인 명제를 고르시오. [9~12]

| 2024년 SK그룹

09

- 조선시대의 대포 중 천자포의 사거리는 1,500보이다.
- 현자포의 사거리는 천자포의 사거리보다 700보 짧다.
- 지자포의 사거리는 현자포의 사거리보다 100보 길다.

① 천자포의 사거리가 가장 길다.
② 현자포의 사거리가 가장 길다.
③ 지자포의 사거리가 가장 짧다.
④ 현자포의 사거리는 지자포의 사거리보다 길다.

| 2024년 SK그룹

10

- 아메리카노는 카페라테보다 많이 팔린다.
- 유자차는 레모네이드보다 덜 팔린다.
- 카페라테는 레모네이드보다 많이 팔리지만, 녹차보다는 덜 팔린다.
- 녹차는 스무디보다 덜 팔리지만, 아메리카노보다 많이 팔린다.

① 녹차가 가장 많이 팔린다.
② 유자차가 가장 안 팔리지는 않는다.
③ 가장 많이 팔리는 음료는 스무디이다.
④ 카페라테보다 덜 팔리는 음료는 3개이다.

정답 및 해설

09 천자포의 사거리는 1,500보, 현자포의 사거리는 800보, 지자포의 사거리는 900보로, 사거리 길이가 긴 순서에 따라 나열하면 '천자포 - 지자포 - 현자포' 순서이다.
따라서 천자포의 사거리가 가장 긴 것을 알 수 있다.

10 아메리카노를 A, 카페라테를 B, 유자차를 C, 레모네이드를 D, 녹차를 E, 스무디를 F라 하고 각각의 명제를 정리해 보면 A>B, D>C, E>B>D, F>E>A가 된다. 이를 정리하면 F>E>A>B>D>C이다.
따라서 가장 많이 팔리는 음료는 F, 즉 스무디이다.

09 ① **10** ③ 《정답

11

> • 지후의 키는 178cm이다.
> • 시후는 지후보다 3cm 더 크다.
> • 재호는 시후보다 5cm 더 작다.

① 지후의 키가 가장 크다.
② 재호의 키가 가장 크다.
③ 시후의 키가 가장 작다.
④ 재호의 키는 176cm이다.

12

> • 도보로 걷는 사람은 자가용을 타지 않는다.
> • 자전거를 타는 사람은 자가용을 탄다.
> • 자전거를 타지 않는 사람은 버스를 탄다.

① 자가용을 타는 사람은 도보로 걷는다.
② 버스를 타지 않는 사람은 자전거를 타지 않는다.
③ 버스를 타는 사람은 도보로 걷는다.
④ 도보로 걷는 사람은 버스를 탄다.
⑤ 도보로 걷는 사람은 자전거를 탄다.

정답 및 해설

11 지후의 키는 178cm, 시후의 키는 181cm, 재호의 키는 176cm로, 키가 큰 순서대로 나열하면 '시후 – 지후 – 재호' 순이다.
따라서 '재호의 키는 176cm이다.'는 참이다.

12 '도보로 걸음'을 p, '자가용 이용'을 q, '자전거 이용'을 r, '버스 이용'을 s라고 하면 $p \rightarrow \sim q$, $r \rightarrow q$, $\sim r \rightarrow s$이며,
두 번째 명제의 대우인 $\sim q \rightarrow \sim r$이 성립함에 따라 $p \rightarrow \sim q \rightarrow \sim r \rightarrow s$가 성립한다.
따라서 '도보로 걷는 사람은 버스를 탄다.'는 반드시 참이다.

11 ④   12 ④   〈 정답

※ 다음 명제를 읽고 각 문제가 항상 참이면 ①, 거짓이면 ②, 알 수 없으면 ③을 고르시오. [13~14]

- 갑, 을, 병, 정 네 사람이 달리기 시합을 했다.
- 네 사람 중 똑같은 시간에 결승점에 들어온 사람은 없다.
- 을은 병 바로 뒤에 결승점에 들어왔다.
- 을보다 늦은 사람은 두 명이다.
- 정은 갑보다 빨랐다.

∥ 2024년 삼성 5급

13 결승점에 가장 빨리 들어온 사람은 병이다.

① 참   ② 거짓   ③ 알 수 없음

∥ 2024년 삼성 5급

14 결승점에 가장 늦게 들어온 사람은 정이다.

① 참   ② 거짓   ③ 알 수 없음

정답 및 해설

13 제시된 조건에 따라 결승점에 들어온 순서대로 정리하면 병 – 을 – 정 – 갑 순서이므로 결승점에 가장 빨리 들어온 사람은 병이다.

14 결승점에 가장 늦게 들어온 사람은 갑이다.

13 ①   14 ②   《정답》

※ 다음 〈조건〉을 보고 ?에 들어갈 문자로 알맞은 것을 고르시오. [15~16]

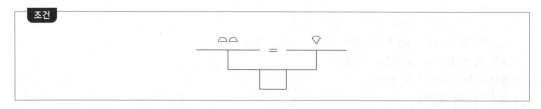

15

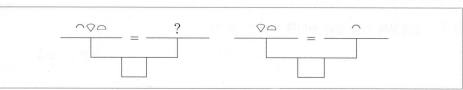

① ♡♡♡
② ⌒⌒◠
③ ◠◠◠◠
④ ◠◠◠◠◠

16

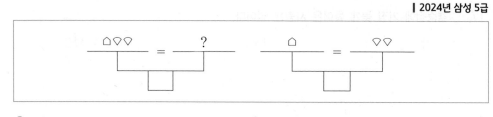

① ◠◠◠◠◠◠♡
② ◠◠◠◠◠◠♡♡
③ ◠◠◠◠◠♡♡♡
④ ◠◠◠◠♡♡♡♡

정답 및 해설

15 제시된 조건에 따르면 ⌒♡◠=♡◠♡=♡♡♡이므로 ?에 들어갈 도형은 ①이다.

16 제시된 조건에 따르면 ⌂♡♡=♡♡♡♡=◠◠◠◠◠◠♡이므로 ?에 들어갈 도형은 ①이다.

15 ① 16 ① 《정답

※ 다음 중 제시된 도형과 같은 것을 고르시오(단, 도형은 회전이 가능하다). **[1~3]**

| 2024년 SK그룹

01

① 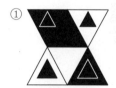　　　　②

③ 　　　　④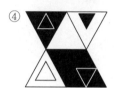

정답 및 해설

01 제시된 도형을 180° 회전한 것이다.

01 ① 《정답》

02

①    ②

③    ④

02 [오답분석]

②    ③    ④

02 ① 〈정답

03

①

②

③

④

⑤

정답 및 해설

03 오답분석

①

②

③

⑤

03 ④ 정답

※ 다음 중 보기의 도형과 다른 것을 고르시오. [4~5]

| 2024년 SK이노베이션

04

① 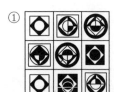　②

③ 　④

⑤

정답 및 해설

04
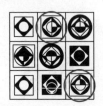

04 ①　◀정답

05

①

②

③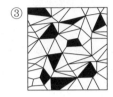

④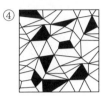

05

05 ③ 〈 정답

※ 다음 제시된 문자와 같은 것의 개수를 구하시오. [6~7]

▌2024년 SK그룹

06

ぎ

ぎ	ぎ	き	し	ち	し	ぢ	じ	き	ぢ	ぎ	じ
ち	し	ぢ	き	じ	し	ぎ	し	じ	し	き	し
し	じ	き	ぎ	じ	ぢ	ぎ	き	じ	き	ぢ	ぎ
ぎ	き	じ	し	ち	ぎ	き	ぢ	ぎ	ぢ	し	き

① 8개   ② 9개
③ 10개   ④ 11개

▌2024년 SK그룹

07

farm

film	face	film	fast	farm	fall	fail	face	fast	fall	face	farm
fast	fail	fall	face	film	fast	farm	fella	film	film	fall	fail
face	film	farm	fella	fail	face	fast	farm	fella	fail	fast	film
fail	fall	fella	farm	face	film	fall	fella	face	fella	farm	farm

① 8개   ② 9개
③ 10개   ④ 11개

정답 및 해설 ──○

06

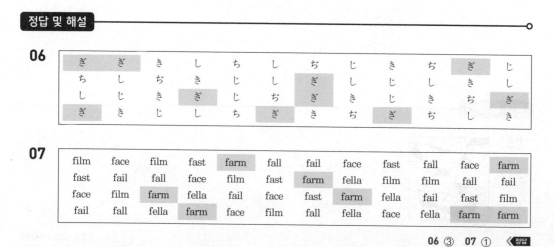

07

06 ③   07 ①   〈 정답

08 다음 문자의 배열에서 찾을 수 없는 것은?

> GVnVkOEbLUArTQyu

① b
② s
③ n
④ r

09 다음 중 좌우의 문자를 비교했을 때 같은 문자의 개수는?

> 讀書百遍義自見 － 讀書百遍搭日見

① 2개
② 3개
③ 4개
④ 5개
⑤ 6개

정답 및 해설

08 GV<u>n</u>VkOE<u>b</u>LUA<u>r</u>TQyu

09 <u>讀書百遍</u>義自<u>見</u> － <u>讀書百遍</u>搭日<u>見</u>

08 ② 09 ④ 《 정답

10 다음과 같은 모양을 만드는 데 사용된 블록의 개수는?(단, 보이지 않는 곳의 블록은 있다고 가정한다)

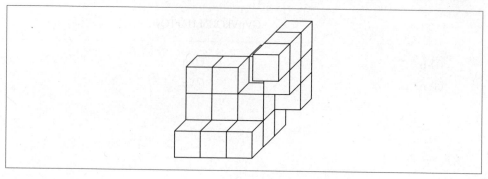

① 24개
② 25개
③ 26개
④ 27개

10 • 1층 : 4×3−3=9개
  • 2층 : 12−5=7개
  • 3층 : 12−7=5개
  • 4층 : 12−9=3개
  ∴ 9+7+5+3=24개

10 ① ◀정답▶

※ 다음 제시된 단어와 반대되는 의미를 가진 단어를 고르시오. [1~4]

▎2024년 SK그룹

01

guilt

① responsibility
② innocence
③ hope
④ expectation

▎2024년 SK그룹

02

familiar

① friendly
② gloomy
③ strange
④ wild

정답 및 해설

01 제시된 단어의 의미는 '유죄'로, 이와 반대되는 의미를 가진 단어는 'innocence(무죄)'이다.

오답분석
① 책임, 책무
③ 희망
④ 기대

02 제시된 단어의 의미는 '익숙한'으로, 이와 반대되는 의미를 가진 단어는 'strange(낯선)'이다.

오답분석
① 친절한
② 우울한
④ 야생의

01 ② 02 ③ 《정답

03

cold

① suppress   ② warm

③ mitigate   ④ abuse

04

suspect

① trust   ② doubt

③ suppose   ④ guess

정답 및 해설

03 제시된 단어의 의미는 '추운'이며, 이와 반대되는 의미를 가진 단어는 'warm(따뜻한)'이다.

[오답분석]
① 진압하다
③ 완화하다
④ 남용하다

04 제시된 단어의 의미는 '불신하다, 의심하다'로, 이와 반대되는 의미를 가진 단어는 'trust(신뢰하다, 신임하다)'이다.

[오답분석]
② 의심하다
③ 가정하다
④ 추측하다

03 ②   04 ①   《정답

| 2024년 SK그룹

05

구조물

① cage　　　　　　　　　　② portrait

③ space　　　　　　　　　　④ structure

| 2024년 SK그룹

06

정비공

① actor　　　　　　　　　　② mechanic

③ athlete　　　　　　　　　④ surgeon

정답 및 해설

05 '구조물'을 의미하는 단어는 'structure'이다.

오답분석
① 우리, 새장
② 초상화
③ 공간, 우주

06 '정비공'을 의미하는 단어는 'mechanic'이다.

오답분석
① 배우
③ 운동선수
④ 외과의사

05 ④　06 ②　정답

07 다음 〈보기〉의 장소를 고려할 때, 밑줄 친 부분의 의미나 의도의 해석으로 옳은 것은?

보기

At a restaurant

A : Do you want some dessert?

B : <u>Do birds have wings?</u>

① I'd love to have some dessert.

② I need to think about what to have for dessert.

③ I am not sure whether I want some dessert.

④ I want to ask another question before answering your question.

정답 및 해설

07 보기에서 제시한 장소는 '레스토랑'이다. 질문으로 미루어 보았을 때 밑줄 친 부분은 '디저트 먹는 것을 좋아한다.'는 의미로 해석할 수 있다.

┃해석┃

A : 디저트를 드시겠습니까?

B : <u>두말하면 잔소리죠?</u>

오답분석

② 디저트로 무엇을 먹을지 생각해 봐야겠어요.

③ 디저트를 먹고 싶은지 아닌지 잘 모르겠어요.

④ 대답하기 전에 다른 질문을 하고 싶어요.

07 ① 〈정답

08 다음 빈칸에 들어갈 단어로 옳은 것은?

Magicians are honest deceivers. To investigate the secret used by magicians to fool their audiences, Jastrow worked with two great illusionists. He invited these performers to his laboratory and had them participate in a range of tests measuring their speed of movement and accuracy of finger motion. But Jastrow's results revealed little out of the ordinary. He demonstrated magic has little to do with fast movements. Instead, magicians use a range of _____ weapons to fool their audiences. The technique of suggestion, which captures people's minds, plays a key role in the process. In the same way that people can be made to believe that they once went on a non-existent trip in a hot-air balloon, so magicians have to be able to manipulate people's perception of performance.

① ethical
② political
③ physical
④ psychological

정답 및 해설

08 사람들의 마음을 사로잡는 암시의 기법을 사용하고, 사람들의 지각 작용을 조작한다는 빈칸 뒷부분의 내용으로 보아 마술사들이 '심리적인' 무기를 사용한다는 것을 유추할 수 있다.

I 어휘 I
- deceiver : 속이는 사람
- illusionist : 마술사
- accuracy : 정확성
- hot-air balloon : 열기구
- perception : 지각작용
- investigate : 조사하다
- participate in : ~에 참여하다
- suggestion : 암시, 제시
- manipulate : 조작하다

I 해석 I

마술사들은 정직하게 속이는 사람들이다. 마술사들이 그들의 관객을 속이기 위해 사용하는 비밀을 연구하기 위해, Jastrow는 두 명의 뛰어난 마술사와 함께 작업을 했다. 그는 이 공연자들을 그의 실험실로 초대해 그들이 동작 속도와 손가락 움직임의 정확성을 측정하는 일련의 실험에 참여하도록 했다. 그러나 Jastrow의 결과는 일반적인 것을 넘어서는 것이 거의 없다고 드러났다. 그는 마술이란 빠른 움직임과는 거의 관계가 없다고 설명했다. 대신에, 마술사들은 관객들을 속이기 위한 일련의 <u>심리적인</u> 무기들을 이용한다. 사람들의 마음을 사로잡는 암시의 기법은 그 과정에서 중요한 역할을 한다. 사람들이 이전에 열기구 안에서 존재하지도 않는 여행을 계속했다고 믿도록 만들 수 있는 것과 마찬가지로, 마술사들은 공연에 대한 사람들의 지각 작용을 조작할 수 있어야만 한다.

08 ④

09 다음 중 밑줄 친 단어의 철자가 옳지 않은 것은?

> The mechanics <u>replace</u> old parts of the <u>gearshift</u> and <u>assamble</u> it to <u>maintain</u> it in optimal <u>condition</u>.

① replace   ② gearshift

③ assamble   ④ maintain

⑤ condition

10 다음 안내문의 내용으로 옳지 않은 것은?

> School Swimming Pool
> • Open to all students.
> • Open hours : 9:00 a.m. to 5:00 p.m.
> • Shower rooms and lockers available.
> • Food and drinks are not allowed.

① 모든 학생이 이용할 수 있다.   ② 오전 9시부터 오후 5시까지 개방한다.

③ 샤워룸과 사물함을 사용할 수 있다.   ④ 음식과 음료수 반입이 가능하다.

⑤ 수심에 대한 내용은 알 수 없다.

정답 및 해설

09 | 어휘 |
• assemble : 조립하다

| 해석 |

> 정비사들은 변속기어의 오래된 부품을 교체하고 조립하여 최적의 상태를 유지합니다.

10 안내문의 맨 마지막 줄에 음식과 음료수 반입이 허용되지 않는다고(not allowed) 나와 있다.

| 어휘 |
• available : 사용 가능한   • allow : 허용하다

| 해석 |

> 학교 수영장
> • 모든 학생에게 개방한다.
> • 운영 시간 : 오전 9시부터 오후 5시까지
> • 샤워룸과 사물함을 사용할 수 있다.
> • 음식과 음료수 반입은 허용하지 않는다.

09 ③   10 ④   《정답》

11 다음 글의 내용을 바탕으로 할 때, 차량을 들어 올린 직후에 할 일로 옳은 것은?

How to replace a spare tire

1. Prepare : Park on a flat surface, engage the parking brake, and turn off the engine.
2. Get tools : Locate the spare tire, jack, and lug wrench.
3. Loosen lug nuts : Use the lug wrench to loosen the lug nuts on the flat tire while it's still on the ground.
4. Position jack : Find the jack point under the car and raise it until the flat tire is off the ground.
5. Remove flat tire : Finish loosening and remove the lug nuts, then take off the flat tire.
6. Mount spare tire : Put the spare tire onto the hub and align the holes.
7. Attach lug nuts : Hand tighten the lug nuts onto the wheel studs.
8. Lower the vehicle : Carefully lower the car back to the ground with the jack.
9. Tighten lug nuts : Fully tighten the lug nuts in a star pattern.
10. Check everything : Ensure all nuts are tight, and the spare tire is secure.

---

① 러그너트를 별 모양 패턴으로 조인다.　② 러그너트를 끝까지 푼다.

③ 예비타이어를 허브에 올린다.　④ 조여져 있던 러그너트를 헐겁게 한다.

⑤ 펑크 난 타이어를 제거한다.

정답 및 해설

11 잭을 이용하여 차량을 들어 올리는 것은 4번 '잭 위치시키기' 작업이다. 이후 펑크 난 타이어를 제거하기 위해 먼저 헐거워진 러그너트를 완전히 풀어주어야 한다.

┃ **해석** ┃

예비타이어 교체 방법

1. 준비하기 : 평평한 곳에 주차하고, 주차 브레이크를 당기고, 엔진을 끕니다.
2. 도구 가져오기 : (작업 위치에) 예비타이어, 잭, 러그렌치(휠너트렌치)를 둡니다.
3. 러그너트(휠너트) 풀기 : 펑크 난 타이어가 아직 지상에 있을 때, 러그렌치를 사용하여 러그너트를 헐겁게 합니다.
4. 잭 위치시키기 : 차량 아래에 잭을 놓을 자리를 찾고, 펑크 난 타이어가 지면에서 떨어질 때까지 들어 올립니다.
5. 펑크 난 타이어 제거하기 : 러그너트를 끝까지 풀고, 펑크 난 타이어를 제거합니다.
6. 예비타이어 장착하기 : 예비타이어를 허브에 올리고, 구멍을 정렬합니다.
7. 러그너트 부착하기 : 휠 스터드에 러그너트를 손으로 조입니다.
8. 차량 내리기 : 잭을 이용하여 차량을 조심스럽게 다시 지상으로 내립니다.
9. 러그너트 조이기 : 별 모양 패턴(대각선 순서)으로 러그너트를 단단히 조입니다.
10. 모든 것을 점검하기 : 모든 너트가 잘 조여졌는지 확인하고, 예비타이어가 단단히 고정되어 있는지 확인합니다.

오답분석

① 러그너트를 별 모양 패턴으로 조이는 것은 예비타이어를 교체하고, 차량을 내린 후에 하는 작업이다.
③ 차량을 들어 올린 직후에는 아직 펑크 난 타이어가 허브에 있는 상황이므로 이를 먼저 제거한 후에 예비타이어를 허브에 올려야 한다.
④ 러그렌치를 사용해 조여져 있는 러그너트를 헐겁게 하는 것은 차량을 들어올리기 전에 해야 한다.
⑤ 차량을 들어 올린 직후 헐거워져 있는 러그너트를 끝까지 풀어야 펑크 난 타이어를 제거할 수 있다.

11 ② **정답**

12 다음 글의 (A), (B)에 들어갈 단어로 알맞은 것은?

At certain times in history, cultures have taken it for granted that a person was not fully human unless he or she learned to master thoughts and feelings. In ancient Sparta, in Republican Rome, and among the British upper classes of the Victorian era, ____(A)____ , people were held responsible for keeping control of their emotions. Anyone who lost his or her temper too easily was deprived of the right to be accepted as a member of the community. In other historical periods such as the one in which we are now living, ____(B)____ , the ability to control oneself is not always highly respected. People who attempt it are often thought to be odd.

	(A)	(B)
①	for example	therefore
②	for example	however
③	on the contrary	however
④	on the contrary	therefore

정답 및 해설

12 (A) '역사상의 특정 시기'와 그 예인 '고대 스파르타', '로마 공화국', '빅토리아 시대' 사이에 들어갈 알맞은 연결어는 'for example'이다.

(B) 역사상 어떤 시기에는 개인이 감정을 통제할 책임이 없는 사람은 공동체의 일원이 될 자격이 없다는 내용과 오늘날과 같이 역사상 또 다른 시기에는 감정을 통제하는 것이 이상하게 여겨졌다는 상반되는 내용 사이에 들어갈 알맞은 연결어는 'however'이다.

| 해석 |

역사적으로 특정한 시기에, 여러 문화들은 한 사람이 사상이나 감정을 통제하는 법을 배우지 않으면 그 사람은 완전한 인간이 아니라는 것을 당연하게 받아들였다. (A) 예를 들어 고대 스파르타, 로마 공화국, 그리고 빅토리아 시대의 영국 상류층들의 사이에서, 사람들은 자신의 감정을 통제할 책임을 지고 있었다. 너무 쉽게 성질을 내는 사람은 누구나 공동체의 일원으로서 인정될 권리를 박탈당했다. (B) 그러나 오늘날 우리가 살고 있는 것과 같은 역사적으로 다른 시기에서는, 자기 자신을 통제하는 능력이 언제나 크게 존중되는 것은 아니다. 감정을 통제하려고 시도하는 사람들은 종종 이상하게 여겨진다.

12 ② 《정답》

13 다음 대화에서 여자가 화난 이유로 옳은 것은?

> W : My flight was overbooked again and it made us late getting off the ground.
> M : That's strange. I've never had a problem with reservations on that airline.
> W : If it happens once more, I'll never fly with it again.

① Her flight was canceled.

② Her reservation was lost.

③ There was not enough food on the plane.

④ Too many tickets were issued for her flight.

⑤ The money came out more than she thought.

정답 및 해설 ──○

13 대화를 통해서 여자가 탑승할 비행기에 너무 많은 티켓이 발행되었다는 것을 알 수 있다.

│해석│

> W : 항공권이 초과 예약되어 늦게 이륙했어요.
> M : 이상하네요. 나는 그 항공회사 예약에서 그런 문제가 한 번도 없었는데요.
> W : 만약 그런 일이 한 번 더 발생한다면, 다시는 그 회사 비행기를 안 탈 거예요.

오답분석
① 그녀의 비행기가 취소되었다.
② 그녀의 예약이 분실되었다.
③ 비행기에 음식이 충분하지 않았다.
⑤ 돈이 생각보다 많이 나왔다.

13 ④ 〈정답〉

14 다음 글의 중심 내용으로 가장 적절한 것은?

> Don't be surprised if you start hearing the term 'information literacy' a lot. The digital revolution means that sooner or later students and adults are going to need an entirely new set of skills : how to get information, where to find it, and how to use it. Becoming good at handling information is going to be one of the most important skills of the twenty-first century, not just in school but in the real world. Thus you are going to have to master these skills eventually anyway. So deal with them now.

① 컴퓨터 혁명으로 문맹을 퇴치할 수 있다.
② 컴퓨터의 성능과 정보처리속도는 비례한다.
③ 정보를 능숙하게 처리하는 기술을 익혀야 한다.
④ 미래에는 컴퓨터가 학교교육을 대체할 수 있다.
⑤ 다양한 정보 속에서 필요한 정보만을 잘 골라 활용해야 한다.

정답 및 해설

14 제시문에서 정보를 얻고, 활용하는 방법 등을 익혀야 한다고 주장한다.

| 어휘 |
• literacy : 글을 읽고 쓸 줄 아는 능력
• deal with : ~을 다루다, 처리하다

| 해석 |

> '정보처리능력'이라는 용어가 자주 들리기 시작한다고 해서 놀라지 마라. 디지털 혁명은 조만간에 학생들과 성인들이 완전히 새로운 기능을 익힐 필요가 있다는 것을 의미한다. 즉, 정보를 얻는 방법, 정보를 얻는 장소, 또 정보를 사용하는 방법을 익혀야 할 것이다. 정보를 잘 다루게 된다는 것은, 학교에서뿐만 아니라 현실 사회에서도 21세기의 가장 중요한 기능 중 하나가 될 것이다. 따라서 여러분은 결국 이 기능들을 숙달시킬 수밖에 없을 것이다. 그러니 지금 그 기능들을 익히도록 하라.

14 ③ 《정답》

15 다음 글의 주제로 가장 적절한 것은?

> Sugar's effects are ironic; that is, they have the opposite effect from the one you intended. You wanted to feel less hungry and nasty, and you ended up feeling more hungry and nasty. TV has a similar effect, but on happiness instead of hungriness. You watch TV because you want to be entertained, relaxed, involved — you want to feel happy. Unfortunately, although TV can be relaxing, it is only occasionally entertaining and very rarely involving. So, you end up bored, which makes you think you should watch more TV, and you can guess the consequences. Everyone needs a little time to watch TV or just do nothing, just like everyone needs a little sugar now and then. A problem arises when you assume that if a little is good then more must be better. I guarantee that prolonged periods of sitting in front of the TV and eating sugary snacks will not make you happy in the long run.

① 설탕과 TV가 건강에 미치는 영향
② TV 시청 시 단 음식 섭취의 위험성
③ 설탕 섭취와 TV 시청이 주는 행복감
④ TV 시청과 단 음식 섭취의 상호 연관성
⑤ 설탕 섭취와 TV 시청의 공통된 역효과

정답 및 해설

15 제시문은 설탕을 먹는 것처럼 TV도 조금 볼 때는 즐거우나 과도하게 즐길 경우 오히려 행복하지 않게 된다는 것을 설명하는 글이다. 따라서 설탕과 배고픔의 관계처럼 TV와 행복의 관계도 역효과를 지님을 주제로 하는 것이 가장 적절하다.

| 해석 |

> 설탕의 효과는 모순적이다; 즉, 설탕은 당신이 의도했던 것과 반대의 효과를 가진다. 당신은 배고픔을 덜고 끔찍한 기분을 달래고 싶었지만 결국 더 배고프고 더 불쾌하게 되고 만다. TV는 유사한 효과를 가지지만, 배고픔에 대해서가 아닌 행복에 대해서이다. 당신은 재미와 편안함을 느끼고 싶어서, 열중하고 싶어서, 즉 행복감을 느끼고 싶어서 TV를 본다. 불행하게도, TV가 편안함을 줄 수 있음에도 불구하고 가끔씩만 재미를 주고 거의 몰두하게 하지 못한다. 그래서 당신은 결국 지루해지는데, 이것은 TV를 더 많이 봐야겠다는 생각이 들게 하고, 그 결과는 당신이 추측할 수 있을 것이다. 누구나 때때로 약간의 설탕이 필요한 것과 같이, TV를 보거나 아무 일도 하지 않는 약간의 시간이 필요하다. 문제는 당신이 조금이 좋다면 그보다 많은 양은 틀림없이 더 좋을 것이라고 생각할 때 발생한다. 장시간 동안 TV 앞에 앉아 있는 것과 설탕이 많이 들어간 간식을 먹는 것은 결국에는 여러분을 행복하게 하지 않을 것임이 분명하다.

15 ⑤ 《 정답

16 다음 글에서 필자가 주장하는 바로 가장 적절한 것은?

Some people insist that children's baseball leagues should use baseballs that are softer than those used by adult and professional leagues. Yet both kinds of balls have their risks. A softer baseball is less likely to cause harm if it hits a child's head at high speed. However, both kinds of balls can cause a sudden stopping of the heart when they hit a child in the chest. In fact, research has shown that a softer ball can also cause the heart to stop. Furthermore, in some circumstances, the softer ball triggers this rare but dangerous response even more than a harder ball does. In addition, a softer ball poses the same risk for eye injury. A softer ball may prevent a serious head injury, but a fast-moving ball of any type is likely to damage the eye socket, seriously hurting the eye.

① 어린이가 사용하는 야구공의 강도를 규제해야 한다.
② 어린이는 성인용 야구공으로 야구를 해서는 안 된다.
③ 어린이에게는 어떤 종류의 야구공이든 위험할 수 있다.
④ 어린이의 안전을 위해 새로운 야구공을 개발해야 한다.
⑤ 어린이는 심한 손상을 입을 수 있는 운동을 하지 말아야 한다.

정답 및 해설

16 제시문에서 어떤 사람들은 어린이들은 어른과 프로 리그에서 사용하는 딱딱한 공과 달리 부드러운 공을 사용해야 한다고 주장하지만 부드러운 공도 어린이들에게 위험이 될 수 있음을 설명하고 있다. 따라서 '어린이에게는 어떤 종류의 야구공도 위험할 수 있다.'는 것이 필자의 주장이다.

| 해석 |

어떤 사람들은 아이들의 야구 리그가 어른과 프로 리그에서 사용되는 것들보다 더 부드러운 야구공을 사용해야 한다고 주장한다. 그러나 두 종류의 공들은 각각 위험들을 갖고 있다. 만약 어린이들의 머리에 빠른 속도로 맞더라도 더 부드러운 공은 해를 끼칠 가능성은 적다. 그러나 어린이들의 가슴에 쳤을 때 두 공 모두 갑작스러운 심장 정지를 야기할 수 있다. 사실 연구는 부드러운 공도 또한 심정지를 야기할 수 있다고 밝혔다. 더욱이 몇몇 상황에서 부드러운 공은 단단한 공이 그런 것보다 심지어 더 적지만 위험한 반응을 촉발한다. 게다가 부드러운 공은 눈 손상에 대해서는 같은 위험을 끼친다. 부드러운 공은 심각한 머리 부상은 방지하지만 어떤 종류건 빠르게 움직이는 공은 심각하게 눈에 상처를 주며 눈을 둘러싼 기관에 손상을 입힐 수 있다.

16 ③ **〈정답〉**

| 2024년 GS칼텍스

01 다음에서 설명하는 국가로 옳은 것은?

> 이 국가의 지방에는 마가, 우가, 저가, 구가가 있고, 이들은 사출도라 불리는 지역을 다스려 왕이
> 이 지역에서의 일에 간섭할 수 없었다.

① 고구려   ② 부여
③ 삼한   ④ 옥저
⑤ 동예

| 2023년 GS칼텍스

02 다음 중 임진왜란의 대첩이 아닌 것은?

① 행주대첩   ② 명량대첩
③ 한산도대첩   ④ 진주대첩
⑤ 제주대첩

정답 및 해설

01 제시문에서 설명하는 국가는 부여이다. 부여는 마가, 우가, 저가, 구가가 사출도라는 지역을 각각 다스렸고, 이들과 중앙 부족을 연맹한 5부족 연맹체 국가이다. 또한 이들은 흉년이 들면 왕에게 책임을 물어 물러나게 하기도 하였다.

02 제주대첩은 고려시대 고종 때, 지금의 충청북도 제천인 제주 박달현에서 고려군과 거란 유민군 간에 벌어진 전투이다.

01 ② 02 ⑤ ◀ 정답

03 다음 〈보기〉의 인물들이 살았던 시대 순으로 바르게 나열한 것은?

> 보기
> ㄱ. 김유신   ㄴ. 신윤복
> ㄷ. 김구   ㄹ. 주몽
> ㅁ. 일연스님

① ㄹ - ㄱ - ㅁ - ㄴ - ㄷ   ② ㄹ - ㄱ - ㅁ - ㄷ - ㄴ
③ ㄹ - ㄴ - ㅁ - ㄷ - ㄱ   ④ ㅁ - ㄱ - ㄹ - ㄷ - ㄴ
⑤ ㅁ - ㄹ - ㄴ - ㄷ - ㄱ

정답 및 해설

03 ㄹ. 주몽(B. C. 58 ~ B. C. 19) : 고구려의 1대왕으로 동명성왕으로도 알려져 있다. 『삼국사기』에 따르면 해모수와 유화가 낳은 알에서 태어났다고 한다. 활을 잘 쏘고 영특하여 왕자들이 시기해 죽이려 하자 부여를 떠나서 소서노를 만나 졸본지역에 고구려를 건국한다.

ㄱ. 김유신(595 ~ 673) : 신라의 삼국통일에 핵심적인 역할을 한 장군이다. 낭비성 전투에서 승리하며 유명세를 떨치기 시작했고, 탄생부터 김유신의 누이 이야기, 말의 목을 벤 이야기가 설화로 전해질 만큼 탁월한 능력과 의지를 겸비한 장군이다.

ㅁ. 일연스님(1206 ~ 1289) : 14세에 출가했고 78세에 인각사로 은퇴하여 『삼국유사』를 완성하였다. 일연은 고려왕조의 국사가 될 만큼 뛰어났지만 그의 생애에 대해서는 알려진 바가 많지 않다.

ㄴ. 신윤복(1758 ~ ?) : 조선 후기의 풍속화가로 김홍도, 김득신과 더불어 조선의 3대 풍속화가로 불린다. 신윤복의 그림은 양반층의 풍류와 남녀 간의 연애, 향락적인 생활을 해학적으로 표현하여 조선시대 생활사 연구 및 복식사나 미술사에 귀중한 자료로 평가받고 있다.

ㄷ. 김구(1876 ~ 1949) : 독립운동가이자 정치인이다. 신민회와 한인 애국단에 가입하여 독립운동을 전개했다. 또한, 상하이로 망명하여 대한민국 임시정부 조직에 참여하고 1944년 대한민국 임시정부의 주석으로 선임되었다.

03 ① 《정답

❙ 2024년 현대자동차그룹

01 다음 중 기체 분자의 충돌 횟수에 대한 설명으로 옳지 않은 것은?

① 기체의 온도, 부피, 압력이 같다면 기체의 종류와 관계없이 기체 분자 간 충돌 횟수는 항상 같다.

② 같은 두 기체의 온도, 압력이 서로 같다면 부피가 큰 기체의 분자 간 충돌 횟수가 더 적다.

③ 같은 두 기체의 온도, 압력이 서로 같다면 분자 간 거리가 먼 기체의 분자 간 충돌 횟수가 더 적다.

④ 같은 두 기체의 온도, 부피가 서로 같다면 기체의 압력이 높은 기체의 분자 간 충돌 횟수가 더 많다.

⑤ 같은 두 기체의 압력, 부피가 서로 같다면 온도가 높은 기체의 분자 간 충돌 횟수가 더 많다.

❙ 2024년 현대자동차그룹

02 체중계 눈금이 600N인 현수가 엘리베이터를 탔다. 이 엘리베이터가 $2\text{m}/\text{s}^2$의 가속도로 위층으로 올라갈 때와 같은 가속도로 아래층으로 내려갈 때, 엘리베이터 안에서 현수의 질량과 체중계 눈금은?(단, 중력가속도는 $10\text{m}/\text{s}^2$으로 가정한다)

	상승할 때 현수의 질량	상승할 때 체중계 눈금	하강할 때 현수의 질량	하강할 때 체중계 눈금
①	72kg	600N	48kg	600N
②	72kg	720N	48kg	480N
③	60kg	720N	60kg	480N
④	60kg	480N	60kg	720N
⑤	60kg	600N	60kg	600N

정답 및 해설

01 기체 분자의 충돌 횟수는 기체의 부피, 압력, 온도, 분자량에 따라 결정되며, 기체의 부피, 압력, 온도가 같다면 분자량이 작을수록 충돌 횟수는 증가한다.

[오답분석]
② 기체의 온도, 압력, 분자량이 같다면 부피가 작을수록 충돌 횟수는 증가한다.
④ 기체의 부피, 온도, 분자량이 같다면 압력이 높을수록 충돌 횟수는 증가한다.
⑤ 기체의 부피, 압력, 분자량이 같다면 온도가 높을수록 충돌 횟수는 증가한다.

02 현수의 무게는 600N이므로 질량은 $\dfrac{600}{10}=60\text{kg}$이다. 따라서 위층으로 $2\text{m}/\text{s}^2$의 가속도로 올라가는 엘리베이터 안에서 현수의 무게는 $60\times(10+2)=720\text{N}$이고, 같은 가속도로 아래층으로 내려가는 엘리베이터 안에서 현수의 무게는 $60\times(10-2)=480\text{N}$이다. 한편, 현수의 질량은 변하지 않으므로 항상 60kg이다.

01 ① **02** ③ 《정답

03 다음과 같이 중력가속도 g가 작용하는 도르래에서 물체 A에 작용하는 가속도의 크기는?(단, $a = \dfrac{F}{m}$ 이고 모든 마찰 및 공기저항, 도르래와 줄의 무게는 무시한다)

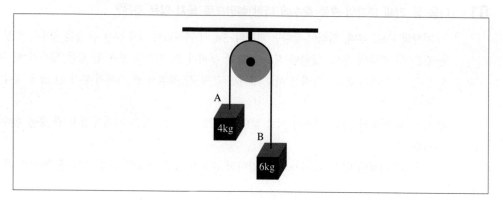

① $0g$

② $0.2g$

③ $0.4g$

④ $0.6g$

⑤ $0.8g$

03

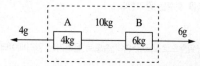

알짜힘은 $6-4=2g$이므로 물체 A와 B에 작용하는 가속도의 크기는 $\dfrac{2g}{10}=0.2g$이다.

03 ② 《정답

04 다음 〈보기〉 중 광통신에 대한 설명으로 옳은 것을 모두 고르면?

> **보기**
> ㄱ. 무선 통신이다.
> ㄴ. 광섬유를 사용한다.
> ㄷ. 전반사의 원리를 이용한다.

① ㄱ   ② ㄷ
③ ㄱ, ㄴ   ④ ㄴ, ㄷ
⑤ ㄱ, ㄴ, ㄷ

05 다음에서 설명하는 현상으로 옳은 것은?

> • 물을 가득 채운 냄비를 가열하면 끓어 넘친다.
> • 겨울철 축구공은 여름철에 비해 공기압이 떨어져 있다.
> • 알코올 온도계로 기온을 측정하였다.
> • 열기구가 하늘 위로 올라간다.
> • 따뜻한 물에 찌그러진 탁구공을 넣으면 탁구공이 펴진다.

① 보일의 법칙   ② 샤를의 법칙
③ 에너지 보존의 법칙   ④ 작용·반작용의 법칙
⑤ 각운동량 보존의 법칙

정답 및 해설 ○

04 [오답분석]
ㄱ. 광통신은 유선 통신의 일종이다.

05 샤를의 법칙은 온도에 따른 액체, 기체의 부피 변화에 대한 법칙이다.

대부분의 액체 또는 기체는 온도가 1K(혹은 1℃)가 오를 때 부피는 $\frac{1}{273}$ 배 증가하고, 1K(혹은 1℃)가 내려갈 때 부피는 $\frac{1}{273}$ 배 감소한다.

고체도 온도에 따라 부피가 변하지만, 고체 고유의 특성(열팽창계수)에 따라 변하는 정도가 다르다.

04 ④   **05** ② ◀정답

06 다음 그림과 같이 쇠구슬이 A에서 D로 레일을 따라 굴러갈 때, A ~ D 중 중력에 의한 쇠구슬의 위치 에너지가 가장 작은 지점은?(단, 지면을 기준으로 한다)

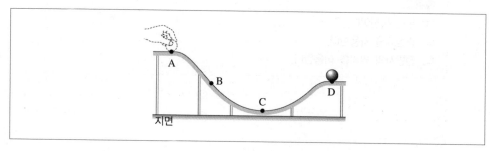

① A
② B
③ C
④ D

07 다음에서 설명하는 현상으로 옳은 것은?

> • 물질이 산소와 결합하는 것이다.
> • 나무가 타는 것, 철이 녹스는 것 등이 이에 해당한다.

① 산화
② 환원
③ 핵분열
④ 핵융합

정답 및 해설 ⟶

06 지구에서의 위치 에너지는 지표면과 멀어질수록 증가한다.
따라서 위치 에너지가 가장 작은 지점은 지면과 가장 가까이 있는 C지점이다.

07 산소를 얻거나 수소를 잃는 현상을 산화라고 한다. 산소와 결합한 물질이 타거나, 녹이 스는 것 등이 이에 해당한다.

오답분석
② 산화의 반대로 산소를 잃거나 수소를 얻는 현상이다.
③ 질량수가 크고 무거운 원자핵이 다량의 에너지를 방출하고 같은 정도의 둘 이상의 핵으로 분열하는 현상이다.
④ 높은 온도와 압력 하에서 두 가벼운 원소가 충돌해 하나의 무거운 핵으로 변하면서 많은 에너지가 방출되는 현상이다.

06 ③ 07 ① 《정답

08 다음 중 원소 주기율의 원인이 되는 것은?

① 원자의 크기가 주기적으로 변하기 때문이다.

② 원자량이 주기적으로 변하기 때문이다.

③ 양성자 수가 같은 원소가 주기적으로 나타나기 때문이다.

④ 최외각 전자수가 같은 원소가 주기적으로 나타나기 때문이다.

09 스프링상수가 같은 2개의 코일스프링을 각각 직렬과 병렬로 연결하였다. 직렬로 연결한 시스템의 상당(등가) 스프링상수는 병렬로 연결한 시스템의 상당(등가) 스프링상수의 몇 배 크기인가?

① $\frac{1}{4}$ 배

② $\frac{1}{2}$ 배

③ 2배

④ 4배

⑤ 6배

정답 및 해설 ────────────────────────────────────○

08 같은 족의 원자는 같은 수의 최외각 전자수를 갖는다.

09 코일스프링 하나의 스프링상수를 1로 가정하고, 직렬 또는 병렬로 연결할 때 각각의 전체 스프링상수를 구하면 다음과 같다.

• 직렬 연결

$$k = \frac{1}{\frac{1}{k_1} + \frac{1}{k_2}} = \frac{1}{1+1} = \frac{1}{2} = 0.5$$

• 병렬 연결

$$k = k_1 + k_2 = 1 + 1 = 2$$

따라서 직렬 스프링상수는 병렬 스프링상수의 $\frac{0.5}{2} = \frac{1}{4}$ 배가 된다.

08 ④ **09** ① 《 정답

10 다음 글의 빈칸에 들어갈 단어로 알맞은 것은?

> 베르누이 법칙은 유체가 흐르는 곳에서 유속이 빠른 곳은 압력이 작아지고 유속이 느린 곳에서는 압력이 커지는 현상을 말한다.
> 예를 들어 회전하는 고무풍선을 헤어드라이어 바람이 부는 근처에 놓은 후 고무풍선의 움직임을 보면 고무풍선의 오른쪽으로 바람이 불면 고무풍선의 오른쪽 공기의 _____이/가 왼쪽보다 작아져 고무풍선은 오른쪽으로 힘을 받고 반대로 왼쪽으로 바람이 지나가면 오른쪽 공기의 _____이/가 높아져 왼쪽으로 힘을 받게 된다.

① 척력   ② 중력
③ 유체   ④ 압력
⑤ 부력

11 다음 그림은 수소(H_2)의 전자 배치를 나타낸 것이다. 이에 대한 설명으로 옳은 것은?

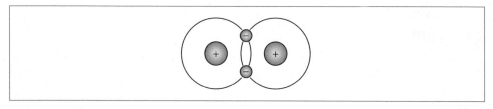

① 극성 분자이다.
② 2원자 분자이다.
③ 이온 결합 물질이다.
④ 공유 전자쌍은 4개이다.

정답 및 해설

10 베르누이 법칙에서 유체의 속도(유속)은 압력과 반비례 관계에 있다. 이를 두 번째 문단에 나오는 예시에 적용시키면 고무풍선의 오른쪽으로 바람이 불 때, 유속은 빨라지고 오른쪽의 압력은 왼쪽보다 작아져 오른쪽으로 힘을 받음을 추론할 수 있다. 따라서 빈칸에 들어갈 단어는 '압력'이다.

11 수소는 쌍극자모멘트가 0으로 무극성이며, 수소 원자 2개가 각각 전자를 1개씩 내놓아 전자쌍을 공유함으로써 수소 분자가 형성되는 공유 결합 물질이고, 원소는 수소 한 가지이다.

10 ④ 11 ② ⟨정답⟩

12 다음 그림에 대한 설명으로 옳지 않은 것은?(단, 중력가속도는 10m/s^2이고, 모든 마찰 및 공기 저항은 무시하며, 도르래와 실의 무게는 무시한다)

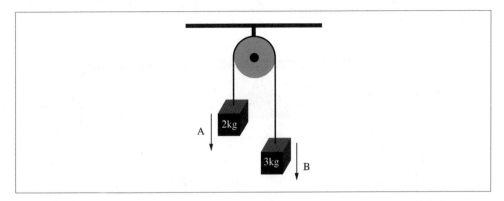

① 두 물체는 중력을 받는다.
② 2kg 물체는 A방향으로 운동한다.
③ 3kg 물체는 B방향으로 운동한다.
④ 두 물체의 가속도의 크기는 2m/s^2이다.

정답 및 해설

12 2kg의 물체는 A방향의 반대 방향으로 가속도 2m/s^2로 운동한다.

12 ② 《정답》

13 다음 그림과 같이 지레 위에 무게가 20N인 물체를 놓았다. 지렛대를 수평으로 만들기 위해 필요한 F의 크기는?(단, 지레 막대의 무게는 무시한다)

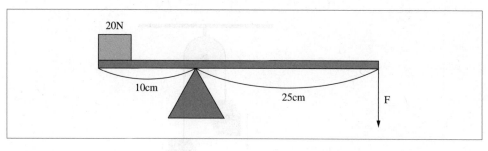

① 4N
② 8N
③ 12N
④ 16N
⑤ 20N

13 막대의 무게는 무시하므로 물체의 무게만 고려한다.

$20\text{N} \times 10\text{cm} = F \times 25\text{cm} \rightarrow F = \dfrac{200}{25}\text{N}$

따라서 수평으로 만들기 위해 필요한 힘의 크기는 8N이다.

13 ② 《정답》

14 다음 그림의 (가)는 교류 전원에 전구만을 연결한 회로이고, (나)는 동일한 교류 전원에 전구와 코일을 직렬로 연결한 회로이다. (가), (나)의 회로에 대한 〈보기〉의 설명 중 옳은 것을 모두 고르면?

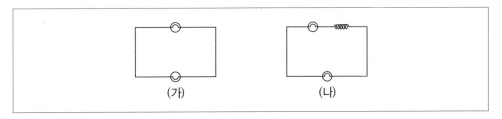

(가)   (나)

보기

ㄱ. 전류의 세기는 (가)가 (나)보다 더 크다.
ㄴ. 전구의 밝기는 (나)가 (가)보다 더 밝다.
ㄷ. 전구에서의 소비 전력은 (가)가 (나)보다 더 크다.
ㄹ. 직류 전원을 사용하면 (나)의 회로도에서 코일에서 발생하는 임피던스 값은 더 커질 것이다.
ㅁ. (가)와 (나)의 회로도에서 교류 전원 대신 직류 전원을 사용하면 전구의 밝기는 비슷해질 것이다.

① ㄱ, ㄷ
② ㄴ, ㄹ
③ ㄱ, ㄴ, ㄹ
④ ㄱ, ㄷ, ㅁ
⑤ ㄴ, ㄷ, ㅁ

정답 및 해설

14 제시된 회로에서 전류의 세기, 전구의 밝기, 소비 전력은 모두 같은 결과가 나타난다. 흐르는 전류가 더 커야 전구가 밝고 이때 소비 전력도 더 크게 나타난다. 직류에서는 코일의 저항 성분이 거의 0에 가깝다. 그러나 교류에서는 옴의 법칙이 성립하며, 기존저항과 코일 저항의 합성저항을 임피던스(Z)라고 부른다. 즉, 회로 (나)에서의 전체저항은 회로 (가)보다 크며, 이로 인해 전류의 크기가 더 작고, 소비하는 전력이 더 적다. 따라서 두 회로의 전원이 교류에서 직류로 바뀐다면 직류에서의 코일의 저항이 0에 가깝기 때문에 두 전구의 밝기는 비슷하게 나타날 것이다.

14 ④ ◀정답

실패는 성공의 첫걸음이다.

- 월트 디즈니 -

PART

1

적성검사

CHAPTER 01
언어능력

출제유형 및 학습 전략

1 어휘

유의어와 반의어, 다의어, 단어의 의미 등과 관련한 문제가 출제되고 있다. 어휘력을 단기
간에 올리는 것은 어렵기 때문에, 평소에 다양한 어휘를 미리 익혀두는 것이 좋으며, 신문
이나 잡지 등을 찾아 읽는 것도 도움이 된다.

2 어법

맞춤법, 표준어, 띄어쓰기 등의 문제가 출제되고 있다. 평소에 자주 사용하던 표현 중
의외로 잘못된 것들이 많으므로, 자주 틀리는 맞춤법 표현을 정리하여 알아두면 좋다.

3 독해

문장·문단나열, 빈칸추론, 내용일치, 주제·제목 찾기 등 지문을 읽고 풀이하는 문제가
출제되고 있다. 먼저 문제와 보기를 먼저 읽고 지문 안에서 찾아내야 하는 요소가 무엇인
지 체크한 후, 지문을 읽으며 핵심어 및 문장에 표시하면서 글을 읽어야 한다.

CHAPTER 01 언어능력 적중예상문제

| 대표유형 1 | 유의어 / 반의어 |

01 다음 제시된 단어와 같거나 유사한 의미를 가진 단어는?

> 한둔

① 하숙
② 숙박
③ 투숙
④ 노숙
⑤ 야영

> **| 해설 |** '한둔'이란 '한데에서 밤을 지새움'을 뜻한다.
>
> 오답분석
> ① 하숙 : 일정한 방세와 식비를 내고 남의 집에 머물면서 숙식함
> ② 숙박 : 여관이나 호텔 따위에서 잠을 자고 머무름
> ③ 투숙 : 여관, 호텔 따위의 숙박 시설에 들어서 묵음
> ⑤ 야영 : 훈련이나 휴양을 목적으로 야외에 천막을 쳐 놓고 생활함
>
> 정답 ④

02 다음 제시된 단어와 반대되는 의미를 가진 단어는?

> 토로

① 경외
② 상충
③ 은폐
④ 부각
⑤ 미연

> **| 해설 |** • 토로 : 마음에 있는 것을 죄다 드러내서 말함
> • 은폐 : 덮어 감추거나 가리어 숨김
>
> 오답분석
> ① 경외 : 공경하면서 두려워함
> ② 상충 : 사물이 서로 어울리지 아니하고 어긋남
> ④ 부각 : 어떤 사물을 특징지어 두드러지게 함
> ⑤ 미연 : 어떤 일이 아직 그렇게 되지 않은 때
>
> 정답 ③

※ 다음 제시된 단어와 같거나 유사한 의미를 가진 단어를 고르시오. [1~3]

01

무녀리

① 못난이   ② 어룽이
③ 암무당   ④ 더펄이
⑤ 헛똑똑이

02

성취

① 성장   ② 번성
③ 달성   ④ 취득
⑤ 고취

03

이목

① 괄목   ② 경계
③ 기습   ④ 정도
⑤ 시선

※ 다음 중 동의 또는 유의 관계인 단어를 2개 고르시오. [4~5]

04   ① 기근   ② 나태
       ③ 기아   ④ 성실
       ⑤ 단념

05   ① 실의   ② 평안
       ③ 재능   ④ 안전
       ⑤ 기교

※ 다음 제시된 단어와 반대되는 의미를 가진 단어를 고르시오. [6~8]

06

결핍

① 결여   ② 억제
③ 행복   ④ 충족
⑤ 쾌락

07

망각

① 밀집   ② 정신
③ 내포   ④ 기억
⑤ 착각

08

꼼꼼하다

① 강샘하다   ② 꽁꽁하다
③ 강마르다   ④ 눅눅하다
⑤ 끌탕하다

※ 다음 중 반의 관계가 아닌 것을 고르시오. [9~10]

09 ① 외연 – 내포   ② 우량 – 열악
③ 우연 – 필연   ④ 우호 – 친교
⑤ 증오 – 연민

10 ① 동요 – 안정   ② 활용 – 사장
③ 외관 – 내면   ④ 유미 – 탐미
⑤ 추락 – 상승

다음 문장의 밑줄 친 부분과 같은 의미로 쓰인 것은?

> 자기의 재주를 인정해 주지 않을 때면 공연이 계속되는 중이라도 그는 마술 도구가 든 가방 하나를 들고 거칠 것 없이 단체를 떠났다.

① 고등학교를 거쳐 대학을 간다.
② 칡덩굴이 밭에 거친다.
③ 기숙사 학생들의 편지는 사감 선생님의 손을 거쳐야 했다.
④ 가장 어려운 문제를 해결했으니 특별히 거칠 문제는 없다.
⑤ 대구를 거쳐 부산으로 간다.

| **해설** | 제시문의 '거치다'는 '마음에 거리끼거나 꺼리다.'의 의미로 이와 같은 의미로 사용된 것은 ④이다.

오답분석
① 어떤 과정이나 단계를 겪거나 밟다.
② 무엇에 걸리거나 막히다.
③ 검사하거나 살펴보다.
⑤ 오가는 도중에 어디를 지나거나 들르다.

정답 ④

※ 다음 밑줄 친 부분과 같은 의미로 쓰인 것을 고르시오. [11~12]

11

> 이번 주말에는 치과에 가서 사랑니를 <u>뽑아야</u> 한다.

① 뷔페에 가면 본전을 <u>뽑을</u> 만큼 먹을 테야.
② 은솔이의 머리에서 흰 머리카락을 <u>뽑았다</u>.
③ 높은 곳에 매달린 나뭇잎을 뜯기 위해 기린은 목을 길게 <u>뽑았다</u>.
④ 영희는 지난주 피를 <u>뽑아</u> 검사를 의뢰했고, 현재 결과를 기다리는 중이다.
⑤ 학기 초 서먹서먹한 학급 분위기에서 반장을 <u>뽑는</u> 일은 생각보다 쉽지 않다.

12

> 아무래도 <u>말</u>을 꺼내기가 조심스럽다.

① 아이가 <u>말</u>을 배우기 시작했다.
② 빈칸에 들어갈 적절한 <u>말</u>을 찾으시오.
③ 민지와 슬기는 서로 <u>말</u>을 놓기로 하였다.
④ 주영이가 떠난다는 <u>말</u>이 퍼지기 시작했다.
⑤ 경서는 무료해 보이는 연주에게 <u>말</u>을 건넸다.

13 다음 문장의 밑줄 친 단어 중 성격이 다른 것은?

① 어른들에게 반말하는 버릇을 <u>고쳐라</u>.
② 장마철이 오기 전에 지붕을 <u>고쳐라</u>.
③ 엉뚱한 원고를 <u>고치다</u>.
④ 늦잠 자는 습관을 <u>고치기</u>가 쉽지 않다.
⑤ 성종은 옷을 바로 잡으시고 자리를 <u>고쳐</u> 앉으시었다.

14 다음 중 제시된 단어의 뜻풀이로 옳지 않은 것은?

① 상주 – 늘 일정하게 살고 있음
② 주작 – 없는 사실을 꾸며 만듦
③ 도래 – 어떤 기회나 시기가 닥쳐옴
④ 난립 – 도리를 어지럽힘 또는 도리에 어긋남
⑤ 개선 – 잘못된 것이나 부족한 것 또는 나쁜 것 따위를 고쳐 더 좋게 만듦

15 다음 밑줄 친 부분은 모두 어떤 물건의 수효를 묶어서 세는 단위로 쓰인다. 이 중 수량이 가장 적은 것은?

① 굴비 두 갓   ② 명주 한 필
③ 탕약 세 제   ④ 달걀 한 꾸러미
⑤ 오이 한 거리

16 다음 중 수효가 가장 작은 단위 명사는?

① 톳   ② 강다리
③ 손   ④ 우리
⑤ 접

17 다음 중 나이를 나타내는 한자어와 나이의 연결이 옳지 않은 것은?

① 상수(上壽) – 100세   ② 졸수(卒壽) – 90세
③ 미수(米壽) – 80세   ④ 진갑(進甲) – 62세
⑤ 지학(志學) – 15세

18 다음 중 호칭어와 대상의 연결이 옳지 않은 것은?

① 부인의 언니 – 처형
② 부인의 남동생 – 처남
③ 부인의 여동생 – 처제
④ 부인의 남동생의 아내 – 제수
⑤ 부인의 여동생의 남편 – 동서

19 다음 중 높임 표현이 적절하지 않은 것은?

① (옛 제자에게) 우선 여기 앉아보게.
② 선생님, 아직 저를 기억하시나요?
③ (웃어른이) 그 문제는 선생님한테 물어봐.
④ (관중들을 향해) 조용히 하세요.
⑤ 할머니, 저기 삼촌이 오고 있어요.

20 다음 중 중복된 언어 표현이 없는 것은?

① 빈 공간이 있어야 점포를 얻지.
② 저기 앞에 있는 넓은 광장으로 나오기 바란다.
③ 허연 백발을 한 노인이 앞장서서 천천히 걸어갔다.
④ 저의 좁은 견해로 이런 말씀을 드려도 괜찮겠습니까?
⑤ 우리는 12시에 역전 앞에서 만나기로 약속했다.

다음 밑줄 친 부분이 어법에 어긋나는 것은?

① <u>윗층</u>에 누가 사는지 모르겠다.
② <u>오뚝이</u>는 아무리 쓰러뜨려도 잘도 일어난다.
③ 새 컴퓨터를 살 생각에 좋아서 <u>깡충깡충</u> 뛰었다.
④ 그의 초라한 모습이 내 호기심에 불을 <u>당겼다</u>.
⑤ 형은 끼니도 거른 <u>채</u> 일에 몰두했다.

> **|해설|** '웃–' 및 '윗–'은 명사 '위'에 맞추어 통일한다.
> 예 윗넓이, 윗니, 윗도리 등
> 다만 된소리나 거센소리 앞에서는 '위–'로 한다.
> 예 위짝, 위쪽, 위층 등
> [오답분석]
> ⑤ '채'는 '이미 있는 상태 그대로 있다.'는 뜻을 나타내는 의존명사이므로 띄어 쓴다.
>
> 정답 ①

21   **다음 밑줄 친 부분의 맞춤법이 옳은 것은?**

> 조직에 문제가 발생하면 우리는 먼저 원인을 <u>일일히</u> 분석합니다. 이후 구성원 모두가 해결 방안을 찾기 위해 머리를 <u>맞대고</u> 함께 고민합니다. 이때 우리는 '<u>어떻게든</u> 되겠지.'라는 안일한 생각을 버리고, '<u>흐터지면</u> 죽는다.'는 마음으로 뭉쳐야 합니다. 조직의 위기를 함께 극복할 때 우리는 더 <u>낳은</u> 모습으로 성장할 수 있습니다.

① 일일히   ② 맞대고
③ 어떻게든   ④ 흐터지면
⑤ 낳은

22 다음 중 빈칸에 들어갈 단어가 바르게 짝지어진 것은?

> ㉠ 매년 10만여 명의 <u>뇌졸중 / 뇌졸증</u> 환자가 발생하고 있다.
> ㉡ 그의 변명이 조금 <u>꺼림직 / 꺼림칙 / 꺼림칫</u>했으나, 한번 믿어보기로 했다.

	㉠	㉡
①	뇌졸중	꺼림칙
②	뇌졸증	꺼림직
③	뇌졸증	꺼림칫
④	뇌졸중	꺼림칫
⑤	뇌졸중	꺼림직

23 다음 중 밑줄 친 부분의 맞춤법이 옳은 것끼리 짝지어진 것은?

> 오늘은 <u>웬지</u> 아침부터 기분이 좋지 않았다. 회사에 가기 싫은 마음을 다독이며 출근 준비를 하였다. 회사에 겨우 도착하여 업무용 컴퓨터를 켰지만, 모니터 화면에는 아무것도 보이지 않았다. 심각한 바이러스에 노출된 컴퓨터를 힘들게 복구했지만, <u>며칠</u> 동안 힘들게 작성했던 문서가 <u>훼손</u>되었다. 당장 오늘까지 제출해야 하는 문서인데, 이 문제를 <u>어떻게</u> 해결해야 할지 걱정이 된다. 문서를 다시 <u>작성하든지</u>, 팀장님께 사정을 <u>말씀드리던지</u> 해결책을 찾아야만 한다. 현재 나의 간절한 <u>바램</u>은 이 문제가 무사히 해결되는 것이다.

① 웬지, 며칠, 훼손 ② 며칠, 어떻게, 바램
③ 며칠, 훼손, 작성하든지 ④ 며칠, 말씀드리던지, 바램
⑤ 웬지, 며칠. 작성하든지

24 다음 밑줄 친 부분을 어법에 따라 수정할 때, 옳지 않은 것은?

> 옛것을 <u>본받는</u> 사람은 옛 자취에 <u>얽메이는</u> 것이 문제다. 새것을 만드는 사람은 이치에 <u>합당지</u> 않은 것이 걱정이다. 진실로 능히 옛것을 <u>변화할줄</u> 알고, 새것을 만들면서 법도에 맞을 수만 있다면 지금 글도 <u>옛글 만큼</u> 훌륭하게 쓸 수 있을 것이다.

① 본받는 → 본 받는 ② 얽메이는 → 얽매이는
③ 합당지 → 합당치 ④ 변화할줄 → 변화할 줄
⑤ 옛글 만큼 → 옛글만큼

25 다음 밑줄 친 부분의 띄어쓰기가 모두 옳은 것은?

① 최선의 세계를 만들기 위해서 <u>무엇 보다</u> 이 세계에 있는 모든 대상들이 지닌 성질을 정확하게 <u>인식해야 만</u> 한다.
② 일과 여가 <u>두가지를</u> 어떻게 <u>조화시키느냐하는</u> 문제는 항상 인류의 관심대상이 되어 왔다.
③ <u>내로라하는</u> 영화배우 중 내 고향 출신도 상당수 된다. 그래서 자연스럽게 영화배우를 꿈꿨고, <u>그러다 보니</u> 영화는 내 생활의 일부가 되었다.
④ 실기시험은 까다롭게 <u>심사하는만큼</u> 준비를 철저히 해야 한다. <u>한 달 간</u> 실전처럼 연습하면서 시험에 대비하자.
⑤ <u>창문밖에</u> 나갔더니, <u>너 밖에</u> 없었더라.

대표유형 4 문장 · 문단나열

다음 문장을 논리적 순서대로 바르게 나열한 것은?

> (가) 하지만 몇몇 전문가들은 유기 농업이 몇 가지 결점을 안고 있다고 말한다.
> (나) 유기 농가들의 작물 수확량이 전통적인 농가보다 훨씬 낮으며, 유기농 경작지가 전통적인 경작지보다 잡초와 벌레로 인해 많은 피해를 입고 있다는 점이다.
> (다) 최근 많은 소비자들이 지구에 도움이 되는 일을 하고 있고, 건강에 좀 더 좋은 음식을 먹고 있다고 확신하면서 유기농 식품 생산이 급속도로 증가하고 있다.
> (라) 또한 유기 농업이 틈새시장의 부유한 소비자들에게 먹을거리를 제공하지만, 전 세계 수십억의 굶주리는 사람을 먹여 살릴 수는 없다는 점이다.

① (나) – (가) – (다) – (라) 　　② (나) – (가) – (라) – (다)
③ (나) – (다) – (라) – (가) 　　④ (다) – (가) – (나) – (라)
⑤ (다) – (나) – (라) – (가)

| 해설 | 제시문은 유기농 식품의 생산이 증가하고 있지만, 몇몇 전문가들은 유기 농업을 부정적으로 보고 있다는 내용을 말하고 있다. 따라서 (다) 최근 유기농 식품 생산의 증가 – (가) 유기 농업을 부정적으로 보는 몇몇 전문가들의 시선 – (나) 전통 농가에 비해 수확량도 적고 벌레의 피해가 잦은 유기 농가 – (라) 유기 농업으로는 굶주리는 사람을 충분히 먹여 살릴 수 없음 순으로 나열하는 것이 적절하다.

 정답 ④

※ 다음 문단을 논리적 순서대로 바르게 나열한 것을 고르시오. [26~28]

26

(가) 여기에 반해 동양에서는 보름달에 좋은 이미지를 부여한다. 예를 들어, 우리나라의 처녀귀신이나 도깨비는 달빛이 흐린 그믐 무렵에나 활동하는 것이다. 그런데 최근에는 동서양의 개념이 마구 뒤섞여 보름달을 배경으로 악마의 상징인 늑대가 우는 광경이 동양의 영화에 나오기도 한다.

(나) 동양에서 달은 '음(陰)'의 기운을, 해는 '양(陽)'의 기운을 상징한다는 통념이 자리를 잡았다. 그래서 달을 '태음', 해를 '태양'이라고 불렀다. 동양에서는 해와 달의 크기가 같은 덕에 음과 양도 동등한 자격을 갖춘다. 즉, 음과 양은 어느 하나가 좋고 다른 하나는 나쁜 것이 아니라 서로 보완하는 관계를 이루는 것이다.

(다) 옛날부터 형성된 이러한 동서양 간의 차이는 오늘날까지 영향을 끼치고 있다. 동양에서는 달이 밝으면 달맞이를 하는데, 서양에서는 달맞이를 자살 행위처럼 여기고 있다. 특히 보름달은 서양인들에게 거의 공포의 상징과 같은 존재이다. 예를 들어, 13일의 금요일에 보름달이 뜨게 되면 사람들이 외출조차 꺼린다.

(라) 하지만 서양의 경우는 다르다. 서양에서 낮은 신이, 밤은 악마가 지배한다는 통념이 자리를 잡았다. 따라서 밤의 상징인 달에 좋지 않은 이미지를 부여하게 되었다. 이는 해와 달의 명칭을 보면 알 수 있다. 라틴어로 해를 'Sol'이라고 하고, 달을 'Luna'라고 하는데 정신병을 뜻하는 단어 'Lunacy'의 어원이 바로 'Luna'이다.

① (가) – (나) – (라) – (다)
② (나) – (다) – (가) – (라)
③ (나) – (라) – (가) – (다)
④ (나) – (라) – (다) – (가)
⑤ (다) – (나) – (라) – (가)

27

(가) 그런데 자연의 일양성은 선험적으로 알 수 있는 것이 아니라 경험에 기대어야 알 수 있는 것이다. 즉, '귀납이 정당한 추론이다.'라는 주장은 '자연은 일양적이다.'라는 다른 지식을 전제로 하는데, 그 지식은 다시 귀납에 의해 정당화되어야 하는 경험 지식이므로 귀납의 정당화는 순환 논리에 빠져 버린다는 것이다. 이것이 귀납의 정당화 문제이다.

(나) 귀납은 논리학에서 연역이 아닌 모든 추론, 즉 전제가 결론을 개연적으로 뒷받침하는 모든 추론을 가리킨다. 귀납은 기존의 정보나 관찰 증거 등을 근거로 새로운 사실을 추가하는 지식 확장적 특성을 지닌다.

(다) 이와 관련하여 흄은 과거의 경험을 근거로 미래를 예측하는 귀납이 정당한 추론이 되려면 미래의 세계가 과거에 우리가 경험해 온 세계와 동일하다는 자연의 일양성, 곧 한결같음이 가정되어야 한다고 보았다.

(라) 이 특성으로 인해 귀납은 근대 과학 발전의 방법적 토대가 되었지만, 한편으로 귀납 자체의 논리 한계를 지적하는 문제들에 부딪히기도 한다.

① (가) - (나) - (다) - (라) ② (가) - (다) - (나) - (라)
③ (가) - (라) - (나) - (다) ④ (나) - (다) - (라) - (가)
⑤ (나) - (라) - (다) - (가)

28

(가) 공공재원의 효율적 활용을 지향하기 위해 사회 생산성 기여를 위한 공간정책이 마련되어야 함과 동시에 주민복지의 거점으로서 기능을 해야 한다. 또한 도시체계에서 다양한 목적의 흐름을 발생, 집중시키는 노드로서 다기능·복합화를 실현하여 범위의 경제를 창출하여 이용자 편의성을 증대시키고, 공공재원의 효율적 활용에도 기여해야 한다.

(나) 우리나라도 인구감소 시대에 본격적으로 진입할 가능성이 높아지고 있다. 이미 비수도권의 대다수 시·군에서는 인구가 급속하게 줄어왔으며, 수도권 내 상당수의 시·군에서도 인구정체가 나타나고 있다. 인구감소 시대에 접어들게 되면, 줄어드는 인구로 인해 고령화 및 과소화가 급속하게 진전된 상태가 될 것이고, 그 결과 취약계층, 교통약자 등 주민의 복지수요가 늘어날 것이다.

(다) 앞으로 공공재원의 효율적 활용, 주민복지의 최소 보장, 자원배분의 정의, 공유재의 사회적 가치 및 생산에 대해 관심을 기울여야 할 것이다. 또한 인구감소시대에 대비하여 창조적 축소, 거점 간 또는 거점과 주변 간 네트워크화 등에 대한 논의, 그와 관련되는 국가와 지자체의 역할 분담, 그리고 이해관계 주체의 연대, 참여, 결속에 대한 논의가 계속적으로 다루어져야 할 것이다.

(라) 이러한 상황에서는 공공재원을 확보, 확충하기가 어렵게 되므로 재원의 효율적 활용 요구가 높아질 것이다. 실제로 현재 인구 감소에 따른 과소화, 고령화가 빠르게 전개되어온 지역에서 공공서비스 공급에 제약을 받고 있으며, 비용 효율성을 높여야 한다는 과제에 직면해 있다.

① (가) - (다) - (나) - (라) ② (가) - (라) - (나) - (다)
③ (나) - (가) - (라) - (다) ④ (나) - (라) - (가) - (다)
⑤ (나) - (라) - (다) - (가)

※ 다음 글에서 〈보기〉의 문장이 들어갈 위치로 가장 적절한 곳을 고르시오. [29~30]

29

루트비히 판 베토벤(Ludwig van Beethoven)의 「교향곡 9번 d 단조」 Op. 125는 그의 청력이 완전히 상실된 상태에서 작곡한 교향곡으로 유명하다. (가) 1824년에 완성된 이 작품은 4악장에 합창 및 독창이 포함된 것이 특징이다. 당시 시대적 배경을 볼 때, 이는 처음으로 성악을 기악곡에 도입한 획기적인 작품이었다. (나) 이 작품은 베토벤의 다른 작품들을 포함해 서양음악 전체에서 가장 뛰어난 작품 가운데 하나로 손꼽히며, (다) 현재 유네스코의 세계기록유산으로 지정되어 있다. (라) 또한, 4악장의 전주 부분은 유럽 연합의 공식 상징가로 사용되며, 자필 원본 악보는 2003년 런던 소더비 경매에서 210만 파운드에 낙찰되기도 했다. (마)

> **보기**
>
> 이 작품에 '합창교향곡'이라는 명칭이 붙은 것도 바로 4악장에 나오는 합창 때문이다.

① (가) ② (나)
③ (다) ④ (라)
⑤ (마)

30

(가) 우리는 보통 공간을 배경으로 사물을 본다. 그리고 시간이나 사유를 비롯한 여러 개념을 공간적 용어로 표현한다. 이처럼 공간에 대한 용어가 중의적으로 쓰이는 과정에서, 일상적으로 쓰는 용법과 달라 혼란을 겪기도 한다. (나) 공간에 대한 용어인 '차원' 역시 다양하게 쓰인다. 차원의 수는 공간 내에 정확하게 점을 찍기 위해 알아야 하는 수의 개수이다. (다) 특정 차원의 공간은 한 점을 표시하기 위해 특정한 수가 필요한 공간을 의미한다. (라) 따라서 다차원 공간은 집을 살 때 고려해야 하는 사항들의 공간처럼 추상적일 수도 있고, 실제의 물리 공간처럼 구체적일 수도 있다. 이러한 맥락에서 어떤 사람을 1차원적 인간이라고 표현했다면 그것은 그 사람의 관심사가 하나밖에 없다는 것을 의미한다. (마)

> **보기**
>
> 집에 틀어박혀 스포츠만 관람하는 인간은 오로지 스포츠라는 하나의 정보로 기술될 수 있고, 그 정보를 직선 위에 점을 찍은 1차원 그래프로 표시할 수 있는 것이다.

① (가) ② (나)
③ (다) ④ (라)
⑤ (마)

다음 글의 빈칸에 들어갈 내용으로 가장 적절한 것은?

"너는 냉면 먹어라, 나는 냉면 먹을게."와 같은 문장이 어딘가 이상한 문장이라는 사실과, 어떻게 고쳐야 바른 문장이 된다는 사실을 특별히 심각하게 따져 보지 않고도 거의 순간적으로 파악해 낼 수 있다. 그러나 막상 이 문장이 틀린 이유가 무엇인지 설명하라고 하면, _____ _____ 이를 논리적으로 설명해 내기 위해서는 국어의 문법 현상에 관한 상당한 수준의 전문적 식견이 필요하기 때문이다.

① 전문가들은 설명이 불가능하다고 말한다.
② 이 역시 특별한 문제없이 설명할 수 있다.
③ 일반인으로서는 매우 곤혹스러움을 느끼게 된다.
④ 국어를 모국어로 하는 사람들만이 설명할 수 있다.
⑤ 대부분의 사람들은 틀린 이유를 명확하게 찾아낼 수 있다.

| **해설** | 제시문에서 문장의 어색함을 순간적으로 파악할 수 있다는 문장 이후에 '그러나'와 '막상'이라는 표현을 사용하고 있다. 따라서 빈칸에는 이전의 문장과는 반대되는 의미가 포함된 내용이 들어가야 한다.

정답 ③

31 다음 글의 빈칸에 들어갈 문장을 〈보기〉에서 골라 순서대로 바르게 나열한 것은?

글쓰기 양식은 글 내용을 담는 그릇으로 내용을 강제한다. 이런 측면에서 다산 정약용이 '원체(原體)'라는 문체를 통해 정치라는 내용을 담고자 했던 '양식 선택의 정치학'은 특별한 의미를 갖는다. 원체는 작가가 당대(當代)의 정치적 쟁점이 되는 핵심 개념을 액자화하여 새롭게 의미를 환기하려는 의도를, 과학적 방식에 의거하여 설득하려는 정치·과학적 글쓰기라고 할 수 있다. 당나라 한유(韓愈)가 다섯 개의 원체 양식의 문장을 지은 이후 후대의 학자들은 이를 모범으로 삼았다. 원체는 고문체는 아니지만 새롭게 부상한 문체로서, 당대 사상의 핵심 개념에 대해 정체성을 추구하는 분석적이고 학술적인 글쓰기이자 정치적 글쓰기로 정립되었다. _____

그런데 다산은 단순히 개인적인 차원에서 원체를 선택한 것이 아니었다. _____

다산의 원체와 유비될 수 있는 것으로 당시 새롭게 등장한 미술 사조인 정선(鄭敾)의 진경(眞景) 화법을 들 수 있다. 진경 화법에서 다산의 글쓰기와 구조적으로 유사한 점들을 찾을 수 있다. 진경 화법의 특징은 경관(景觀)을 모사하는 사경(寫景)에 있는 것이 아니라 회화적 재구성을 통하여 경관에서 받은 미적 감흥을 창조적으로 구현하는 데 있다. 이와 같은 진경 화법은 각 지방의 무수한 사경에서 터득한 시각의 정식화를 통해 만들어졌다. _____ 다산이 쓴 「원정」은 기존 정치 개념의 답습 또는 모방이 아니라 정치의 정체성에 대한 질문을 통하여 그가 생각하는 정치에 대한 새로운 관점을 정식화하여 제시한 것이다.

보기

㉠ 다산은 원체가 가진 이러한 정치·과학적 힘을 인식하고 「원정(原政)」이라는 글을 남겼다.

㉡ 그것은 새로운 시각의 정식화라는 당대의 문화적 추세를 반영한 것이었다.

㉢ 실경을 새로운 기법을 통하여 정식화한 진경 화법은 다산이 전통적인 형식을 탈피하고 새로운 관점으로 정치를 포착하고 표현하기 위해 채택한 원체의 글쓰기와 다를 바 없다.

---

① ㉠, ㉡, ㉢　　　　　　　② ㉠, ㉢, ㉡

③ ㉡, ㉠, ㉢　　　　　　　④ ㉡, ㉢, ㉠

⑤ ㉢, ㉡, ㉠

※ 다음 중 빈칸에 들어갈 내용으로 가장 적절한 것을 고르시오. [32~33]

32

사회가 변하면 사람들은 그때까지의 생활을 그대로 수긍하지 못한다. 새로운 생활에 맞는 새로운 언어를 필요로 하게 된다. 그 언어가 자연스럽게 육성되기를 기다릴 수도 있지만, 사람들은 대개 외국으로부터 그러한 개념의 언어를 빌려오려고 한다. 돈이나 기술을 빌리는 것에 비하면 언어는 대가 없이 빌려 쓸 수 있으므로 대개는 제한 없이 외래어를 빌린다. 특히 _____ _____ 광복 이후 우리 사회에서 외래어가 넘쳐나는 것은 그간 우리나라의 고도성장과 절대 무관하지 않다.

① 외래어의 증가는 사회의 팽창과 함께 진행된다.
② 새로운 언어는 사회의 변화를 선도하기도 한다.
③ 외래어가 증가하면 범람한다는 비판을 받게 된다.
④ 새로운 언어는 인간의 욕망을 적절히 표현해 준다.
⑤ 새로운 언어는 필연적으로 외국의 개념을 빌릴 수밖에 없다.

33

무엇보다도 전통은 문화적 개념이다. 문화는 복합 생성을 그 본질로 한다. 그 복합은 질적으로 유사한 것끼리는 짧은 시간에 무리 없이 융합되지만, 이질적일수록 그 혼융의 역사적 기간과 길항이 오래 걸리는 것은 사실이다. 그러나 전통이 그 주류에 있어서 이질적인 것은 교체가 더디다 해서 전통을 단절된 것으로 볼 수는 없는 것이다. 오늘날 이미 하나의 문화적 전통을 이룬 서구의 전통도, 희랍·로마 이래 장구한 역사로써 헬레니즘과 히브리즘의 이질적 전통이 융합된 것임은 이미 다 아는 상식 아닌가.

지금은 끊어졌다는 우리의 고대 이래의 전통도 알고 보면 샤머니즘에, 선교에, 불교에, 도교에, 유교에 실학파를 통해 받아들인 천주교적 전통까지 혼합된 것이고, 그것들 사이에는 유사한 것도 있었지만 상당히 이질적인 것이 교차하여 겯고 튼 끝에 이루어진 전통이요, 그것은 어느 것이나 '우리화' 시켜 받아들임으로써 우리의 전통이 되었던 것이다. 이런 의미에서 보자면 오늘날 일시적 전통의 혼미를 전통의 단절로 속단하고 이를 전통 부정의 논거로 삼는 것은 허망된 논리이다. _____ _____ 그러므로 전통의 혼미란 곧 주체 의식의 혼미란 뜻에 지나지 않는다. 전통 탐구의 현대적 의의는 바로 문화의 기본적 주체 의식의 각성과 시대적 가치관의 검토, 이 양자의 관계에 대한 탐구의 요구에 다름 아니다.

① 끊어지고 바뀌고 붙고 녹는 것을 계속하면서 그것을 일관하는 것이 전통이란 것이다.
② 전통은 대체로 그 사회 및 그 사회의 구성원인 개인의 몸에 배어 있는 것이다.
③ 우리 민족 문화의 전통은 부단한 창조 활동 속에서 이어 온 것이다.
④ 전통은 물론 과거로부터 이어 온 것을 말한다.
⑤ 전통은 우리의 현실에 작용하는 경우가 있다.

다음 글의 내용으로 적절하지 않은 것은?

> 인간 사유의 결정적이고도 독창적인 비약은 시각적인 표시의 코드 체계의 발명에 의해서 이루어졌다. 시각적인 표시의 코드 체계에 의해 인간은 정확한 말을 결정하여 텍스트를 마련하고, 또 이해할 수 있게 된 것이다. 이것이 바로 진정한 의미에서의 '쓰기(Writing)'이다.
> 이러한 '쓰기'에 의해 코드화된 시각적인 표시는 말을 사로잡게 되고, 그 결과 그때까지 소리 속에서 발전해 온 정밀하고 복잡한 구조나 지시 체계의 특수한 복잡성이 그대로 시각적으로 기록될 수 있게 되고, 나아가서는 그러한 시각적인 기록으로 인해 그보다 훨씬 정교한 구조나 지시 체계가 산출될 수 있게 된다. 그러한 정교함은 구술적인 발화가 지니는 잠재력으로써는 도저히 이룩할 수 없는 정도의 것이다. 이렇듯 '쓰기'는 인간의 모든 기술적 발명 속에서도 가장 영향력이 큰 것이었으며, 지금도 그러하다. 쓰기는 말하기에 단순히 첨가된 것이 아니다. 왜냐하면 쓰기는 말하기를 구술 − 청각의 세계에서 새로운 감각의 세계, 즉 시각의 세계로 이동시킴으로써 말하기와 사고를 함께 변화시키기 때문이다.

① 인간은 시각적 코드 체계를 사용함으로써 말하기를 한층 정교한 구조로 만들었다.
② 인간은 쓰기를 통해서 정확한 말을 사용한 텍스트의 생산과 소통이 가능하게 되었다.
③ 인간은 쓰기를 통해 지시 체계의 복잡성을 기록함으로써 말하기와 사고의 변화를 일으킨다.
④ 인간은 정밀하고 복잡한 지시 체계를 통해 시각적 코드를 발명하였다.
⑤ 인간의 모든 기술적 발명 속에서도 '쓰기'는 예전이나 지금이나 가장 영향력이 크다.

| **해설** | 제시문은 '쓰기(Writing)'의 문화사적 의의를 기술한 글이다. '복잡한 구조나 지시 체계'는 이미 '소리 속에서' 발전해왔는데 그러한 복잡한 개념들을 시각적인 코드 체계인 '쓰기'를 통해 기록할 수 있게 되었다. 또한 그러한 '쓰기'를 통해 인간의 문명과 사고가 더욱 발전하게 되었다고 나와 있다. 그러나 ④는 '쓰기'가 '복잡한 구조나 지시 체계'를 이루는 시초가 되었다고 보고 있으므로 적절하지 않은 내용이다.

정답 ④

34

많은 것들이 글로 이루어진 세상에서 읽지 못한다는 것은 생활하는 데에 큰 불편함을 준다. 난독증이 바로 그 예이다. 난독증(Dyslexia)은 그리스어로 불충분, 미성숙을 뜻하는 접두어 dys에 말과 언어를 뜻하는 lexis가 합쳐져 만들어진 단어이다.

난독증은 지능에는 문제가 없으며, 단지 언어활동에만 문제가 있는 질환이다. 특히 영어권에서 많이 나타나는데, 비교적 복잡한 발음체계 때문이다. 인구의 5 ~ 10% 정도가 난독증이 있으며, 피카소, 톰 크루즈, 아인슈타인 등이 난독증을 극복하고 자신의 분야에서 성공한 사례이다.

난독증은 단순히 읽지 못하는 것뿐만이 아니라, 여러 가지 증상으로 나타난다. 단어의 의미를 다른 것으로 바꾸어 해석하거나 글자를 섞어서 보는 경우가 있다. 또한 문자열을 전체로는 처리하지 못하고 하나씩 취급하여 전체 문맥을 이해하지 못하기도 한다.

지금까지 난독증의 원인은 흔히 두뇌의 역기능이나 신경장애와 연관된 것이라고 여겨졌으며, 유전적인 원인이나 청각의 왜곡 등이 거론되기도 하였다. 우리나라에서는 실제 아동의 2 ~ 8% 정도가 난독증을 경험하는 것으로 알려져 있으며, 지능과 시각, 청각이 모두 정상임에도 경험하는 경우가 있다.

난독증을 유발하는 원인은 많이 있지만 그중 하나는 바로 '얼렌 증후군'이다. 미국의 교육심리학자 얼렌(Helen L. Irlen)이 먼저 발견했다고 해서 붙여진 이름으로, 광과민 증후군으로도 알려져 있다. 이는 시신경 세포와 관련이 있는 난독증 유발 원인이다.

얼렌 증후군은 시신경 세포가 정상인보다 적거나 미성숙해서 망막으로 들어오는 정보를 뇌에 제대로 전달하지 못하는 질환이다. 얼렌 증후군이 생기는 이유는 유전인 경우가 많다. 이로 인해 집중력이 떨어지기 때문에 능률이 저하되며, 독서의 경우에는 속독이 어렵다. 사물이 흐릿해지면서 두세 개로 보이는 것과 같은 시각적 왜곡이 생기기 때문이다. 그래서 책을 보고 있으면 눈이 쉽게 충혈되고, 두통이나 어지럼증 등 신체에 다른 영향을 미치기도 한다. 그래서 얼렌 증후군 환자들은 어두운 곳에서 책을 보고 싶어 하는 경우가 많다.

얼렌 증후군의 치료를 위해서는 원인이 되는 색조합을 찾아서 얼렌필터 렌즈를 착용하는 것이 일반적이다. 특정 빛의 파장을 걸러주면서 이 질환을 교정하는 것이다. 얼렌 증후군은 교정이 된 후에 글씨가 뚜렷하게 보여 읽기가 편해지고 난독증이 어느 정도 치유되기 때문에, 증상을 보이면 안과를 찾아 정확한 검사를 받는 것이 중요하다.

① 난독증은 주로 지능에 문제가 있는 사람들에게서 나타난다.
② 단순히 전체 문맥을 이해하지 못하는 것은 난독증에 해당하지 않는다.
③ 시각과 청각이 모두 정상이라면 난독증을 경험하지 않는다.
④ 시신경 세포가 적어서 생기는 난독증의 경우 환경의 요인을 많이 받는다.
⑤ 얼렌 증후군 환자들은 밝은 곳에서 난독증을 호소하는 경우가 더 많다.

35

우리는 선인들이 남긴 훌륭한 문화유산이나 정신 자산을 언어(특히, 문자 언어)를 통해 얻는다. 언어가 시대를 넘어 문명을 전수하는 역할을 하는 것이다. 언어를 통해 전해진 선인들의 훌륭한 문화유산이나 정신 자산은 당대의 문화나 정신을 살찌우는 밑거름이 된다. 만약 언어가 없다면 선인들과 대화하는 일은 불가능할 것이다. 그렇게 되면 인류사회는 앞선 시대와 단절되어 더 이상의 발전을 기대할 수 없게 된다. 인류가 지금과 같은 고도의 문명사회를 이룩할 수 있었던 것도 언어를 통해 선인들과 끊임없이 대화하며 그들에게서 지혜를 얻고 그들의 훌륭한 정신을 이어받았기 때문이다.

① 언어는 인간의 유일한 의사소통의 도구이다.
② 과거의 문화유산은 빠짐없이 계승되어야 한다.
③ 문자 언어는 음성 언어보다 우월한 가치를 가진다.
④ 언어는 시간에 구애받지 않고 정보를 전달할 수 있다.
⑤ 문명의 발달은 언어와 더불어 이루어져 왔다.

※ 다음 글의 내용으로 적절하지 않은 것을 고르시오. [36~38]

36

프로이센의 철학자인 임마누엘 칸트는 근대 계몽주의를 정점에 올려놓음은 물론 독일 관념철학의 기초를 세운 것으로 유명하다. 그는 인식론을 다룬 저서는 물론 종교와 법, 역사에 대해서도 중요한 책을 썼는데, 특히 칸트가 만년에 출간한 『실천이성 비판』은 이후 윤리학과 도덕 철학 분야에 지대한 영향을 끼쳤다.

이 책에 따르면 악은 단순히 이 세상의 행복을 얻으려는 욕심의 지배를 받아 이를 실천의 원리로 삼는 것이며, 선은 이러한 욕심의 지배에서 벗어나 내부에서 우러나오는 단호한 도덕적 명령을 받는 것이다. 순수하게 도덕적 명령을 따른다는 것은, 오직 의무를 누구나 지켜야만 할 의무이기에 이행한다는 태도, 즉 형식적 태도를 의미한다. 칸트는 태초에 선과 악이 처음에 있어서 원리가 결정되는 것이 아니라 그 반대라는 것을 선언한 것이다.

① 임마누엘 칸트는 독일 관념철학의 기초를 세웠다.
② 임마누엘 칸트는 철학은 물론 종교와 법, 역사에 대한 책을 저술했다.
③ 임마누엘 칸트는 만년에 『실천이성 비판』을 출간했다.
④ 임마누엘 칸트는 행복을 악으로, 도덕적 명령을 선으로 규정했다.
⑤ 임마누엘 칸트는 선을 누구나가 지켜야만 할 의무이기에 순수하게 도덕적 명령을 따르는 것으로 보았다.

37

청색기술은 자연의 원리를 차용하거나 자연에서 영감을 얻은 기술을 말한다. 그리고 청색기술을 경제 전반으로 확대한 것을 '청색경제'라고 한다. 벨기에의 환경운동가인 군터 파울리(Gunter Pauli)가 저탄소 성장을 표방하는 녹색기술의 한계를 지적하며 청색경제를 제안했다. 녹색경제가 환경오염에 대한 사후 대책으로 환경보호를 위한 비용을 수반한다면, 청색경제는 애초에 자연 친화적이면서도 경제적인 물질을 창조한다는 점에서 차이가 있다.

청색기술은 오랫동안 진화를 거듭해서 자연에 적응한 동식물 등을 모델 삼아 새로운 제품을 만드는데, 특히 화학·재료과학 분야에서 연구가 활발히 진행되고 있다. 예를 들어 1955년 스위스에서 식물 도꼬마리의 가시를 모방해 작은 돌기를 가진 잠금장치 '벨크로(일명 찍찍이)'가 발명되었고, 얼룩말의 줄무늬에서 피부 표면 온도를 낮추는 원리를 알아낼 수 있었다.

이미 미국·유럽·일본 등 선진국에서는 청색기술을 국가 전략사업으로 육성하고 있고, 세계 청색기술 시장은 2030년에 1조 6,000억 달러 규모로 성장할 전망이다. 그러나 커다란 잠재력을 지닌 것에 비해 사람들의 인식은 터무니없이 부족하다. 청색기술에 대해 많은 사람이 알고 있을수록 환경과 기술에 대한 가치관의 변화를 이끌어낼 수 있고, 기술을 상용화시킬 수 있다. 따라서 청색기술의 발전을 위해서는 많은 홍보가 필요하다.

① 청색경제는 자연과 상생하는 것을 목적으로 하며 이를 바탕으로 경제성을 창조한다.
② 청색기술의 대상은 자연에 포함되는 모든 동식물이다.
③ 흰개미집을 모델로 냉난방없이 공기를 신선하게 유지하도록 설계된 건물은 청색기술을 활용한 것이다.
④ 청색기술 시장은 커다란 잠재력을 지닌 시장이다.
⑤ 청색기술을 홍보하는 것은 사람들의 가치관 변화와 기술 상용화에 도움이 된다.

38

'갑'이라는 사람이 있다고 하자. 이때 사회가 갑에게 강제적 힘을 행사하는 것이 정당화되는 근거는 무엇일까? 그것은 갑이 다른 사람에게 미치는 해악을 방지하려는 데 있다. 특정 행위가 갑에게 도움이 될 것이라든가, 이 행위가 갑을 더욱 행복하게 할 것이라든가 또는 이 행위가 현명하다든가 혹은 옳은 것이라든가 하는 이유를 들면서 갑에게 이 행위를 강제하는 것은 정당하지 않다. 이러한 이유는 갑에게 권고하거나 이치를 이해시키거나 무엇인가를 간청하거나 할 때는 충분한 이유가 된다. 그러나 갑에게 강제를 가하는 이유 혹은 어떤 처벌을 가할 이유는 되지 않는다. 이와 같은 사회적 간섭이 정당화되기 위해서는 갑이 행하려는 행위가 다른 어떤 이에게 해악을 끼칠 것이라는 점이 충분히 예측되어야 한다. 한 사람이 행하고자 하는 행위 중에서 그가 사회에 대해서 책임을 져야 할 유일한 부분은 다른 사람에게 관계되는 부분이다.

① 개인에 대한 사회의 간섭은 어떤 조건이 필요하다.
② 행위 수행 혹은 행위 금지의 도덕적 이유와 법적 이유는 구분된다.
③ 한 사람의 행위는 타인에 대한 행위와 자신에 대한 행위로 구분된다.
④ 사회는 개인의 해악에 대해서는 관심이 있지만, 그 해악을 방지할 강제성의 근거는 가지고 있지 않다.
⑤ 타인과 관계되는 행위에는 사회적 책임이 따른다.

다음 글의 주제로 가장 적절한 것은?

> 빅데이터는 스마트 팩토리 등 산업 현장 및 ICT 소프트웨어 설계 등에 주로 활용되어 왔다. 유통이나 물류 업계의 '콘텐츠가 대량으로 이동하는 현장'에서는 데이터가 발생하면, 이를 분석하고 활용하는 쪽으로 주로 사용됐다. 이제는 다양한 영역에서 빅데이터의 적용이 빨라지고 있다. 대표적인 사례가 금융권이다. 국내의 은행들은 현재 빅데이터 스타트업 회사를 상대로 대규모 투자에 나서고 있다. 뉴스와 포털 등 현존하는 데이터를 확보하여 금융 키워드 분석에 활용하기 위해서다. 의료업계도 마찬가지다. 정부는 바이오헬스 산업의 혁신전략을 통해 연구개발 투자를 2025년까지 4조 원 이상으로 확대하겠다고 밝혔으며, 빅데이터와 인공 지능 등을 연계한 다양한 로드맵을 준비하고 있다. 벌써 의료 현장에 빅데이터 전략을 구사하고 있는 병원도 다수이다. 국세청도 빅데이터에 관심이 많다. 빅데이터 플랫폼 인프라 구축을 끝내는 한편, 50명 규모의 빅데이터 센터를 가동하기 시작했다. 조세 행정에서 빅데이터를 통해 탈세를 예방·적발하는 등 다양한 쓰임새를 고민하고 있다.

① 빅데이터의 정의와 장·단점   ② 빅데이터의 종류
③ 빅데이터의 중요성   ④ 빅데이터의 다양한 활용 방안
⑤ 빅데이터의 한계

| **해설** | 제시문에서는 금융권, 의료업계, 국세청 등 다양한 영역에서 빅데이터가 활용되고 있는 사례들을 열거하고 있다.

정답 ④

39   다음 글의 제목으로 가장 적절한 것은?

> 미래 사회에서는 산업 구조에 변화가 일어나고 대량 생산 방식에 변화가 일어나면서 전반적인 사회조직의 원리도 크게 바뀔 것이다. 즉, 산업 사회에서는 대량 생산 체계를 발전시키기 위해 표준화·집중화·거대화 등의 원리에 의해 사회가 조직되었지만, 미래 사회에서는 그와는 반대로 다원화·분산화·소규모화 등이 사회조직의 원리가 된다는 것이다. 사실상 산업 사회에서 인간 소외 현상이 일어났던 것도 이러한 표준화·집중화·거대화 등의 조직 원리로 인한 것이었다면, 미래 사회의 조직 원리라고 할 수 있는 다원화·분산화·소규모화 등은 인간 소외와 비인간화 현상을 극복하는 데도 많은 도움을 줄 수 있을 것이다.

① 산업 사회의 미래   ② 산업 사회와 대량 생산
③ 미래 사회조직의 원리   ④ 미래 사회의 산업 구조
⑤ 인간 소외와 비인간화 현상

※ 다음 글의 중심 내용으로 가장 적절한 것을 고르시오. [40~41]

40

> 인지부조화는 한 개인이 가지는 둘 이상의 사고, 태도, 신념, 의견 등이 서로 일치하지 않거나 상반
> 될 때 생겨나는 심리적인 긴장상태를 의미한다. 인지부조화는 불편함을 유발하기 때문에 사람들은
> 이것을 감소시키려고 한다. 인지부조화를 감소시키는 방법은 서로 모순관계에 있어서 양립할 수 없
> 는 인지들 가운데 하나 이상의 인지가 갖는 내용을 바꾸어 양립할 수 있게 만들거나, 서로 모순되는
> 인지들 간의 차이를 좁힐 수 있는 새로운 인지를 추가하여 부조화된 인지상태를 조화된 상태로 전환
> 하는 것이다.
> 그런데 실제로 부조화를 감소시키는 행동은 비합리적인 면이 있다. 그 이유는 그러한 행동들이 사람
> 들로 하여금 중요한 사실을 배우지 못하게 하고 자신들의 문제에 대하여 실제적인 해결책을 찾지
> 못하도록 할 수 있기 때문이다. 부조화를 감소시키려는 행동은 자기방어적인 행동이고, 부조화를
> 감소시킴으로써 우리는 자신의 긍정적인 이미지, 즉 자신이 선하고 현명하며 상당히 가치 있는 인물
> 이라는 긍정적인 측면의 이미지를 유지하게 된다. 비록 자기방어적인 행동이 유용한 것으로 생각될
> 수 있지만, 이러한 행동은 부정적 결과를 초래할 수 있다.

① 인지부조화를 극복하기 위해 합리적인 사고가 필요하다.
② 인지부조화는 자기방어적 행동을 유발하여 정신건강을 해친다.
③ 인지부조화는 합리적인 사고에 도움을 준다는 점에서 긍정적이다.
④ 인지부조화를 감소시키는 과정은 긍정적인 자기 이미지 만들기에 효과적이다.
⑤ 인지부조화를 감소시키는 방법의 비합리성으로 인해 부정적 결과가 초래될 수 있다.

41

> 우리는 혈연, 지연, 학연 등에 의거한 생활양식 내지 행위원리를 연고주의라 한다. 특히 이에 대해
> 지극히 부정적인 의미를 부여하며 대부분의 한국병이 연고주의와 직·간접적인 어떤 관련을 갖는
> 것으로 진단한다. 그러나 여기서 주목할 만한 한 가지 사실은 연고주의가 그 자체로서는 반드시 역
> 기능적인 어떤 것으로 치부될 이유가 없다는 점이다.
> 연고주의는 그 자체로서 비판받아야 할 것이라기보다는 나름의 고유한 가치를 갖는 사회적 자산이
> 다. 이미 공동체적 요인이 청산·해체되어 버리고, 공동체에 대한 기억마저 사라진 서구 선진사회
> 의 사람들은 오히려 삭막하고 황량한 사회생활의 긴장으로부터 해방되기 위해 새로운 형태의 공동
> 체를 모색·시도하고 있다. 그에 비하면 우리의 연고주의는 인간적 온기를 지닌 것으로 그 나름의
> 가치 있는 삶의 원리가 아닐 수 없다.

① 연고주의는 그 자체로서 고유한 가치를 갖는 사회적 자산이다.
② 연고주의는 반드시 역기능적인 면을 가지는 것은 아니다.
③ 연고주의는 인간적 온기를 느끼게 하는 삶의 활력소이다.
④ 오늘날 연고주의에 대해 부정적 의미를 부여하기 쉽다.
⑤ 연고주의는 계속해서 유지하고 보존해야 하는 것이다.

다음 글을 읽고 추론한 내용으로 적절하지 않은 것은?

> 리플리 증후군이란 허구의 세계를 진실이라 믿고 거짓말과 거짓된 행동을 상습적으로 반복하는 반사회적 인격장애를 뜻한다. 리플리 증후군은 극단적인 감정의 기복을 보이는 등 불안정한 정신상태를 갖고 있는 사람에게서 잘 나타나는 것으로 알려져 있다. 자신의 욕구를 충족시킬 수 없어 열등감과 피해의식에 시달리다가 상습적이고 반복적인 거짓말을 일삼으면서 이를 진실로 믿고 행동하게 된다. 거짓말을 반복하다가 본인이 한 거짓말을 스스로 믿어 버리는 증후군으로서 현재 자신의 상황에 만족하지 못하는 경우에 발생한다. 이는 '만족'이라는 상대적인 개념을 개인이 어떻게 받아들이고 느끼느냐에 따라 달라진다고 할 수 있다.

① 열등감과 피해의식은 리플리 증후군의 원인이 된다.
② 리플리 증후군 환자는 거짓말을 통해 만족감을 얻고자 한다.
③ 리플리 증후군 환자는 자신의 거짓말을 거짓말로 인식하지 못한다.
④ 자신의 상황에 불만족하는 사람은 불안정한 정신 상태를 갖게 된다.
⑤ 상대적으로 자신에게 만족감을 갖지 못한 사람에게 리플리 증후군이 나타난다.

| 해설 | 자신의 상황에 불만족하여 불안정한 정신 상태를 갖게 되는 사람에게서 리플리 증후군이 잘 나타나는 것은 사실이나, 자신의 상황에 불만족하는 모든 이가 불안정한 정신 상태를 갖는 것은 아니다.

정답 ④

42 다음 글을 읽고 추론한 내용으로 가장 적절한 것은?

> 미국 사회에서 동양계 미국인 학생들은 '모범적 소수 인종(Model Minority)'으로, 즉 미국의 교육 체계 속에서 뚜렷하게 성공한 소수 인종의 전형으로 간주되어 왔다. 그리고 그들은 성공적인 학교생활을 통해 주류 사회에 동화되고 이것에 의해 사회적 삶에서 인종주의의 영향을 약화시킨다는 주장으로 이어졌다. 하지만 동양계 미국인 학생들이 이렇게 정형화된 이미지처럼 인종주의의 장벽을 넘어 미국 사회의 구성원으로 참여하고 있는가는 의문이다. 미국 사회에서 동양계 미국인 학생들의 인종적 정체성은 다수자인 '백인'의 특성이 장점이라고 생각하는 것과 소수자인 동양인의 특성이 단점이라고 생각 하는 것의 사이에서 구성된다. 그리고 이것은 그들에게 두 가지 보이지 않는 결과를 제공한다. 하나는 대부분의 동양계 미국인 학생들이 인종적인 차이에 대한 그들의 불만을 해소하고 인종 차이에서 발생하는 차별을 피하고자 백인이 되기를 원하는 것이다. 다른 하나는 다른 사람들이 자신을 동양인으로 연상하지 않도록 자신 스스로 동양인들의 전형적인 모습에서 벗어나려고 하는 것이다. 그러므로 모범적 소수 인종으로서의 동양계 미국인 학생은 백인에 가까운 또는 동양인에서 먼 '미국인'으로 성장할 위험 속에 있다.

① '동양계 미국인 학생들'의 성공은 일시적이고 허구적인 것이다.
② '모범적 소수 인종'은 특유의 인종적 정체성을 내면화하고 있다.
③ 여러 집단의 인종은 사회에서 한정된 자원의 배분을 놓고 갈등하고 있다.
④ 다인종 사회에서 다수파 인종은 은폐된 형태로 인종차별을 지속시키고 있다.
⑤ 여러 소수 인종 집단은 인종 차이가 초래할 부정적인 효과에 대해 의식하고 있다.

43 다음 글을 읽고 추론한 내용으로 적절하지 않은 것은?

> 사람의 무게 중심이 지지점과 가까울수록 넘어지지 않는다. 지지점은 물체가 지면에 닿은 부분으로 한 발로 서 있을 때에는 그 발바닥이 지지점이 되고 두 발을 벌리고 서있을 경우에는 두 발바닥 사이가 안정 영역이 된다. 균형감을 유지하기 위해서는 안정 영역에 무게 중심이 놓여 있어야 한다. 만약 외부의 힘에 의해서 무게 중심이 지지점과 연직 방향*에서 벗어난다면, 중력에 의한 회전력을 받게 되어 지지점을 중심으로 회전하며 넘어진다. 이렇게 기우뚱거리며 넘어지는 과정도 회전 운동이라 할 수 있다.
>
> * 연직 방향 : 중력과 일직선상에 있는 방향

① 사람은 무게 중심이 지면에 닿아있는 부분과 가까울수록 넘어지지 않는다.
② 두 지지점 사이는 안정 영역이라고 한다.
③ 무게 중심이 지지점과 연직 방향에서 벗어나도 회전력을 받으면 넘어지지 않을 수 있다.
④ 균형감을 유지하기 위해서는 무게 중심이 두 지지점 사이에 있어야 한다.
⑤ 중력에 의한 회전력은 균형감을 무너뜨려 사람을 넘어지게 만들기도 한다.

44 다음 글의 논지를 뒷받침할 수 있는 논거로 가장 적절한 것은?

> 서울시내 대형 병원 한 곳이 고용하는 인원은 의사와 같은 전문 인력부터 식당이나 청소용역과 같은 서비스 인력을 합해 8천 ~ 1만 명에 이른다. H은행은 영리병원 도입으로 의료서비스 산업 비중이 선진국 수준에 이르면 약 24조 원의 경제적 부가가치와 약 21만 명의 중장기적 고용 창출 효과가 있을 것으로 분석했다. 건강보험제도와 같은 공적 의료보험의 근간을 흔들지 않는 범위 내에서 영리병원을 통해 의료서비스 산업을 선진화하는 해법을 찾아낸다면 국가 경제에도 큰 보탬이 될 것이다. 이념 논쟁에 갇혀 변화 자체를 거부하다 보면 성장과 일자리 창출의 기회가 싱가포르와 같은 의료서비스 산업 선진국으로 넘어가고 말 것이다.

① 영리병원 허용으로 인해 의료 시설이 다변화되면 고용 창출 효과가 상승할 것이다.
② 영리병원 도입으로 인한 효과는 빠르게 나타날 것이다.
③ 공적 의료보험은 일자리 창출 효과가 낮다.
④ 싱가포르의 선진화된 의료서비스 산업은 영리병원의 도입으로부터 시작되었다.
⑤ 성장과 일자리 창출의 기회를 잡아 의료서비스 선진국이 돼야 한다.

45 다음 글의 '셉테드'에 해당하는 것으로 적절하지 않은 것은?

> 1970년대 초 미국의 오스카 뉴먼은 뉴욕의 두 마을의 생활수준이 비슷한데도 불구하고 범죄 발생 수는 3배가량 차이가 난다는 것을 확인하고, 연구를 거듭하여 범죄 발생 빈도가 두 마을의 공간 디자인의 차이에서 나타난다는 것을 발견하여 대중적으로 큰 관심을 받았다.
>
> 이처럼 셉테드는 건축물 설계 시에 시야를 가리는 구조물을 없애 공공장소에서의 범죄에 대한 자연적 감시가 이뤄지도록 하고, 공적인 장소임을 표시하여 경각심을 일깨우고, 동선이 유지되도록 하여 일탈적인 접근을 거부하는 등 사전에 범죄를 차단할 수 있는 환경을 조성하는 데 그 목적이 있다.
>
> 우리나라에서는 2005년 처음으로 경기도 부천시가 일반주택단지를 셉테드 시범지역으로 지정하였고, 판교·광교 신도시 및 은평 뉴타운 일부 단지에 셉테드를 적용하였다. 또한 국토교통부에서 「범죄예방 건축기준 고시」를 2015년 4월 1일부터 제정해 시행하고 있다.

① 아파트 단지 내 놀이터 주변 수목을 낮은 나무 위주로 심는다.
② 지하주차장의 여성 전용 주차공간을 건물 출입구에 가깝게 배치한다.
③ 수도·가스 배관 등을 미끄러운 재질로 만든다.
④ 공공장소의 엘리베이터를 내부 확인이 가능하도록 유리로 설치한다.
⑤ 각 가정에서는 창문을 통한 침입을 방지하기 위해 방범창을 설치한다.

46 다음 글에 대한 반응으로 적절하지 않은 것은?

> 최근 거론되고 있는 건 전자 판옵티콘이다. 각종 전자 감시 기술은 프라이버시에 근본적인 위협으로 대두되고 있다. '감시'는 거대한 성장 산업으로 비약적인 발전을 거듭하고 있다. 2003년 7월 '노동자 감시 근절을 위한 연대모임'이 조사한 바에 따르면, 한국에서 전체 사업장의 90%가 한 가지 이상의 방법으로 노동자 감시를 하고 있는 것으로 밝혀졌다. "24시간 감시에 숨이 막힌다."라는 말까지 나오고 있다.
>
> 최근 러시아에서는 공무원들의 근무 태만을 감시하기 위해 공무원들에게 감지기를 부착시켜 놓고 인공위성 추적 시스템을 도입하는 방안을 둘러싸고 논란이 벌어지고 있다. 전자 감시 기술은 인간의 신체 속까지 파고 들어갈 만반의 준비를 갖추고 있다.
>
> 어린아이의 몸에 감시 장치를 내장하면 아이의 안전을 염려할 필요는 없겠지만, 그게 과연 좋기만 한 것인지, 또 그 기술이 다른 좋지 않은 목적에 사용될 위험은 없는 것인지, 따져볼 일이다. 감시를 위한 것이 아니라 하더라도 전자 기술에 의한 정보의 집적은 언제든 개인의 프라이버시를 위협할 수 있다.

① 전자 기술의 발전이 순기능만을 가지는 것은 아니구나.
② 직장은 개인의 생활공간이라기보다 공공장소로 보아야 하므로 프라이버시의 보호를 바라는 것은 지나친 요구인 것 같아.
③ 감시를 당하는 사람은 언제나 감시당하고 있다는 생각 때문에 자기 검열을 강화하게 될 거야.
④ 전자 기술 사용의 일상화는 의도하지 않은 프라이버시 침해를 야기할 수도 있어.
⑤ 전자 감시 기술의 발달은 필연적이므로 프라이버시를 위협할 수도 있어.

※ 다음 글을 읽고 이어지는 질문에 답하시오. [47~48]

민족 문화의 전통을 말하는 것은 반드시 보수적이라는 멍에를 메어야만 하는 것일까? 이 문제에 대한 올바른 해답을 얻기 위해서는, 전통이란 어떤 것이며, 또 그것이 어떻게 계승되어 왔는가를 살펴보아야 할 것이다. 연암 박지원은 영·정조 시대 북학파의 대표적 인물 중 한 사람이다. 그가 지은 『열하일기』나 『방경각외전』에 실려 있는 소설이 몰락하는 양반 사회에 대한 신랄한 풍자를 가지고 있을 뿐 아니라 문장 또한 기발하여, 그는 당대의 허다한 문사들 중에서도 최고봉을 이루고 있는 것으로 추앙되고 있다. 그러나 그의 문학은 패관 기서를 따르고 고문을 본받지 않았다 하여, 하마터면 『열하일기』가 촛불의 재로 화할 뻔할 아슬아슬한 때도 있었다. 말하자면, 연암은 고문파에 대한 반항을 통하여 그의 문학을 건설한 것이다. 그러나 오늘날 우리는 민족 문화의 전통을 연암에게서 찾으려고는 할지언정, 고문파에서 찾으려고 하지는 않는다. 이 사실은 우리에게 민족 문화의 전통에 대한 해명의 열쇠를 제시해 주는 것은 아닐까?

전통은 물론 과거로부터 이어 온 것을 말한다. 이 전통은 대체로 그 사회 및 그 사회의 구성원인 개인의 몸에 배어 있는 것이다. 그러므로 스스로 깨닫지 못하는 사이에 전통은 우리의 현실에 작용하는 경우가 있다. 그러나 과거에서 이어 온 것을 무턱대고 모두 전통이라 한다면, 인습이라는 것과 구별이 서지 않을 것이다. 우리는 인습을 버려야 할 것이라고는 생각하지만, 계승해야 할 것이라고는 생각하지 않는다.

여기서 우리는 과거에서 이어 온 것을 객관화하고, 이를 비판하는 입장에 서야 할 필요를 느끼게 된다. 그 비판을 통해서 현재의 문화 창조에 이바지할 수 있다고 생각되는 것만을 우리의 전통이라고 불러야 할 것이다. 이와 같이, 전통은 인습과 구별될 뿐더러 또 단순한 유물과도 구별되어야 한다. 현재에 있어서의 문화 창조와 관계가 없는 것을 우리는 문화적 전통이라고 부를 수가 없기 때문이다.

47 다음 중 윗글에 나타난 글쓴이의 관점으로 가장 적절한 것은?

① 과거에서 이어온 것은 모두 살릴 필요가 있다.
② 과거보다 현재의 것을 더 중요시할 필요가 있다.
③ 현재의 관점에서 과거의 것은 청산할 필요가 있다.
④ 과거의 것 중에서 가치 있는 것을 찾을 필요가 있다.
⑤ 과거를 불식하고 미래지향적 태도를 지닐 필요가 있다.

48 다음 중 윗글을 바탕으로 '전통'을 정의할 때, 가장 적절한 것은?

① 전통은 과거에서 이어온 것이다.
② 전통은 후대에 높이 평가되는 것이다.
③ 전통은 오늘날 널리 퍼져 있는 것이다.
④ 전통은 과거에서 이어와 현재의 문화 창조에 이바지할 수 있는 것이다.
⑤ 전통은 오늘날 삶에 막대한 영향을 주는 것이다.

※ 다음 글을 읽고 이어지는 질문에 답하시오. [49~50]

세계 표준시가 정해지기 전 사람들은 태양이 가장 높게 뜬 시간을 정오로 정하고, 이를 해당 지역의 기준 시간으로 삼았다. 그러다 보니 수많은 태양 정오 시간(자오시간)이 생겨 시간의 통일성을 가질 수 없었고, 다른 지역과 시간을 통일해야 한다는 필요성도 느끼지 못했다. 그러나 이 세계관은 철도의 출현으로 인해 무너졌다.

1969년 미국 최초의 대륙 횡단 철도가 개통되었다. 당시 미 대륙 철도역에서 누군가가 현재 시각을 물으면 대답하는 사람은 한참 망설여야 했다. 각기 다른 여러 시간이 공존했기 때문이다. 시간의 혼란은 철도망이 확장될수록 점점 더 심각해졌다. 이에 따라 캐나다 태평양 철도 건설을 진두지휘한 샌퍼드 플레밍은 자신의 고국인 영국에서 철도 시간 때문에 겪었던 불합리한 경험을 토대로 세계 표준시를 정하는 데 온 힘을 쏟았다. 지구를 경도에 따라 15도씩 나눠 15도마다 1시간씩 시간 간격을 두고, 이를 24개 시차 구역으로 구별한 플레밍의 제안은 1884년 미국 전역에 도입되었다. 이는 다시 1884년 10월 워싱턴에서 열린 '국제자오선 회의'로 이어졌고, 각국이 영국 그리니치 천문대를 통과하는 자오선을 본초자오선으로 지정하는 데 동의했다. 워싱턴에서 열린 회의의 주제는 본초자오선, 즉 전 세계 정오의 기준선이 되는 자오선을 어디로 설정해야 하는가에 대한 것이었다. 3주간의 일정으로 시작된 본초자오선 회의는 영국과 프랑스의 대결이었다. 어떻게든 그리니치가 세계 표준시의 기준으로 채택되는 것을 관철하려는 영국, 그리고 이를 막고 파리 본초자오선을 세계기준으로 삼으려는 프랑스의 외교 전쟁이 불꽃을 튀겼다. 마침내 지루한 회의와 협상 끝에 1884년 10월 13일 그리니치가 세계 표준시로 채택됐다. 지구상의 경도마다 창궐했던 각각의 지역 표준시들이 사라지고 하나의 시간 틀에 인류가 속하게 된 것이다.

우리나라는 대한제국 때인 1908년 세계 표준시를 도입했다. 한반도 중심인 동경 127.5도 기준으로, 세계 표준시의 기준인 영국보다 8시간 30분 빨랐다. 하지만 일제강점기인 1912년, 일본의 총독부는 우리의 표준시를 동경 135도를 기준으로 하는 일본 표준시로 변경하였다. 광복 후 1954년에는 주권 회복 차원에서 127.5도로 환원했다가 1961년 박정희 정부 때 다시 국제 교역 문제로 인해 135도로 변경되었다.

49 다음 중 윗글의 서술상 특징으로 가장 적절한 것은?

① 구체적인 사례를 들어 세계 표준시에 대한 이해를 돕고 있다.

② 세계 표준시에 대한 여러 가지 견해를 소개하고 이를 비교, 평가하고 있다.

③ 세계 표준시가 등장하게 된 배경을 구체적으로 소개하고 있다.

④ 세계 표준시의 변화 과정과 그것의 문제점을 언급하고 있다.

⑤ 권위 있는 학자의 견해를 들어 세계 표준시의 정당성을 입증하고 있다.

50 다음 중 윗글의 내용으로 적절하지 않은 것은?

① 표준시가 정해지기 전에는 수많은 시간이 존재하였다.

② 철도의 발달이 세계 표준시 정립에 결정적인 역할을 하였다.

③ 영국과 프랑스는 본초자오선 설정을 두고 치열하게 대립했다.

④ 현재 우리나라의 시간은 대한제국 때 지정한 시각보다 30분 느리다.

⑤ 우리나라의 표준시는 도입 이후 총 3번의 변화를 겪었다.

CHAPTER **02**
수리능력

출제유형 및 학습 전략

1 기초연산

기초연산은 사칙연산, 대소비교 등과 같이 가장 기본적인 연산을 활용해야 하는 유형이 출제된다. 난이도가 낮은 영역이지만 짧은 시간에 풀이할 수 있는 자신만의 방법을 찾아야 한다. 정확히 계산하기보다는 사칙연산의 경우 선택지를 보고 일의 자리수를 확인하여 숫자가 다르다면 이를 활용하여 문제를 풀고, 대소비교의 경우 통분해서 분수 값을 비교하거나 근사치를 이용하여 대략적인 값을 구하는 방법을 연습해야 한다.

2 응용계산

응용계산은 주로 농도, 나이 계산, 일(시간), 가격, 거리, 속도, 비율 등과 관련된 방정식 및 부등식을 활용해야 하는 유형과, 동전의 앞뒤, 주사위 등과 관련된 경우의 수 및 확률에 대한 문항이 출제된다. 문제의 조건에 따라 식을 세워 계산해도 되지만, 문제의 난이도가 일정하지 않으므로, 문제가 어렵게 느껴진다면 직접 보기를 대입해보거나, 다른 문제를 우선적으로 푸는 것도 좋은 방법이다.

3 자료해석

자료해석은 도표, 그래프 등 실생활에서 접할 수 있는 수치자료를 제시하고 필요한 정보를 선택해 판단·분석하는 능력을 측정한다. 주어진 자료의 대부분은 문제의 풀이와 관계가 없으므로, 수치에 집중하기보다는 제시된 자료의 구성 형태를 우선적으로 확인하고, 질문에 대한 부분만을 파악하는 연습이 필요하다.

4 수추리

일정한 규칙으로 수를 나열할 때, 빈칸 혹은 도형에 들어갈 알맞은 수를 고르는 유형의 문항이 출제된다. 기본적인 등차, 등비, 계차수열은 물론이고 건너뛰기 수열(홀수 항과 짝수 항에 규칙이 따로 적용되는 수열)과 군수열도 출제될 수 있다. 수가 어떤 규칙에 따라 변하는지를 빠르게 파악하는 것이 관건이므로, 많은 문제를 풀어보며 유형을 익히는 것이 중요하다.

5 공통수학

고등학교 1학년 수준의 수학 문제가 출제된다. 그만큼 난이도가 높은 편에 속하므로 단시간에 학습하려고 하기보다 평소에 대비를 해두는 것이 중요하다. 그러나 등차, 등비, 함수 등과 같이 공식을 통해 풀이할 수 있는 문제가 출제되므로 공식을 정리해두며 적용하는 연습을 해야 한다.

대표유형 1 **기초연산**

01 다음 식을 계산한 값으로 옳은 것은?

$$572 \div 4 + 33 - 8$$

① 144   ② 158

③ 164   ④ 168

⑤ 174

| 해설 | $572 \div 4 + 33 - 8 = 143 + 33 - 8 = 168$

정답 ④

02 다음 빈칸에 들어갈 수 있는 값으로 옳은 것은?

$$\frac{3}{11} < (\quad) < \frac{36}{121}$$

① $\frac{1}{11}$ ② $\frac{2}{11}$

③ $\frac{32}{121}$ ④ $\frac{35}{121}$

⑤ $\frac{4}{11}$

| 해설 | 문제에 주어진 분모 11과 121, 그리고 선택지에서 가장 큰 분모인 121의 최소공배수인 121로 통분해서 구한다.

$$\frac{3}{11} < (\quad) < \frac{36}{121} \rightarrow \frac{33}{121} < (\quad) < \frac{36}{121}$$

따라서 $\frac{35}{121}$ 이 빈칸에 들어갈 수 있다.

오답분석

① $\frac{1}{11} = \frac{11}{121}$, ② $\frac{2}{11} = \frac{22}{121}$, ⑤ $\frac{4}{11} = \frac{44}{121}$

정답 ④

※ 다음 식을 계산한 값으로 옳은 것을 고르시오. [1~12]

01

$$21 \times 44 + 646 - 887$$

① 663   ② 673
③ 683   ④ 693
⑤ 703

02

$$3,684 - 62.48 \div 0.55$$

① 6,584.6   ② 6,574.4
③ 3,580.6   ④ 3,570.4
⑤ 3,560.6

03

$$0.28 + 2.4682 - 0.9681$$

① 1.8701   ② 1.7801
③ 1.7601   ④ 1.6801
⑤ 1.5601

04

$$5,322 \times 2 + 3,190 \times 3$$

① 20,014   ② 20,114
③ 20,214   ④ 20,314
⑤ 20,414

05

$$4.7+22\times5.4-2$$

① 120　　　　　　　　　　② 121.5
③ 132.4　　　　　　　　　④ 136
⑤ 145.5

06

$$(59,378-36,824)\div42$$

① 532　　　　　　　　　　② 537
③ 582　　　　　　　　　　④ 594
⑤ 600

07

$$7-\left(\frac{5}{3}\div\frac{15}{21}\times\frac{9}{4}\right)$$

① $\dfrac{3}{5}$　　　　　　　　② $\dfrac{5}{4}$

③ $\dfrac{7}{4}$　　　　　　　　④ $\dfrac{7}{5}$

⑤ $\dfrac{7}{6}$

08

$$545-245-247+112$$

① 145   ② 155

③ 165   ④ 175

⑤ 185

09

$$512,745-425,427+23,147$$

① 106,465   ② 107,465

③ 108,465   ④ 109,465

⑤ 110,465

10

$$255+476+347+107$$

① 1,085   ② 1,185

③ 1,285   ④ 1,385

⑤ 1,485

11

$$3.432+2.121-0.878-1.271$$

① 3.204   ② 3.304

③ 3.404   ④ 3.504

⑤ 3.604

12

$$457+55\times429\div33$$

① 1,142   ② 1,152

③ 1,162   ④ 1,172

⑤ 1,182

※ 다음 중 계산 결과가 다른 식을 고르시오. [13~14]

13

① $3-3.8\times\dfrac{2}{5}$ ② $(2.4-1.8)\times2$

③ $(68.8\div2-16\times2)\div2$ ④ $\dfrac{8}{5}+3.8-8.4\div2$

⑤ $\dfrac{1}{5}\times3\times4\div2$

14

① $69-17+78$ ② $10\times12+10$

③ $5\times13\times2$ ④ $7\times8\times2+8$

⑤ $3\times9+103$

※ 다음 빈칸에 들어갈 수로 알맞은 것을 고르시오. [15~17]

15

$$\frac{1}{7} < (\quad) < \frac{4}{21}$$

① $\frac{1}{28}$

② $\frac{1}{6}$

③ $\frac{2}{7}$

④ $\frac{1}{3}$

⑤ $\frac{3}{7}$

16

$$-\frac{13}{8} < (\quad) < -\frac{2}{5}$$

① $-\frac{1}{7}$

② $-\frac{3}{8}$

③ $-\frac{14}{11}$

④ $-\frac{16}{9}$

⑤ $-\frac{11}{4}$

17

$$0.71 < (\quad) < \frac{9}{12}$$

① $\frac{695}{1,000}$

② 0.705

③ $\frac{145}{200}$

④ $\frac{3}{4}$

⑤ 0.85

18 다음 두 실수 a, b에 대하여 연산 ◎을 $a◎b=(a-b)+(b×10+2)$로 정의할 때 $(1◎6)+(4◎2)$의 값은?

① -81
② -23
③ 23
④ 81
⑤ 92

19 다음 중 스웨덴 화폐 1크로나가 미국 화폐 0.12달러일 때, 120크로나는 몇 달러인가?

① 14.4달러
② 1.44달러
③ 15.4달러
④ 1.54달러
⑤ 1.64달러

20 다음 중 중국 화폐 1위안이 미국 화폐 0.16달러일 때, 55위안은 몇 달러인가?

① 8.2달러
② 8.4달러
③ 8.8달러
④ 9달러
⑤ 9.2달러

01 농도 5%의 소금물 200g에 농도 x%의 소금물 200g을 넣었더니 농도 15%의 소금물이 되었다고 할 때, x의 값은?

① 10

② 15

③ 20

④ 25

⑤ 30

| 해설 | $\dfrac{5}{100} \times 200 + \dfrac{x}{100} \times 200 = \dfrac{15}{100} \times (200 + 200) \rightarrow 10 + 2x = 60$

$\therefore x = 25$

따라서 농도 25%의 소금물 200g을 넣었더니 농도 15%의 소금물이 되었다.

정답 ④

02 철수와 아버지의 나이 차이는 25세이다. 3년 후 아버지의 나이가 철수의 2배가 된다고 할 때, 현재 철수의 나이는?

① 20세

② 22세

③ 24세

④ 26세

⑤ 28세

| 해설 | 현재 철수의 나이를 x세라고 하자.

철수와 아버지의 나이 차는 25세이므로 아버지의 나이는 $(x+25)$세이다.

3년 후 아버지의 나이가 철수 나이의 2배가 되므로 다음과 같은 식이 성립한다.

$2(x+3) = (x+25) + 3$

$\therefore x = 22$

따라서 현재 철수의 나이는 22살이다.

정답 ②

03 집에서 놀이터까지 가는 경우의 수는 4가지, 놀이터에서 학교까지 가는 경우의 수는 5가지이다. 또한 집에서 놀이터를 거치지 않고 학교까지 갈 수 있는 경우의 수는 2가지이다. 이때 집에서 학교까지 갈 수 있는 총 경우의 수는?

① 20가지

② 22가지

③ 26가지

④ 30가지

⑤ 34가지

| 해설 | • 집 → 놀이터 → 학교 : 4×5=20가지

• 집 → 학교 : 2가지

따라서 총 경우의 수는 20+2=22가지이다.

정답 ②

21 회의에 참석하기 위해 김부장이 박대리보다 30분 먼저 같은 위치에서 출발했다. 회의 장소까지 김부장은 시속 3km로 걷고, 박대리는 시속 4km로 걸어가고 있을 때, 박대리가 김부장을 따라잡을 때까지 걸리는 시간은?(단, 걸리는 시간은 박대리가 출발한 후부터이다)

① 180분 ② 90분
③ 80분 ④ 70분
⑤ 60분

22 원가가 2,000원인 아이스크림에 $a\%$의 이익을 더해서 정가를 정했다. 그러나 아이스크림이 팔리지 않아서 $a\%$의 절반만큼을 할인율로 정해 할인 판매하였더니 개당 이익이 240원이었다. 이때 a의 값은?

① 30 ② 32
③ 36 ④ 40
⑤ 42

23 A와 B가 운동장을 돌 때, 서로 반대 방향으로 돌면 12분 후에 다시 만난다. A의 속력은 100m/분, B의 속력은 80m/분이라면 운동장의 둘레는?

① 1,960m ② 2,060m
③ 2,100m ④ 2,130m
⑤ 2,160m

24 둘레가 6km인 공원을 나래는 자전거를 타고, 진혁이는 걷기로 했다. 같은 방향으로 돌면 1시간 30분 후에 다시 만나고, 서로 반대 방향으로 돌면 1시간 후에 만난다고 할 때, 나래의 속도는?(단, 나래의 속력이 더 빠르다)

① 4.5km/h ② 5km/h
③ 5.5km/h ④ 6km/h
⑤ 6.5km/h

25 농도 8% 식염수와 농도 13% 식염수를 혼합하여 농도 10% 식염수 500g을 만들었다. 농도 13%의 식염수는 몇 g이 필요한가?

① 100g
② 150g
③ 200g
④ 250g
⑤ 300g

26 세계적으로 전 세계 인구의 10%가 걸리는 C병이 문제가 되고 있으며, C병을 검사했을 때 오진일 확률이 90%이다. A를 포함한 100명이 검사를 받았을 때, A가 검사 후 병에 걸리지 않았다고 진단 받았을 때 오진이 아닐 확률은?

① 50%
② 40%
③ 30%
④ 20%
⑤ 60%

27 고등학생 8명이 래프팅을 하러 여행을 떠났다. 보트는 3명, 5명 두 팀으로 나눠 타기로 했다. 이때 8명 중 반장, 부반장은 서로 다른 팀이 된다고 할 때, 가능한 경우의 수는?(단, 반장과 부반장은 각각 1명이다)

① 15가지
② 18가지
③ 30가지
④ 32가지
⑤ 40가지

28 현재 아버지의 나이는 35세, 아들은 10세이다. 아버지 나이가 아들 나이의 2배가 되는 것은 몇 년 후인가?

① 5년 후
② 10년 후
③ 15년 후
④ 20년 후
⑤ 25년 후

29 5명으로 이루어진 남성 신인 아이돌 그룹의 모든 멤버 나이의 합은 105세이다. 5명 중 3명의 나이는 5명의 평균 나이와 같고, 가장 큰 형의 나이가 24세일 때, 막내의 나이는?

① 18세   ② 19세

③ 20세   ④ 21세

⑤ 22세

30 100 이하의 자연수 중 12와 32로 나누어떨어지는 자연수의 개수는?

① 0개   ② 1개

③ 2개   ④ 3개

⑤ 4개

31 1g, 2g, 4g, 8g, 16g, …의 추가 있다. 이때, 327g을 재려면 최소로 필요한 추의 개수는?

① 4개   ② 5개

③ 6개   ④ 7개

⑤ 8개

32 민수가 아이들에게 노트를 나눠주려고 하는데 남는 노트가 없이 나눠주려고 한다. 7권씩 나눠주면 13명이 노트를 못 받고, 마지막으로 노트를 받은 아이는 2권밖에 받지 못해서 6권씩 나눠주었더니 10명이 노트를 못 받고, 마지막으로 노트를 받은 아이는 2권밖에 받지 못했다. 그렇다면 몇 권씩 나눠주어야 노트가 남지 않으면서 공평하게 나눠줄 수 있겠는가?

① 1권   ② 2권

③ 3권   ④ 4권

⑤ 5권

33 T여행사에서는 크리스마스 행사로 올해에도 경품 추첨을 진행하려 한다. 작년에는 제주도 숙박권 10명, 여행용 파우치 20명을 추첨하여 경품을 주었으며, 올해는 제주도 숙박권은 20%, 여행용 파우치는 10%만큼 경품을 더 준비했다. 올해 경품을 받는 인원은 작년보다 몇 명 더 많은가?(단, 경품은 중복 당첨이 불가능하다)

① 1명　　　　　　　　　　　　② 2명
③ 3명　　　　　　　　　　　　④ 4명
⑤ 5명

34 어떤 마을의 총 인구가 150명이다. 어른과 어린이의 비율은 2 : 1이고 남자 어린이와 여자 어린이의 비율은 2 : 3이라면, 남자 어린이 수는 몇 명인가?

① 15명　　　　　　　　　　　② 20명
③ 25명　　　　　　　　　　　④ 30명
⑤ 35명

35 가로, 세로의 길이가 각각 20cm, 15cm인 직사각형이 있다. 가로의 길이를 줄여서, 직사각형의 넓이를 반 이하로 줄이려 한다. 가로의 길이는 최소 몇 cm 이상 줄여야 하는가?

① 8cm　　　　　　　　　　　② 10cm
③ 12cm　　　　　　　　　　　④ 14cm
⑤ 16cm

36 우영이는 면적이 144m^{2}인 정사각형 모양 밭에 사과나무 169그루를 심으려고 한다. 일정한 간격으로 심었을 때, 나무와 나무 사이의 거리의 최솟값은?

① 1m　　　　　　　　　　　　② 1.2m
③ 1.3m　　　　　　　　　　　④ 2m
⑤ 2.5m

37 지하철이 A역에는 3분마다 오고, B역에는 2분마다 오고, C역에는 4분마다 온다. 지하철이 오전 4시 30분에 처음으로 A, B, C역에 동시에 도착했다면, 5번째로 세 지하철역에 지하철이 동시에 도착하는 시각은?

① 4시 45분　　　　　　　　　　② 5시

③ 5시 15분　　　　　　　　　　④ 5시 18분

⑤ 5시 20분

38 K호텔은 고객들을 위해 무료로 이벤트를 하고 있다. 매일 분수쇼와 퍼레이드를 보여주고 있으며, 시간은 오전 10시부터 시작한다. 분수쇼는 10분 동안하고 35분 쉬며, 퍼레이드는 20분 공연하고, 40분의 휴식을 한다. 사람들이 오후 12시부터 오후 7시까지 분수쇼와 퍼레이드의 시작을 함께 볼 수 있는 기회는 몇 번인가?

① 1번　　　　　　　　　　② 2번

③ 3번　　　　　　　　　　④ 4번

⑤ 5번

39 1, 1, 1, 2, 2, 3을 가지고 여섯 자리 수를 만들 때, 가능한 모든 경우의 수는?

① 30가지　　　　　　　　　　② 60가지

③ 120가지　　　　　　　　　　④ 240가지

⑤ 300가지

40 H백화점에는 1층에서 9층까지 왕복으로 운행하는 엘리베이터가 있다. 현진이와 서영이는 9층에서 엘리베이터를 타고 내려오다가 각자 어느 한 층에서 내렸다. 두 사람은 엘리베이터를 타고 내려오다가 다시 올라가지는 않는다고 할 때, 두 사람이 서로 다른 층에서 내릴 확률은?

① $\frac{3}{8}$　　　　　　　　　　② $\frac{1}{2}$

③ $\frac{5}{8}$　　　　　　　　　　④ $\frac{3}{4}$

⑤ $\frac{7}{8}$

다음은 세계 주요 터널 화재 사고 A~F를 나타낸 자료이다. 이에 대한 설명으로 옳은 것은?

〈세계 주요 터널 화재 사고 통계〉

구분	터널길이(km)	화재규모(MW)	복구비용(억 원)	복구기간(개월)	사망자(명)
A	50.5	350	4,200	6	1
B	11.6	40	3,276	36	39
C	6.4	120	72	3	12
D	16.9	150	312	2	11
E	0.2	100	570	10	192
F	1.0	20	18	8	0

※ (사고비용)=(복구비용)+[(사망자 수)×5억 원]

① 터널길이가 길수록 사망자가 많다.
② 화재규모가 클수록 복구기간이 길다.
③ A사고를 제외하면 복구기간이 길수록 복구비용이 크다.
④ 사망자가 가장 많은 E사고는 사고비용도 가장 크다.
⑤ 사망자가 30명 이상인 사고를 제외하면 화재규모가 클수록 복구비용이 크다.

| 해설 | 사망자가 30명 이상인 사고를 제외한 나머지 사고는 A, C, D, F이다. 네 사고를 화재규모와 복구비용이 큰 순으로 각각 나열하면 다음과 같다.
• 화재규모 : A-D-C-F
• 복구비용 : A-D-C-F
따라서 옳은 설명이다.

오답분석

① 터널길이가 긴 순으로, 사망자가 많은 순으로 사고를 각각 나열하면 다음과 같다.
• 터널길이 : A-D-B-C-F-E
• 사망자 수 : E-B-C-D-A-F
따라서 터널길이와 사망자 수는 관계가 없다.
② 화재규모가 큰 순으로, 복구기간이 긴 순으로 사고를 각각 나열하면 다음과 같다.
• 화재규모 : A-D-C-E-B-F
• 복구기간 : B-E-F-A-C-D
따라서 화재규모와 복구기간의 길이는 관계가 없다.
③ A사고를 제외하고 복구기간이 긴 순으로, 복구비용이 큰 순으로 사고를 나열하면 다음과 같다.
• 복구기간 : B-E-F-C-D
• 복구비용 : B-E-D-C-F
따라서 옳지 않은 설명이다.
④ A~F사고의 사고비용을 구하면 다음과 같다.
• A사고 : 4,200+1×5=4,205억 원
• B사고 : 3,276+39×5=3,471억 원
• C사고 : 72+12×5=132억 원
• D사고 : 312+11×5=367억 원
• E사고 : 570+192×5=1,530억 원
• F사고 : 18+0×5=18억 원
따라서 A사고의 사고비용이 가장 크다.

정답 ⑤

41 다음은 사교육 과목별 동향에 대한 자료이다. 이에 대한 〈보기〉의 설명 중 옳은 것을 모두 고르면?

〈과목별 동향〉

(단위 : 명, 만 원)

구분		2019년	2020년	2021년	2022년	2023년	2024년
국·영·수	월 최대 수강자 수	350	385	379	366	360	378
	월 평균 수강자 수	312	369	371	343	341	366
	월 평균 수업료	55	65	70	70	70	75
탐구	월 최대 수강자 수	241	229	281	315	332	301
	월 평균 수강자 수	218	199	253	289	288	265
	월 평균 수업료	35	35	40	45	50	50

보기

ㄱ. 2020 ~ 2024년 동안 전년 대비 국·영·수의 월 최대 수강자 수와 월 평균 수강자 수는 같은 증감 추이를 보인다.

ㄴ. 2020 ~ 2024년 동안 전년 대비 국·영·수의 월 평균 수업료는 월 최대 수강자 수와 같은 증감 추이를 보인다.

ㄷ. 국·영·수의 월 최대 수강자 수의 전년 대비 증가율은 2020년에 가장 높다.

ㄹ. 2019 ~ 2024년 동안 월 평균 수강자 수가 국·영·수 과목이 최대였을 때는 탐구 과목이 최소였고, 국·영·수 과목이 최소였을 때는 탐구 과목이 최대였다.

① ㄴ
② ㄷ
③ ㄱ, ㄷ
④ ㄴ, ㄹ
⑤ ㄷ, ㄹ

42 다음은 4종목의 국내 연도별 스포츠 경기 수를 나타낸 자료이다. 이에 대한 설명으로 옳지 않은 것은?

〈국내 연도별 스포츠 경기 수〉

(단위 : 회)

구분	2020년	2021년	2022년	2023년	2024년
농구	413	403	403	403	410
야구	432	442	425	433	432
배구	226	226	227	230	230
축구	228	230	231	233	233

① 농구의 경기 수는 2021년 전년 대비 감소율이 2024년 전년 대비 증가율보다 높다.

② 2020년 농구와 배구 경기 수 차이는 야구와 축구 경기 수 차이의 90% 이상이다.

③ 2020 ~ 2024년 야구 평균 경기 수는 축구 평균 경기 수의 2배 이하이다.

④ 2021 ~ 2023년 경기 수가 증가하는 스포츠는 1종목이다.

⑤ 2024년 경기 수가 5년 동안 각 종목의 평균 경기 수보다 적은 스포츠는 1종목이다.

43 다음은 A제철소에서 생산한 철강의 출하량을 분야별로 기록한 자료이다. 2024년에 세 번째로 많은 생산을 했던 분야에서 2022년 대비 2023년의 변화율을 바르게 표시한 것은?

〈A제철소 철강 출하량〉

(단위 : 천 톤)

구분	자동차	선박	토목 / 건설	일반기계	기타
2022년	5,230	3,210	6,720	4,370	3,280
2023년	6,140	2,390	5,370	4,020	4,590
2024년	7,570	2,450	6,350	5,730	4,650

① 약 10% 증가하였다.

② 약 10% 감소하였다.

③ 약 8% 증가하였다.

④ 약 8% 감소하였다.

⑤ 변화하지 않았다.

※ 다음은 근로자의 고용형태에 따른 훈련 인원, 개인지원방식의 훈련방법별 훈련 인원에 대한 자료이다. 이어지는 질문에 답하시오. [44~46]

〈근로자의 고용형태에 따른 훈련 인원〉

(단위 : 명)

구분		훈련 인원		
		합계	남성	여성
사업주지원방식	합계	512,723	335,316	177,407
A유형	계	480,671	308,748	171,923
	정규직	470,124	304,376	165,748
	비정규직	10,547	4,372	6,175
B유형	계	32,052	26,568	5,484
	정규직	32,052	26,568	5,484
개인지원방식	합계	56,273	20,766	35,497
C유형	계	37,768	15,938	21,830
	정규직	35,075	15,205	19,870
	비정규직	2,693	733	1,960
D유형	계	18,505	4,838	13,667
	비정규직	18,505	4,838	13,667

〈개인지원방식의 훈련방법별 훈련 인원〉

(단위 : 명)

구분			훈련 인원		
			합계	남성	여성
개인지원방식	합계		56,273	20,776	35,497
C유형	집체훈련	일반과정	29,138	12,487	16,651
		외국어과정	8,216	3,234	4,982
	원격훈련	인터넷과정	414	217	197
D유형	집체훈련	일반과정	16,118	4,308	11,810
		외국어과정	1,754	334	1,420
	원격훈련	인터넷과정	633	196	437

44 위 자료에 대한 〈보기〉의 설명 중 옳은 것을 모두 고르면?

> **보기**
>
> ㄱ. B유형의 정규직 인원은 C유형의 정규직 인원보다 3,000명 이상 적다.
> ㄴ. 집체훈련 인원의 비중은 D유형이 C유형보다 높다.
> ㄷ. A, C, D유형에서 여성의 비정규직 인원이 남성의 비정규직 인원보다 많다.
> ㄹ. C, D유형의 모든 훈련과정에서 여성의 수가 남성의 수보다 많다.

① ㄱ, ㄴ ② ㄱ, ㄴ, ㄷ
③ ㄱ, ㄷ ④ ㄱ, ㄷ, ㄹ
⑤ ㄴ, ㄹ

45 A유형으로 훈련을 받는 정규직 근로자 중 남성의 비율과 B유형으로 훈련을 받는 정규직 근로자 중 남성의 비율의 차이는 얼마인가?(단, 소수점 둘째 자리에서 버림한다)

① 10.3%p ② 18.1%p
③ 30.5%p ④ 39.2%p
⑤ 40.5%p

46 다음 중 위 자료에 대한 설명으로 옳지 않은 것은?

① A유형의 훈련 인원 중 비정규직 여성의 비중이 비정규직 남성의 비중보다 높다.
② C유형의 비정규직 인원 중 남성의 비중이 A유형의 비정규직 인원 중 남성의 비중보다 높다.
③ C유형의 훈련 인원 중 외국어과정이 차지하는 비중이 D유형의 훈련 인원 중 외국어과정이 차지하는 비중보다 높다.
④ 개인지원방식에서 원격훈련이 차지하는 비중은 10% 미만이다.
⑤ D유형에서 집체훈련과 원격훈련 모두 여성의 비중이 높다.

※ 다음은 연도별 해양사고 발생 현황에 대한 그래프이다. 이어지는 질문에 답하시오. [47~48]

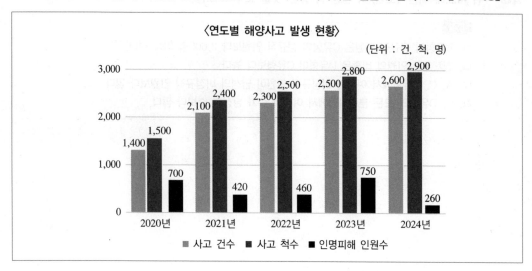

〈연도별 해양사고 발생 현황〉

(단위 : 건, 척, 명)

■ 사고 건수 ■ 사고 척수 ■ 인명피해 인원수

47 다음 중 2020년 대비 2021년 사고 척수의 증가율과 사고 건수의 증가율이 순서대로 나열된 것은?

① 40%, 45%
② 45%, 50%
③ 60%, 50%
④ 60%, 55%
⑤ 60%, 65%

48 다음 중 사고 건수당 인명피해의 인원수가 가장 많은 연도는?

① 2020년
② 2021년
③ 2022년
④ 2023년
⑤ 2024년

※ 다음은 A기업의 동호회 인원 구성 현황을 나타낸 자료이다. 이어지는 질문에 답하시오. [49~50]

〈동호회 인원 구성 현황〉

(단위 : 명)

구분	2021년	2022년	2023년	2024년
축구	77	92	100	120
농구	75	70	98	117
야구	73	67	93	113
배구	72	63	88	105
족구	35	65	87	103
등산	18	42	44	77
여행	10	21	40	65
합계	360	420	550	700

49 전년 대비 2024년의 축구 동호회 인원 증가율이 다음 해에도 유지된다고 가정할 때, 2025년 축구 동호회의 인원은?

① 140명   ② 142명

③ 144명   ④ 146명

⑤ 148명

50 다음 중 위 자료에 대한 설명으로 옳은 것은?

① 동호회 인원이 많은 순서로 나열할 때, 매년 그 순위는 변화가 없다.

② 2022 ~ 2024년 동호회 인원 전체에서 등산이 차지하는 비중은 전년 대비 매년 증가하였다.

③ 2022 ~ 2024년 동호회 인원 전체에서 배구가 차지하는 비중은 전년 대비 매년 감소하였다.

④ 2022년 족구 동호회 인원은 2022년 전체 동호회의 평균 인원보다 많다.

⑤ 2021 ~ 2024년 매년 등산과 여행 동호회 인원의 합은 축구 동호회 인원보다 적다.

※ 다음과 같이 일정한 규칙으로 수를 나열할 때, 빈칸에 들어갈 수로 알맞은 것을 고르시오. [1~2]

01

| 1 | 2 | 4 | 7 | 8 | 10 | 13 | 14 | ( ) |

① 14.5　　　　　　　　　② 15

③ 15.5　　　　　　　　　④ 16

⑤ 16.5

| 해설 | 앞의 항에 +1, +2, +3을 번갈아 가며 적용하는 수열이다.
　　　따라서 (　)=14+2=16이다.

정답 ④

02

| 6 | 10 | 37 | 14 | 27 | 12 | 20 | ( ) | 7 | 43 | 1 | 9 |

① 20　　　　　　　　　② 23

③ 26　　　　　　　　　④ 29

⑤ 32

| 해설 | 각 항을 3개씩 묶고 각각 A, B, C라고 하면 다음과 같다.
　　　$A\ B\ C \rightarrow A+B+C=53$
　　　따라서 (　)=53−(20+7)=26이다.

정답 ③

※ 다음과 같이 일정한 규칙으로 수를 나열할 때, 빈칸에 들어갈 수로 알맞은 것을 고르시오. [51~70]

51

−150	−145	−135	−115	( )	5	165

① −60　　　　　　　　　　② −65
③ −70　　　　　　　　　　④ −75
⑤ −80

52

1	15	36	64	( )

① 76　　　　　　　　　　② 84
③ 99　　　　　　　　　　④ 105
⑤ 112

53

111	79	63	55	( )	49	48

① 54　　　　　　　　　　② 53
③ 52　　　　　　　　　　④ 51
⑤ 50

54

27	15	13.5	30	( )	60	3.375

① 6.45　　　　　　　　　② 6.75
③ 45　　　　　　　　　　④ 50
⑤ 57

55

| 27 | 81 | 9 | 27 | 3 | ( ) |

① 5 ② 6
③ 7 ④ 8
⑤ 9

56

| 5 | ( ) | 2 | 13 | −1 | 10 | −4 | 7 |

① 16 ② 13
③ 11 ④ 9
⑤ 7

57

| 27 | 86 | 23 | 79 | ( ) | 72 | 15 | 65 |

① 78 ② 75
③ 25 ④ 20
⑤ 19

58

| 41 | 216 | 51 | 36 | 61 | ( ) | 71 | 1 |

① 6 ② 9
③ 11 ④ 14
⑤ 16

59

| 2 ( ) 4 6 9 14 22 35 |

① 3   ② 5
③ 8   ④ 10
⑤ 12

60

| −7 −3 −8 −9 ( ) −22 |

① −10   ② −15
③ −17   ④ −20
⑤ −21

61

| 1 1 2 2 3 4 4 ( ) |

① 4   ② 5
③ 6   ④ 7
⑤ 8

62

| 68 71 ( ) 70 73 68 82 65 |

① 6   ② 7
③ 69   ④ 72
⑤ 75

63

5	−2	9	6	13	( )	17

① −13   ② −15
③ −18   ④ −21
⑤ −24

64

1,019	2,000	1,020	2,000	1,022	6,000	1,025	( )

① 10,000   ② 20,000
③ 30,000   ④ 40,000
⑤ 50,000

65

3	5	( )	75	1,125	84,375

① 10   ② 15
③ 20   ④ 25
⑤ 30

66

−5	−3	1	9	25	( )

① 50   ② 57
③ 143   ④ 286
⑤ 314

67

$$( ) \quad 125 \quad 3 \quad 25 \quad -9 \quad 5 \quad 27 \quad 1$$

① −3 ② −1
③ 5 ④ 17
⑤ 20

68

$$\underline{6 \quad 4 \quad 4} \quad \underline{21 \quad 5 \quad 32} \quad \underline{19 \quad ( ) \quad 10}$$

① 18 ② 16
③ 14 ④ 12
⑤ 10

69

$$\underline{10 \quad 6 \quad 4} \quad \underline{15 \quad 9 \quad 6} \quad \underline{20 \quad 12 \quad ( )}$$

① 5 ② 8
③ 10 ④ 14
⑤ 18

70

$$\underline{1 \quad 8 \quad 3} \quad \underline{2 \quad ( ) \quad 4} \quad \underline{3 \quad 16 \quad 5}$$

① 9 ② 10
③ 11 ④ 12
⑤ 13

다음 중 $a > 0$, $b > 0$일 때, $\sqrt[12]{2a^5b^4} \times \sqrt[4]{2ab^2} \div \sqrt[6]{4a^3b}$ 를 간단히 하면?

① $\sqrt{ab^3}$

② $\sqrt[3]{a^2b^2}$

③ $\sqrt[4]{a^3b}$

④ $\sqrt[6]{ab^4}$

⑤ $\sqrt[3]{a^3b^2}$

| 해설 |　$\sqrt[12]{2a^5b^4} \times \sqrt[4]{2ab^2} \div \sqrt[6]{4a^3b} = \dfrac{\sqrt[12]{2a^5b^4} \times \sqrt[12]{2^3a^3b^6}}{\sqrt[12]{4^2a^6b^2}} = \sqrt[12]{\dfrac{16a^8b^{10}}{16a^6b^2}} = \sqrt[12]{a^2b^8} = \sqrt[6]{ab^4}$

정답 ④

71 등차수열 $\{a_n\}$에서 $a_1 + a_5 = 12$, $a_3 + a_7 = 20$일 때, a_2의 값은?

① 0

② 1

③ 2

④ 3

⑤ 4

72 $a_1 = 1$, $a_{n+1} = \dfrac{2n}{n+1}a_n (n = 1, 2, 3, \cdots)$으로 정의된 수열 $\{a_n\}$에서 여덟 번째 항의 값은?

① 14

② 15

③ 16

④ 17

⑤ 18

73 다음 중 모든 항이 양수인 등비수열 $\{a_n\}$에서 $a_2a_4=16$, $a_3a_5=64$일 때, a_6의 값은?

① 8

② 16

③ 32

④ 64

⑤ 128

74 다음 중 두 함수 $f(x)=2x-1$, $g(x)=x-4$에 대하여 $(f \circ (g \circ f)^{-1} \circ f)(3)$의 값은?

① 2

② 5

③ 7

④ 9

⑤ 11

75 다음 중 두 점 $A(-3, -4)$, $B(5, 2)$를 지름의 양 끝점으로 하는 원의 방정식은?

① $(x-1)^2+(y+1)^2=25$

② $(x+1)^2+(y+1)^2=25^2$

③ $(x-1)^2+(y-1)^2=25$

④ $(x-1)^2+(y-1)^2=25^2$

⑤ $(x+1)^2+(y-1)^2=25$

76 다음 중 θ는 제3사분면의 각이고 $\dfrac{1+\sin\theta}{1-\sin\theta}=\dfrac{1}{3}$일 때, $\cos\theta$ 의 값은?

① $-\dfrac{\sqrt{3}}{2}$　　　　　　　　② $-\dfrac{1}{2}$

③ 0　　　　　　　　　　　　　④ $\dfrac{1}{2}$

⑤ 1

77 다음 중 이차방정식 $x^2-10x+8=0$의 두 근을 α, β라고 할 때, $\log_2\alpha+\log_2\beta$ 의 값은?

① 1　　　　　　　　　　　　② 3

③ 5　　　　　　　　　　　　④ 7

⑤ 9

78 다음 중 두 집합 $A=\{2,\ 3,\ x^2+4\}$, $B=\{x+1,\ 4,\ 2x+3\}$에 대하여 $A\cap B=\{2,\ 5\}$일 때, 실수 x의 값은?

① -1　　　　　　　　　　　② 0

③ 1　　　　　　　　　　　　④ 2

⑤ 3

79 다음 중 $\dfrac{1}{1\times2}+\dfrac{1}{2\times3}+\dfrac{1}{3\times4}+\cdots+\dfrac{1}{99\times100}$ 의 값은?

① $\dfrac{99}{100}$

② $\dfrac{1}{100}$

③ $\dfrac{1}{99}$

④ $\dfrac{100}{99}$

⑤ $\dfrac{101}{99}$

80 $x \geq 2$일 때, 함수 $y = (\log_2 x)^2 + \log_2 (2x)^2 + 2\log_2 x + 2$의 최솟값과 이때 x의 값을 구하면?

	x의 값	y의 값
①	3	10
②	3	9
③	2	10
④	2	9
⑤	2	8

CHAPTER 03
추리능력

출제유형 및 학습 전략

1 언어추리

추리능력의 주요 출제유형이라 할 수 있으며, 어휘유추, 명제, 나열하기 · 연결하기 · 묶기 유형 등이 출제되고 있다.

어휘유추는 단어 사이의 관계를 유추하여 빈칸에 들어갈 알맞은 단어를 찾는 유형으로, 일반적인 유의 관계나 반의 관계, 상하 관계 이외에도 다양한 단어 사이의 관계가 등장한다.

명제는 빈칸에 들어갈 명제를 찾거나 참인 명제를 찾는 유형으로, 삼단논법과 명제의 역, 이, 대우 개념을 숙지해 두어야 한다.

나열하기 · 연결하기 · 묶기 유형은 주어진 조건을 통해 제시된 요소들을 줄세우거나 배치하는 유형으로, 조건을 결합하여 각각의 경우의 수를 따져보며 문제를 풀어나가야 한다.

2 문자추리

나열된 알파벳, 한글 자음 및 모음 등을 통해 규칙을 파악하여 빈칸에 들어갈 알맞은 문자를 고르는 문제이다. 문제를 풀기 전에 한글 자음과 모음, 알파벳을 숫자와 대응시켜 적어두면 문제를 빠르게 푸는 데 도움이 되며, 숫자로 변환한 후의 풀이 방법은 수추리와 동일하다.

3 도형추리

도형의 회전 · 대칭 · 색반전 등의 규칙을 파악하여 도형의 변화를 예측하는 유형의 문제가 출제되고 있다. 회전 · 대칭 · 색반전 이외에도 다양한 규칙이 등장하므로, 최대한 많은 문제를 풀어보며 패턴을 익히는 것이 중요하다.

대표유형 1 어휘유추

다음 제시된 단어의 대응 관계로 볼 때, 빈칸에 들어갈 단어로 알맞은 것은?

> 과일 : 딸기 = (   ) : 나비

① 봄
② 나방
③ 곤충
④ 꽃
⑤ 벌

| 해설 | 제시된 단어는 상하 관계이다.
'딸기'는 '과일'에 포함되며, '나비'는 '곤충'에 포함된다.

정답 ③

※ 다음 제시된 단어의 대응 관계로 볼 때, 빈칸에 들어갈 단어로 알맞은 것을 고르시오. [1~4]

01

> 요리사 : 주방 = 학생 : (   )

① 교복
② 책
③ 공부
④ 선생님
⑤ 학교

02

> (   ) : 보강 = 비옥 : 척박

① 상쇄
② 감소
③ 보전
④ 감쇄
⑤ 손실

03

지우개 : 고무 = (　　) : 직물

① 연필　　　　　　　　　　② 학용품
③ 도로　　　　　　　　　　④ 옷
⑤ 안경

04

출발선 : 결승선 = 천당 : (　　)

① 감옥　　　　　　　　　　② 천국
③ 지옥　　　　　　　　　　④ 선행
⑤ 천사

※ 다음 제시된 단어의 대응 관계로 볼 때, 빈칸에 들어갈 단어로 바르게 짝지어진 것을 고르시오. [5~7]

05

(　　) : 차다 = 온도 : (　　)

① 칼, 뜨겁다　　　　　　　② 공간, 빠르다
③ 수갑, 따듯하다　　　　　④ 허리, 뜨겁다
⑤ 성격, 내려가다

06

뉴욕 : (　　) = (　　) : 오페라하우스

① 자유의 여신상, 시드니　　② 캥거루 섬, 호주
③ 블루마운틴, 호주　　　　④ 에펠탑, 시드니
⑤ 시드니, 블루마운틴

07

대패 : (　　) = (　　) : 조리사

① 목수, 식칼　　　　　　　② 몽짜, 껄떡이
③ 자격루, 표준시　　　　　④ 마마, 종두법
⑤ 도리깨, 보리타작

다음 명제를 통해 얻을 수 있는 결론으로 타당한 것은?

- 정직한 사람은 이웃이 많을 것이다.
- 성실한 사람은 외롭지 않을 것이다.
- 이웃이 많은 사람은 외롭지 않을 것이다.

① 이웃이 많은 사람은 성실할 것이다.
② 성실한 사람은 정직할 것이다.
③ 정직한 사람은 외롭지 않을 것이다.
④ 외롭지 않은 사람은 정직할 것이다.
⑤ 외로운 사람은 이웃이 많지 않지만 성실하다.

| 해설 | 정직한 사람은 이웃이 많고, 이웃이 많은 사람은 외롭지 않을 것이다. 따라서 정직한 사람은 외롭지 않을 것이다.

정답 ③

※ 다음 명제를 통해 추론한 내용으로 옳은 것을 고르시오. [8~10]

08

- 커피를 마시면 치즈케이크도 먹는다.
- 마카롱을 먹으면 요거트를 먹지 않는다.
- 요거트를 먹지 않으면 커피를 마신다.
- 치즈케이크를 먹으면 초코케이크를 먹지 않는다.
- 아이스크림을 먹지 않으면 초코케이크를 먹는다.

① 마카롱을 먹으면 아이스크림을 먹는다.
② 아이스크림을 먹으면 치즈케이크를 먹는다.
③ 요거트를 먹지 않으면 초코케이크를 먹는다.
④ 커피를 마시지 않으면 초코케이크를 먹는다.
⑤ 치즈케이크를 먹지 않으면 마카롱을 먹는다.

09

> • 신혜와 유민이 앞에 사과, 포도, 딸기가 놓여있다.
> • 사과, 포도, 딸기 중에는 각자 좋아하는 과일이 반드시 있다.
> • 신혜는 사과와 포도를 싫어한다.
> • 유민이가 좋아하는 과일은 신혜가 싫어하는 과일이다.

① 신혜는 좋아하는 과일이 없다.
② 유민이가 딸기를 좋아하는지 알 수 없다.
③ 신혜는 딸기를 좋아한다.
④ 유민이와 신혜가 같이 좋아하는 과일이 있다.
⑤ 포도를 좋아하는 사람은 없다.

10

> • A카페에 가면 타르트를 주문한다.
> • 빙수를 주문하면 타르트를 주문하지 않는다.
> • 타르트를 주문하면 아메리카노를 주문한다.

① 아메리카노를 주문하면 빙수를 주문하지 않는다.
② 빙수를 주문하지 않으면 A카페를 가지 않았다는 것이다.
③ 아메리카노를 주문하지 않으면 A카페를 가지 않았다는 것이다.
④ 타르트를 주문하지 않으면 빙수를 주문한다.
⑤ 빙수를 주문하는 사람은 아메리카노를 싫어한다.

11

> • 음악을 좋아하는 사람은 상상력이 풍부하다.
> • 음악을 좋아하지 않는 사람은 노란색을 좋아하지 않는다.
> • 그러므로 _____

① 노란색을 좋아하는 사람은 상상력이 풍부하다.
② 노란색을 좋아하지 않는 사람은 음악을 좋아한다.
③ 상상력이 풍부하지 않은 사람은 음악을 좋아한다.
④ 상상력이 풍부한 사람은 노란색을 좋아하지 않는다.
⑤ 음악을 좋아하지 않는 사람은 상상력이 풍부하지 않다.

12

> • 경찰에 잡히지 않으면 도둑질을 하지 않은 것이다.
> • _____
> • 그러므로 감옥에 안 가면 도둑질을 하지 않은 것이다.

① 도둑질을 하면 감옥에 가지 않는다.
② 감옥에 가면 도둑질을 한다.
③ 도둑질을 하면 경찰에 잡힌다.
④ 경찰에 잡히면 감옥에 간다.
⑤ 경찰은 도둑질을 하지 않는다.

13

> • 서로를 사랑하면 세계에 평화가 찾아온다.
> • _____
> • 그러므로 타인을 사랑하면 세계에 평화가 찾아온다.

① 서로를 사랑하지 않는다는 것은 타인을 사랑하지 않는다는 것이다.
② 세계가 평화롭지 않으면 서로를 싫어한다는 것이다.
③ 서로를 사랑하면 타인을 사랑하지 않게 된다.
④ 세계에 평화가 찾아오면 서로를 사랑하게 된다.
⑤ 세계에 평화가 찾아오면 서로를 미워하게 된다.

경순, 민경, 정주는 여름휴가를 맞이하여 대만, 제주도, 일본 중 각각 한 곳으로 여행을 가는데, 게스트하우스 혹은 호텔에서 숙박할 수 있다. 다음 〈조건〉을 바탕으로 민경이의 여름휴가 장소와 숙박 장소를 바르게 연결한 것은?(단, 세 사람 모두 이미 한번 다녀온 곳으로는 휴가를 가지 않는다)

| 조건 |

- 제주도의 호텔은 예약이 불가하여, 게스트하우스에서만 숙박할 수 있다.
- 호텔이 아니면 잠을 못 자는 경순이는 호텔을 가장 먼저 예약했다.
- 여행 갈 때마다 호텔에 숙박했던 정주는 이번 여행은 게스트하우스를 예약했다.
- 대만으로 여행 가는 사람은 앱 할인으로 호텔에 숙박한다.
- 작년에 정주는 제주도와 대만을 다녀왔다.

① 제주도 – 호텔
② 대만 – 게스트하우스
③ 제주도 – 게스트하우스
④ 일본 – 호텔
⑤ 대만 – 호텔

| **해설** | 주어진 조건을 정리하면 다음과 같다.

구분	제주도	일본	대만
정주		게스트하우스	
경순			호텔
민경	게스트하우스		

따라서 민경이가 가는 곳은 제주도이고, 게스트하우스에서 숙박한다.

정답 ③

14 5명의 취업준비생 갑 ~ 무가 A그룹에 지원하여 그중 1명이 합격하였다. 취업준비생들은 다음과 같이 이야기하였고 그중 1명이 거짓말을 하였다고 할 때, 합격한 학생은 누구인가?

> • 갑 : 을은 합격하지 않았다.
> • 을 : 합격한 사람은 정이다.
> • 병 : 내가 합격하였다.
> • 정 : 을의 말은 거짓말이다.
> • 무 : 나는 합격하지 않았다.

① 갑   ② 을
③ 병   ④ 정
⑤ 무

15 다음은 같은 반 학생인 A ~ E의 영어 단어 시험 결과이다. 이를 바탕으로 바르게 추론한 것은?

> • A는 이번 시험에서 1문제의 답을 틀렸다.
> • B는 이번 시험에서 10문제의 답을 맞혔다.
> • C만 유일하게 이번 시험에서 20문제 중 답을 다 맞혔다.
> • D는 이번 시험에서 B보다 많은 문제의 답을 틀렸다.
> • E는 지난 시험에서 15문제의 답을 맞혔고, 이번 시험에서는 지난 시험보다 더 많은 문제의 답을 맞혔다.

① A는 E보다 많은 문제의 답을 틀렸다.
② C는 가장 많이 답을 맞혔고, B는 가장 많이 답을 틀렸다.
③ B는 D보다 많은 문제의 답을 맞혔지만, E보다는 적게 답을 맞혔다.
④ D는 E보다 많은 문제의 답을 맞혔다.
⑤ E는 이번 시험에서 5문제 이상의 답을 틀렸다.

16 서울에서 열린 H자동차 모터쇼 2층 특별 전시장에는 다섯 종류의 차량이 전시되어 있다. 차종은 제네시스, 소나타, 싼타페, 그랜저, 투싼이며 색상은 흰색, 파란색, 검은색 중 하나이다. 다음 〈조건〉에 따라 항상 참이 아닌 것은?

> **조건**
> • 양 끝에 있는 차량은 모두 흰색이다.
> • 소나타는 가장 오른쪽에 있다.
> • 그랜저는 제네시스 바로 오른쪽에 있으며, 싼타페보다는 왼쪽에 있다.
> • 제네시스와 투싼의 색상은 동일하고, 그 사이에는 검은색 차량 1대가 있다.
> • 소나타 바로 왼쪽에 있는 차량은 파란색이다.

① 흰색 차량은 총 3대이다.
② 그랜저는 왼쪽에서 2번째에 위치한다.
③ 검은색과 파란색 차량은 각각 1대씩 있다.
④ 싼타페와 그랜저의 색상은 주어진 조건만으로는 알 수 없다.
⑤ 그랜저와 같은 색상의 차량은 없다.

17 A ~ F 여섯 명으로 구성된 부서에서 주말 당직을 정하는데 다음의 〈조건〉을 모두 지켜야 한다. 당직을 맡을 수 있는 사람을 바르게 짝지은 것은?

> **조건**
> • A와 B가 당직을 하면 C도 당직을 한다.
> • C와 D 중 한 명이라도 당직을 하면 E도 당직을 한다.
> • E가 당직을 하면 A와 F도 당직을 한다.
> • F가 당직을 하면 E는 당직을 하지 않는다.
> • A가 당직을 하면 E도 당직을 한다.

① A, B
② A, E
③ B, F
④ C, E
⑤ D, F

18 어느 도시에 있는 병원의 공휴일 진료 현황이 다음과 같을 때, 공휴일에 진료하는 병원의 수는?

- 만약 B병원이 진료를 하지 않으면, A병원은 진료를 한다.
- 만약 B병원이 진료를 하면, D병원은 진료를 하지 않는다.
- 만약 A병원이 진료를 하면, C병원은 진료를 하지 않는다.
- 만약 C병원이 진료를 하지 않으면, E병원이 진료를 한다.
- E병원은 공휴일에 진료를 하지 않는다.

① 1곳
② 2곳
③ 3곳
④ 4곳
⑤ 5곳

대표유형 4 문자추리

다음과 같이 일정한 규칙으로 문자를 나열할 때, 빈칸에 들어갈 문자로 알맞은 것을 고르면?

Z ( ) P K F A

① W
② X
③ V
④ U
⑤ T

| 해설 | 앞의 항에서 5씩 빼는 수열이다.

Z	(U)	P	K	F	A
26	21	16	11	6	1

정답 ④

※ 다음과 같이 일정한 규칙으로 문자를 나열할 때, 빈칸에 들어갈 문자로 알맞은 것을 고르시오. [19~25]

19

| H ㄷ ( ) ㅂ ㄴ ㅌ |

① B ② D
③ I ④ J
⑤ P

20

| ㄹ ㄷ ㅁ ㄴ ㅂ ( ) |

① ㄱ ② ㄴ
③ ㄷ ④ ㄹ
⑤ ㅁ

21

| C D ( ) J R H |

① D ② E
③ F ④ L
⑤ M

22

| 캐 해 새 채 매 애 ( ) |

① 래 ② 매
③ 배 ④ 채
⑤ 캐

23

	ㄴ	ㅁ	ㅈ	ㅎ	ㅂ	( )

① ㅍ   ② ㅈ
③ ㅂ   ④ ㄷ
⑤ ㄱ

24

	ㄱ	B	ㄹ	H	ㄴ	( )

① C   ② D
③ E   ④ F
⑤ G

25

	E	C	J	H	P	N	( )

① W   ② V
③ U   ④ F
⑤ D

※ 다음 중 규칙이 다른 하나를 고르시오. [26~27]

26 ① ㄱㄷㅁㅅ   ② 가거고구
③ EGIK   ④ MOQS
⑤ 노도모보

27 ① ㄹㅅㅂㄹ   ② HKJH
③ 무미므무   ④ 서처저서
⑤ PMNP

다음과 같이 일정한 규칙으로 도형을 나열할 때, ?에 들어갈 도형으로 알맞은 것을 고르면?

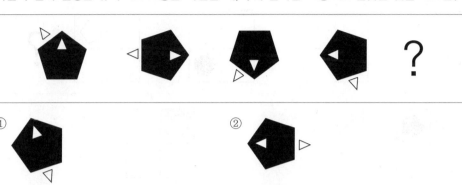

①

②

③

④

⑤

| 해설 | 가장 큰 도형과 내부 도형은 시계 방향으로 90° 회전, 외부 도형은 가장 큰 도형의 회전과 관계없이 시계 반대 방향으로 가장 큰 도형의 변을 한 칸씩 이동하는 규칙이다.

정답 ③

※ 다음과 같이 일정한 규칙으로 도형을 나열할 때, ?에 들어갈 도형으로 알맞은 것을 고르시오. [28~29]

28

①

②

③

④

⑤

29

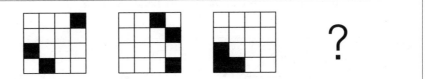

①

②

③

④

⑤

30

① ② ③ ④ ⑤

31

① ② ③ ④

⑤

※ 다음 도형의 규칙을 보고 ?에 들어갈 도형으로 알맞은 것을 고르시오. **[32~35]**

32

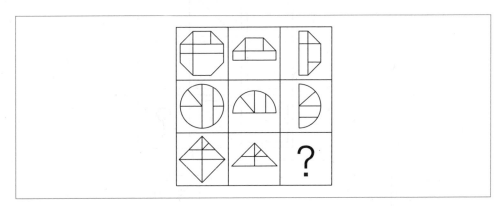

①

②

③

④

⑤

33

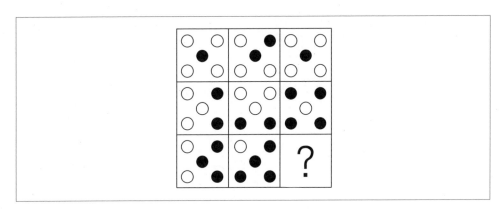

34

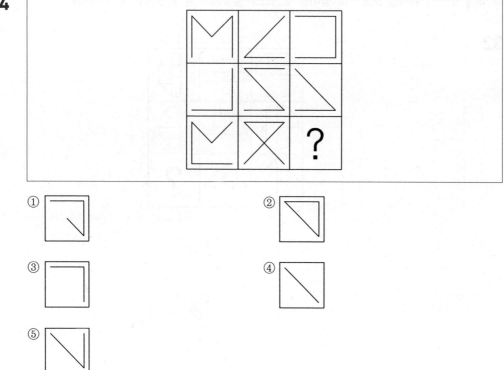

① 　 ② 　 ③ 　 ④ 　 ⑤

35

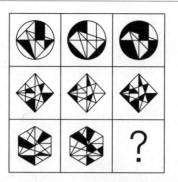

①

②

③

④

⑤

CHAPTER 04

지각능력

출제유형 및 학습 전략

1 사무지각

문자인식능력 및 시각적 변별능력을 판단하기 위한 영역이다. 나열된 숫자·문자·기호를 서로 비교하여 같은 것 또는 다른 것을 찾는 비교하기 유형과 주어진 규칙과 조건을 이용하여 문제를 푸는 유형 등이 있다. 나열된 문자열이 언뜻 보기에 비슷한 경우가 많으므로 최대한 집중력을 발휘해야 하며, 많은 문제를 통해 충분히 연습하여 자신만의 노하우를 터득하는 것이 좋다.

2 공간지각

입체적이고 종합적인 사고력을 판단하는 영역이다. 평면도형 또는 입체도형의 규칙을 파악하거나 회전, 대칭, 색 반전 등 변화 후의 모습을 추론하는 유형의 문제가 주로 출제되고 있다.

정답 및 해설 p.021

대표유형 1 사무지각(같은 문자 찾기)

다음 중 좌우를 비교했을 때 다른 것의 개수는?

65794322 − 65974322

① 2개 ② 3개
③ 4개 ④ 5개
⑤ 6개

| **해설** | 65794322 − 65974322

정답 ①

※ 다음 제시된 문자와 같은 것의 개수를 구하시오. [1~5]

01

◎

★	☆	◇	우	□	◇	□	◎	우	★	◇	☆
◗	◎	☆	★	◎	◇	우	◑	☆	★	☆	우
●	●	◔	●	우	☆	★	◇	◎	◇	★	◎
□	●	◎	☆	우	★	□	◇	◑	◎	★	□

① 5개 ② 6개
③ 7개 ④ 8개
⑤ 9개

02

가챠

기차	가치	갸챠	기챠	기차	가쟈	갸챠	가치	기차	기챠	거챠	가챠
갸챠	가쟈	기차	갸챠	거챠	거챠	가챠	거챠	가쟈	기차	가치	기챠
가챠	가치	가쟈	거챠	가챠	가치	거챠	가치	갸챠	가치	갸챠	기차
기챠	거챠	갸챠	기차	가쟈	갸챠	기차	거챠	가챠	가쟈	기차	가치

① 1개　　　　　　② 2개
③ 3개　　　　　　④ 4개
⑤ 5개

03

5248

2489	5892	8291	4980	2842	5021	5984	1298	8951	3983	9591	5428
5248	5147	1039	7906	9023	5832	5328	1023	8492	6839	7168	9692
7178	1983	9572	5928	4726	9401	5248	5248	4557	4895	1902	5791
4789	9109	7591	8914	9827	2790	9194	3562	8752	7524	6751	1248

① 1개　　　　　　② 2개
③ 3개　　　　　　④ 4개
⑤ 5개

아

갸	①	갸	퍄	⑪	⑫	퍄	랴	냐	샤	ⓙ	야
㉟	아	쟈	Ⓞ	쟈	랴	냐	뱌	⑭	캬	챠	Ⓢ
먀	Ⓢ	㊵	탸	랴	야	㉝	탸	캬	샤	⑥	햐
야	댜	Ⓢ	댜	캬	㉕	⑫	⑫	캬	Ⓒ	야	Ⓢ

① 1개 ② 2개
③ 3개 ④ 4개
⑤ 5개

羅

難	羅	卵	落	諾	拉	衲	捺	廊	朗	尼	內
奈	老	怒	路	懦	蘿	瑙	泥	多	羅	羅	茶
對	代	臺	道	都	羅	搗	儺	邏	頭	杜	羅
蘿	徒	團	但	答	踏	蘿	累	淚	畓	荳	屠

① 2개 ② 3개
③ 5개 ④ 6개
⑤ 7개

※ 다음 제시된 좌우의 문자 또는 기호를 비교하여 같으면 ①을, 다르면 ②를 고르시오. [6~10]

06
> 1141049657 [　] 1141048657

　①　　　　　　　　　　　　　②

07
> ETEIVIENDR [　] ETEIVIENDR

　①　　　　　　　　　　　　　②

08
> やづごしどなる [　] やづごじどなる

　①　　　　　　　　　　　　　②

09
> 傑琉浴賦忍杜家 [　] 傑瑜浴賦忍杜家

　①　　　　　　　　　　　　　②

10
> ⓗⓗⓧⓕⓓⓘ⑧ⓩ [　] ⓗⓗⓧⓕⓓⓘ⑧ⓩ

　①　　　　　　　　　　　　　②

※ 다음 중 좌우를 비교했을 때 같은 것의 개수를 고르시오. [11~12]

11

와하현희황홍흑향 – 와하현희횡홍욱향

① 2개　　　　　　　　② 3개
③ 4개　　　　　　　　④ 5개
⑤ 6개

12

CVNUTQERL – CBNUKQERL

① 3개　　　　　　　　② 4개
③ 5개　　　　　　　　④ 6개
⑤ 7개

※ 다음 중 좌우를 비교했을 때 다른 것의 개수를 고르시오. [13~14]

13

AiioXTVcp – AⅡoxTvcb

① 2개　　　　　　　　② 3개
③ 4개　　　　　　　　④ 5개
⑤ 6개

14

五十一萬二千七百 – 五十一萬三千七白

① 1개　　　　　　　　② 2개
③ 3개　　　　　　　　④ 4개
⑤ 5개

다음 표에 제시되지 않은 문자는?

413	943	483	521	253	653	923	653	569	467	532	952
472	753	958	551	956	538	416	567	955	282	568	954
483	571	462	933	457	353	442	482	668	533	382	682
986	959	853	492	957	558	955	453	913	531	963	421

① 467　　　　　　　　　　　　② 482

③ 531　　　　　　　　　　　　④ 568

⑤ 953

해설											
413	943	483	521	253	653	923	653	569	467	532	952
472	753	958	551	956	538	416	567	955	282	568	954
483	571	462	933	457	353	442	482	668	533	382	682
986	959	853	492	957	558	955	453	913	531	963	421

정답 ⑤

※ 다음 표에 제시되지 않은 문자를 고르시오. [15~17]

15

UI	GN	WG	LA	GM	WI	CA	GU	LQ	MB	AL	ZJ
OK	RP	AI	NF	KW	VS	FI	EQ	FL	WJ	CA	QW
KW	CA	WJ	MB	QW	WG	CA	WI	RP	FI	FL	EQ
GN	ZJ	AI	GM	UI	OK	LQ	LA	VS	GU	NF	AL

① AK   ② FI
③ MB   ④ UI
⑤ WG

16

퐈	탈	밥	션	탐	폭	콕	헐	달	햡	한	번
한	랄	발	뱦	팝	턴	핪	뽑	선	팝	협	곡
팔	혹	곰	독	견	랄	퐐	팍	톡	변	밤	갈
콕	합	편	던	할	폡	협	신	촉	날	함	퐙

① 밥   ② 선
③ 톡   ④ 편
⑤ 할

17

1457	4841	3895	8643	3098	4751	6898	5785	6980	4617	6853	6893
1579	5875	3752	4753	4679	3686	5873	8498	8742	3573	3702	6692
3792	9293	8274	7261	6309	9014	3927	6582	2817	5902	4785	7389
3873	5789	5738	8936	4787	2981	2795	8633	4862	9592	5983	5722

① 1023   ② 3895
③ 5873   ④ 6582
⑤ 8936

※ 다음 왼쪽에 표시된 숫자나 문자와 같은 것의 개수를 고르시오. [18~19]

18

6	98406198345906148075634361456234

① 4개   ② 5개

③ 6개   ④ 7개

⑤ 8개

19

3	8205830589867823207834085398983253

① 4개   ② 5개

③ 6개   ④ 7개

⑤ 8개

다음 중 제시된 도형과 같은 것은?(단, 도형은 회전이 가능하다)

①

②

③

④

⑤

| **해설** | 제시된 도형을 시계 방향으로 90° 회전한 것이다.

정답 ③

※ 다음 중 제시된 도형과 같은 것을 고르시오(단, 도형은 회전만 가능하다). [20~22]

20

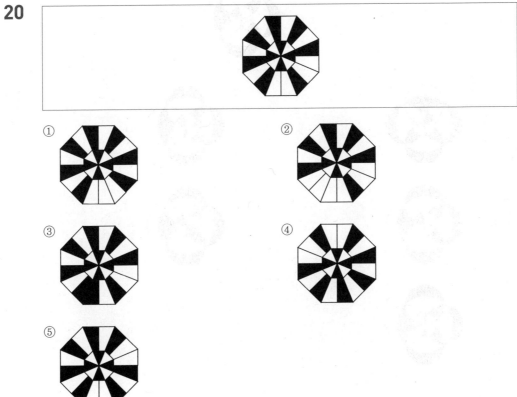

21

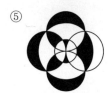

22

①

②

③

④

⑤

※ 다음 중 나머지 도형과 다른 것을 고르시오. [23~25]

23
①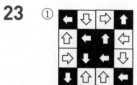
②
③
④
⑤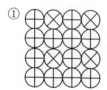

24
①
②
③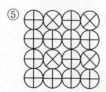
④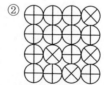
⑤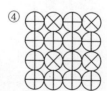

25

①

②

③

④

⑤

PART 1

다음 제시된 전개도로 정육면체를 만들 때, 만들어질 수 없는 것은?

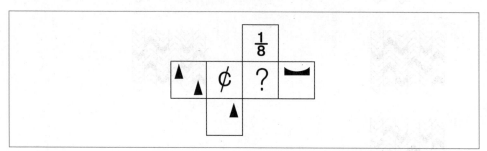

①

②

③

④

⑤

| 해설 |

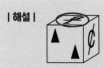

정답 ①

※ 다음 제시된 전개도로 정육면체를 만들 때, 만들어질 수 없는 것을 고르시오. [26~27]

26

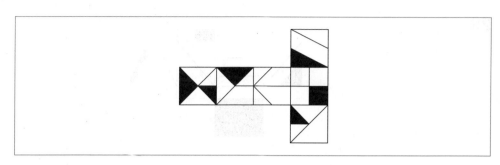

①

②

③

④

⑤

27

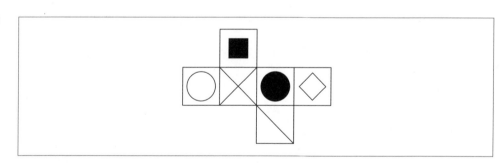

①

②

③

④

⑤

※ 다음 제시된 전개도로 입체도형을 만들 때, 만들 수 있는 것을 고르시오. [28~29]

28

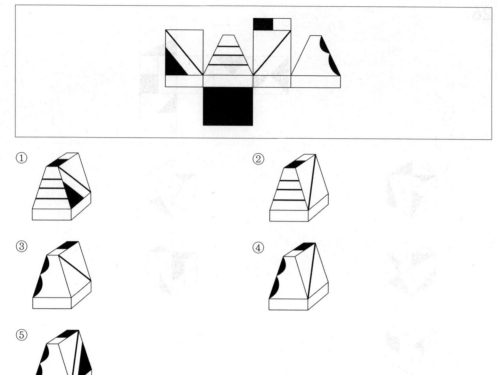

①
②
③
④
⑤

29

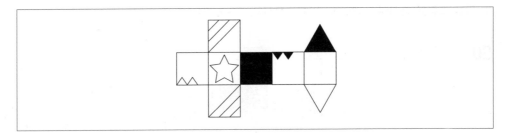

①

②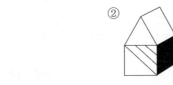

③

④

⑤

※ 다음 그림을 순서대로 배열한 것을 고르시오. [30~32]

30

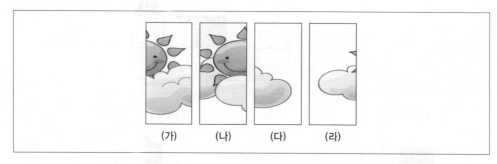

① (가) – (라) – (다) – (나)
② (나) – (라) – (다) – (가)
③ (다) – (나) – (가) – (라)
④ (라) – (나) – (가) – (다)
⑤ (라) – (다) – (나) – (가)

31

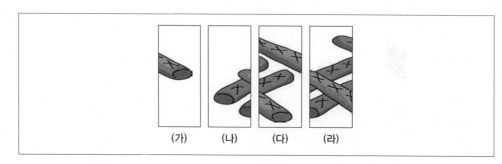

① (가) – (라) – (다) – (나)
② (나) – (가) – (라) – (다)
③ (나) – (라) – (다) – (가)
④ (라) – (가) – (다) – (나)
⑤ (라) – (나) – (가) – (다)

32

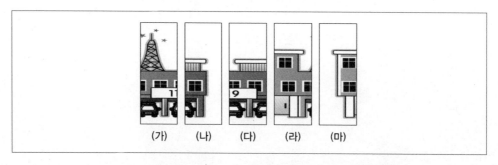

① (나) – (가) – (마) – (라) – (다)
② (다) – (나) – (마) – (가) – (라)
③ (라) – (가) – (마) – (다) – (나)
④ (마) – (가) – (다) – (라) – (나)
⑤ (마) – (라) – (가) – (다) – (나)

다음 블록의 개수가 몇 개인지 고르면?(단, 보이지 않는 블록의 개수는 있다고 가정한다)

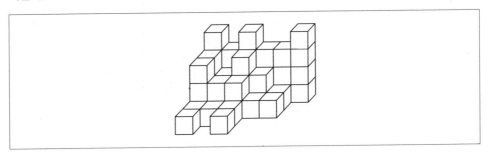

① 44개

② 45개

③ 46개

④ 47개

⑤ 48개

| 해설 |
- 1층 : $6 \times 5 - 9 = 21$개
- 2층 : $30 - 17 = 13$개
- 3층 : $30 - 21 = 9$개
- 4층 : $30 - 27 = 3$개
- $\therefore 21 + 13 + 9 + 3 = 46$개

정답 ③

PART 1

※ 다음 블록의 개수는 몇 개인지 고르시오(단, 보이지 않는 블록의 개수는 있다고 가정한다). **[33~34]**

33

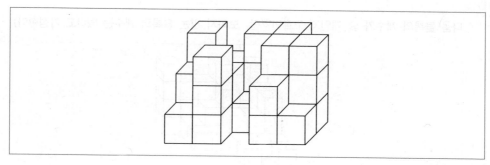

① 26개   ② 27개

③ 28개   ④ 29개

⑤ 30개

34

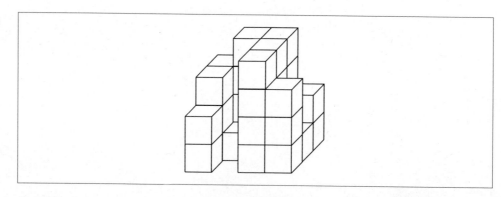

① 30개   ② 31개

③ 32개   ④ 33개

⑤ 34개

35 다음 두 블록을 합쳤을 때, 나올 수 없는 형태는?

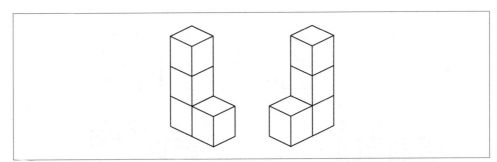

①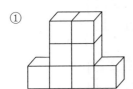

②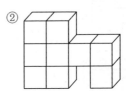

③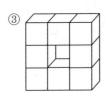

④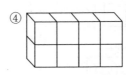

⑤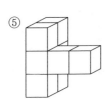

36 다음 제시된 세 가지 입체도형을 조합하여 만들 수 있는 도형으로 가장 적절한 것은?

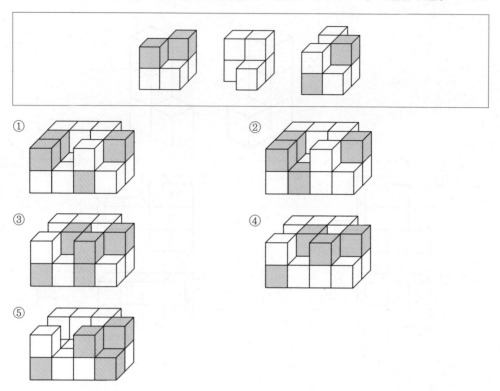

다음 그림과 같이 화살표 방향으로 종이를 접은 후, 펀치로 구멍을 뚫어 다시 펼쳤을 때의 그림으로 옳은 것은?

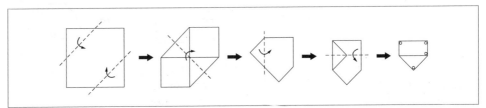

①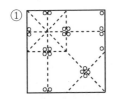

②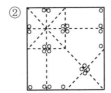

③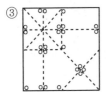

④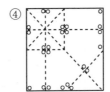

⑤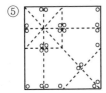

| 해설 |

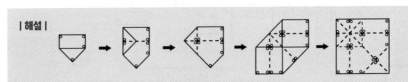

정답 ②

※ 다음 그림과 같이 화살표 방향으로 종이를 접은 후, 펀치로 구멍을 뚫어 다시 펼쳤을 때의 그림으로 옳은 것을 고르시오. [37~38]

37

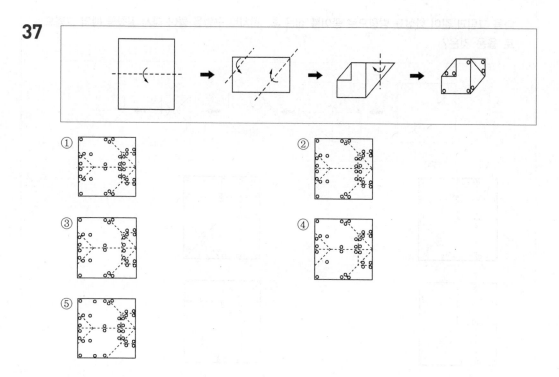

38

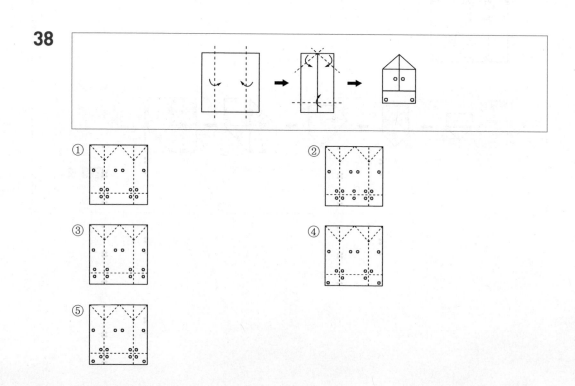

39 다음 그림과 같이 화살표 방향으로 종이를 접은 후, 일부분을 잘라내어 다시 펼쳤을 때의 그림으로 옳은 것은?

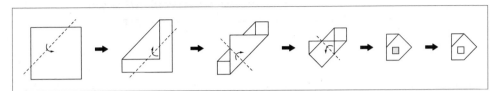

①

②

③

④

⑤

40 다음 그림과 같이 접었을 때 나올 수 있는 뒷면의 모양으로 옳은 것은?

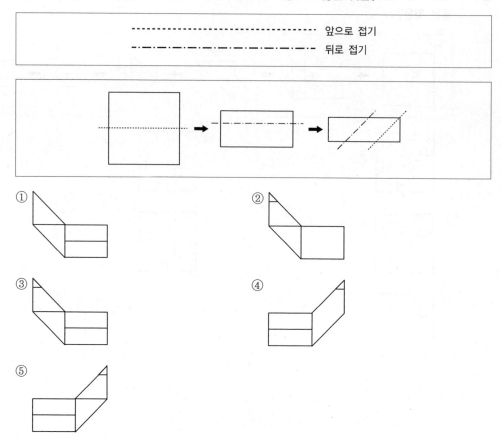

①

②

③

④

⑤

PART

2

기초과학

CHAPTER 01

물리

출제유형 및 학습 전략

물리 또는 물리학이란 자연 과학의 한 부문으로, 자연 현상을 관찰·측정하여 그 결과에서 현상을 지배하는 법칙을 귀납(歸納)하고, 그 법칙을 유사(類似) 현상에 연역(演繹)시키며, 또 그 법칙을 더욱 기초적인 법칙에서 이론적으로 설명하려는 학문이다.

물리 영역은 힘과 운동, 에너지, 전기와 자기, 파동과 입자 등 고등학교 수준의 물리 문제들이 출제된다. 기초지식이 중요하지만, 물리 영역은 화학에 비해 주요 공식을 숙지했을 때 해결할 수 있는 문제들이 상대적으로 많기 때문에, 학습시간이 부족할 경우 핵심이 되는 공식과 정보를 숙지하는 것이 효과적이다.

1. 힘

(1) 여러 가지 힘

① 힘 : 물체의 모양이나 운동 상태를 변화시키는 원인이 되는 것

② 탄성력 : 탄성체가 변형되었을 때 원래의 상태로 되돌아가려는 힘

　㉠ 탄성체 : 용수철, 고무줄, 강철판 등

　㉡ 방향 : 변형된 방향과 반대로 작용한다.

③ 마찰력 : 두 물체의 접촉면 사이에서 물체의 운동을 방해하는 힘

　㉠ 방향 : 물체의 운동 방향과 반대

　㉡ 크기 : 접촉면이 거칠수록, 누르는 힘이 클수록 커진다(접촉면의 넓이와는 무관).

④ 자기력 : 자석과 자석, 자석과 금속 사이에 작용하는 힘

⑤ 전기력 : 전기를 띤 물체 사이에 작용하는 힘

⑥ 중력 : 지구와 지구상의 물체 사이에 작용하는 힘

　㉠ 방향 : 지구 중심 방향

　㉡ 크기 : 물체의 질량에 비례

(2) 힘의 작용과 크기

① 힘의 작용

　㉠ 접촉하여 작용하는 힘 : 탄성력, 마찰력, 사람의 힘

　㉡ 떨어져서 작용하는 힘 : 자기력, 중력, 전기력

　㉢ 쌍으로 작용하는 힘 : 물체에 힘이 작용하면 반드시 반대 방향으로 반작용의 힘이 작용한다.

② 힘의 크기

　㉠ 크기 측정 : 용수철의 늘어나는 길이는 힘의 크기에 비례하므로 이를 이용하여 힘의 크기를 측정

　㉡ 힘의 단위 : N, kg_f($1kg_f = 9.8N$)

〈힘의 화살표〉

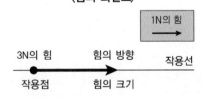

(3) 힘의 합성과 평형

① 힘의 합성 : 두 개 이상의 힘이 작용하여 나타나는 효과를 하나의 힘으로 표현
  ㉠ 방향이 같은 두 힘의 합력 : $F = F_1 + F_2$
  ㉡ 방향이 반대인 두 힘의 합력 : $F = F_1 - F_2 \, (F_1 > F_2)$
  ㉢ 나란하지 않은 두 힘의 합력 : 평행사변형법
② 힘의 평형 : 한 물체에 여러 힘이 동시에 작용하여도 움직이지 않을 때이며, 합력은 0이다.
  ㉠ 두 힘의 평형 조건 : 크기가 같고 방향이 반대이며, 같은 작용선상에 있어야 한다.
  ㉡ 평형의 예 : 실에 매달린 추, 물체를 당겨도 움직이지 않을 때

2. 힘과 운동의 관계

(1) 물체의 운동

① 물체의 위치 변화
  ㉠ 위치 표시 : 기준점에서 방향과 거리로 표시
  ㉡ (이동 거리)=(나중 위치)-(처음 위치)
② 속력 : 단위 시간 동안 이동한 거리
  ㉠ $(속력) = \dfrac{(이동 \; 거리)}{(걸린 \; 시간)} = \dfrac{(나중 \; 위치) - (처음 \; 위치)}{(걸린 \; 시간)}$
  ㉡ 단위 : m/s, km/h

(2) 여러 가지 운동

① 속력이 변하지 않는 운동 : 등속(직선)운동
② 속력이 일정하게 변하는 운동 : 낙하 운동
  $(평균 \; 속력) = \dfrac{(처음 \; 속력) + (나중 \; 속력)}{2}$
③ 방향만 변하는 운동 : 등속 원운동
④ 속력과 방향이 모두 변하는 운동 : 진자의 운동, 포물선 운동

(3) 힘과 운동의 관계

① 힘과 속력의 변화
  ㉠ 힘이 가해지면 물체의 속력이 변한다.
  ㉡ 힘이 클수록, 물체의 질량이 작을수록 속력의 변화가 크다.
② 힘과 운동 방향의 변화
  ㉠ 힘이 가해지면 힘의 방향과 운동 방향에 따라 방향이 변할 수도 있고 속력만 변할 수도 있다.
  ㉡ 힘이 클수록, 물체의 질량이 작을수록 물체의 운동 방향 변화가 크다.
③ 뉴턴의 운동 법칙
  ㉠ 운동의 제1법칙(관성의 법칙) : 물체는 외부로부터 힘이 작용하지 않는 한 현재의 운동 상태를 계속 유지하려 한다.

ⓛ 운동의 제2법칙(가속도의 법칙) : 속력의 변화는 힘의 크기에 비례하고 질량에 반비례한다.

〈운동의 제2법칙〉

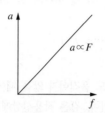

질량이 일정할 때,
가속도는 힘의 크기에 비례

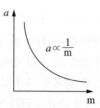

힘이 일정할 때,
가속도는 질량에 반비례

ⓒ 운동의 제3법칙(작용·반작용의 법칙) : 한 물체가 다른 물체에 힘을 가할 때, 힘을 받는 물체도 상대 물체에 같은 크기의 힘이 반대 방향으로 작용한다.

3. 일과 에너지

(1) 일

① 일의 크기와 단위

   ㉠ 일의 크기 : 힘의 크기(F)와 물체가 이동한 거리(S)의 곱으로 나타낸다.

    $W = F \times S$

   ⓛ 단위 : 1N의 힘으로 물체를 1m 만큼 이동시킨 경우의 크기를 1J이라 한다.

    $1J = 1N \times 1m$

② 들어 올리는 힘과 미는 힘

   ㉠ 물체를 들어 올리는 일 : 물체의 무게만큼 힘이 필요하다.

    [드는 일(중력에 대한 일)] = (물체의 무게) × (높이)

   ⓛ 물체를 수평면상에서 밀거나 끄는 일 : 마찰력만큼의 힘이 필요하다.

    [미는 일(마찰력에 대한 일)] = (마찰력) × (거리)

   ⓒ 무게와 질량

    • 무게 : 지구가 잡아당기는 중력의 크기

    • 무게의 단위 : 힘의 단위(N)와 같다.

    • 무게는 질량에 비례한다.

(2) 일의 원리

① 도르래를 사용할 때

   ㉠ 고정 도르래 : 도르래축이 벽에 고정되어 있다.

    • 힘과 일의 이득이 없고, 방향만 바꾼다.

    • (힘) = [물체의 무게($F = w$)]

    • [물체의 이동 거리(h)] = [줄을 잡아당긴 거리(s)]

    • (힘이 한 일) = (도르래가 물체에 한 일)

ⓒ 움직 도르래 : 힘에는 이득이 있으나 일에는 이득이 없다.
　　　　　• 힘의 이득 : 물체 무게의 절반 $\left(F=\dfrac{w}{2}\right)$

　　　　　• (물체의 이동 거리)=(줄을 잡아당긴 거리)$\times\dfrac{1}{2}$

② 지레를 사용할 때 : 힘의 이득은 있으나, 일에는 이득이 없다.
　　ⓐ 원리 : 그림에서 물체의 무게를 W, 누르는 힘을 F라 하면 식은 다음과 같다.
　　　　$W\times b=F\times a$
　　ⓑ 거리 관계
　　　　[물체가 움직인 거리(h)]<[사람이 지레를 움직인 거리(s)]

〈지레의 원리〉

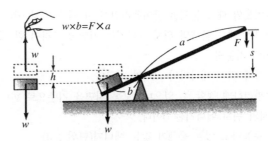

③ 축바퀴를 사용할 때
　　ⓐ 축바퀴의 원리 : 지레의 원리를 응용한 도구
　　ⓑ 줄을 당기는 힘

　　　　$F=w\times\dfrac{r}{R}$

　　ⓒ (물체가 움직인 거리)<(당긴 줄의 길이)
　　ⓓ 일의 이득 : 일의 이득은 없다.

④ 빗면을 이용할 때
　　ⓐ 힘의 이득 : 빗면의 경사가 완만할수록 힘의 이득이 커진다.

　　　　(힘)=(물체의 무게)$\times\dfrac{(수직\ 높이)}{(빗면의\ 길이)}\left(F=w\times\dfrac{h}{s}\right)$

　　ⓑ 일의 이득 : 일의 이득은 없다.
　　ⓒ 빗면을 이용한 도구 : 나사, 쐐기, 볼트와 너트

⑤ 일의 원리 : 도르래나 지레, 빗면 등의 도구를 사용하여도 일의 이득이 없지만, 작은 힘으로 물체를 이동시킬 수 있다.

(3) 역학적 에너지

① 위치 에너지 : 어떤 높이에 있는 물체가 갖는 에너지

  ⊙ (위치 에너지)=(질량)×(중력 가속도)×(높이) → $mgh=9.8mh$

 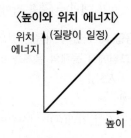

  ⓛ 위치 에너지와 일
  • 물체를 끌어올릴 때 : 물체를 끌어올리면서 한 일은 위치 에너지로 전환된다.
  • 물체가 낙하할 때 : 물체의 위치 에너지는 지면에 대하여 한 일로 전환된다.
  ⓒ 위치 에너지의 기준면
  • 기준면에 따라 위치 에너지의 크기가 다르다.
  • 기준면은 편리하게 정할 수 있으나, 보통 지면을 기준으로 한다.
  • 기준면에서의 위치 에너지는 0이다.

② 운동 에너지 : 운동하고 있는 물체가 갖는 에너지(단위 : J)

  ⊙ 운동 에너지의 크기 : 물체의 질량과 (속력)^{2}에 비례한다.

  ⓛ (운동 에너지)=$\dfrac{1}{2}$×(질량)×(속력)^2 → $\dfrac{1}{2}mv^2$

③ 역학적 에너지

  ⊙ 역학적 에너지의 전환 : 높이가 변하는 모든 운동에서는 위치 에너지와 운동 에너지가 서로 전환된다.
  • 높이가 낮아지면 : 위치 에너지 → 운동 에너지
  • 높이가 높아지면 : 운동 에너지 → 위치 에너지
  ⓛ 역학적 에너지의 보존
  • 운동하는 물체의 역학적 에너지
    – 물체가 올라갈 때 : (감소한 운동 에너지)=(증가한 위치 에너지)
    – 물체가 내려갈 때 : (감소한 위치 에너지)=(증가한 운동 에너지)
  • 역학적 에너지의 보존 법칙 : 물체가 운동하고 있는 동안 마찰이 없다면 역학적 에너지는 일정하게 보존된다[(위치 에너지)+(운동 에너지)=(일정)].

- 낙하하는 물체의 역학적 에너지 보존
  - (감소한 위치 에너지)$= 9.8mh_1 - 9.8mh_2$
  - (증가한 운동 에너지)$= \dfrac{1}{2}mv_2{}^2 - \dfrac{1}{2}mv_1{}^2$

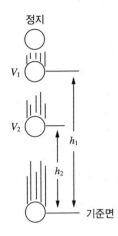

4. 전압 · 전류 · 저항

(1) 전류의 방향과 세기

① 전류의 방향 : $(+)$극 → $(-)$극

② 전자의 이동 방향 : $(-)$극 → $(+)$극

③ 전류의 세기(A) : 1초 동안에 도선에 흐르는 전하의 양

④ 전하량(C)＝전류의 세기(A)×시간(s)

(2) 전압과 전류의 관계

① 전류의 세기는 전압에 비례한다.

② 전기 저항(R) : 전류의 흐름을 방해하는 정도

③ 옴의 법칙 : 전류의 세기(A)는 전압(V)에 비례하고, 전기 저항(R)에 반비례한다.

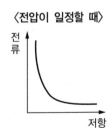

(3) 저항의 연결

① **직렬 연결** : 저항을 한 줄로 연결

　㉠ 전류 : $I = I_1 = I_2$

　㉡ 각 저항의 전합 : $V_1 : V_2 = R_1 : R_2$

　㉢ 전체 전압 : $V = V_1 + V_2$

　㉣ 전체 저항 : $R = R_1 + R_2$

② **병렬 연결** : 저항의 양끝을 묶어서 연결

　㉠ 전체 전류 : $I = I_1 + I_2$

　㉡ 전체 전압 : $V = V_1 = V_2$

　㉢ 전체 저항 : $\dfrac{1}{R} = \dfrac{1}{R_1} + \dfrac{1}{R_2}$

③ **혼합 연결** : 직렬 연결과 병렬 연결을 혼합

대표유형 1 힘과 운동

다음 중 물체에 작용하는 두 힘이 평형을 이루는 것은?

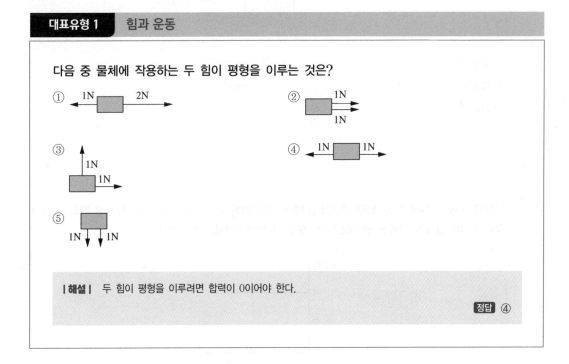

| **해설** | 두 힘이 평형을 이루려면 합력이 0이어야 한다.

정답 ④

01 다음 중 과학적 원리가 나머지와 다른 것은?

① 경주용 자동차의 후미에 설치한 날개는 아래쪽이 더 두껍다.

② 골프 경기에 쓰이는 골프공은 홈이 많이 파여 있다.

③ 축구 선수가 공을 찰 때 공에 회전을 넣어 차면 공이 크게 휘어 나아간다.

④ 고속열차의 외형은 전체적으로 유선형을 띄도록 설계한다.

⑤ 부메랑을 던지면 제자리로 다시 돌아온다.

02 질량이 500g인 공을 높이가 10m인 지점에서 지면을 향해 5m/s의 속력으로 던졌다. 공이 지면에 도달할 때의 속력은?(단, 중력가속도는 $10m/s^2$이고 공기저항은 무시한다)

① 10m/s

② 12m/s

③ 15m/s

④ 20m/s

⑤ 30m/s

03 다음과 같이 수평면 위에 정지해 있는 1kg의 물체에 수평 방향으로 4N과 8N의 힘이 서로 반대 방향으로 작용한다면, 이 물체의 가속도 크기는?(단, 모든 마찰과 저항은 무시한다)

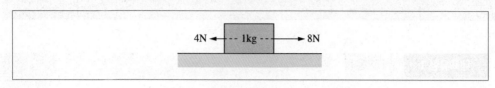

① $4m/s^2$

② $5m/s^2$

③ $6m/s^2$

④ $7m/s^2$

⑤ $8m/s^2$

04 다음은 수평면 위에 놓인 질량 2kg의 물체에 수평 방향으로 작용하는 힘을 시간에 따라 나타낸 것이다. 이 물체의 가속도 크기는?(단, 모든 마찰과 저항은 무시한다)

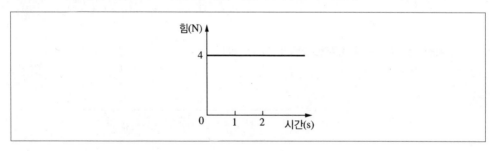

① $2m/s^2$

② $3m/s^2$

③ $4m/s^2$

④ $5m/s^2$

⑤ $6m/s^2$

05 다음 중 작용·반작용과 관련 있는 것을 모두 고르면?

ㄱ. 두 사람이 얼음판 위에서 서로 밀면, 함께 밀려난다.
ㄴ. 배가 나무에서 떨어졌다.
ㄷ. 로켓이 연료를 뒤로 분사하면, 로켓은 앞으로 날아간다.
ㄹ. 버스가 갑자기 출발하면, 승객들은 뒤로 넘어진다.

① ㄱ, ㄷ

② ㄱ, ㄴ

③ ㄴ, ㄷ

④ ㄴ, ㄹ

⑤ ㄷ, ㄹ

06 다음 중 그림처럼 병따개를 사용할 때 그 원리에 대한 설명으로 옳은 것은?(단, a의 길이는 변화가 없고, 병따개의 무게는 무시한다)

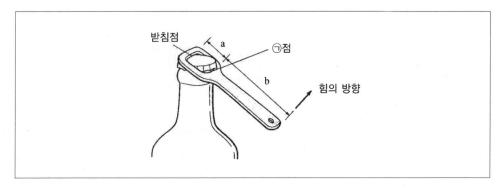

① ㉠점은 힘점이다.
② b가 길어질수록 힘이 더 든다.
③ b가 길어질수록 한 일의 양은 작아진다.
④ b가 짧아져도 한 일의 양에는 변함이 없다.
⑤ a가 b의 길이보다 작으면 ㉠점이 받침점이 된다.

07 다음과 같이 추를 실로 묶어 천장에 매달았을 때, 추의 무게에 대한 반작용은?

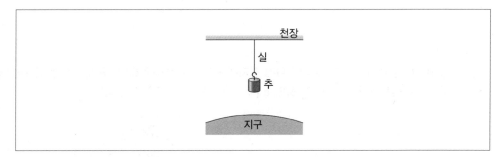

① 실이 추를 당기는 힘
② 실이 천장을 당기는 힘
③ 추가 실을 당기는 힘
④ 추가 지구를 당기는 힘
⑤ 천장이 추를 당기는 힘

08 다음과 같이 마찰이 없는 수평면에서 크기가 다른 두 힘이 한 물체에 반대 방향으로 작용하고 있다. 이 물체의 가속도 크기는?

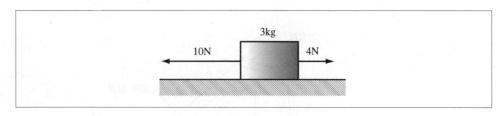

① 1m/s^2　　　　　　　　② 2m/s^2

③ 3m/s^2　　　　　　　　④ 4m/s^2

⑤ 5m/s^2

09 다음은 같은 온도에서 세 가지 기체의 평균 속도를 나타낸 것이다. 이 기체들 중 분자량이 가장 작은 것은?

구분	산소	질소	수소	탄소
평균 속도(km/s)	0.48	0.51	1.90	0.62

① 산소　　　　　　　　② 질소

③ 수소　　　　　　　　④ 탄소

⑤ 모두 같다.

10 질량이 다른 물체 A, B가 수평면 위에 정지해 있다. 두 물체에 힘(F)을 일정하게 작용할 때, A, B의 가속도를 각각 a_A, a_B라 하면 $a_A : a_B$는?(단, 마찰은 무시한다)

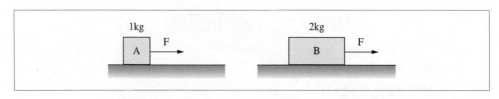

① $1 : 1$　　　　　　　　② $2 : 1$

③ $3 : 1$　　　　　　　　④ $4 : 1$

⑤ $5 : 1$

※ 다음은 압력에 대한 실험이다. 이어지는 질문에 답하시오. [11~12]

스펀지 위에 힘의 크기와 접촉 면적에 따라 압력과의 관계를 구하기 위해 다음과 같이 조건을 달리 하여 실험을 하였다.

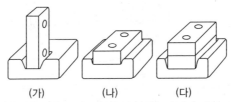

(가)   (나)   (다)

- 힘의 크기 : (가)=(나)<(다)
- 접촉 면적 : (가)<(나)=(다)

11 다음 〈보기〉는 압력에 대한 실험으로 얻은 결론을 해석한 내용이다. 빈칸에 들어갈 말로 옳은 것은?

> **보기**
>
> (가)와 (나)를 비교하면 힘의 크기, 벽돌의 무게는 같고 접촉 면적이 다르다. 또한 (나)와 (다)는 반대로 벽돌의 무게는 다르고, 접촉 면적이 같다. 따라서 스펀지의 들어간 정도를 비교하면 압력은 (A)에 비례하고, (B)와/과 반비례하는 것을 알 수 있다.

	A	B
①	면적	부피
②	힘	시간
③	면적	힘
④	힘	면적
⑤	힘	부피

12 압력을 크게 만들어 이용하는 예를 〈보기〉에서 모두 고르면?

> **보기**
>
> ㄱ. 칼로 오이를 자른다.
> ㄴ. 못을 벽에 박는다.
> ㄷ. 눈 위에서 썰매를 탄다.
> ㄹ. 축구화를 신고 축구를 한다.

① ㄱ, ㄷ   ② ㄴ, ㄹ
③ ㄷ, ㄹ   ④ ㄱ, ㄴ, ㄹ
⑤ ㄴ, ㄷ, ㄹ

13 케플러의 법칙 중 다음 설명에 해당하는 것은?

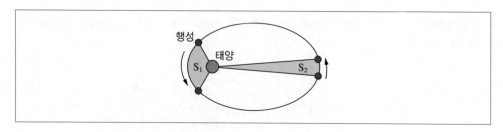

그림과 같이 동일한 시간에 태양과 행성을 연결하는 선이 쓸고 지나가는 면적은 항상 같다($S_1 = S_2$).

① 조화 법칙
② 열역학 법칙
③ 질량 보존 법칙
④ 면적 속도 일정 법칙
⑤ 만유인력 법칙

14 다음은 태양을 한 초점으로 공전하는 어떤 행성의 타원 궤도를 나타낸 것이다. 이 행성이 60일 동안 전체 공전 궤도 면적의 $\frac{1}{6}$ 을 휩쓸고 지나간다면, 행성의 공전 주기는?

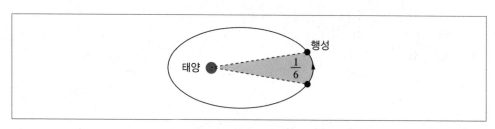

① 120일
② 180일
③ 240일
④ 360일
⑤ 480일

15 수평면 위에 놓인 물체에 수평 방향으로 8N의 힘을 가하였을 때, 가속도의 크기가 $2m/s^2$ 이었다. 이 물체의 질량은?(단, 마찰과 공기 저항은 무시한다)

① 1kg
② 2kg
③ 4kg
④ 8kg
⑤ 10kg

그림과 같이 크기는 같고 질량이 다른 물체 A ~ C를 같은 높이 h에서 가만히 놓았을 때, 바닥에 도달하는 순간 운동 에너지가 가장 큰 것은?(단, 모든 저항은 무시한다)

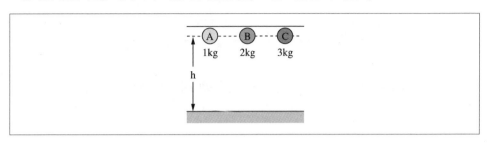

① A

② B

③ C

④ A, B

⑤ 모두 같다.

| 해설 | 운동 에너지$\left(\dfrac{1}{2}mv^2\right)$는 질량에 비례한다.

정답 ③

---

16 다음과 같이 높이 10m인 곳에서 질량이 0.5kg인 공을 2m/s의 속력으로 던졌다. 이 공이 지면으로 떨어졌을 때의 속력은?(단, 중력가속도는 10m/s이며, 공기와의 마찰은 무시한다)

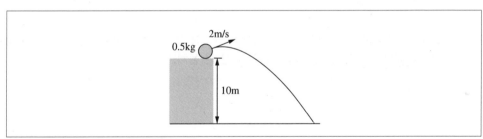

① $\dfrac{\sqrt{51}}{2}$ m/s

② $\sqrt{\dfrac{51}{2}}$ m/s

③ $\sqrt{51}$ m/s

④ $\sqrt{102}$ m/s

⑤ $2\sqrt{51}$ m/s

17 다음과 같이 높이 h에서 가만히 놓은 공이 경사면을 따라 내려올 때, 지면에 도달하는 순간의 속력에 대한 설명으로 옳은 것은?(단, 공은 모두 동일하고, 모든 마찰은 무시한다)

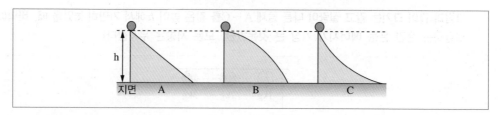

① A에서 가장 빠르다.　　　　　② B에서 가장 빠르다.

③ C에서 가장 빠르다.　　　　　④ 모두 같다.

⑤ 알 수 없다.

18 그래프는 마찰이 없는 수평면에서 세 물체 A ~ C에 같은 크기의 힘을 가할 때, 시간에 따른 속도 변화를 나타낸 것이다. 다음 중 질량이 가장 큰 물체는?

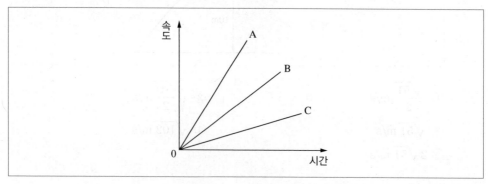

① A　　　　　　　　　　　② B

③ C　　　　　　　　　　　④ 모두 같다.

⑤ 알 수 없다.

19 다음은 조명 기구 A ~ E의 같은 시간 동안 공급된 전기 에너지와 발생한 빛 에너지를 나타낸 것이다. 에너지 효율이 가장 높은 조명 기구는?

구분	A	B	C	D	E
전기 에너지(J)	20	20	40	40	40
빛 에너지(J)	5	10	5	10	15

① A   ② B

③ C   ④ D

⑤ E

20 다음과 같이 질량이 다른 물체 A ~ C를 진공 상태에서 가만히 놓았다. 높이가 h로 같을 때, A ~ C가 지면에 도달하는 순간까지 걸리는 시간에 대한 설명으로 옳은 것은?

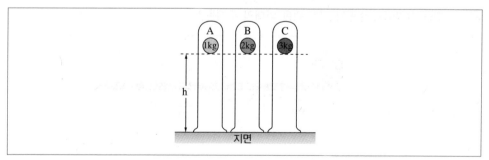

① A가 가장 짧다.   ② B가 가장 짧다.

③ C가 가장 짧다.   ④ 모두 같다.

⑤ 알 수 없다.

21 다음과 같이 낙하하고 있는 질량 5kg인 A공과 B공이 있다. A공은 지면으로부터 5m 떨어져 있고 B공은 지면으로부터 2m 떨어져 있을 때, 두 공의 위치 에너지의 차이는?(단, 중력가속도의 크기는 $9.8m/s^2$ 이고, 공기저항은 무시한다)

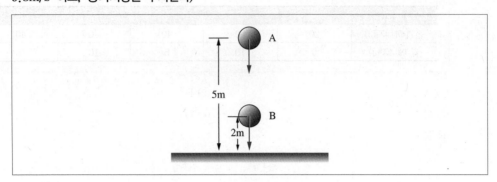

① 139J   ② 143J

③ 147J   ④ 151J

⑤ 153J

22 다음 그림에서 수평이 되기 위한 막대의 무게는?

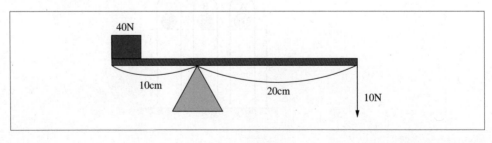

① 20N   ② 30N

③ 40N   ④ 50N

⑤ 60N

23 다음과 같이 물체가 수평면에서 4m 이동한다고 할 때, 물체가 하는 일은 얼마인가?(단, 모든 마찰 및 공기 저항은 무시한다)

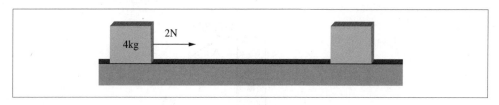

① 16J   ② 12J

③ 8J   ④ 4J

⑤ 2J

24 다음과 같이 포물선 운동을 하고 있는 공의 운동 에너지가 가장 높은 곳은 어디인가?(단, 공기 저항은 무시한다)

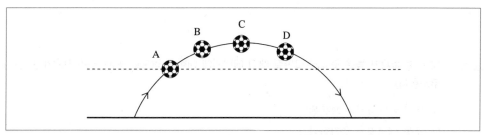

① A   ② B

③ C   ④ D

⑤ 모든 구간이 동일하다.

25 다음은 건물 옥상에서 수평으로 던진 공의 운동 경로를 나타낸 것이다. A ~ C 세 지점에서의 공의 운동에 대한 설명으로 옳은 것은?(단, 공기 저항은 무시한다)

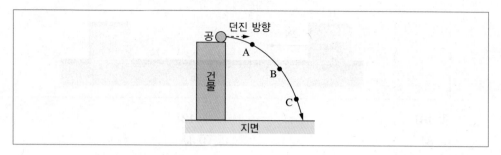

① 속도가 가장 빠른 지점은 A이다.
② 위치 에너지가 가장 큰 지점은 B이다.
③ 운동 에너지가 가장 작은 지점은 C이다.
④ A, B, C지점에서 역학적 에너지의 크기는 모두 같다.
⑤ 역학적 에너지가 가장 큰 지점은 A이다.

26 다음 중 물체가 높은 곳에서 떨어질 때의 에너지에 대한 설명으로 옳지 않은 것은?(단, 공기 저항은 무시한다)

① 역학적 에너지는 보존된다.
② 운동 에너지는 증가한다.
③ 운동 에너지는 증가하다 감소한다.
④ 위치 에너지는 감소한다.
⑤ 떨어진 높이에 따라 위치 에너지의 크기는 다르다.

27 다음 그림에서 2kg인 물체의 역학적 에너지는?(단, 중력가속도는 $10m/s^2$이고, 공기 저항은 무시한다)

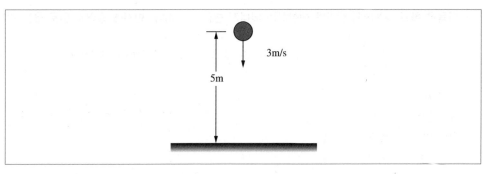

① 100J
② 103J
③ 106J
④ 109J
⑤ 112J

28 다음 그림에서 2kg인 진자가 A에서 B로 이동했을 때 감소한 운동 에너지는?(단, 공기 저항은 무시하고 중력가속도의 크기는 $9.8m/s^2$이다)

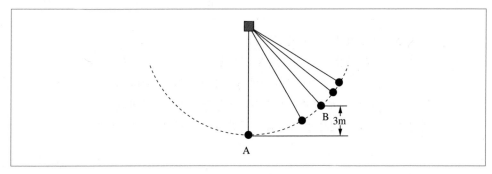

① 56.8J
② 57.8J
③ 58.8J
④ 59.8J
⑤ 60.8J

다음은 화력 발전에서 전기를 생산하는 에너지 변환 과정이다. 빈칸에 들어갈 말로 옳은 것은?

화석 연료의 (A) 에너지 → (B) 에너지 → (C) 에너지 → 전기에너지

	A	B	C
①	화학	열	운동
②	열	화학	운동
③	운동	화학	열
④	운동	열	화학
⑤	열	운동	화학

| **해설** | 화력 발전은 석탄, 석유(화학) 등의 화석 연료를 연소시켜 얻은 열로 물을 데워 증기를 만들어 터빈을 회전(운동)시킨다. 터빈에 연결된 발전기에서 전기 에너지를 얻을 수 있다.

정답 ①

29 다음과 같이 질량이 m인 추가 길이가 l인 실에 매달려 진자 운동을 하고 있을 때, 이에 대한 설명으로 옳지 않은 것은?

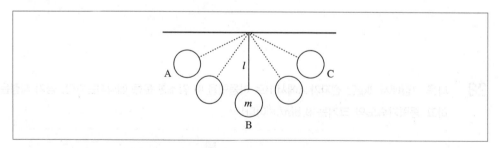

① 운동 에너지가 가장 큰 지점은 B이다.
② 운동 에너지가 가장 작은 지점은 A, C이다.
③ 실의 길이를 $2l$으로 증가시키면 진자 운동의 주기는 증가한다.
④ 추의 무게를 $2m$으로 증가시키면 진자 운동의 주기는 감소한다.
⑤ 중력이 더 약한 달에서 같은 실험을 하면 진자 운동의 주기는 증가한다.

30 다음과 같은 에너지 전환을 주로 이용하는 장치는?

빛 에너지 ⟶ 전기 에너지

① 냉장고　　　　　　　　　② 프리즘
③ 전기난로　　　　　　　　④ 태양 전지
⑤ 에어컨

31 다음 설명에 해당하는 발전 방식은?

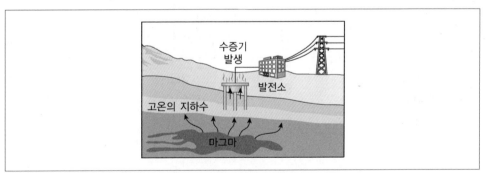

땅속 마그마에 의해 데워진 고온의 지하수나 수증기를 끌어올려 터빈을 돌려서 전기를 생산한다.

① 지열 발전　　　　　　　　② 풍력 발전
③ 화력 발전　　　　　　　　④ 태양광 발전
⑤ 원자력 발전

다음 설명에 해당하는 것은?

- 도체와 부도체 사이의 전기적 특성을 갖는다.
- 도핑으로 형성된 전자와 양공에 의해 전기 전도가 생긴다.

① 동소체   ② 반도체

③ 절연체   ④ 강자성체

⑤ 부도체

| 해설 | 반도체는 전기가 잘 통하는 도체와, 전기가 잘 통하지 않는 절연체 사이의 중간적인 특성을 갖는다. 반도체에 불순물을 첨가하거나 특정한 조작을 하면 전기 전도가 생기기도 한다. 또한 반도체는 고체 또는 액체일 수 있는데, 보통은 고체이다.

정답 ②

32 크기가 $10\,\Omega$ 인 저항 2개와 $20\,\Omega$ 인 저항 1개를 다음과 같이 연결하였을 때, a, b 사이의 합성저항의 크기는?

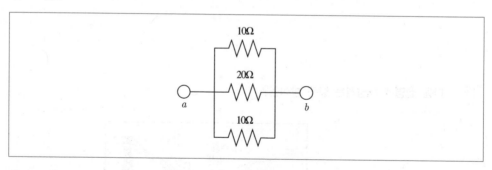

① $0.25\,\Omega$ ② $2\,\Omega$

③ $4\,\Omega$ ④ $20\,\Omega$

⑤ $40\,\Omega$

33 다음과 같은 전기 회로에서 스위치 S를 열면 전류계는 2.0A를 가리킨다. 스위치 S를 닫으면 전류계에 나타나는 전류의 세기는?

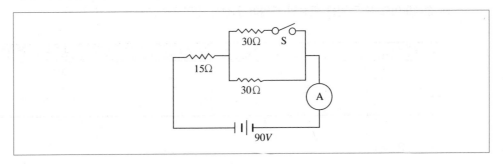

① 1A   ② 2A

③ 3A   ④ 4A

⑤ 5A

34 다음 중 전류에 대한 설명으로 옳지 않은 것은?

① 전류 방향은 (+)극에서 (−)극이다.

② 전자의 이동 방향은 전류 방향과 같다.

③ 전류의 세기는 1초 동안 도선에 흐르는 전하량을 뜻한다.

④ 전류가 흐르지 않을 때 전자들은 여러 방향으로 불규칙하게 움직인다.

⑤ 전하량은 전류의 세기와 비례한다.

35 (가)는 전하량이 각각 q, $2q$인 두 전하가 거리 r만큼 떨어져 있는 것을 나타낸 것이고, (나)는 전하량이 둘 다 q인 두 전하가 거리 $\frac{r}{2}$만큼 떨어져 있는 것을 나타낸 것이다. (가)에서 두 입자 사이에 작용하는 전기력은 (나)에서 작용하는 전기력의 몇 배인가?

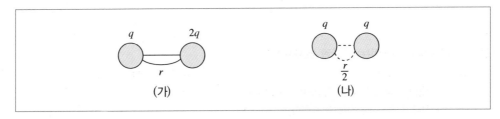

① $\frac{1}{4}$ 배   ② $\frac{1}{2}$ 배

③ 1배   ④ 2배

⑤ 3배

36 다음은 길이가 다른 세 개의 원통을 사용하여 만든 솔레노이드 A ~ C를 나타낸 것이다. A ~ C에 흐르는 전류의 세기가 같다면, 내부의 자기장 B_A, B_B, B_C의 크기를 바르게 비교한 것은?(단, 세 솔레노이드 모두 같은 종류의 코일이 일정한 간격으로 고르게 감겨 있다)

구분	원통의 길이(cm)	코일을 감은 수(회)
A	5	200
B	10	200
C	20	400

① $B_A > B_B = B_C$

② $B_A < B_B < B_C$

③ $B_A = B_B < B_C$

④ $B_A > B_B > B_C$

⑤ $B_A = B_B = B_C$

37 저항이 서로 다른 4개의 전구가 다음과 같이 연결되어 있을 때, 이 회로의 전체 저항은?

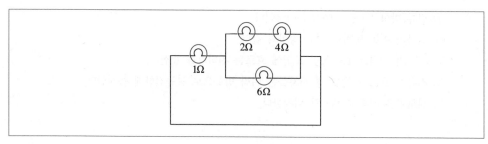

① 4Ω

② 5Ω

③ 6Ω

④ 7Ω

⑤ 8Ω

38 다음에서 설명하는 반도체 소자는?

- p형과 n형 반도체를 접합시킨 구조이다.
- 전류가 흐를 때 빛을 방출한다.

① 부도체

② 자성체

③ 초전도체

④ 발광 다이오드

⑤ LCD(액정표시장치)

39 다음과 같이 저항 5Ω에 10V의 전압이 걸릴 경우 회로에 흐르는 전류의 세기는?

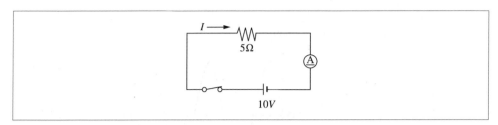

① 2A   ② 5A

③ 10A   ④ 50A

⑤ 75A

대표유형 5   파동

다음에서 설명하는 의료 기구는?

- 진동수가 20,000Hz 이상인 음파가 체내 각 조직에서 흡수, 반사되는 정도 차이를 영상화하여 보여주는 장치이다.
- 자궁 내 태아의 상태 등을 검사하는 데 이용된다.

① 내시경   ② 체온계

③ 혈압계   ④ 초음파 진단기

⑤ 자기공명 영상장치(MRI)

| **해설** | 초음파 진단기는 인체 내로 초음파를 보내어 반사된 음파의 주파수를 분석함으로써 생체 내에서 운동하는 장기나 태아의 진단에 사용한다.

(오답분석)
① 내시경 : 몸 안으로 렌즈가 부착된 가늘고 긴 관을 주입하여 가시광선으로 인체 내부를 관찰하는 기구
② 체온계 : 신체에서 발생한 열에 의한 몸의 온도 변화를 측정하는 기구
③ 혈압계 : 동맥 혈류를 차단하여 간접적으로 동맥 혈압을 측정하는 기구
⑤ 자기공명 영상장치(MRI) : 초전도 현상을 이용한 자기공명 영상장치로 인체 내부를 들여다보는 기구

정답 ④

40 어떤 파동의 시간에 따른 변위가 다음과 같을 때, 이에 대한 설명으로 옳은 것은?

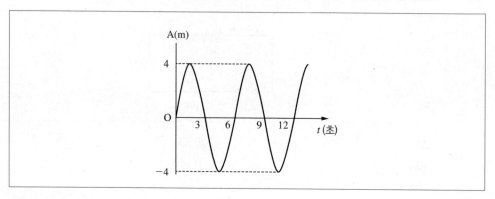

① 주기는 3초이다.

② 진폭은 8m이다.

③ 속도는 24m/s이다.

④ 파동은 오른쪽으로 진행된다.

⑤ 13.5초에 세 번째 마루에 도달한다.

41 다음 중 전자기파에 대한 설명으로 옳지 않은 것은?

① 전자기파는 눈에 보이지 않는다.

② 전자기파는 자기장의 방향과 수직이다.

③ 전자기파는 전기장의 방향과 수직이다.

④ 전자기파의 속력은 진공에서 300,000km/s이다.

⑤ 전자기파는 매질이 없어도 에너지를 전달할 수 있다.

42 그래프는 사람의 원뿔 세포가 빛의 파장에 따라 빛을 흡수하는 정도를 나타낸 것이다. 파장이 450nm인 빛을 비추었을 때, 이 빛을 가장 많이 흡수하는 원뿔 세포는?

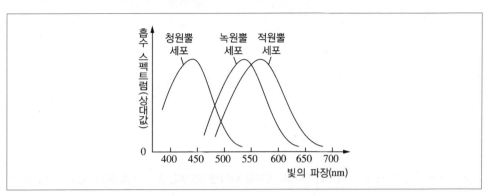

① 청원뿔 세포
② 녹원뿔 세포
③ 적원뿔 세포
④ 모두 같다.
⑤ 알 수 없다.

대표유형 6　기타

다음 중 기상 현상의 근본적인 에너지원은?

① 자기 에너지
② 지구복사 에너지
③ 태양 에너지
④ 해양 에너지
⑤ 핵 에너지

| **해설 |** 기상 현상의 근본적인 에너지원은 태양 에너지이다. 수증기의 대류, 증발, 응결에 의한 태양 에너지의 흡수는 대기와 물의 순환으로 기상 현상을 일으킨다.

정답 ③

43 다음 중 원자핵 내에서 (+)전하를 띠는 입자는?

① 광자   ② 전자
③ 양성자   ④ 중성자
⑤ 다운 쿼크

44 다음은 은하의 후퇴 속도와 거리의 관계를 나타낸 것이다. A∼D 중 후퇴 속도가 가장 빠른 은하는?

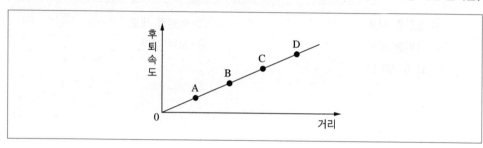

① A   ② B
③ C   ④ D
⑤ 모두 같음

45 다음은 태양 주위를 공전하는 어떤 행성의 타원 궤도를 나타낸 것이다. A∼D 중 행성의 공전 속도가 가장 빠른 곳은?

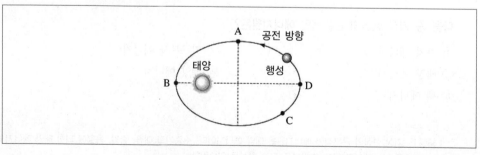

① A   ② B
③ C   ④ D
⑤ 모두 같다.

46 다음은 우주의 진화 과정에서 헬륨 원자가 형성되는 과정을 나타낸 것이다. A에 해당하는 입자는?

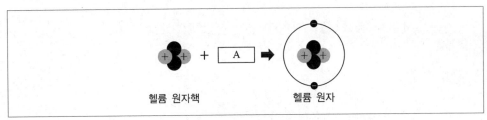

① 전자
② 쿼크
③ 양성자
④ 중성자
⑤ 원자핵

47 다음은 A와 B 각각의 핵 반응식을 나타낸 것이다. 이에 대한 〈보기〉의 설명 중 옳은 것을 모두 고르면?

$$A : {}^{2}_{1}H + {}^{3}_{1}H \rightarrow {}^{4}_{2}He + (가) + 에너지$$
$$B : {}^{235}_{92}U + (나) \rightarrow {}^{141}_{56}Ba + {}^{92}_{36}Kr + 3{}^{1}_{0}n + 에너지$$

보기

ㄱ. A는 핵융합, B는 핵분열 반응이다.
ㄴ. (가)는 양성자이다.
ㄷ. (나)는 중성자이다.

① ㄱ
② ㄴ
③ ㄱ, ㄷ
④ ㄴ, ㄷ
⑤ ㄱ, ㄴ, ㄷ

CHAPTER 02

화학

출제유형 및 학습 전략

화학이란 자연 과학의 한 부문으로, 물질을 구성하고 있는 원자나 분자에 주목하여 물질의 성분 조성(組成)과 구조, 그 생성(生成)과 분해의 반응 및 다른 물질과의 사이에 일으키는 반응을 주로 연구하는 학문이다.

화학 영역은 과학의 탐구 과정, 전해질과 이온, 산과 염기의 화학 반응, 화합물과 물질의 구조 등 고등학교 수준의 화학 문제들이 출제된다. 비록 고등학교 수준이라고는 하나 외우고 이해해야 하는 범위가 넓으므로, 출제경향을 파악하여 요령을 익히는 것보다는 기초부터 하나하나 점검하여 빠뜨리거나 취약한 부분은 없는지 잘 살펴보는 것이 효과적이다.

CHAPTER 02 화학 핵심이론

1. 탐구 과정에 필요한 기초 기능

(1) 탐구 방법

① 연역적 방법(데카르트)

    ㉠ 어떤 자연 현상을 이미 인정된 과학적 원리나 법칙으로 설명하는 과정으로 가설(잠정적 결론) 검증 과정을 중시한다.

    ㉡ 탐구 과정

        관찰 → 문제 인식 → 가설(잠정적 결론) 설정 → 탐구 설계(변인 설정) → 탐구(실험) 수행(가설의 검증 과정) → 자료 해석 → 결론 도출 → 일반화(원리, 법칙)

    ㉢ 자료 해석을 통하여 얻은 결론이 앞의 가설과 일치하지 않을 때에는 가설을 수정하거나 새로운 가설을 세우고 다시 새로운 가설에 알맞은 탐구 설계를 하여 탐구 과정을 거친다(Feed-back 과정).

② 귀납적 방법(베이컨)

    ㉠ 가설 설정 과정이 없다.

    ㉡ 개개의 특수한 사실을 일반적 원리로 도출한다.

    ㉢ 탐구 과정

        자연 현상 → 관찰 주제 설정 → 관찰 방법 및 절차 고안 → 관찰 수행 → 관찰 결과 및 결론 도출

(2) 과학의 탐구 과정

① 탐구 수행의 과정

    ㉠ 문제 인식

        • 주어진 상황에서 문제점을 발견하는 단계

        • 어떤 사실에 대한 까닭에 의문 부호(?)를 붙이는 것을 말한다.

    ㉡ 가설 설정

        • 어떤 문제를 인식하였을 때 그 문제에 대한 답을 임시로 정한 후 깊이 연구한다.

        • 이때 임시로 정한 답을 가설이라 하고, 가설을 세우는 것을 가설 설정이라고 한다.

    ㉢ 탐구 설계 : 종속 변인과 독립 변인을 구별하고 여러 가지 실험 방법 및 과정을 계획한다.

        • 종속 변인 : 독립 변인에 따라 결정되는 변인

        • 독립 변인 : 연구하는 사람이 조작할 수 있는 변화 가능한 변인

          - 조작 변인 : 실험하는 동안 체계적으로 변화시켜야 하는 변인

          - 통제 변인 : 실험에서 일정하게 유지시켜야 하는 변인

- 변인 통제 : 실험에서 정확한 비교가 되기 위해서는 조작 변인 외에 실험에 영향을 미칠 수 있는 변인은 모두 일정하게 유지시켜야 한다.
  - ㉣ 탐구 수행
    - 탐구 설계대로 올바른 정보를 찾아낸다.
    - 사물과 사건을 수집하여 정리하는 과정이다.
  - ㉤ 자료 분석 및 해석
    - 실험, 관찰로부터 얻은 결과에서 일정한 규칙성을 찾아낸다.
    - 추리, 예상, 상관관계 등을 포함한다.
  - ㉥ 결론 도출 및 평가
    - 자료를 해석하여 결론을 내리고 탐구 과정을 평가한다.
    - 과학적인 결론은 다른 과학자가 실험을 하더라도 같은 결론을 얻을 수 있어야 한다.
- ② 탐구 활동의 기록
  - ㉠ 객관성 : 자신은 물론 다른 사람들에게 원래 목적하던 바를 정확하게 전달할 수 있어야 한다.
  - ㉡ 사실성 : 실험 결과나 느낀 바를 솔직하고 명확하게 기술해야 한다.
  - ㉢ 즉각성 : 데이터나 의문점들은 바로바로 기록하여야 한다.

2. 연구 방법

(1) 관찰, 조사, 측정

- ① 관찰
  - ㉠ 오감을 사용하여 정성적인 자료를 수집하는 탐구 활동이다.
  - ㉡ 사물이나 사건의 현상을 자연 상태 그대로 두고 세심하게 살피는 활동이다.
  - ㉢ 분류와 추론의 바탕이 되는 자료와 정보를 수집하는 데에 주요한 목적이 있다.
- ② 조사
  - ㉠ 관찰보다 능동적이고 의도적인 탐색 활동을 뜻한다.
  - ㉡ 자연을 통제하지 않고 그대로 둔 상태에서 진행된다.
  - ㉢ 자연 현상들 사이의 상관관계나 인과관계를 밝히는 데 목적이 있다.
- ③ 측정
  - ㉠ 과학 실험 도구나 기계를 사용하여 단위로 표현할 수 있는 정량적 자료를 수집하는 조작적 기능을 의미한다.
  - ㉡ 주로 수학 공식으로 표현할 수 있는 과학적 법칙이나 원리의 기초자료를 얻는 데에 그 목적이 있다.

(2) 분류, 추리, 예상, 모형

① 분류

    ㉠ 어떤 공통적이거나 특징적인 속성에 따라 사물을 나누는 탐구 기능이다.

    ㉡ 관찰이나 측정을 통해 수집한 자료를 정리·정돈하여 분류 체계를 구성하는 데에 주된 목적이 있다.

② 추리

    ㉠ 관찰·측정·분류 과정을 통해 취득한 자료를 바탕으로 어떤 결론을 이끌어내고 그 결론에 따라 자연의 현상을 설명하는 탐구 기능이다.

    ㉡ 예를 들어, 숲속에서 관찰한 생태학적 자료를 바탕으로 그곳에 살고 있는 동물의 종류를 알아내는 것이 추론이다.

③ 예상

    ㉠ 확실한 관찰 결과와 정확한 측정 결과를 바탕으로 어떤 규칙성을 예측하는 탐구 활동을 말한다.

    ㉡ 그렇지 못할 경우에는 검증이 불가능한 추측에 지나지 않을 수도 있다.

④ 모형

    ㉠ 직접 관찰하기가 곤란한 현상을 눈으로 직접 볼 수 있도록 한 것이다.

    ㉡ 마네킹을 이용하여 자동차 충돌 실험을 하는 것처럼 쉽게 다룰 수 있도록 활용하는 것이다.

(3) 실험, 자료 해석, 토의

① 실험

    ㉠ 자연 현상에 인위적인 변화를 일으켜 관찰이나 측정을 통해 그 원인을 밝히려는 과학적 탐구 방법이다.

    ㉡ 일반적으로 실험은 자연에서 일어나는 현상들 사이의 인과관계를 규명하는 데에 궁극적인 목적을 둔다.

② 자료 해석

    ㉠ 조사나 실험을 통해 얻은 자료를 바탕으로 새로운 사실 또는 아직 관찰되지 않은 사실을 예상하거나 추론한다.

    ㉡ 그러한 사실의 진위를 검증하는 데에 이용할 가설을 설정하는 활동을 일컫는다.

    ㉢ 예로써 신문의 일기도 읽기, TV의 뉴스 보고 말하기, 여러 가지 도표를 보고 그 자료에 함축된 의미 말하기 등이 있다.

③ 토의

    ㉠ 어떤 문제에 관하여 각자 의견을 내어 검토한다.

    ㉡ 협의를 통해 그 해결 방법을 모색하는 일종의 사회적 활동이다.

02 전해질과 이온

1. 전해질과 이온의 관계

(1) 전해질과 비전해질

① 전해질

ㄱ 물에 녹았을 때 전류가 흐르게 하는 물질

ㄴ 전해질의 예 : 염화나트륨, 질산칼륨, 염화구리, 황산구리, 염화수소, 수산화나트륨, 암모니아 등

ㄷ 염화나트륨이나 황산구리(Ⅱ) 등의 고체 결정은 전류가 흐르지 않지만 물에 녹아 수용액 상태에서는 전류가 흐른다.

ㄹ 수용액에서 전류가 흐르는 이유 : 전해질이 물에 녹으면 전하의 운반체(이온)가 생기기 때문에

ㅁ 전해질의 농도와 전류

• 농도와 전류의 양 : 같은 전해질이라도 농도가 진해지면 흐르는 전류의 양이 많아진다(수용액 속에 이온이 많아지기 때문에).

• 전해질의 농도와 전류의 세기 : 전류의 세기는 전해질의 농도가 진할수록 증가하다가 어느 한계를 넘어서면 더 이상 증가하지 않고 일정해진다.

〈전해질의 농도와 전류의 세기〉

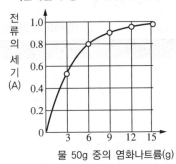

물 50g 중의 염화나트륨(g)

② 비전해질

ㄱ 물에 녹아 전류가 흐르지 않는 물질

ㄴ 비전해질의 예 : 설탕, 증류수, 알코올, 녹말, 포도당, 에탄올 등

ㄷ 설탕이나 녹말은 고체 상태뿐만 아니라 수용액 상태에서도 전류가 흐르지 않는다.

〈전해질과 비전해질〉

물질 \ 상태	전해질(소금)	비전해질(설탕)
고체	×	×
액체	○	×

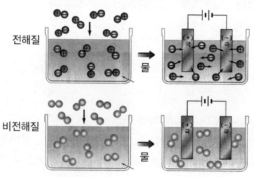

〈수용액 상태의 전해질과 비전해질〉

(2) 이온

① 이온의 형성

　㉠ 이온 : 원자가 전자를 잃거나 얻어서 생긴 전하를 띤 입자

　　• 양이온 : 원자가 전자를 잃어서 (+)전하를 띤 입자

　　$Na \rightarrow Na^+ + \ominus$

　　• 음이온 : 원자가 전자를 얻어서 (−)전하를 띤 입자

　　$Cl + \ominus \rightarrow Cl^-$

〈양이온과 음이온〉

(+)이온	이온식	(−)이온	이온식
수소 이온	H^+	수산화 이온	OH^-
은 이온	Ag^+	질산 이온	NO_3^-
칼슘 이온	Ca^{2+}	황산 이온	SO_4^{2-}
알루미늄 이온	Al^{3+}	인산 이온	PO_4^{3-}

　㉡ 원자의 전기적 성질 : 원자는 원자핵의 (+)전하 총량과 전자의 (−)전하 총량이 같아서 전기적으로 중성이다.

　㉢ 전기적으로 중성인 원자가 전자를 잃으면 (+)전하를 띤 입자가 되고, 전자를 얻으면 (−)전하를 띤 입자가 된다.

〈이온의 생성〉

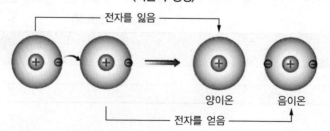

　㉣ 이온의 이동 : 전해질 수용액에서 전류가 흐를 때 (−)이온이 움직이며 전하를 운반한다. 이때 양이온은 (−)전극으로 음이온은 (+)전극으로 이동한다.

② 이온의 표시 방법

　㉠ 양이온 : 잃은 전자 수에 따라 ＋, 2＋, 3＋를 표기한다.

　㉡ 음이온 : 얻은 전자 수에 따라 －, 2－, 3－를 표기한다.

　㉢ 이온과 반응식

구분	명칭	반응식	형성 과정
Na^+	나트륨 이온	$Na \rightarrow Na^+ + \ominus$	전자를 1개 잃어서 생성
Cu^{2+}	구리 이온	$Cu \rightarrow Cu^{2+} + 2\ominus$	전자를 2개 잃어서 생성
Cl^-	염화 이온	$Cl + \ominus \rightarrow Cl^-$	전자를 1개 얻어서 생성
S^{2-}	황화 이온	$S + 2\ominus \rightarrow S^{2-}$	전자를 2개 얻어서 생성

③ 이온의 종류

　㉠ 음이온

　　• 전자 1개를 얻는 경우 : Cl^-(염화 이온), OH^-(수산화 이온), NO_3^-(질산 이온)

　　• 전자 2개를 얻는 경우 : O^{2-}(산화 이온), SO_4^{2-}(황산 이온), CO_3^{2-}(탄산 이온)

　㉡ 양이온

　　• 전자 1개를 잃는 경우 : H^+(수소 이온), K^+(칼륨 이온), Ag^+(은 이온), NH_4^+(암모늄 이온)

　　• 전자 2개를 잃는 경우 : Ca^{2+}(칼슘 이온), Mg^{2+}(마그네슘 이온), Cu^{2+}(구리 이온), Fe^{2+}(철 이온)

　㉢ 다원자 이온 : 여러 가지 원자가 결합하여 이온으로 존재하는 이온

　　→ 암모늄 이온(NH_4^+), 황산 이온(SO_4^{2-}), 탄산 이온(CO_3^{2-}), 수산화 이온(OH^-)

④ 이온화 : 전해질을 물에 녹였을 때 양이온과 음이온으로 분리되는 현상

구분	명칭	이온화(수용액 상태)
HCl	염산	$HCl \rightarrow H^+ + Cl^-$
$CuCl_2$	염화구리	$CuCl_2 \rightarrow Cu^{2+} + 2Cl^-$
$CuSO_4$	황산구리	$CuSO_4 \rightarrow Cu^{2+} + SO_4^{2-}$
$AgNO_3$	질산은	$AgNO_3 \rightarrow Ag^+ + NO_3^-$
$CaCl_2$	염화칼슘	$CaCl_2 \rightarrow Ca^{2+} + 2Cl^-$
K_2CO_3	탄산칼륨	$K_2CO_3 \rightarrow 2K^+ + CO_3^{2-}$
Na_2CO_3	탄산나트륨	$Na_2CO_3 \rightarrow 2Na^+ + CO_3^{2-}$

〈원자핵과 전자〉

원자핵

전자

　㉠ 원자핵 : 원자 중심에 위치하고 있는 [(＋)전하(양성자)＋(중성자)]

　㉡ 전자 : 원자핵 주위에 위치하고 있는 (－)전하

⑤ 원소의 주기율표

주기＼족	1	2	3	4	5	6	7	8	9	10	11	12	13	14	15	16	17	18
1	1 H																	2 He
2	3 Li	4 bE											5 B	6 C	7 N	8 O	9 F	10 Ne
3	11 Na	12 Mg											13 Al	14 Si	15 P	16 S	17 Cl	18 Ar
4	19 K	20 Ca	21 Sc	22 Ti	23 V	24 Cr	25 Mn	26 Fe	27 Co	28 Ni	29 Cu	30 Zn	31 Ga	32 Ge	33 As	34 Se	35 Br	36 Kr
5	37 Rb	38 Ba	39 Y	40 Zr	41 Nb	42 Mc	43 Tc	44 Ru	45 Rh	46 Pb	47 Ag	48 Cd	49 In	50 Sn	51 Sb	52 Te	53 I	54 Xe
6	55 Cs	56 Ba	*	72 Ht	73 Ta	74 W	75 Re	76 Os	77 Ir	78 Pt	79 Au	80 Hg	81 Sl	82 Pb	83 Bi	84 Po	85 At	86 Rn
7	87 Fr	88 Ra	**	※ 원자 번호는 원소 기호 위에 표시하였음														

*란탄족	57 La	58 Ce	59 Pr	60 Nd	61 Pm	62 Sm	63 Eu	64 Gd	65 Tb	66 Dy	67 Ho	68 Er	69 Tm	70 Yb	71 Lu
**악티늄족	89 Ac	90 Th	91 Pa	92 U	93 Np	94 Pu	95 Am	96 Cm	97 Bk	98 Cf	99 Es	100 Fm	101 Md	102 No	103 Lr

2. 이온 반응과 검출 방법

(1) 전기 분해

① 전기 분해

㉠ 전기 분해 : 전해질 수용액에서 전류가 흐르면 각각의 이온은 전하의 종류와 서로 반대되는 전극으로 이동하여 전자를 얻거나 잃은 후 전기적 중성을 띠는 성분 물질로 분해되는 것이다. 즉, 전해질 수용액이 전류에 의해 2가지 이상의 물질로 분리되어 생성되는 반응이다.

㉡ 염화수소의 전기 분해

• 염화수소(HCl)는 수용액에서 수소 이온(H^+)과 염화 이온(Cl^-)으로 나누어진다.
• 수소(H^+) 이온은 (−)극으로 이동하고 염화 이온(Cl^-)은 (+)극으로 이동한다.
• 두 전극으로 이동한 이온은 전자를 흡수·방출하여 반응한다.
 − (−)극에서 : $2H^+ + 2e \rightarrow H_2 \uparrow$ (수소 기체 발생)
 − (+)극에서 : $2Cl^- \rightarrow Cl_2 \uparrow + 2e$ (염소 기체 발생)
• 결과 : 염화수소가 전류에 의하여 수소와 염소로 분해된다.

ⓒ 염화구리의 전기 분해

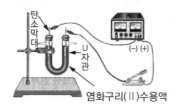

〈염화구리의 전기 분해 장치〉

- 염화구리(Ⅱ)의 이온화 : $CuCl_2 \rightarrow Cu^{2+} + 2Cl^-$
- (+)극에서 반응 : (−)전하를 띤 Cl^-이 (+)극으로 이동하여 전하를 잃고 황록색의 자극성 냄새가 나는 염소 기체가 된다.

  $2Cl^- \rightarrow Cl_2 \uparrow + 2e$
- (−)극 반응 : (+)전하를 띤 Cu^{2+}이 (−)극으로 이동하여 전자를 얻은 후 Cu로 석출된다.
  $Cu^{2+} + 2e \rightarrow Cu$
- 전체 반응 : $CuCl_2 \rightarrow Cu$(붉은색) $+ Cl_2$(황록색의 기체)

ⓔ 용융된 아이오딘화납(PbI_2)의 전기 분해

- 아이오딘화납은 물에는 녹지 않으므로 가열하여 용융 전기 분해한다.
- 용융된 상태에서 아이오딘화납의 이온화

  $PbI_2 \rightarrow Pb^{2+} + 2I^-$
- (+)극에서 반응 : (−)전하를 띤 I^-이 (+)극으로 이동하여 전자를 잃고 보라색으로 아이오딘 고체가 된다.

  $2I^- \rightarrow I_2 + 2e$
- (−)극에서의 반응 : (+)전하를 띤 Pb^{2+}이 (−)극으로 이동하여 전자를 얻은 후 Pb으로 석출된다.

  $Pb^{2+} + 2e \rightarrow Pb$

② 앙금 생성 반응

ⓐ 물에 녹아 있는 두 종류의 전해질 수용액을 반응시킬 때, 물에 녹지 않는 물질(앙금)이 생기는 반응이다(이온 검출에 이용).

ⓑ 염화 이온(Cl^-)의 검출
질산은 수용액과 같이 은이온이 포함된 수용액에 염화나트륨 수용액을 넣으면 흰색 앙금인 염화은이 생성된다.

  $Ag^+ + Cl^- \rightarrow AgCl \downarrow$(흰색 앙금)

ⓒ 탄산 이온($CO_3{}^{2-}$)의 검출
바륨 이온이나 칼슘 이온이 포함된 수용액을 탄산 이온 수용액에 넣으면 흰색 앙금인 탄산칼슘이나 탄산바륨이 생성된다.

  $Ca^{2+} + CO_3{}^{2-} \rightarrow CaCO_3 \downarrow$(흰색 앙금)

  $Ba^{2+} + CO_3{}^{2-} \rightarrow BaCO_3 \downarrow$(흰색 앙금)

ⓔ 황산 이온(SO_4^{2-})의 검출

칼슘 이온이나 바륨 이온이 포함된 수용액을 황산 이온 수용액에 넣으면 흰색 앙금인 황산바륨이나 황산칼슘이 생성된다.

$$Ca^{2+} + SO_4^{2-} \rightarrow CaSO_4 \downarrow (흰색 앙금)$$

$$Ba^{2+} + SO_4^{2-} \rightarrow BaSO_4 \downarrow (흰색 앙금)$$

ⓜ 납 이온(Pb^{2+})의 검출

폐수 속에 들어 있는 납 이온(Pb^{2+})은 아이오딘화 이온(I^-)으로 검출한다.

$$Pb^{2+} + 2I^- \rightarrow PbI_2 \downarrow (노란색 앙금)$$

ⓗ Zn^{2+}, Cu^{2+}, Pb^{2+}, Cd^{2+}의 검출

폐수 속에 들어 있는 중금속 이온을 황화 이온으로 검출한다.

$$Zn^{2+} + S^{2-} \rightarrow ZnS \downarrow (흰색 침전)$$

$$Cu^{2+} + S^{2-} \rightarrow CuS \downarrow (검은색 침전)$$

$$Pb^{2+} + S^{2-} \rightarrow PbS \downarrow (검은색 침전)$$

$$Cd^{2+} + S^{2-} \rightarrow CdS \downarrow (노란색 침전)$$

ⓢ 은 이온(Ag^+)의 검출

은 이온은 염화 이온, 브롬화 이온, 아이오딘화 이온으로 검출이 가능하다.

$$Ag^+ + Cl^- \rightarrow AgCl \downarrow (흰색 앙금)$$

$$Ag^+ + Br^- \rightarrow AgBr \downarrow (연노란색 앙금)$$

$$Ag^+ + I^- \rightarrow AgI \downarrow (노란색 앙금)$$

ⓞ 앙금 반응의 이용
- 염화은($AgCl$) : 수돗물을 소독하고 난 후 남아 있는 염화 이온의 검출
- 탄산칼슘($CaCO_3$) : 센물에 포함된 칼슘 이온 검출, 지하수 속에 녹아 있는 탄산 이온의 검출
- 황산바륨($BaSO_4$) : 화산 근처의 호수에 녹아 있는 황산 이온의 검출
- 아이오딘화납(PbI_2) : 공장에서 흘러나오는 폐수의 납 이온의 검출

ⓩ 앙금이 생기지 않는 이온의 검출
- 나트륨 이온(Na^+), 칼륨 이온(K^+), 암모늄 이온(NH_4^+), 질산 이온(NO_3^-) 등은 앙금을 생성하지 않는다.
- 금속 이온인 나트륨 이온과 칼륨 이온은 불꽃 반응색으로 확인할 수 있다.
- 암모늄 이온은 네슬러 시약에 의해 적갈색으로 변한다.
- 질산 이온은 진한 황산과 황산철(Ⅲ) 수용액의 혼합 용액을 가하면 갈색 고리가 생긴다.

③ 알짜 이온 반응식

　㉠ 이온 사이의 반응에서 실제로 반응에 참여한 이온만을 나타낸 화학식이다.

　㉡ 알짜 이온은 반응에 실제로 참여하는 이온이고, 구경꾼 이온은 반응에 참여하지 않는 이온이다.

　㉢ 질산납 수용액과 아이오딘화칼륨 수용액의 반응 : 아이오딘화칼륨(KI) 수용액과 질산납[Pb(NO$_3$)$_2$] 수용액을 섞으면 노란색 침전인 아이오딘화납(PbI$_2$)이 생성된다.

〈알짜 이온 반응식〉

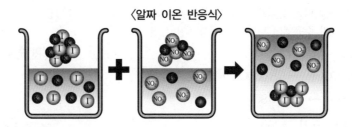

　• 화학 반응식 : $2KI(aq) + Pb(NO_3)_2(aq) \rightarrow PbI_2(s) + 2KNO_3(aq)$

　• 알짜 이온 반응식 : $Pb^{2+} + 2I^- \rightarrow PbI_2(s)$

　• 알짜 이온은 Pb^{2+}, I^-이고, K^+, NO_3^-은 구경꾼 이온이다.

(2) 불꽃 반응과 스펙트럼을 이용한 이온의 검출

① 불꽃 반응

물질을 무색의 겉불꽃 속에 넣었을 때 나타나는 특유한 불꽃 색깔로 원소를 구별하는 방법이다.

② 몇 가지 원소의 불꽃 색깔

원소	리튬(Li)	나트륨(Na)	칼륨(K)	칼슘(Ca)	스트론튬(Sr)	구리(Cu)
불꽃의색깔	빨간색	노란색	보라색	주황색	진한 빨간색	청록색

③ 스펙트럼의 특징

　㉠ 시험 방법이 간단하고, 아주 적은 양의 물질이라도 분석이 가능하다.

　㉡ 불꽃 색깔이 비슷한 원소도 쉽게 구별할 수 있다.

1. 산과 염기의 구별

(1) 산의 성질

① 산 : 산성을 띠는 물질로, 수용액에서 이온화하여 수소 이온(H^+)을 내놓는 물질

② 산성 : 산의 수용액이 나타내는 공통적인 성질

〈산이 수소 이온을 내놓는 정도〉

탄산　염산

　㉠ $HCl \rightarrow H^+ + Cl^-$

　㉡ $CH_3COOH \rightarrow CH_3COO^- + H^+$

　㉢ $H_2SO_4 \rightarrow 2H^+ + SO_4^{2-}$

　㉣ $HNO_3 \rightarrow H^+ + NO_3^-$

③ 산의 성질

　㉠ 수용액에서 신맛을 낸다.

　㉡ 산의 수용액은 전류를 흐르게 하는 전해질이다.

　㉢ 푸른 리트머스 종이를 붉게 한다.

　㉣ 금속과 반응하여 수소 기체를 발생한다.

　　• $Zn + 2HCl \rightarrow ZnCl_2 + H_2 \uparrow$ (기체 발생)

　　• $Mg + 2HCl \rightarrow MgCl_2 + H_2 \uparrow$ (기체 발생)

〈마그네슘과 염산의 반응모형〉

(2) 염기

① 염기 : 염기성을 띠는 물질로 수용액에서 이온화하여 수산화 이온(OH^-)을 내놓는다.

② 염기성 : 염기의 수용액이 나타내는 공통적인 성질

　㉠ $NaOH \rightarrow Na^+ + OH^-$

　㉡ $KOH \rightarrow K^+ + OH^-$

　㉢ $Ca(OH)_2 \rightarrow Ca^{2+} + 2OH^-$

　㉣ $NH_4OH \rightarrow NH_4^+ + OH^-$

③ 염기의 성질

　㉠ 수용액에서 쓴맛을 내며 단백질을 녹이므로 손에 닿으면 미끈거린다.

　㉡ 염기의 수용액은 전해질이므로 전류를 흐르게 한다.

　㉢ 염기성이므로 붉은색 리트머스 종이를 푸르게 한다.

　㉣ 공통적으로 OH^-가 나타난다.

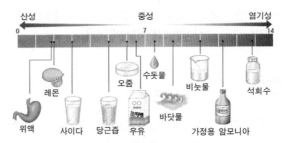

〈주변 물질들의 pH〉

2. 산과 염기의 세기

(1) 세기의 결정과 표시

① 세기의 결정

수용액에서 이온화 잘됨 → H^+, OH^- 의 농도(↑) → 산, 염기의 세기↑

② 세기의 표시(pH : 산성도)

㉠ 수소 이온의 농도를 나타내는 단위

㉡ pH가 7보다 낮으면 산성이다.

(2) 산의 세기

① 강산

㉠ 수용액에서 이온화되어 수소 이온(H^+)을 잘 내놓는 물질

㉡ 염산(HCl), 황산(H_2SO_4), 질산(HNO_3)

② 약산

㉠ 수용액에서 일부만 이온화되어 수소 이온(H^+)을 내놓는 물질

㉡ 탄산(H_2CO_3), 아세트산(CH_3COOH), 붕산(H_3BO_3), 인산(H_3PO_4)

〈강한 산과 약한 산의 비교〉

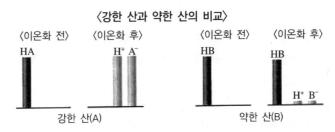

(3) 염기의 세기

① 강한 염기

㉠ 수용액에서 대부분 이온화되어 수산화 이온(OH^-)을 잘 내놓는 물질

㉡ 수산화나트륨(NaOH), 수산화칼륨(KOH), 수산화칼슘[$Ca(OH)_2$]

② 약한 염기

  ㉠ 수용액에서 일부만 이온화되어 수산화 이온(OH^-)을 내놓는 물질
  ㉡ 암모니아수(NH_4OH), 수산화마그네슘[$Mg(OH)_2$]

(4) 산과 염기의 이온화

① 이온화도(α)

  ㉠ 전해질이 수용액 속에서 이온화되는 정도를 이온화도(α)라고 한다.

$$[이온화도(\alpha)] = \frac{(이온화된\ 전해질의\ 분자\ 수)}{(수용액\ 속에\ 녹아\ 있는\ 총분자\ 수)}$$

  ㉡ 이온화도의 값 : $0 \le \alpha \le 1$
  ㉢ 이온화가 클수록 수용액 속에 이온이 많이 존재한다.
  ㉣ $\alpha = 0$이면 비전해질이고, $\alpha = 1$이면 100% 이온화된 것을 의미한다.
  ㉤ 이온화도는 온도와 농도에 따라 달라진다. 같은 수용액이라도 온도가 높고 농도가 낮을수록 이온
  화도가 커진다.

② 산과 염기의 이온화도

산	이온화도	염기	이온화도
HCl	0.94	NaOH	0.91
HNO_3	0.92	KOH	0.91
H_2SO_4	0.62	$Ca(OH)_2$	0.91
CH_3COOH	0.013	NH_3	0.013

3. 산과 염기의 종류

(1) 산의 종류

① 염산(HCl)

  ㉠ 염화수소

   • 자극성이 강한 무색의 기체로서 공기보다 무거우며 물에 아주 잘 녹는다.
   • 암모니아(NH_3)와 반응하여 흰 연기 상태의 염화암모늄(NH_4Cl)을 만든다.

   $HCl + NH_3 \rightarrow NH_4Cl$

  ㉡ 염산

   • 염화수소를 녹인 수용액으로 휘발성이 있다.
   • 이용 : 금속의 녹을 제거하거나 PVC, 염료, 조미료를 만드는 원료로 쓰인다.
   • 물에 대단히 잘 녹는다(20℃, 1기압에서 물 1L에 HCl 22.4L가 녹는다).
   • 위액 속의 위산은 HCl이 주성분이고, 0.2~0.4% 들어 있다. 또한, 위산은 소화를 돕는 작용을
   한다.

〈염화암모늄의 생성〉

푸른색 → ← 암모니아수를
리트머스   묻힌 유리막대
종이

염산

② 질산(HNO_3)

   ⊙ 진한 질산

     • 무색의 발연성이 있는 액체로 물보다 무겁다.

     • 열과 빛에 의하여 잘 분해되므로, 빛을 차단하는 갈색 병에 보관한다.

$$4HNO_3 \xrightarrow{\text{빛}} 2H_2O + 4NO_2 + O_2$$

   ⓛ 묽은 질산

     • 진한 질산을 묽게 해서 만든다.

     • 순수한 수소를 얻는 데 사용하지 않는다(NO, NO_2와 섞여 나오기 때문에).

   ⓒ 산화력이 크기 때문에 수소보다 반응성이 작은 금속과 반응한다.

     • 묽은 질산 : $3Cu + 8HNO_3 \rightarrow 3Cu(NO_3)_2 + 4H_2O + 2NO \uparrow$

     • 진한 질산 : $Cu + 4HNO_3 \rightarrow Cu(NO_3)_2 + 2H_2O + 2NO_2 \uparrow$

   ⓔ 순수한 질산 : 무색의 발연성 액체로 녹는점이 $-42℃$, 끓는점은 $86℃$, 비중은 1.52이다(진한 질산은 70% 수용액이다).

③ 황산(H_2SO_4)

   ⊙ 진한 황산

     • 농도가 98%이며, 무겁고 점성이 큰 무색의 액체이다.

     • 탈수 작용을 하므로 건조제로 쓰인다.

   ⓛ 묽은 황산

     • 진한 황산을 묽게 해서 만들며, 수용액에서 이온화가 잘 되므로 강산이다.

     • 이용 : 염료, 의약, 축전지, 인조 섬유, 석유의 정제 등 화학 공업에 쓰인다.

(2) 염기의 종류

① 수산화나트륨($NaOH$)

   ⊙ 흰색의 고체로 물에 잘 녹으며, 수용액은 강한 염기성을 나타낸다.

   ⓛ 공기 중에서 수분을 흡수하여 스스로 녹는 조해성이 있다.

   ⓒ 이산화탄소(CO_2)를 흡수하여 탄산나트륨(Na_2CO_3)을 만든다.

   ⓔ 비누, 섬유, 종이, 물감을 만드는 원료로 사용된다.

② 수산화칼슘[$Ca(OH)_2$]

   ⊙ 회색의 가루로 소석회라고 한다.

   ⓛ 용해도는 작으나 용해된 것은 이온화가 잘 되므로 강염기이다.

   ⓒ 수용액 : 석회수

  ② 석회수는 이산화탄소 검출에 이용한다.

   $Ca(OH)_2 + CO_2 \rightarrow CaCO_3(흰색 앙금) + H_2O$

 ③ 암모니아(NH_3)

  ㉠ 무색의 자극성 기체로서 공기보다 가볍다.

  ㉡ 수용액 : 암모니아수(NH_3OH)

  ㉢ 물에 잘 녹으며 이온화하여 염기성을 나타낸다.

  ② 염화수소(HCl)와 만나면 염화암모늄을 만든다.

   $NH_3 + HCl \rightarrow NH_4Cl(흰 연기)$

〈염기성 용액에서의 암모니아의 작용〉

암모니아 분수

물이 든 스포이트

페놀프탈레인을 넣은 물

04　산과 염기의 중화 반응

1. 수용액과 지시약

(1) 수용액의 성질

 ① 수용액의 성질은 수소 이온(H^+)과 수산화 이온(OH^-)의 양에 의해 결정된다.

 ② 수용액의 성질

  ㉠ 산성 : $H^+ > OH^-$, pH < 7

  ㉡ 중성 : $H^+ = OH^-$, pH = 7

  ㉢ 염기성 : $H^+ < OH^-$, pH > 7

(2) 지시약의 색깔

 ① 지시약은 수용액의 pH에 따라 색이 달라지는 물질로서, 용액의 액성을 구별할 때 사용된다. 지시약은 그 자체가 약한 산성을 띠거나, 약염기성이므로 사용하면 용액의 액성에 영향을 끼친다.

② 지시약의 변색

구분	산성	중성	염기성
리트머스	붉은색	보라색	푸른색
페놀프탈레인	무색	무색	붉은색
메틸오렌지	붉은색	주황색	노란색
BTB	노란색	녹색	푸른색

2. 중화 반응의 특성

(1) 중화 반응

① 중화 반응

　　㉠ 산과 염기가 반응하여 물과 염을 만드는 반응

　　㉡ 산+염기 → 염+물

② 중화 반응의 이온 반응식

　　㉠ 산의 H^+와 염기의 OH^-가 $1:1$의 비로 반응하여 염과 물이 생성되는 반응

　　㉡ $HCl+NaOH \rightarrow NaCl+H_2O$ 반응에서 $H^+ + OH^- \rightarrow H_2O$가 생성되는 반응

〈염산과 수산화나트륨 수용액의 반응〉

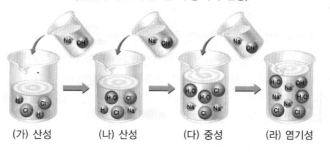

　　　　(가) 산성　　　　(나) 산성　　　　(다) 중성　　　　(라) 염기성

　　㉢ 혼합 용액에서의 액성

　　　　• 산성 : $H^+ > OH^-$

　　　　• 중성 : $H^+ = OH^-$

　　　　• 염기성 : $H^+ < OH^-$

③ 염

　　㉠ 산과 염기의 중화 반응에서 물과 함께 생성되는 물질

　　㉡ 염의 생성 반응

　　　　• 산과 염기의 중화 반응 : $HCl+NaOH \rightarrow H_2O+NaCl$

　　　　• 금속과 산의 반응 : $Mg+2HCl \rightarrow MgCl_2+H_2 \uparrow$

　　　　• 염과 염의 반응 : $NaCl+AgNO_3 \rightarrow NaNO_3+AgCl \downarrow$

© 염의 용해성

- Na^+, K^+, NH_4^+는 물에 잘 녹는다.
- 물에 잘 녹지 않는 염(앙금 생성 반응) : $CaCl_2$, $BaCl_2$, $AgCl$

양이온 \ 음이온	NO_3^-	Cl^-	SO_4^{2-}	CO_3^{2-}	용해성
Na^+	$NaNO_3$	$NaCl$	Na_2SO_4	Na_2CO_3	잘 녹는다.
K^+	KNO_3	KCl	K_2SO_4	K_2CO_3	
NH_4^+	NH_4NO_3	NH_4Cl	$(NH_4)_2SO_4$	$(NH_4)_2CO_3$	
Ca^{2+}	$Ca(NO_3)_2$	$CaCl_2$	$CaSO_4$	$CaCO_3$	잘 녹지 않는다.
Ba^{2+}	$Ba(NO_3)_2$	$BaCl_2$	$BaSO_4$	$BaCO_3$	
Ag^+	$AgNO_3$	$AgCl$	Ag_2SO_4	Ag_2CO_3	

④ 중화 반응의 예

㉠ $HCl + NaOH \rightarrow H_2O + NaCl$

㉡ $H_2SO_4 + 2NaOH \rightarrow 2H_2O + Na_2SO_4$

㉢ $2HCl + Ca(OH)_2 \rightarrow 2H_2O + CaCl_2$

(2) 중화열과 중화 반응의 이용

① 중화열

㉠ 중화 반응이 일어날 때 방출하는 열 : $H^+ + OH^- \rightarrow H_2O +$ 열

㉡ 중화 반응은 발열 반응이므로 반응 시 물은 열을 흡수하여 용액의 온도는 상승한다(산의 H^+과 염기의 OH^-이 반응하는 양에 따라 발생하는 열량이 달라진다).

㉢ 용액의 온도와 중화점 : 일정량의 염기 용액에 산 용액을 가할 때 혼합 용액에서는 열이 발생하므로 용액의 온도가 가장 높을 때가 중화점이다.

② 산과 염기의 중화 반응에서 발생하는 열

㉠ $H^+ + OH^- \rightarrow H_2O +$ 열(중화열)

㉡ 중화 반응 시 온도의 변화

- 산과 염기의 중화 반응이 진행됨에 따라 용액의 온도가 점차 높아지며 완전히 중화될 때 온도가 가장 높다.
- 반응하는 산의 H^+과 염기의 OH^-이 많을수록 중화열이 많이 발생한다.

㉢ 중화 여부 측정 방법

- 지시약을 사용하여 용액의 색깔 변화를 보아 중화점을 안다.

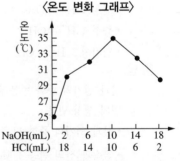

〈온도 변화 그래프〉

NaOH(mL)	2	6	10	14	18
HCl(mL)	18	14	10	6	2

- 용액의 온도 변화 측정 : 산과 염기를 중화시킬 때 변화되는 온도를 측정하여 용액의 온도 변화가 최고에 이를 때 중화된 것을 안다.

③ 일상생활과 중화 반응

  ㉠ 벌에 쏘인 부위에 암모니아수를 바른다. → 벌침의 독에는 포름산 등의 산성 물질이 들어 있으므로 염기성인 암모니아수로 중화된다.

  ㉡ 신 김치로 찌개를 만들 때 탄산수소나트륨을 넣으면 신맛이 줄어든다. → 탄산수소나트륨은 염기성 물질이므로 김치의 산을 중화시킨다.

  ㉢ 생선회에 레몬즙을 뿌리면 비린내를 줄일 수 있다. → 생선회의 비린내는 트리메틸아민이라는 염기성 물질이므로 레몬즙의 산성 물질로 중화시킨다.

  ㉣ 속이 쓰릴 때 제산제를 먹는다. → 위에서 과다하게 분비된 염산에 의해 속이 쓰리므로 수산화마그네슘, 탄산수소나트륨 등의 중성분인 제산제를 먹으면 중화된다.

  ㉤ 산성화된 토양이나 호수에 석회를 뿌린다. → 염기성 물질인 석회로 산성을 중화시킨다.

(3) 중화점

① 중화점

  ㉠ 산의 수소 이온(H^+)과 염기의 수산화 이온(OH^-)이 1 : 1의 비로 반응하여 정확하게 중성이 되는 점

  ㉡ 중화 반응에서 염산에 NaOH 수용액을 가할 때 이온수의 변화

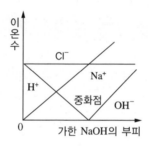

② 중화점의 관찰

  ㉠ 지시약 관찰(산성에서 중성으로 변하는 색상 조사) : 용액의 산성도를 조사한다.

  ㉡ 온도 측정(온도의 상승 곡선 조사) : 중화점에서 최고 온도를 나타낸다.

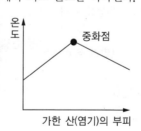

ⓒ 전류 측정(전도도계를 이용하여 전도도의 변곡점 조사) : 이온의 수가 감소하므로 전류 값 감소

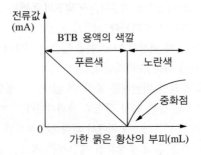

③ 온도에 따른 중화점

　ⓐ 중화열과 H$^+$ 및 OH$^-$의 수 : 반응하는 수소 이온(H$^+$)과 수산화 이온(OH$^-$)의 수가 많을수록 열이 많이 발생한다.

　ⓑ 중화점과 온도 변화 : 중화점에서 온도 변화가 가장 크며, 중화점에서는 수소 이온과 수산화 이온이 모두 반응한다.

05 **반응 속도**

1. 반응 속도와 화학 반응

(1) 반응 속도

① 반응물의 성질

반응물의 활성이 큰 경우 반응 속도는 빠르다(엔탈피가 큰 경우).

② 반응 속도

　ⓐ 반응 속도 : 단위 시간당 반응하는 물질의 농도 감소량, 또는 생성되는 물질의 농도 증가량을 말하며 농도는 몰농도로 나타낸다.

$$
(반응\ 속도) = \frac{(반응\ 물질의\ 농도\ 변화)}{(시간)} = \frac{(생성\ 물질의\ 농도\ 변화)}{(시간)}
$$

　ⓑ 반응 속도의 단위

　　• 기체 : mL/초, mL/분

　　• 액체 : 몰/(L·초), 몰/(L·분)

　ⓒ 빠른 반응

　　• 침전 반응, 중화 반응, 기체 발생 반응, 연소 반응은 반응 속도가 빠르다.

　　　— 침전 반응 : $AgNO_3 + NaCl \rightarrow AgCl(침전) + NaNO_3$

　　　— 중화 반응 : $HCl + NaOH \rightarrow H_2O(물\ 생성) + NaCl$

　　　— 기체 발생 반응 : $Zn + 2HCl \rightarrow ZnCl_2 + H_2(기체\ 발생)$

　　　— 연소 반응 : $CH_4 + 2O_2 \rightarrow CO_2 + 2H_2O$

- 단순 이온 간의 반응은 반응 속도가 **빠르다.**
- **빠른** 반응의 예
  - 프로판이나 부탄과 같은 연료가 타는 반응
  - 폭약이 폭발하는 반응
  - 수용액에서 앙금이 생기는 반응
  - 대리석과 염산의 반응

 ㉣ 느린 반응
- 철의 부식이나 석회암 동굴의 생성 반응 등은 느리다.
  - 철의 부식 : $4Fe + 3O_2 + 2H_2O \rightarrow 2Fe_2O_3H_2$
  - 석회암 동굴의 생성 반응 : $CaCO_3 + CO_2 + H_2O \rightarrow Ca(HCO_3)_2$
- 공유 결합의 분해 반응은 반응 속도가 느리다.
  - $2HI \rightarrow H_2 + I_2$
- 느린 반응의 예
  - 대리석 건물이 산성비에 의해 침식될 때의 반응
  - 찹쌀을 이용하여 술을 빚을 때의 반응
  - 김치가 익는 반응
  - 석회 동굴이 생기는 반응
  - 과일이 익어가는 반응
  - 철과 황산의 반응

③ 반응 속도 측정 방법
 ㉠ 일반적으로 단위 시간 동안 반응 물질의 농도 감소량, 생성 물질의 농도 증가량을 조사한다.
 ㉡ 앙금의 이용 : 일정량의 앙금이 생성되는 시간을 조사한다. 속도는 걸린 시간에 반비례한다.

〈앙금의 생성 실험〉

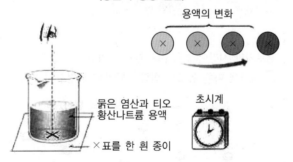

 ㉢ 기체의 이용
- 생성된 기체가 빠져나갈 때 : 반응할수록 질량이 감소하므로 단위 시간당 질량의 감소량으로 반응 속도를 측정한다(전자저울을 이용).
- 생성된 기체를 모으는 경우 : 단위 시간당 발생하는 기체의 부피를 측정한다.

〈기체의 생성〉

부피 측정법

질량 측정법

㉣ 기울기 그래프 이용
- 기울기 변화를 조사함으로써 반응 속도를 알 수 있다.
- 시간에 따른 농도의 변화에서 기울기가 클 때 : 반응 속도가 빠르다.
- 시간에 따른 농도의 변화에서 기울기가 작을 때 : 반응 속도가 느리다.
- 시간에 따른 농도의 변화에서 기울기가 0일 때 : 반응 종결
- 시간에 따라 발생하는 기체의 부피를 그래프로 그렸을 때, 반응 속도는 그래프의 기울기와 같다. 따라서 그래프의 두 점 사이의 기울기는 그 시간 동안의 반응 속도와 같다.

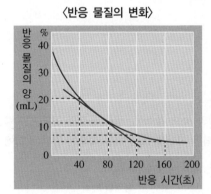

〈반응 물질의 변화〉

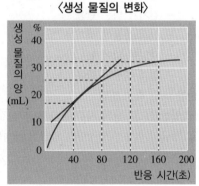

〈생성 물질의 변화〉

④ 반응 속도의 변화
㉠ 처음에는 빠르지만 시간이 흐를수록 점차 느려진다.
㉡ 반응 속도는 시간에 따른 농도의 변화 그래프에서 접선의 기울기와 같다.

〈반응 속도의 변화〉

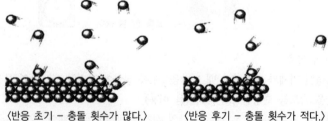

〈반응 초기 – 충돌 횟수가 많다.〉   〈반응 후기 – 충돌 횟수가 적다.〉

(2) 화학 반응의 조건

① 화학 반응이 일어나기 위한 조건

ㄱ 반응하는 물질의 입자 사이에 충돌이 있어야 한다.

ㄴ 충분한 에너지를 동반한 충돌이어야 한다.

② 활성화 에너지 : 반응에 필요한 최소의 에너지를 활성화 에너지라고 하며 활성화 에너지가 작을수록 반응 속도가 빠르다.

③ 유효 충돌 : 반응을 일으키기에 적당한 방향으로 부딪치는 입자의 충돌을 유효 충돌이라고 한다.

2. 반응 속도에 영향을 끼치는 요인

(1) 농도

① 반응 속도와 농도 : 반응물의 농도가 진할수록 반응 물질 사이의 충돌 횟수가 많아져 반응을 일으키는 입자 수가 증가하기 때문에 반응 속도가 빨라진다.

② 농도와 충돌 횟수

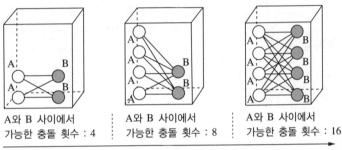

A와 B 사이에서　　A와 B 사이에서　　A와 B 사이에서
가능한 충돌 횟수 : 4　가능한 충돌 횟수 : 8　가능한 충돌 횟수 : 16

반응 속도가 빨라진다.

(2) 온도

① 반응 속도와 온도 : 온도가 상승하면 분자의 운동이 활발해지고 활성화 에너지보다 큰 에너지로 충돌하는 분자 수가 증가하므로 반응 속도는 빨라진다.

② 온도가 $10℃$ 상승하면 반응 속도는 약 2배 정도 증가한다.

〈반응 속도와 온도〉

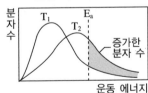

T_1, T_2 : 온도($T_1 < T_2$)

E_a : 활성화 에너지(반응을 일으키는 데 필요한 최소의 에너지)

(3) 촉매

① **반응 속도와 촉매** : 촉매는 화학 반응이 일어날 때 활성화 에너지에 영향을 주어 반응 속도가 변하도록 해주는 물질이지만, 촉매 자신은 변하지 않는다.

② **촉매의 종류**

　　㉠ 정촉매

　　　• 활성화 에너지를 감소시켜 반응 속도를 빠르게 한다.

　　　• $2KClO_3 \xrightarrow{\text{MnO}_2} 2KCl + 3O_2$

　　㉡ 부촉매

　　　• 활성화 에너지를 증가시켜 반응 속도를 느리게 한다.

　　　• $H_2O_2 \xrightarrow{\text{H}_3\text{PO}_4} H_2O + \frac{1}{2}O_2$

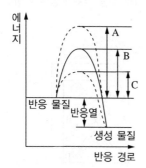

A : 부촉매 사용 시 활성화 에너지
B : 촉매가 없을 때의 활성화 에너지
C : 정촉매 사용 시 활성화 에너지

(4) 그 밖의 요인

① **압력** : 밀폐된 용기 안의 기체 분자들이 반응할 때 압력이 증가하면 기체의 부피가 감소하여(단위 부피 당 분자 수 증가) 압력에 관한 효과는 농도와 같은 결과를 얻는다.

② **표면적** : 반응물의 표면적이 넓을수록 반응물 간의 접촉 면적이 넓으므로 충돌하는 입자 수가 증가되어 반응 속도는 빨라진다.

③ **빛에너지** : 빛에너지는 반응물을 활성화시켜 반응 속도를 빠르게 한다.

3. 반응 속도와 생활의 관계

(1) 농도·온도·촉매의 영향

① 농도의 영향

    ㉠ 강산에서는 금속이 쉽게 녹슨다.

    ㉡ 산성도가 높은 비일수록 금속 구조물을 쉽게 손상시킨다.

    ㉢ 알약보다는 가루약, 물약이 약효가 빠르다.

② 온도의 영향

    ㉠ 음식물을 냉장 보관하면 신선도를 오래 유지한다(부패 속도 감소).

    ㉡ 압력솥에서 밥이 빨리 된다.

③ 촉매의 영향

    유해한 자동차의 배기가스를 촉매 변환기를 이용하여 유해하지 않은 물질로 변환시킨다.

(2) 반응 속도의 영향

① 반응 속도를 느리게 하는 경우

    ㉠ 냉장고에 음식을 넣어 부패 속도를 느리게 한다.

    ㉡ 위 속에서 녹는 속도가 다른 물질로 캡슐을 만든다.

② 반응 속도를 빠르게 하는 경우

    ㉠ 압력솥으로 밥을 짓는다.

    ㉡ 암모니아의 합성 반응에서 압력과 온도를 조절하여 반응 속도를 빠르게 한다.

    ㉢ 화학 공업에서 반응이 잘 일어날 수 있게 하기 위해 정촉매를 사용한다.

    ㉣ 된장, 고추장, 김치, 젓갈 등의 식품을 만들거나 물질 합성 및 환경오염 제거 등에 효소를 이용한다.

PART 2

대표유형 1 전해질과 이온

다음 중 전해질과 비전해질에 대한 설명으로 옳은 것은?

① 전해질은 고체 상태에서 전류를 흐르게 하는 물질이다.

② 전해질의 종류에는 염화수소, 포도당이 있다.

③ 전해질의 농도가 진할수록 전류의 세기는 무한대로 증가한다.

④ 비전해질은 물에 녹아 전류를 흐르게 한다.

⑤ 전해질은 물에 녹아 전류를 흐르게 한다.

| 해설 | 전해질은 물에 녹아 전류를 흐르게 하는 물질이다.

오답분석

① 전해질은 물에 녹아서 전류를 흐르게 하는 물질이다. 따라서 고체 상태에서는 전류가 흐르지 못한다.

② 염화수소는 전해질이지만 포도당은 비전해질이다.

③ 전해질의 농도가 진해질수록 전류의 세기는 증가하지만 전해질마다 용해도가 존재하므로 일정 세기 이상은 증가할 수 없다.

④ 비전해질은 물에 녹아도 전류가 흐르지 않는 물질이다.

정답 ⑤

01 물의 전기분해 실험 진행 시, 순도 100%의 물을 사용하지 않고 소금 등의 약간의 전해질을 섞은 물로 실험하는 이유로 옳은 것은?

① 실험 종료 후 뒷정리를 보다 편하게 하기 위함이다.

② 기체 발생을 억제하여 안전사고를 줄이기 위함이다.

③ 끓는점을 높여 물이 끓어오르는 것을 방지하기 위함이다.

④ 순도 100%의 물은 오히려 이온화가 잘 안되기 때문이다.

⑤ 전기분해 실험으로 발생한 기체가 다시 물속으로 녹아들지 않게 하기 위함이다.

02 다음 〈보기〉에서 강한 전해질과 약한 전해질에 해당하는 물질로 바르게 짝지어진 것은?

> **보기**
>
> 아세트산, 탄산, 염화나트륨, 암모니아, 황산구리, 수산화나트륨

	강한 전해질	약한 전해질
①	아세트산, 염화나트륨, 황산구리	탄산, 암모니아, 수산화나트륨
②	아세트산, 암모니아, 탄산	염화나트륨, 수산화나트륨, 황산구리
③	아세트산, 탄산, 염화나트륨	암모니아, 황산구리, 수산화나트륨
④	염화나트륨, 수산화나트륨, 황산구리	아세트산, 암모니아, 탄산
⑤	암모니아, 황산구리, 수산화나트륨	아세트산, 탄산, 염화나트륨

03 다음과 같이 원자들이 서로 전자를 내놓고 전자쌍을 만들어 공유하면서 형성되는 결합은?

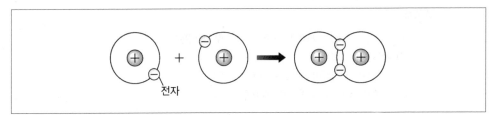

① 핵융합   ② 금속 결합

③ 공유 결합   ④ 이온 결합

⑤ 배위 결합

04 다음 중 양성자를 구성하는 기본 입자는?

① 쿼크   ② 이온

③ 분자   ④ 중성자

⑤ 렙톤

05 다음은 물(H_2O)의 전자 배치를 나타낸 것이다. 공유 전자쌍의 개수는?

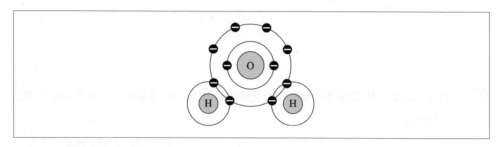

① 1개   ② 2개

③ 3개   ④ 5개

⑤ 8개

06 다음 고체 염화나트륨을 이용한 실험에서 알 수 있는 내용으로 옳은 것을 〈보기〉에서 모두 고르면?

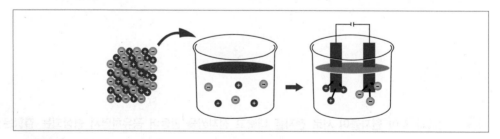

> **보기**
>
> ㄱ. 염화나트륨은 고체 상태에서는 전류가 흐르지 않는다.
> ㄴ. 염화나트륨은 전해질이다.
> ㄷ. 수용액 상태에서 염화나트륨은 이온 상태이다.
> ㄹ. 설탕도 염화나트륨과 같은 전해질이다.

① ㄱ, ㄴ   ② ㄷ, ㄹ

③ ㄱ, ㄴ, ㄷ   ④ ㄱ, ㄴ, ㄹ

⑤ ㄴ, ㄷ, ㄹ

07 다음 중 이온에 대한 설명으로 옳은 것은?

① 중성 원자가 전자를 잃거나 얻어서 전하를 띠게 된 입자를 말한다.

② 음이온은 전자를 잃어 (+)전하를 띤다.

③ 양이온은 중성 원자가 전자를 얻어 (−)전하가 된다.

④ 음이온에는 수소 이온, 암모늄 이온, 구리 이온 등이 있다.

⑤ 양이온에는 수산화 이온, 탄산 이온, 염화 이온 등이 있다.

08 다음 중 이온과 불꽃 반응색이 잘못 짝지어진 것은?

① Na – 노란색   ② K – 보라색

③ Ca – 파란색   ④ Cu – 청록색

⑤ Li – 붉은색

09 다음 중 금속과 비금속에 대한 설명으로 옳은 것은?

① 비금속은 전성과 연성이 크다.

② 금속은 열전도성과 전기전도성이 크다.

③ 금속은 전자를 얻어 수용액에서 음이온이 되기 쉽다.

④ 전자를 잃고, 이온화가 잘 되면 비금속이다.

⑤ 금속과 비금속은 상온에서 액체로 존재할 수 없다.

10 다음 중 앙금생성반응에 대한 설명으로 옳지 않은 것은?

① 물에 녹아 있는 두 종류의 전해질 수용액을 반응시킬 때, 물에 녹지 않는 물질이 생기는 반응을 말한다.

② 질산은 수용액과 염화나트륨 수용액을 넣으면 흰색의 염화은이 생성된다.

③ 탄산 이온의 검출은 바륨 이온이나 칼슘 이온이 포함된 수용액을 이용한다.

④ 나트륨 이온과 칼륨 이온은 황화 이온으로 검출이 가능하다.

⑤ 폐수 속에 들어있는 납 이온은 아이오딘화 이온으로 검출 가능하다.

11 다음 중 이온 결합에 대한 설명으로 옳지 않은 것은?

① 양이온과 음이온 사이의 전기적 인력에 의한 결합이다.

② 금속과 비금속의 결합이다.

③ 이온 결합 물질은 쉽게 부서진다.

④ 고체와 액체 상태에서 전기가 흐르지 않는다.

⑤ 녹는점과 끓는점이 높은 편이다.

12 다음은 화합물의 원소를 알아보기 위한 불꽃 반응 실험이다. 제시된 표에서 제시한 물질에 맞는 불꽃색이 바르게 짝지어진 것은?(단, (가), (나) 과정은 니크롬선에 다른 물질을 없애기 위함이다)

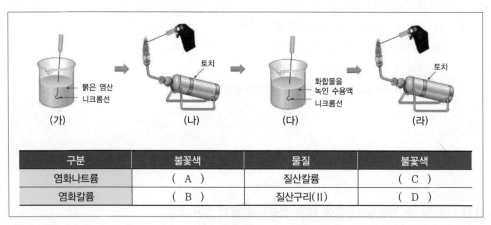

구분	불꽃색	물질	불꽃색
염화나트륨	(A)	질산칼륨	(C)
염화칼륨	(B)	질산구리(II)	(D)

	A	B	C	D
①	노란색	보라색	보라색	청록색
②	보라색	노란색	빨간색	청록색
③	빨간색	보라색	노란색	보라색
④	노란색	보라색	보라색	노란색
⑤	노란색	빨간색	노란색	청록색

13 다음 중 현대 주기율표에 대한 설명으로 옳지 않은 것은?

① 주기는 주기율표의 가로줄로 1～7주기가 있다.

② 같은 주기 원소는 바닥상태에서 전자가 들어있는 전자껍질 수가 같다.

③ 족은 주기율표의 세로줄로 1～18족이 있다.

④ 같은 족에 있는 원소들은 화학적 성질이 비슷하다.

⑤ 현대 주기율표는 원소를 원자번호 순으로 배열하였다.

대표유형 2   물질의 구성

돌턴이 제안한 원자의 개념 중 오늘날 수정해야 할 원자설과 그 근거가 바르게 짝지어진 것은?

① 원자의 종류가 같으면 크기와 질량이 같다.

   → 동위 원소 발견

② 화학반응이 일어날 때 원자는 사라지지 않는다.

   → 핵융합 반응

③ 물질은 더 이상 쪼갤 수 없는 원자로 되어 있다.

   → 동위 원소 발견

④ 화학반응이 발생할 때 원자는 다른 원자로 변하지 않는다.

   → 금속 원소 발견

⑤ 서로 다른 원자들이 모여서 새로운 물질을 만든다.

   → 핵분열 반응

| **해설** | 동위 원소가 발견됨에 따라 같은 원소라도 질량이 서로 다를 수 있음이 입증되었다.

정답 ①

---

14 다음 원자에 대한 설명에서 빈칸 ㉠, ㉡에 들어갈 말을 바르게 짝지은 것은?

> 원자는 양성자, ___㉠___, ___㉡___(으)로 구성되어 있으며, 양성자 개수와 ___㉠___ 개수가 같아 전기적으로 중성이다. 중성의 원자는 ___㉠___를 얻어 음이온이 되거나, ___㉠___를 잃어 양이온이 된다. 한 원자에 있는 양성자와 ___㉡___에 비해 ___㉠___는 질량이 매우 작아 그 크기를 무시하여 양성자 개수와 ___㉡___ 개수의 합을 질량수라고 한다. 예컨대, $^{16}_{8}O$의 경우, 양성자 수는 8개, 질량 수는 16개이며, ___㉡___ 수는 $16-8=8$개이다.

	㉠	㉡
①	중성자	광자
②	중성자	전자
③	전자	광자
④	전자	중성자
⑤	전자	글루온

15 다음에서 설명하는 물질의 구성 모형은?

> • 분자식이 C_{60}인 나노 물질이다.
> • 오각형과 육각형 형태로 이루어진 축구공 모양이다.

①

②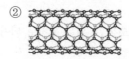

③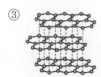

④

⑤

16 다음 A~C의 분자 구성에서 각각의 결합각이 바르게 짝지어진 것은?(단, 결합각은 화살표로 표시된 각을 말한다)

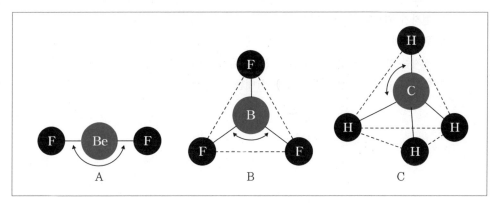

	A	B	C
①	180°	160°	120°
②	120°	180°	109.5°
③	180°	120°	107°
④	120°	180°	104.5°
⑤	180°	120°	109.5°

17 다음은 (가)~(다) 분자의 구성식을 나타낸 것이다. 이에 대한 〈보기〉의 설명 중 옳은 것을 모두 고르면?

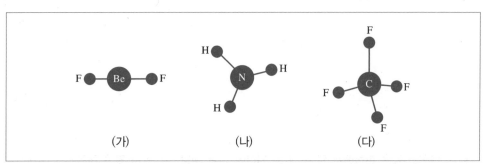

(가)　　　　　(나)　　　　　(다)

보기

ㄱ. 무극성 분자는 2개이다.
ㄴ. 입체구성은 1개이다.
ㄷ. (나)는 삼각뿔형으로 결합각이 제일 작다.
ㄹ. (가), (다) 분자에는 비공유 전자쌍이 없다.

① ㄱ, ㄷ
② ㄴ, ㄷ
③ ㄱ, ㄴ, ㄹ
④ ㄴ, ㄷ, ㄹ
⑤ ㄱ, ㄴ, ㄷ, ㄹ

18 다음 중 보어의 원자 모형에 대한 설명으로 옳지 않은 것은?

① 수소 원자의 불연속적인 선 스펙트럼을 설명하기 위해 제안된 모형이다.
② 전자가 원자핵 주위의 일정한 궤도를 따라 원운동한다.
③ 원자핵에서 멀어질수록 전자껍질의 에너지 준위는 높아진다.
④ 전자는 에너지를 방출하며 높은 전자껍질로 전이된다.
⑤ 에너지 준위가 가장 낮은 안정한 상태를 바닥상태라고 한다.

19 다음 중 원소, 원자 및 분자에 대한 설명으로 옳지 않은 것은?

① 원소는 1가지 성분으로 이루어진 순물질이다.
② 2가지 이상의 서로 다른 원소들이 결합하여 만들어진 순물질을 화합물이라 한다.
③ 원자는 원소를 구성하는 기본적인 입자이다.
④ 분자는 원자 1개로 이루어질 수 없다.
⑤ 일반적으로 원자들이 공유 결합하여 분자를 이룬다.

20 다음과 같은 현상에서 알 수 있는 원리에 대한 설명으로 옳지 않은 것은?

> 수도꼭지에서 물이 나오고 있을 때 대전된 물체를 가까이 대면 물이 대전된 물체가 있는 방향으로 휘어진다.

① 물은 극성을 띤다.
② 극성 분자는 분자 내 결합이 비대칭이다.
③ 극성 분자는 무극성 용매에 잘 용해된다.
④ 극성 분자는 전기적 성질을 가진다.
⑤ 극성 분자에는 염화수소, 암모니아 등이 있다.

21 다음은 수소(H) 원자 수가 동일한 탄화수소 (가)와 (나)의 분자량과 구성 성분 원소의 질량비를 나타낸 것이다. 이에 대한 〈보기〉의 설명 중 옳은 것을 모두 고르면?(단, H, C의 원자량은 각각 1, 12이다)

탄화수소	분자량	질량비(C : H)
(가)	42	6 : 1
(나)	54	$x : y$

보기

ㄱ. (가)를 구성하는 C와 H의 몰수비는 1 : 3이다.
ㄴ. (나)의 C 원자 수는 4이다.
ㄷ. $x : y = 8 : 1$이다.

① ㄱ ② ㄷ
③ ㄱ, ㄴ ④ ㄴ, ㄷ
⑤ ㄱ, ㄴ, ㄷ

22 다음은 3가지 원자 모형을 주어진 기준에 따라 분류한 것이다. (가) ~ (다)에 대한 〈보기〉의 설명 중 옳은 것을 모두 고르면?

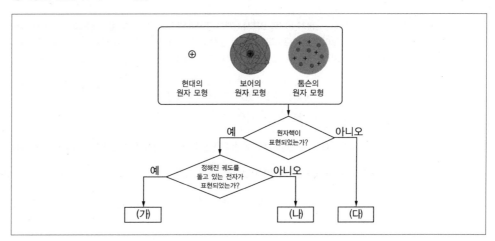

보기

ㄱ. (가)는 수소 원자의 선 스펙트럼을 설명하기 위해 제안된 모형이다.
ㄴ. (나)는 러더퍼드가 알파 입자 산란 실험을 설명하기 위해 제안한 모형이다.
ㄷ. (다)는 톰슨의 원자 모형이다.

① ㄱ ② ㄴ
③ ㄱ, ㄷ ④ ㄴ, ㄷ
⑤ ㄱ, ㄴ, ㄷ

다음은 실린더 속에서 기체 A와 B가 반응하여 기체 C를 생성하는 과정을 모형으로 나타낸 것이다. 이에 대한 〈보기〉의 설명 중 옳은 것을 모두 고르면?(단, 온도와 압력은 일정하다)

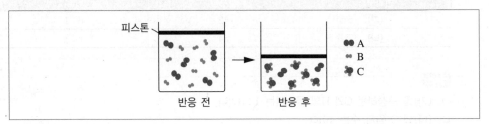

피스톤

반응 전　　　　반응 후

A
B
C

보기

ㄱ. 화학 반응식은 A+3B → 2C이다.

ㄴ. C의 분자량은 $\dfrac{(A의\ 분자량+B의\ 분자량)}{2}$이다.

ㄷ. 실린더 속 혼합 기체의 밀도는 반응 후가 반응 전보다 작다.

① ㄱ　　　　　　　　　　　　　② ㄷ

③ ㄱ, ㄴ　　　　　　　　　　　④ ㄴ, ㄷ

⑤ ㄱ, ㄴ, ㄷ

| 해설 | 반응 전 실린더 속에는 A분자 5개와 B분자 9개가 존재하였으나, 반응 후 실린더 속에는 A분자 2개가 반응하지 않고 남았으며 생성물로 C분자 6개가 생성되었다. 따라서 A분자 3개와 B분자 9개가 반응하여 C분자 6개가 생성되므로 화학 반응식은 A+3B → 2C이다.

오답분석

ㄴ. (A분자 1개와 B분자 3개의 질량의 합)=(C분자 2개의 질량)

따라서 C의 분자량은 $\dfrac{(A의\ 분자량+3\times B의\ 분자량)}{2}$이다.

ㄷ. 질량 보존의 법칙에 의해 반응 전후 실린더 속 혼합 기체의 질량은 일정하다. 그러나 반응 후에는 실린더 부피가 감소하므로 기체의 (밀도)$=\dfrac{(질량)}{(부피)}$ 는 증가한다.

정답 ①

23 다음 아이오딘화칼륨과 질산납이 반응하여 아이오딘화납과 질산칼륨이 생성하는 반응식에서 빈칸에 들어갈 수를 모두 더하면?

$$\square \; KI + Pb(NO_3)_\square \rightarrow PbI_\square \downarrow + 2KNO_3$$

① 5
② 6
③ 7
④ 8
⑤ 9

24 다음은 메테인을 생성하는 화학 반응식이다. (가)에 해당하는 것은?

$$C + (\text{ 가 }) \rightarrow CH_4$$

① H
② H_2
③ 3H
④ $2H_2$
⑤ 4H

25 다음 중 화학 반응식으로 옳은 것은?

① $C + O_2 \rightarrow CO_2$
② $H_2 + S \rightarrow H_2O$
③ $2C + O \rightarrow 2CO_2$
④ $N_2 + H_2 \rightarrow 2NH_3$
⑤ $C_2 + 4H \rightarrow C_2H_4$

26 다음 화학 반응식에 대한 설명 중 옳지 않은 것은?

$$CuO + H_2 \rightarrow Cu + H_2O$$

① 산화구리는 산소를 잃어 환원되었다.
② 물은 산소를 얻어 산화되었다.
③ 산화와 환원은 동시에 일어난다.
④ 반응 전과 후의 분자 몰수는 같다.
⑤ 화학 반응식의 원소 개수는 3개이다.

다음 중 끓는점과 압력에 대한 설명으로 옳지 않은 것은?

① 외부의 압력이 높아지면 끓는점도 높아진다.

② 높은 산에서 밥을 할 경우 밥이 설익는다.

③ 압력밥솥을 이용하면 밥이 빨리 익는다.

④ 외부의 압력이 낮아지면 끓는점이 낮아진다.

⑤ LPG가스통 용기 내에 압력을 낮춰 액체로 보관한다.

| 해설 | LPG가스통 용기 내에 압력을 높여 끓는점을 올려 기체를 액체로 보관한다.

정답 ⑤

27 다음 온도 – 시간 그래프에서 고체인 물체를 가열할 때 녹는점과 끓는점의 구간이 바르게 짝지어진 것은?

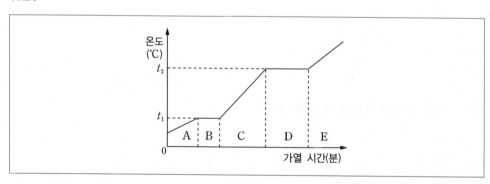

	녹는점	끓는점		녹는점	끓는점
①	A	D	②	B	D
③	C	A	④	D	B
⑤	E	A			

28 다음 〈보기〉 중 물질의 특성이 될 수 없는 것을 모두 고르면?

보기
ㄱ. 녹는점   ㄹ. 용해도
ㄴ. 부피   ㅁ. 밀도
ㄷ. 길이   ㅂ. 질량

① ㄱ, ㄴ, ㄷ   ② ㄴ, ㄷ, ㅂ
③ ㄴ, ㄹ, ㅁ   ④ ㄷ, ㄹ, ㅂ
⑤ ㄹ, ㅁ, ㅂ

29 다음에서 설명하는 현상으로 옳은 것은?

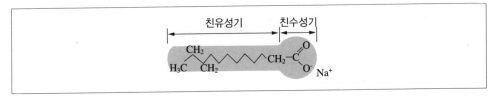

• 계면활성제이다.
• 물과 친한 친수성기와 기름과 친한 친유성기를 갖고 있다.

① 녹말   ② 비누
③ 설탕   ④ 아스피린
⑤ 소금

30 다음 중 물체의 밀도에 대한 설명으로 옳은 것은?(단, 물체는 고체 또는 액체인 경우이다)

① 온도가 높아지면 밀도는 감소한다.
② 압력이 낮아지면 밀도는 감소한다.
③ 물을 제외한 물체는 고체보다 액체일 때 밀도가 더 크다.
④ 밀도는 물질의 고유한 특성이 아니다.
⑤ 밀도는 부피를 질량으로 나눈 값이다.

31 다음 액체 혼합물 분리 실험은 물질의 특성 중 무엇을 이용했는가?

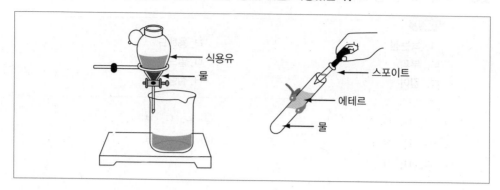

① 밀도   ② 온도
③ 용해도   ④ 농도
⑤ 비열

32 다음 원유 분리에 사용되는 증류탑은 물질의 특성 중 무엇을 이용했는가?

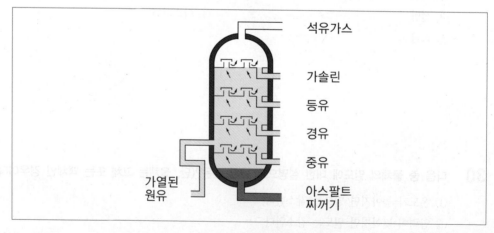

① 녹는점   ② 어는점
③ 비열   ④ 압력
⑤ 끓는점

33 다음 〈보기〉에서 공통으로 설명하는 원소는?

> **보기**
> • 지질 시대의 생물이 땅속에 묻혀 특정 환경에서 분해되어 만들어진 것의 주요 성분 원소이다.
> • 광합성에 의해 생명 활동을 일으키는 물질 성분이 된다.
> • 호흡이나 화석 연료의 연소반응에 의해 화합물로 전환되면서 순환한다.

① 산소   ② 탄소
③ 질소   ④ 수소
⑤ 철

34 다음은 탄소 나노 튜브의 구성을 나타낸 것이다. 이에 대한 설명으로 옳지 않은 것은?

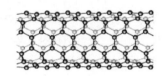

① 나노 물질이다.
② 철보다 단단하다.
③ 연필심으로 사용된다.
④ 구성 원소는 탄소(C)이다.
⑤ 열과 마찰에 강하다.

35 다음에서 설명하는 광물 자원은?

> • 현재 인간이 가장 많이 사용하는 금속이다.
> • 공기 중에서 습기에 의해 부식이 잘 일어난다.

① 금   ② 철
③ 황   ④ 흑연
⑤ 구리

36 다음에서 설명하는 물질은?

- 끓으면 수증기로 변한다.
- 사람의 체중에서 가장 큰 비율을 차지한다.
- 산소 원자 1개와 수소 원자 2개로 구성된다.

① 물
② 염소
③ 헬륨
④ 메테인
⑤ 나트륨

대표유형 5   산과 염기 · 기타

산과 염기에 BTB 용액을 떨어뜨렸을 때의 색변화로 옳은 것은?

① 산 – 붉은색, 염기 – 푸른색
② 산 – 노란색, 염기 – 붉은색
③ 산 – 노란색, 염기 – 푸른색
④ 산 – 푸른색, 염기 – 붉은색
⑤ 산 – 붉은색, 염기 – 노란색

| **해설** | BTB 용액의 경우 산성은 노란색, 중성은 녹색, 염기성은 푸른색으로 변화한다.

정답 ③

---

37 다음 산에 대한 〈보기〉의 설명 중 옳은 것을 모두 고르면?

> **보기**
> ㄱ. 수용액에서 수소 이온을 내놓는 물질이다.
> ㄴ. 금속과 반응하여 수소 기체를 발생시킨다.
> ㄷ. 탄산칼슘($CaCO_3$)과 반응하여 이산화탄소(CO_2) 기체를 발생시킨다.
> ㄹ. 붉은색 리트머스 종이를 푸르게 변화시킨다.

① ㄱ, ㄴ
② ㄴ, ㄹ
③ ㄱ, ㄴ, ㄷ
④ ㄴ, ㄷ, ㄹ
⑤ ㄱ, ㄴ, ㄷ, ㄹ

38 다음 내용 중 반응 속도에 영향을 미치는 요인과 가장 관계가 깊은 것은?

> • 다이아몬드는 공기 중에서는 연소되지 않지만 액체 산소 속에서는 연소된다.
> • 옛날 대장간에서는 숯 화로에 풀무질을 하여 공기를 공급하면 높은 온도를 얻을 수 있었다.

① 농도   ② 온도
③ 촉매   ④ 표면적
⑤ 질량

39 다음은 묽은 염산과 탄산칼슘이 반응했을 때, 발생하는 이산화탄소 기체의 부피를 시간에 따라 나타낸 것이다. 평균 반응 속도가 가장 빠른 구간은?

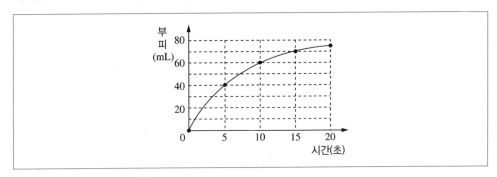

① 0 ~ 5초   ② 5 ~ 10초
③ 10 ~ 15초   ④ 15 ~ 20초
⑤ 모두 같음

40 다음 중 산소(O_2)가 반응물로 참여하는 화학적 변화가 아닌 것은?

① 얼음이 녹는다.
② 부탄가스가 연소된다.
③ 철제 농기구가 녹슨다.
④ 깎아놓은 사과가 갈변한다.
⑤ 물이 증발한다.

41 다음은 반응 속도가 증가하는 과정을 나타낸 것이다. 빈칸 A, B에 들어갈 상태로 바르게 짝지어진 것은?

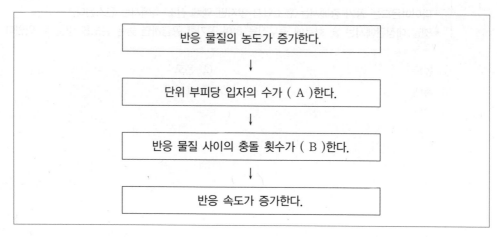

	A	B
①	감소	감소
②	감소	증가
③	증가	감소
④	증가	증가
⑤	변함없음	변함없음

42 다음 기체의 용해도에 대한 〈보기〉의 설명 중 옳지 않은 것을 모두 고르면?

보기
ㄱ. 기체의 용해도는 기체의 온도와 압력에 영향을 받는다.
ㄴ. 일정한 압력에서 온도를 낮추면 기체의 용해도는 감소한다.
ㄷ. 산소(O_2) 기체 용해도는 헨리의 법칙이 적용된다.

① ㄱ   ② ㄴ
③ ㄷ   ④ ㄱ, ㄴ
⑤ ㄴ, ㄷ

43 다음 〈보기〉에서 생활 속 물리적 변화와 화학적 변화가 바르게 짝지어진 것은?

> **보기**
> ㄱ. 나무로 가구를 만든다.
> ㄴ. 포도로 포도주스를 만든다.
> ㄷ. 포도를 발효시켜 포도주를 만든다.
> ㄹ. 못이 녹슨다.
> ㅁ. 우유로 치즈를 만든다.

	물리적 변화	화학적 변화
①	ㄱ, ㄴ	ㄷ, ㄹ, ㅁ
②	ㄱ, ㅁ	ㄴ, ㄷ, ㄹ
③	ㄱ, ㄹ, ㅁ	ㄴ, ㄷ
④	ㄴ, ㄷ, ㄹ	ㄱ, ㅁ
⑤	ㄷ, ㄹ	ㄱ, ㄴ, ㅁ

44 다음은 pH에 따른 지시약의 색깔을 나타낸 것이다. 빈칸에 들어갈 색상이 알맞게 짝지어진 것은?

구분	산성	중성	염기성
리트머스	붉은색	보라색	푸른색
페놀프탈레인	무색	(㉡)	붉은색
메틸오렌지	(㉠)	주황색	노란색
BTB	노란색	녹색	(㉢)

	㉠	㉡	㉢
①	붉은색	무색	푸른색
②	주황색	푸른색	무색
③	붉은색	노란색	주황색
④	노란색	푸른색	노란색
⑤	붉은색	녹색	무색

45 다음 중 산화 – 환원 반응의 예시가 나머지와 다른 것은?

① 식물은 광합성을 통해 포도당을 생성한다.

② 메테인 완전연소 과정에서 물이 생성된다.

③ 바닷물 속에 있는 철은 쉽게 부식된다.

④ 철광석을 코크스, 석회석과 함께 용광로에 넣고 가열하여 순수한 철을 얻었다.

⑤ 구리판을 질산은 수용액에 넣으면 구리판 표면에 은이 붙어 있다.

46 다음 물질의 단단한 정도와 구부러지는 정도를 바르게 나타낸 것은?(단, 비교대상은 강화되지 않은 기본적인 물질이다)

플라스틱, 나무, 금속, 고무

① 단단한 정도 : 금속 > 나무 > 플라스틱 > 고무

② 구부러지는 정도 : 고무 > 플라스틱 > 나무 > 금속

③ 단단한 정도 : 고무 > 플라스틱 > 금속 > 나무

④ 구부러지는 정도 : 플라스틱 > 고무 > 나무 > 금속

⑤ 단단한 정도 : 금속 > 고무 > 플라스틱 > 나무

※ 다음은 일정량의 석회암을 삼각 플라스크에 넣고 CO_2 발생 장치를 꾸민 후 다섯 차례에 걸쳐 CO_2 발생 실험을 한 결과이다. 이어지는 질문에 답하시오. [47~48]

구분	1	2	3	4	5
염산의 부피(cm^3)	60	30	30	15	60
물의 부피(cm^3)	60	30	30	15	60
용액의 온도(℃)	40	40	20	40	40
석회암(조각 또는 가루)	조각	조각	조각	조각	가루

47 위 그래프는 각 실험에서 발생한 CO_2 양을 반응 시간에 따라 나타낸 것이다. CO_2의 발생량에 영향을 줄 것으로 예상되는 변인을 〈보기〉에서 모두 고르면?

보기
ㄱ. 염산의 양
ㄴ. 염산의 농도
ㄷ. 용액의 온도
ㄹ. 반응물의 접촉 면적

① ㄱ, ㄴ
② ㄴ, ㄷ
③ ㄷ, ㄹ
④ ㄱ, ㄷ, ㄹ
⑤ ㄴ, ㄷ, ㄹ

48 다음 중 위의 실험 결과에 대한 설명으로 옳은 것은?

① 온도가 높으면 반응 속도가 빨라지고 발생한 CO_2의 총량도 적다.
② 석회암이 많을수록 발생한 CO_2의 총량도 많다.
③ 석회암을 가루보다는 조각으로 넣었을 때 CO_2의 발생량이 많다.
④ 반응한 염산의 부피가 같으면 CO_2의 총량도 같다.
⑤ 온도가 높으면 반응 속도가 느려진다.

불가능한 것이라고 생각하는 순간, 그것은 당신을 멈추게 만들 것이다.

– 알버트 아인슈타인 –

PART

3

영어

출제유형 & 학습전략

어휘력 유의어·반의어 찾기, 어휘의 의미 찾기, 의미에 맞는 어휘 찾기 등의 문제가 출제된다. 어휘력을 단기간에 키우기는 어렵다. 따라서 평소에 문제를 접할 때, 모르는 어휘에 대해서는 사전을 찾아 정리하며, 모르는 어휘뿐만 아니라 그와 관련된 반의어, 유의어, 숙어도 함께 정리하여 반복적으로 학습하는 것이 좋다.

회화 대화의 흐름상 알맞은 말이 무엇인지, 질문에 대한 대답은 어떤 것인지 등의 간단한 생활영어 수준의 문제가 출제된다. 주어진 문장에 대한 의미를 정확하게 파악할 수만 있다면 어렵지 않게 풀 수 있다. 본서에 수록된 상황별 예문과 의미를 반복적으로 학습하고 익혀두면 좋다.

독해 문장 나열하기, 지문의 중심 내용 및 세부 내용 파악하기, 지칭 추론 등과 같이 내용적 이해력을 측정하는 문제가 출제된다. 다양한 형태의 문제에 익숙해질 필요가 있으며, 본서에 정리된 어휘들은 보기에 자주 제시되는 어휘이다. 보기에 제시되는 어휘를 모르면, 지문의 내용을 이해하고도 문제를 못 푸는 경우가 발생한다. 따라서 정리된 어휘를 반복적으로 학습하여 반드시 익혀두는 것이 좋다.

1. 자주 출제되는 동의어

- account for(=explain) : ~을 설명하다
- at first hand(=directly) : 직접적으로
- at second hand(=indirectly) : 간접적으로
- be in charge of(=be responsible for) : ~에 책임이 있는
- break away(=escape, run away) : 도망가다
- break up(=disperse, scatter) : 해산시키다
- bring up(=rear, educate) : 기르다, 양육하다
- call down(=reprimand, scold, rebuke) : 꾸짖다
- carry out(=accomplish, execute) : 달성하다, 수행하다
- come by(=obtain, get / visit) : 얻다, 잠깐 들르다
- count on(=rely on, depend on, rest on, be dependent upon, fall back on) : ~에 의지하다
- figure out(=make out, understand, grasp, calculate) : ~을 이해하다 / 계산하다
- for one's life(=desperately) : 필사적으로
- get[take] hold of(=grasp) : 붙잡다
- give birth to(=bear, produce, turn out) : 만들다, 생산하다
- have done with(=finish, have no connection with, get through) : ~을 끝내다
- lay aside(=save, lay by, put aside, put by) : 저금하다
- let on(=reveal, disclose) : (비밀을) 누설하다
- look back on(=recall, recollect) : ~을 회상하다
- look forward to(=anticipate) : ~을 기대하다
- look up to(=respect, esteem) : 존경하다
- lose heart(=depressed) : 낙담하다
- make believe(=pretend) : ~인 체하다
- make haste(=hasten, hurry up) : 서두르다
- one and all(=unanimously) : 만장일치로
- once and for all(=finally, decisively) : 마지막으로, 단연코
- pass down(=hand down, pass on) : 전하다, 물려주다
- pass over(=overlook) : 간과하다
- picture to oneself(=imagine) : 상상하다
- prevail on(=persuade) : ~을 설득하다
- put an end to(=cause to end, stop) : 끝내다
- put off(=postpone, holdover) : 연기하다

- put up with(=endure, bear, tolerate, stand) : 참다, 견디다
- run out of(=exhaust, run short of) : 고갈되다
- set up(=establish) : 설립하다
- take after(=resemble) : 닮다
- take in : ① 숙박시키다(=accommodate) ② 속이다(=cheat)
- tell on(=influence / effect on) : ~에 영향을 끼치다
- think over(=ponder, deliberate) : 심사숙고하다
- work on(=influence, affect) : 영향을 끼치다
- yield to(=surrender, give way to, give in) : 항복하다

2. 자주 출제되는 반의어

- antipathy(반감) ↔ sympathy(동정, 동감)
- expense(지출) ↔ income(수입)
- inferiority(열등, 열세) ↔ superiority(우월, 우세)
- mercy(자비) ↔ cruelty(잔인)
- optimism(낙천주의) ↔ pessimism(비관주의)
- synonym(동의어) ↔ antonym(반의어)
- vice(악덕) ↔ virtue(미덕)
- absolute(절대적인) ↔ relative(상대적인)
- abstract(추상적인) ↔ concrete(구체적인)
- arrogant(거만한) ↔ humble(소박한)
- artificial(인공적인) ↔ natural(자연적인)
- doubtful(의심스러운) ↔ obvious(명백한)
- guilty(유죄의) ↔ innocent(무죄의)
- permanent(영구적인) ↔ temporary(일시적인)
- sharp(날카로운) ↔ dull(둔한)
- superior(우월한) ↔ inferior(열등한)
- voluntary(자발적인) ↔ compulsory(강제적인)
- conceal(숨기다) ↔ reveal(폭로하다)
- dismiss(해고하다) ↔ employ(고용하다)
- encourage(격려하다) ↔ discourage(낙담시키다)
- freeze(얼어붙다) ↔ melt(녹다)
- separate(분리하다) ↔ unite(결합하다)
- underestimate(과소평가하다) ↔ overestimate(과대평가하다)
- ability(능력) ↔ inability(무능력)
- literate(글을 아는) ↔ illiterate(문맹의)
- treat(대접하다) ↔ maltreat(푸대접하다)
- nutrition(영양) ↔ malnutrition(영양실조)
- ascent(동의) ↔ dissent(이의)

3. 자주 출제되는 다의어

- account : 계좌, 설명, 이유, 고려, 설명하다
- address : 주소, 연설을 하다
- alternative : 양자택일, 대안
- apply : 지원하다, 적용되다
- appreciate : 알아보다, 환영하다, 인식하다
- apprehend : 염려하다, 체포하다
- article : 기사, 논설, 조항, 조목, 물품, 관사
- attribute : 특성, ~의 탓으로 돌리다
- balance : 균형, 저울, 나머지
- bear : 곰, 낳다, 참다, (생각이나 태도 등을) 품다
- block : 큰 덩어리, 한 구획, 장애(물), (통로를) 막다, 방해하다
- bound : 튀어 오르다, ~로 향하는, 묶인, 꼭 하는, ~해야 하는
- command : 명령하다, (경치가) 내려다보이다, 지배
- convention : 회의, 관습, 인습
- count : 중요성을 지니다, 간주하다, 세다
- dear : 친애하는, 비싼
- decline : 거절하다, 기울다, 쇠퇴하다
- divine : 신성한, 점치다
- domestic : 가정의, 국내의
- even : 평평한, 짝수의, 조차도, 더욱(비교급 앞에서)
- fare : 공평한, 맑은, 아름다운, 박람회
- fine : 훌륭한, 벌금, 미세한
- grave : 무덤, 중대한, 근엄한
- issue : 논쟁점, 발행(물), 발행하다, 발표하다
- lean : 기대다, 구부리다, 마른
- long : 긴, 장황한, 따분한, 열망하다
- matter : 문제, 무질, 중요하다
- mean : 의미하다, 수단, 재산, 중간의, 비열한
- note : 메모, 지폐, 주목, 적다, 주목하다
- object : 물건, 대상, 목적, 반대하다
- observe : 관찰하다, 준수하다, (명절 등을) 쇠다
- odd : 남는, 나머지의, 홀수의, 이상한
- odds : 차이, 승산, 가망성
- present : 참석한, 현재의, 선물, 현재, 제출하다, 소개하다
- rather : 오히려, 차라리, 다소, 약간, 좀
- rear : 뒤(의), 후방(의), 기르다
- second : 초, 두 번째의, 지지하다
- serve : 봉사하다, 근무하다, ~에 쓸모가 있다
- stuff : 재료, 속, ~을 채우다
- tell : 말하다, 구별하다

- utter : 말하다, 발언하다, 완전한, 전적인
- want : 원하다, 부족하다, 결핍
- well : 우물, 건강한, 잘
- yield : 산출하다, 낳다, 양보하다

4. 알아두면 유용한 어휘

- lucrative : 이득이 되는
- red tape : (관공서의) 불필요한 요식
- meet / miss a deadline : 주어진 시한까지 일을 하다 / 못하다
- an outstanding account : 미지불 금액
- close-knit : 긴밀한 유대관계의, 매우 친한
- pecking-order : 서열, 계층
- monotonous : 지루한
- vocational work : 남들을 도와주는 일
- bound for~ : ~을 향하다
- hit-and-run : 뺑소니
- give way : 양보하다
- reckless driving : 난폭운전
- pile-up : 연쇄충돌
- wind-chill effect : 체감온도
- under the weather : 몸이 편치 않은
- precipitation : 강수량
- clear up : (날씨가) 개다

02 회화

1. 인사하기

- Good (morning / afternoon / evening). : 안녕하세요(아침 / 오후 / 저녁).
- Good to see you again. : 당신을 다시 만나게 되어 기쁩니다.
- How are you today? : 당신 오늘 어떻습니까?
- Long time no see. : 정말 오랜만이다.

2. 소개하기

- I'd like to introduce myself(=Let me introduce myself to you). : 저를 소개하겠습니다.
- This is my friend, Mike. : 이 사람은 제 친구 마이크입니다.
- How do you do? : 처음 뵙겠습니다.
- Nice (glad / pleased / happy) to meet you. : 당신을 만나서 반갑습니다.
- I've been looking forward to meeting you. : 당신을 만나고 싶었습니다.

3. 안부 묻기

- How are you(=How are doing=What's up)? : 어떻게 지내세요?
- How's your family? : 가족들은 어떻게 지냅니까?
- How have you been (doing)? : 어떻게 지냈습니까?
- I'm fine, thanks(=I'm very well=Pretty good). : 좋습니다.
- Please give my best regards to your parents(=Please remember me to your parents). : 부모님께 안부 전해주세요.

4. 건강 상태 묻고 답하기

- What's wrong with you(=What's the matter with you)? : 무슨 일이 있습니까?
- You look (a little) pale. : 당신 안색이 창백해 보입니다.
- You'd better (see / consult) a doctor. : 의사의 진찰을 받는 게 좋겠습니다.
- Are you feeling well? : 좀 어떻습니까?
- I don't feel very well. : 건강이 매우 좋지 않습니다.
- I'm in good shape. : 나는 건강이 좋습니다.
- What do you do to stay in shape? : 당신은 건강을 유지하기 위해 무엇을 합니까?
- I exercise at the health club every day. : 나는 매일 헬스클럽에서 운동을 합니다.

5. 길 묻고 안내하기

- How can I get to the Seoul Station? : 서울역까지 어떻게 갈 수 있습니까?
- Would you show me how to get there? : 그곳으로 가는 방법을 알려 주시겠어요?
- Excuse me, but where is the nearest movie theater? : 실례합니다만, 여기서 가장 가까운 영화관이 어디에 있습니까?
- I'm lost. where am I? : 전 길을 잃었습니다. 여기가 어딥니까?
- I'm looking for the flower shop. : 저는 꽃가게를 찾고 있습니다.

- I'm sorry, but I'm a stranger here myself(= I'm sorry, I'm new around here). : 죄송하지만, 저도 여기 처음입니다.
- Go straight two blocks and turn left. : 두 블록을 곧장 가서 왼쪽으로 도세요.
- Did you get it? : 이해했습니까?
- You can't miss it. : 당신은 틀림없이 찾을 수 있을 겁니다.

6. 전화하기와 받기

- Hello, may I speak to Candice? : 여보세요, 캔디스 좀 바꿔주세요.
- Who's calling(speaking), please[=Who is this]? : 전화하신 분은 누구세요?
- This is he (speaking)[=Speaking]. : 접니다.
- There's no one here by that name. : 그런 사람은 여기에 없습니다.
- May I take a message? : 메시지를 남기시겠어요?
- I'll call him back later. : 제가 그에게 다시 전화하겠습니다.
- I'm sorry she's not. : 죄송하지만, 그녀는 없습니다.
- You've got the wrong number. : 전화 잘못 거셨습니다.

7. 약속 제안하기

- How about going to the movies[=Why don't (Shall) we go to the movies]? : 영화 보러 가는 게 어때?
- I'd like to invite you to my birthday party. : 너를 내 생일파티에 초대하고 싶어.
- Would you like to come to my birthday party? : 내 생일파티에 와 주겠니?
- What time shall we make it? : 몇 시에 만날까?
- OK[=Sure=Yes, I'd like(love) to]. : 좋아.
- Sorry, I can't(=I'd like to, but I can't=I'm afraid not). : 미안하지만, 안 되겠어.
- I'm sorry, but I have an appointment. : 미안하지만, 난 약속이 있어.
- That sounds great. : 좋은 의견이에요.

8. 요청하기

- May(Can) I ask you a favor? : 제가 부탁을 드려도 될까요?
- Would you do me a favor(=Would you give me a hand)? : 저를 도와주실 수 있습니까?
- Sure, I can(=Certainly=Of course). : 예, 물론이죠.
- I'm afraid not. : 유감스럽지만 안 됩니다.
- Would you mind my opening(=If I open) the window? : 제가 창문을 열어도 될까요?
- Of course not(=Go ahead=Certainly not=Not at all). : 예, 그러세요.

9. 음식 주문하기

- May(Can) I take your order(=Are you ready to order)? : 주문하시겠어요?
- What would you like to have? : 무엇을 드시겠습니까?
- How would you like your steak? : 스테이크를 어떻게 해드릴까요?
- (Well done / Medium / Rare), please. : (완전히 익혀 / 반만 익혀 / 살짝 익혀) 주세요.
- (Is there) Anything else? / Will that be all? : 더 주문하실 것 있습니까? / 그게 전부입니까?
- (For) Here or to go? : 여기서 드시겠어요? 아니면 가져가시겠어요?
- I'll have a Pineapple pizza, please. : 파인애플 피자 주세요.
- I'd like a hamburger, please. : 햄버거 주세요.

10. 음식 권하기

- Would you like something to drink(=Can I get you something to drink)? : 뭔가 좀 더 마시겠습니까?
- How about some more cake(=Do you want some more cake)? : 케이크를 좀 더 드시겠어요?
- Yes, please(=Sure=It's so good=I'd love some). : 물론입니다. 좋아요.
- No, thanks. I've had enough(=I'm full). : 아뇨, 고맙지만 충분히 먹었습니다(배가 부릅니다).

11. 물건 사기

- May I help you? : 도와드릴까요?
- May I ask what you are looking for? : 무엇을 찾는지 여쭤봐도 될까요?
- I'm looking for a white shirt. : 전 흰색 셔츠를 찾고 있습니다.
- I want to buy an MP3 player. : MP3 플레이어를 사려고 합니다.
- How about this one? : 이건 어때요?
- How much is it(=What's the price)? : 가격이 얼마에요?
- Would you like to try it on? : 한번 입어보세요.
- It's on sale. : 그것은 지금 판매 중입니다.
- (It's) Too expensive. : 너무 비싸군요.
- I'll take it. : 그걸로 할게요.
- Could you wrap it for me, please? : 포장 좀 해주시겠어요?

12. 경험 묻고 말하기

- Have you ever tried Korean food? : 한국 음식을 먹어본 적 있니?
- Have you ever been to Itaewon? : 이태원에 가본 적 있니?

- I went climbing at Seoraksan last year. : 나는 작년에 설악산에 갔다.
- Did you have a good time? : 즐거운 시간 보냈니?

13. 좋아하는 것 묻고 말하기

- What kind of music do you like best? : 넌 어떤 음악을 가장 좋아하니?
- I'm into classical music. : 난 클래식 음악에 열중해 있어.
- I'm fond of action movies. : 난 액션영화를 좋아해.

14. 병원에서 말하기

- I have terrible back pains. : 등에 심한 통증이 있습니다.
- How long have you had it? : 언제부터 그랬습니까?
- Let me examine you. : 검사해 보겠습니다.
- I hope you'll get well soon. : 곧 회복되기를 바랍니다.
- What's the problem? : 어떤 문제가 있습니까?
- My nose keeps running. : 콧물이 계속 흐릅니다.
- I have a fever. : 나는 열이 있습니다.
- Take this medicine. : 이 약을 복용하십시오.

15. 날씨 물어보기

- What's the weather like? : 날씨가 어떻습니까?
- What's the weather forecast for the weekend? : 주말 일기예보는 어떻습니까?
- It is really hot, isn't it? : 정말 덥다, 그렇지?
- It's pouring(=It's stormy). : 비가 퍼붓는다(폭풍우가 친다).
- The weatherman said it's going to rain. : 일기예보관은 비가 올 거라고 말했다.

16. 사과하기

- I'm sorry for everything. : 여러 가지로 죄송합니다.
- I can't tell you how sorry I am. : 당신에게 어떻게 사과드려야 할지 모르겠습니다.
- That's all right. : 괜찮습니다.
- It can happen to anyone. : 누구에게나 일어날 수 있는 일인걸요.

17. 놀람 표현하기

- What a surprise(=How surprising)! : 놀랍구나!
- That surprises me! : 놀라운 일이다.
- My goodness! : 어머나!
- You're kidding! : 농담하고 있는 거지.
- I couldn't believe my eyes. : 내 눈을 믿을 수 없어.

18. 소망 말하기

- May you succeed! : 당신이 성공하기를 바랍니다.
- I hope you'll have a better year. : 더 나은 한해가 되기를 바랍니다.
- Good luck to you! : 당신에게 행운이 있기를!
- I wish you all the best. : 당신에게 행운이 있기를 바랍니다.

19. 관심 묻고 답하기

- That's a very interesting photograph. : 그것은 매우 흥미진진한 사진이다.
- I'm really interested in photography. : 나는 사진에 정말 관심이 많다.
- What's your hobbies? : 너의 취미는 무엇이니?
- My favorite is soccer. : 내가 특히 좋아하는 것은 축구야.

20. 은행·우체국에서 말하기

- I'd like to open an account. : 계좌를 하나 만들고 싶습니다.
- I want to make a saving account. : 보통예금계좌로 하겠습니다.
- Could you break a ten dollar bill(=Could you give me change for a ten dollar bill)? : 10달러짜리 지폐를 잔돈으로 바꿔주시겠어요?
- How would you like to have it? : 어떻게 바꿔드릴까요?
- I wish to cash this check. : 이 수표를 현금으로 바꾸고 싶어요.
- I'd like to send this parcel to Paris. : 이 소포를 파리에 보내고 싶어요.

1. 다양한 직업

- minister : 목사
- scholar : 학자
- biologist : 생물학자
- physician : 내과의사
- chemist : 화학자
- mechanic : 기능공
- engineer : 기술자
- custodian : 관리인
- plumber : 배관공
- carpenter : 목수
- gardener : 정원사
- assembler : 조립공
- actor : 배우
- actress : 여배우
- clerk : 점원
- businessman : 사업가
- manager : 경영자
- merchant : 상인
- writer : 작가
- vice-president : 부통령
- president : 대통령
- statesman : 정치인
- mayor : 시장
- professor : 교수
- journalist : 신문기자
- prosecutor : 검사
- electrician : 전기공
- editor : 편집자
- official : 공무원
- veterinarian : 수의사
- minister : 장관
- architect : 건축가
- musician : 음악가
- cashier : 출납원
- salesperson : 판매원
- lawyer : 변호사
- fisher : 어부
- inspector : 조사관
- hairdresser : 미용사
- magician : 마술사
- counselor : 상담원
- director : 감독
- novelist : 소설가
- sailor : 선원
- mailman : 우체부

2. 심경 · 태도 묘사에 자주 쓰이는 어휘

- active : 능동적인
- positive : 긍정적인
- approving : 찬성하는
- encouraging : 격려하는
- conservative : 보수적인
- understanding : 이해심 많은
- stubborn : 완고한
- pessimistic : 비관적인
- benevolent : 호의적인
- progressive : 진보적인
- careless : 부주의한
- ambitious : 야심 많은
- selfish : 이기적인
- diligent : 근면한
- sincere : 진지한
- easy-going : 느긋한
- hot-tempered : 화를 잘 내는
- thoughtful : 사려 깊은
- greedy : 탐욕스러운
- timid : 소심한

- liberal : 개방적인
- cautious, prudent : 신중한
- humble : 겸손한
- passionate : 열성적인
- courteous : 예의 바른
- patient : 참을성 있는
- earnest : 진지한, 열렬한
- self-satisfied : 자기만족의
- antipathic : 반감을 갖는
- solemn : 엄숙한

- envious : 시기하는
- sympathetic : 동정적인
- indifferent : 무관심한
- respectful : 정중한, 경의를 표하는
- optimistic : 낙천적인
- generous : 관대한
- passive : 소극적인
- self-critical : 자기 비판적인
- bitter : 신랄한

3. 태도·분위기 묘사에 자주 쓰이는 어휘

- 긍정·확신 : affirmative, positive
- 의심 : dubious
- 냉소 : cynical, scornful, sarcastic, satirical
- 편견 : partial, prejudiced
- 성급 : impatient, rash, reckless
- 활기 : exuberant, vigorous, high-spirited
- 황량 : desolate
- 해학 : witty
- 단조로움 : monotonous, prosaic
- 엄숙 : solemn

- 부정 : dissenting
- 비판 : disparaging
- 동감 : sympathetic
- 냉담 : callous, indifferent
- 우울 : gloomy, melancholy
- 단호함 : stern, strict, rigorous
- 설명 : descriptive, explanatory
- 유익 : informative, instructive, didactic
- 명료함 : articulate

4. 자주 출제되는 속담

- A buddy from my old stomping grounds. : 죽마고우
- A black hen lays a white egg. / A rags to riches story. : 개천에서 용 난다.
- After the storm comes the calm. : 비 온 뒤에 땅이 더 굳어진다.
- A journey of a thousand miles begins with a single step. / Step by step one goes a long way.
  : 천리 길도 한 걸음부터
- A little knowledge is dangerous. : 선무당이 사람 잡는다.
- A loaf of bread is better than the song of many birds. : 금강산도 식후경
- A stitch in time saves nine. : 호미로 막을 데 가래로 막는다.
- As the tree is bent, so grows the tree. : 될성부른 나무는 떡잎부터 알아본다.
- Birds of a feather flock together. : 유유상종
- Blood is thicker than water. : 피는 물보다 진하다.
- Born is barn. : 꼬리가 길면 잡힌다.

- Claw me and I'll claw thee. : 오는 말이 고우면 가는 말도 곱다.
- Cut off your nose to spite your face. : 누워서 침 뱉기
- Don't count your chickens before they are hatched. : 김칫국부터 마시지 말라.
- Don't mount a dead horse. : 이미 엎질러진 물이다.
- Even a worm will turn. : 지렁이도 밟으면 꿈틀댄다.
- Even homer nods. / Even the greatest make mistakes. : 원숭이도 나무에서 떨어질 때가 있다.
- Face the music. : 울며 겨자 먹기
- Go home and kick the dog. : 종로에서 뺨맞고 한강에서 화풀이한다.
- Habit is (a) second nature. : 세 살 버릇 여든 간다.
- Heaven helps those who help themselves. : 하늘은 스스로 돕는 자를 돕는다.
- He bit off more than he can chew. : 송충이는 솔잎을 먹어야 한다.
- Icing on the cake. : 금상첨화
- Ignorance is bliss. : 모르는 게 약이다.
- I'll news flies. : 발 없는 말이 천리 간다.
- It's a piece of cake. : 누워서 떡 먹기
- It takes two to tango. : 손뼉도 마주쳐야 소리가 난다.
- Little drops of water make the mighty ocean. : 티끌 모아 태산
- Many hands make light work. : 백지장도 맞들면 낫다.
- Match made in heaven. : 천생연분
- Mend the barn after the horse is stolen. : 소 잃고 외양간 고친다.
- No smoke without fire. : 아니 땐 굴뚝에 연기 날까.
- One man sows and another man reaps. : 재주는 곰이 넘고 돈은 되놈이 번다.
- Pie in the sky. : 그림의 떡
- Rome was not built in a day. : 첫 술에 배부르랴.
- Strike while the iron is hot. : 쇠뿔도 단김에 빼라.
- Talking to the wall. : 소귀에 경 읽기
- The pot calls the kettle black. : 똥 묻은 개가 겨 묻은 개 나무란다.
- The grass is greener on the other side of the fence. : 남의 떡이 커 보인다.
- The sparrow near a school sings the primer. : 서당 개 삼 년이면 풍월을 읊는다.
- Walls have ears. : 낮말은 새가 듣고 밤말은 쥐가 듣는다.
- Well begun is half done. : 시작이 반이다.
- Where there is a will, there is a way. : 뜻이 있는 곳에 길이 있다.

대표유형 1	어휘

다음 제시된 단어와 같거나 비슷한 의미를 가진 단어는?

access

① expense　　　　　② approach

③ support　　　　　④ budget

⑤ road

> |해설| 제시된 단어의 의미는 '접근'으로, 이와 같은 의미를 가진 단어는 ②이다.
>
> [오답분석]
> ① 지출
> ③ 지원
> ④ 예산
> ⑤ 도로
>
> 정답 ②

※ 다음 제시된 단어와 같거나 비슷한 의미를 가진 단어를 고르시오. [1~5]

01

criticize

① praise　　　　　② donate

③ consume　　　　④ preserve

⑤ condemn

02

ensure

① guarantee   ② effort
③ dangerous   ④ sure
⑤ miserable

03

hurt

① improve   ② damage
③ flourish   ④ advance
⑤ endorse

04

usually

① especially   ② distinctly
③ commonly   ④ naturally
⑤ surely

05

accomplish

① establish   ② improve
③ enhance   ④ achieve
⑤ emerge

※ 다음 제시된 단어와 반대되는 의미를 가진 단어를 고르시오. [6~9]

06

shallow

① tall
② fat
③ deep
④ large
⑤ small

07

ill

① suffer
② energy
③ worth
④ healthy
⑤ difficult

08

share

① apologize
② allow
③ imitate
④ monopolize
⑤ save

09

advance

① suppress
② settle
③ withdraw
④ adapt
⑤ strive

10 다음 중 나머지 넷과 다른 것은?

① zebra   ② dandelion

③ rabbit   ④ alligator

⑤ elephant

※ 다음 제시된 단어의 뜻으로 옳은 것을 고르시오. [11~12]

11

overseas

① 수평의   ② 해외의

③ 내부의   ④ 도시의

⑤ 해변의

12

summary

① 경청   ② 여름의

③ 요약   ④ 집중

⑤ 제목

13

My <u>favorite</u> movie star is Brad Pitt.

① 싫어하는   ② 좋아하는
③ 미워하는   ④ 존경하는
⑤ 멀리하는

14

You should <u>take off</u> your hat in this room.

① 입다   ② 쓰다
③ 벗다   ④ 먹다
⑤ 버리다

대표유형 2   문법

다음 빈칸에 들어갈 알맞은 것을 고르면?

The left side of the human brain _____ language.

① controls   ② to control
③ controlling   ④ is controlled
⑤ control

> |해설| 동사의 형태를 묻는 문제이다.
> 문장에 본동사가 없으므로 빈칸에는 본동사의 형태가 들어가야 한다. 주어가 3인칭 단수형이므로 동사도 3인칭 단수형인 'controls'가 나와야 한다.
>
> |해석|
> 인간의 왼쪽 뇌는 언어를 통제한다.
>
> 오답분석
> ④ is controled는 수동태이므로 뒤에 목적어가 올 수 없다.
>
> 정답 ①

15

The sales industry is one _____ constant interaction is required, so good social skills are a must.

① but which   ② in which
③ those which   ④ which
⑤ what

16

He spent a whole day on _____ funny videos.

① watch   ② watches
③ watching   ④ watched
⑤ be watched

17

Next week when Sam _____ here, I will come back and talk about it.

① is   ② is being
③ will be   ④ will have been
⑤ being

18

She is more interested in sports _____ I.

① than   ② that
③ what   ④ which
⑤ whose

19

I climbed up a mountain, _____ top was covered with snow.

① who   ② what

③ which   ④ whose

⑤ that

20

Seojin can't ski well, and _____ .

① so am I   ② so can I

③ neither am I   ④ So do I

⑤ neither can I

21

I'll phone you _____ I hear any news.

① more   ② that

③ because of   ④ most

⑤ as soon as

22

As soon as she finished _____ , she started for school.

① eat   ② eating

③ to eat   ④ has eaten

⑤ eaten

23

> It is difficult for _____ to do my homework without any help from my sister.

① I
② my
③ me
④ mine
⑤ their

24

> That is _____ I want to say.

① and
② that
③ what
④ which
⑤ but

대표유형 3 **회화**

다음 대화에서 두 사람이 이번 주말에 하려는 것은?

> A : Do you have any plans for this weekend?
> B : Why don't we go fishing?
> A : That sounds great.
> B : I will bring my camera to take pictures.

① 청소를 한다.
② 그림을 그린다.
③ 카메라를 수리한다.
④ 낚시하러 간다.
⑤ 영화관에 간다.

| 해설 | | 어휘 |
• Why don't we ~ : 우리 ~ 할까?

| 해석 |
A : 너 이번 주말에 계획 있니?
B : 우리 낚시하러 갈까?
A : 그거 좋은데.
B : 내가 사진 찍게 카메라를 가져올게.

정답 ④

25 다음 대화 중 어색한 것은?

① A : This school was established in 1975.

    B : Oh, was it?

② A : My mom is working as a teacher.

    B : Oh, is she?

③ A : We will consider your situation.

    B : Oh, will they?

④ A : You did a good job on your presentation.

    B : Oh, did I?

⑤ A : I want to give some financial rewards to you.

    B : Oh, do you?

※ 다음 대화에서 A와 B의 관계로 옳은 것을 고르시오. [26~29]

26

A : You look pale. What's the matter?

B : I have a terrible stomachache. The pain is too much. I think I'm going to throw up.

A : When did your stomach start hurting?

B : After first class.

A : Do you have any idea why?

B : It must have been something I ate.

A : Let me see. Oh, you have a fever, too. You'd better go to see the school nurse right now.

① teacher – student   ② doctor – patient

③ pharmacist – customer   ④ mom – son

⑤ clerk – customer

27

A : Good morning, sir. How can I help you?
B : I made a reservation.
A : May I have your name, please?
B : My name is Glen Williams.
A : You booked a single room for May 21st. Here is your key.

① hotel employee − customer
② teacher − student
③ carpenter − customer
④ pharmacist − customer
⑤ mom − son

28

A : Can I take these two books home?
B : Okay, are you a student here?
A : Yes.
B : Then show me your student ID card.
A : Here it is.
B : There you go. Please return the books in one week.

① librarian − student
② doctor − patient
③ teacher − student
④ salesperson − customer
⑤ police officer − citizen

29

A : I like this shirt. Can I try it on?
B : Sure. The fitting room is over there.
A : It fits me well. I will buy it.

① salesperson − customer
② engineer − customer
③ editor − writer
④ police officer − citizen
⑤ lawyer − client

30

> A : Could you tell me the time?
> B : I'm sorry. My watch _____

① rectify oneself

② is out of order

③ cure itself automatically

④ be improved

⑤ a crisis eases

31

> A : I lost my watch on the subway.
> B : That's too bad! _____
> A : Thanks. I will.

① Maybe next time.

② What are you interested in?

③ How can I get to the post office?

④ How about checking the lost-and-found?

⑤ Do you like your new watch?

32

> A : I'm so sorry to be late for school today.
> B : You're not late very often. I imagine you've got reason.
> A : I missed my train and had to wait twenty minutes for the next one.
> B : _____

① That sounds good.

② You're right.

③ You're kidding.

④ That's all right.

⑤ Pardon?

33

A : Good morning, sir. _____?
B : Yes, I'm looking for a small telescope for my son.
A : Here's one you'll like. It's of fine quality.
B : It looks okay. What's the price?
A : It's one sale for 20 dollars.
B : That sounds fair.

① What can I do for you
② May I take your order
③ May I try it on
④ Will you do me a favor
⑤ Do you have anything else

34

A : Jane, shall we go to the park?
B : _____ I have to finish my homework.
A : All right. Maybe next time.

① I'm afraid I can't
② I agree with you
③ Certainly, I'd like to
④ You did a good job
⑤ Can I bring my new cap?

35

A : Long time no see. Where have you been?
B : I have been to Italy.
A : _____?
B : I went there on business.

① Where did you go
② Why did you go there
③ When did you go there
④ With whom did you go there
⑤ Where was the best place

36

The population explosion gives rise to a number of problems.

(A) Also, this concerns getting proper medical care for all of them, especially the aged.
(B) Thus, we come face to face with more and more difficult problems.
(C) One of them has to do with finding enough food for all the people in the world.

① (A) – (B) – (C)   ② (B) – (A) – (C)
③ (B) – (C) – (A)   ④ (C) – (A) – (B)
⑤ (C) – (B) – (A)

37

I'm interested in Korean history. Which place do you recommend?

(A) No, it's closed every Monday.
(B) I recommend Hanguk History Museum.
(C) That's a good idea. Is it open on Mondays?

① (A) – (C) – (B)   ② (B) – (A) – (C)
③ (B) – (C) – (A)   ④ (C) – (A) – (B)
⑤ (C) – (B) – (A)

38

Did you hear the news?

(A) Oh! That's incredible.
(B) Our soccer team won the game.
(C) What news?

① (A) – (C) – (B)   ② (B) – (A) – (C)
③ (B) – (C) – (A)   ④ (C) – (A) – (B)
⑤ (C) – (B) – (A)

39

Good afternoon. May I take your order?

(A) Thanks. I will take that.
(B) Well, what would you recommend?
(C) How about the tuna sandwich? It is popular here.

① (A) − (C) − (B)　　　　　② (B) − (A) − (C)

③ (B) − (C) − (A)　　　　　④ (C) − (A) − (B)

⑤ (C) − (B) − (A)

대표유형 4　독해

다음 글에 드러난 필자의 심경으로 가장 적절한 것은?

There were some places of worship in the city, and the deep notes of their bells echoed over the town from morning until night. The sun was shining brightly and cheerily, and the air was warm. The streams were flowing with bubbling water, and the tender songs of birds came floating in from the fields beyond the city. The trees were already awake and embraced by the blue sky. Everything around the neighborhood, the trees, the sky, and the sun, looked so young and intimate that they were reluctant to break the spell which might last forever.

① sad and gloomy　　　　　② calm and peaceful

③ busy and comic　　　　　④ scary and frightening

⑤ weird and threatening

| **해설** | 예배당의 종소리와 새들이 감미롭게 지저귀는 소리가 울려 퍼지는 평화로운 주변 분위기가 잘 드러나 있으므로 'calm and peaceful(차분하고 평화로운)'이 적절하다.

| **해석** |
그 도시에는 예배 장소들이 몇 개 있었고, 그들의 낮은 종소리가 아침부터 저녁까지 마을에 울려 퍼졌다. 태양은 밝고 기분 좋게 빛났고 공기는 따뜻했다. 시냇물이 물거품을 내며 흘렀고 새들의 감미로운 노래가 도시 저편 들판에서 울려 퍼졌다. 나무들은 이미 잠에서 깨어났고 푸른 하늘이 그들을 감싸고 있었다. 이웃 주변의 모든 것들, 나무들, 하늘, 그리고 태양은 너무도 젊고 친밀해 보여서 영원히 지속될 마법을 깨뜨리려 하지 않았다.

정답 ②

40

It is a kind of sport game for two people or two partner players. It is played on the ground. Players use rackets to hit a small ball back and forth across a low net.

① soccer
② tennis
③ baseball
④ volleyball
⑤ basketball

41

It is a Korean traditional clothing. We wear it for New Year's Day, Chuseok and many other special events. It is also loved by many foreigners.

① 한복
② 양복
③ 교복
④ 군복
⑤ 응원복

42

It is a popular Korean rice dish. You can make it by mixing rice with vegetables, meat, and egg together in a bowl. It is loved and eaten throughout Korea and the world.

① 갈비찜
② 비빔밥
③ 빈대떡
④ 된장국
⑤ 송편

43

> Dear Kevin
> Hello! My name is Soy Jeong and I am a freshman at a girl's high school. I would like to become your friend. I got your address from my friend. This is my first letter in English. That's why I am a little nervous now. I hope you will understand.

① Soy가 Kevin에게 보낸 편지이다.
② Soy는 고등학교 1학년 신입생이다.
③ Soy가 영어편지를 쓰는 것은 처음이다.
④ Soy는 언니를 통해 Kevin의 주소를 알았다.
⑤ Soy는 여학교에 다닌다.

44

> Our after-school programs will run from March 19th to June 29th. Courses including English, Biology, and Korean History will be offered. You can register on the school homepage by March 16th.

① 운영 기간을 알 수 있다.   ② 개설 과목을 알 수 있다.
③ 신청 방법을 알 수 있다.   ④ 등록 가능한 날짜를 알 수 있다.
⑤ 폐강 조건을 알 수 있다.

45

> One Sunday morning, Jane and her sister Mary were talking about Christmas in the living room. Then their mother came into the room with a box. It was a very big box.
> "This box is a present from your aunt in Seoul," she said. There were two pretty Korean dolls in it. Mary cried, "How happy we are!" Their mother said to Jane and Mary, "Write a letter to her immediately."

① Jane과 Mary는 거실에서 이야기를 나누고 있었다.
② 매우 큰 상자에는 예쁜 한국 인형이 2개 들어 있었다.
③ Jane과 Mary는 어머니에게 감사의 편지를 썼다.
④ 숙모는 크리스마스 선물을 Jane과 Mary에게 주었다.
⑤ 선물은 서울에 계신 숙모에게서 왔다.

46

> She is a very important person in the airplane. She helps to make the passengers comfortable. She has pillows, blankets, and newspapers for the people who wish to use them. She visits the passengers and points out interesting places over which the plane is flying.

① 간호사   ② 비행사
③ 승무원   ④ 의사
⑤ 기자

47

> "OK. Let's have a look. Umm. I think it's the flu. Let me write you a prescription. Take one teaspoon of this every four hours. And call me next week sometime. I hope you feel better soon."

① film director   ② professor
③ doctor   ④ plumber
⑤ nurse

48

> "Thank you for stopping by. We'll try our best to play love songs, songs for the heart. I'm here to take your calls, to share stories, to keep you company all night long. You're listening to Light Rock 93.5."

① 전화 교환원   ② 관광 안내원
③ 퀴즈 프로그램 제작자   ④ 음악 프로그램 진행자
⑤ 무대 연출가

49

What I do is say, "hello" to the customers when they come up to my window. When they come up to me, I usually say to them, "Can I help you?" and then I transact their business which amounts to taking money from them and putting it in their account or giving them money out of their account.

① computer programmer   ② accountant

③ doorman   ④ teller

⑤ street cleaner

50

This man is someone who performs dangerous acts in movies and television, often as a carrier. He may be used when an actor's age precludes a great amount of physical activity or when an actor is contractually prohibited from performing risky acts.

① conductor   ② host

③ acrobat   ④ stunt man

⑤ actor

51 다음 글에서 밑줄 친 two basic things가 가리키는 것은?

Driving can be fun. However, most of drivers ignore two basic things when they drive : They forget to keep enough distance from the car in front, and they don't wear seat belts.

① 차선 지키기, 신호 지키기
② 안전거리 확보, 차선 지키기
③ 안전거리 확보, 좌석벨트 착용
④ 좌석벨트 착용, 규정 속도 유지
⑤ 차선 지키기, 규정 속도 유지

52

Once upon a time there lived a green frog who would never do what his mother told him. His mother grew very old and finally fell ill. She said to him, "When I die, bury me by the river, not on the mountain." That's because she well knew of her son's perverse ways. When she died, the green frog buried his mother by the river, repenting of all his misdeeds in the past. Whenever it rained, he worried lost her grave should be washed away.

① 세 살 버릇 여든까지 간다.
② 사람은 태어나면 죽게 마련이다.
③ 하늘은 스스로 돕는 자를 돕는다.
④ 불효하면 부모가 돌아가신 후에 후회한다.
⑤ 호박은 떡잎부터 좋아야 된다.

53

We are surprised to hear that a lion escaped from the zoo. We need more guards at the zoo to keep animals from running away. Once again, more guards are needed to provide safety for the public.

① 경비원 숫자를 늘려야 한다.
② 다른 장소로 이전해야 한다.
③ 관람 시간을 연장해야 한다.
④ 식물원도 함께 있어야 한다.
⑤ 시설물 보수공사를 해야 한다.

54

The telephone has become so much a part of our daily life. It is good manners to speak clearly over the telephone. It is not necessary for you to shout. You should be polite to the man with whom you are talking.

① What the telephone does for us
② How to speak over the telephone
③ How the telephone was invented
④ What you talk over the telephone
⑤ Convenience of using the telephone

55

Will cyber schools replace traditional schools someday? In spite of their problems, traditional classrooms hold many advantages over online classes.
First of all, traditional classrooms are a place where students relate to one another face to face. A keyboard will never replace a warm handshake, or a monitor a student's smile. In traditional schools, students may also take part in sports, clubs, and festivals — choices not available through computers.

① Face-to-Face Relationships
② Benefits of Traditional Schools
③ Advantages of Cyber Schools
④ Origins of Computer Use in Schools
⑤ Future of Traditional Schools

56

Eating breakfast is very good for teenagers' learning. Many researchers have shown that students who eat breakfast do better in school than those who don't eat it.

① 비만은 청소년들의 건강에 해롭다.
② 학교의 적극적인 학습지도가 필요하다.
③ 학생들의 학습량이 학업성취에 영향을 미친다.
④ 아침 식사를 하는 것이 학생들의 학습에 도움이 된다.
⑤ 균형 잡힌 식단은 건강에 도움이 된다.

※ 다음 글의 내용으로 가장 적절한 것을 고르시오. [57~58]

57

In the 1980s, there were a lot of asbestos removal projects. The government issued a set of rules that was hundreds of pages thick, describing all of the details of how to remove asbestos-containing materials from buildings. Most of the rules, such as those requiring that workers wear masks and that the asbestos be wet to reduce the amount of airborne dust, were designed to prevent people from breathing asbestos fibers. People paid so much attention to following these rules and avoiding breathing asbestos fibers that they forgot what happens when water(required to keep the asbestos wet) and electricity(needed for lights and equipment) mix. Thus, a leading cause of injury at these sites was electrocution.

① 1980년대에는 건축에 석면을 많이 사용하기 시작하였다.
② 정부는 석면 사용을 권장하는 규정을 마련하였다.
③ 석면 제거 시 물을 뿌리도록 권장하였다.
④ 많은 인부들이 석면을 흡입하여 질병을 얻었다.
⑤ 석면 제거 규정은 감전과 아무런 관련이 없었다.

58

Since the 1960's, Americans over sixty-five years of age have been living better lives because of the government programs they helped to build. Although citizens over sixty-five years of age represent only 13 percent of the population, nearly half of the federal budget goes to them in two forms : Social Security pensions paid after retirement from active work, and Medicare health benefits.

① 65세 이상의 미국인들은 정부의 도움을 받지 못한다.
② 미국 인구의 대다수는 65세 이상이다.
③ 미국 노인들은 사회 복지 연금과 의료 건강 보조금을 이용할 수 없다.
④ 정부는 미국의 노인들이 다양한 프로그램을 통해 더 나은 삶을 꾸려 나갈 수 있도록 도와주고 있다.
⑤ 많은 기업이 65세 이상의 시민들을 위해 일한다.

59 다음 Public Bath에 대한 글의 내용으로 적절하지 않은 것은?

Public Bath

Hot and cold pools, saunas, exercise rooms, and reading rooms. Free Towels. Available for 450 people at once. Women till 10 p.m. only. No children allowed.

① 사우나실과 독서실 등이 있다.
② 목욕 수건은 무료로 사용할 수 있다.
③ 최대 수용 인원은 450명이다.
④ 열탕과 냉탕이 있다.
⑤ 어린이는 오후 10시까지 이용할 수 있다.

60

Dear Mrs. Kim,

There is a girl whom I like in my class. I want to be her boyfriend but she seems to like another boy. Should I tell her how I feel about her? Please tell me what I should do.

① 약속 확인   ② 수리 요청
③ 부탁 거절   ④ 고민 상담
⑤ 초대 확인

61

Our volunteer service center has many great activities for you. These activities give you a chance to help others. We hope to see you join us.

① 감사   ② 권유
③ 동의   ④ 항의
⑤ 알림

62

I've been a career woman for the past seven years. For a couple of years after giving birth to my first daughter, it was really tough for me to work and take care of her at the same time. So I know how necessary the babysitting service you're providing is. And I feel really grateful for the service too. There is, however, one thing I'd like you to consider. Currently, a babysitter is taking care of my second daughter for eight hours from 9 a.m. to 5 p.m. For me, it would be much more useful if the service were available from 8 a.m. to 4 p.m. Could you be more flexible with your service? I'd really appreciate it.

① 육아 휴직 기간의 연장을 신청하려고
② 육아 서비스 자원 봉사자를 모집하려고
③ 육아 서비스 제공 시간의 변경을 알려 주려고
④ 육아 시설 확충을 위한 자금 지원을 건의하려고
⑤ 육아 서비스의 탄력적인 시간 운영을 요청하려고

63

I'm taking this opportunity to say something about tests and X−rays taken at clinics and hospitals. People shouldn't assume that everything is OK just because they haven't received a report. There's a chance that the report may have been filed without the patient being notified. Last year, my husband was told by a resident physician at a highly respected teaching hospital that he would be called if anything "out of the ordinary" showed up. He heard nothing and assumed that everything was OK. Last week, he had annual check−up, and his doctor asked, "Why didn't you call to find out about the changes in your cells?" The answer was, of course, "I didn't know about it."

① 대학병원의 수련의를 칭찬하려고
② 검강검진 과정을 소개하기 위해서
③ 건강진단의 결과를 알기 위해
④ 의료검사 결과 처리의 실태를 고발하려고
⑤ 건강검진의 중요성을 강조하기 위해

64 다음 글에 드러난 Joni의 심경으로 가장 적절한 것은?

Joni went horseback riding with her older sisters. She had a hard time keeping up with them because her pony was half the size of their horses. Her sisters, on their big horses, thought it was exciting to cross the river at the deepest part. They never seemed to notice that Joni's little pony sank a bit deeper. It had rained earlier that week and the river was brown and swollen. As her pony walked into the middle of the river, Joni turned pale, staring at the swirling waters rushing around the legs of her pony. Her heart started to race and her mouth became dry.

① happy   ② bored
③ guilty   ④ frightened
⑤ grateful

※ 다음 글의 제목으로 가장 적절한 것을 고르시오. [65~67]

65

Taegwondo became an official sport at the 2000 Olympics. The competition was held at the State Sports Center in downtown Sydney. Eight gold medals were to be won. Each country that entered was able to send four contestants, two women and two men. As Taegwondo is a full－contact sport, contestants were required to wear protective equipment before entering the competition area. In the Sydney Olympics, Korea won three gold medals in this new official sport.

① 태권도가 공식 종목이 된 이유
② 2000년 시드니 올림픽에서의 태권도
③ 태권도의 규칙
④ 태권도를 훈련하는 사람들의 수
⑤ 태권도에서 보호 장비를 착용해야 하는 이유

66

The same gesture can have different meanings from culture to culture. For example, the 'thumbs－up' sign, raising your thumb in the air, is commonly used to mean 'good job'. However, be sure that you don't use it in Nigeria because it is considered a very rude gesture.

① 좋은 직업의 종류
② 칭찬의 긍정적 효과
③ 비언어적인 표현 방법
④ 나이지리아 여행의 즐거움
⑤ 문화에 따라 다른 제스처의 의미

67

Friendships need as much care as garden flowers. Good friendships involve careful listening, honesty, respect, and trust. Without these things, friendships are as weak as glass. However, with effort, friendships can become stronger that stone.

① How Flowers Die?
② How Friendships Grow?
③ How Honesty Pays?
④ How Glass Breaks Down?
⑤ How Stone Become Stronger?

68 다음 글의 내용을 가장 잘 표현한 말은?

> The effects of laughter are much greater than you think. When you laugh, the blood circulation in your whole body increases and your whole body becomes stronger. In addition, when you laugh, your physical condition gets better.

① Haste makes waste.

② Well begun, half done.

③ Laughter is the best medicine.

④ He laughs best who laughs last.

⑤ Talking to the wall

69 다음 글에서 필자의 심경으로 가장 적절한 것은?

> I knew from the doctors that my disease would continue to get worse, and that there was nothing they could do. I didn't feel like asking for more details.

① 만족하는   ② 절망적인

③ 필사적인   ④ 기뻐하는

⑤ 만족스러운

70 다음에서 로봇이 사용될 곳으로 적절하지 않은 곳은?

> In the future, we might be able to use robots in many places. Scientists predict that we might use a lot of robots in factories. We might use them in hospital, on farm and in offices as well.

① 공장   ② 병원

③ 교실   ④ 농장

⑤ 사무실

71 다음에서 담배를 끊을 때 사용할 수 있는 방법으로 적절하지 않은 것은?

> If you want to quit smoking, you can. A good way to quit smoking is to exercise, chew gum, drink more water and eat food with vitamins. Remember, the longer you wait to quit, the harder it will be.

① 운동하기 ② 물 마시기
③ 휴식 취하기 ④ 비타민 섭취하기
⑤ 껌 씹기

72 다음에서 알 수 있는 내용으로 적절하지 않은 것은?

> • Take 2 tablets every 4 hours.
> • Tablets can be chewed or swallowed with water.
> • Keep out of reach of children.

① 복용량 ② 복용 방법
③ 복용효과 ④ 주의사항
⑤ 복용 간격

73 다음 대화에서 A가 배우고 있는 것으로 가장 적절한 것은?

> A : Remember, come back up to the surface slowly and don't hold your breath.
> B : OK, What will happen if I come up too fast?
> A : Your lungs will hurt. Don't try it. It can be very painful!

① Driving a car ② Scuba diving
③ Mountain climbing ④ Horseback riding
⑤ Skiing

※ 다음 문장을 논리적인 순서대로 나열한 것을 고르시오. [74~75]

74

(A) Mark Twain began his career writing light, humorous verse, but evolved into a chronicler of the vanities and hypocrisies of mankind.

(B) Though Twain earned a great deal of money from his writings and lectures, he lost a great deal through investments in ventures in his later life.

(C) Samuel Langhorne Clemens, better known by his pen name Mark Twain had worked as a typesetter and a riverboat pilot on the Mississippi River before he became a writer.

(D) At mid-career, with The Adventures of Huckleberry Finn, he combined rich humor, sturdy narrative and social criticism, popularizing a distinctive American literature built on American themes and language.

① (A) – (B) – (C) – (D)
② (A) – (D) – (B) – (C)
③ (B) – (D) – (C) – (A)
④ (C) – (A) – (D) – (B)
⑤ (C) – (D) – (A) – (B)

75

(A) He pretended to be sick, a ruse to make other animals come to pay respects. Then he could eat them up, conveniently, one by one.

(B) A fox also came, but greeted the lion from outside the cave.

(C) A lion had grown old and weak.

(D) The fox replied, "Because I see the tracks of those going in, but none coming out."

(E) The lion asked why the fox didn't come in.

① (A) – (B) – (E) – (D) – (C)
② (A) – (C) – (B) – (E) – (D)
③ (A) – (C) – (E) – (B) – (D)
④ (C) – (A) – (B) – (E) – (D)
⑤ (C) – (A) – (E) – (B) – (D)

76 다음 글의 흐름으로 보아 빈칸에 들어갈 연결어로 알맞은 것은?

> Did you ever try to peel a tomato? It is difficult, isn't it? _____, there is an easy way to do it. Place the tomato under hot water, and the skin comes off quickly.

① Moreover   ② Besides

③ That is   ④ For example

⑤ However

77 다음 글을 읽고, Kim의 일생에 가장 영향력 있는 사람을 고르면?

> Considering his life, critics find it unsurprising that Kim's fate was basically determined by women. His grandmother, after all, caused his disabilities. His mother pushed him into art when his father would have made him a carpenter, so the handicapped son could support himself. But no woman was so vital to his life and work as his wife.

① 어머니   ② 할머니

③ 아버지   ④ 동생

⑤ 아내

78 다음 영어 속담의 의미로 옳지 않은 것은?

① The grass is greener on the other side of the fence. – 남의 떡이 커 보인다.

② A little knowledge is dangerous. – 낫 놓고 기역자도 모른다.

③ A rolling stone gathers no moss. – 구르는 돌은 이끼가 끼지 않는다.

④ Every dog has his day. – 쥐구멍에도 볕들 날이 있다.

⑤ Many hands make light work. – 백짓장도 맞들면 낫다.

※ 다음 글을 읽고 이어지는 질문에 답하시오. [79~80]

Locating problems in underground utilities is important, _____. Fixing them is the bulk of the job. Fixing and updating underground utilities in a city is very complicated. It's not just a matter of digging a hole, pulling out bad pipes, and installing good ones. The city and its neighborhoods must continue functioning during the many months it takes to put things right. A company named Insituform has developed technology that can fix a pipe from the inside before it breaks, without any digging. They fill a tube with a special kind of *resin, which is a sticky substance, turn it inside out and send it through the pipe. Then, they heat the water inside the pipe. The resin expands outward, attaches to the interior surface of the pipe, and then hardens. This creates a new pipe inside the old pipe.

The company actually used this technique on the sewers under one of the most famous buildings in the United States, the White House, in Washington, D.C. The pipes dated from around the time of the Civil War (mid 1800s) and needed extensive repair. For security reasons the government decided not to dig up the lawn, but rather to work underground and under tourists' feet.

*resin 수지

79 다음 중 윗글의 제목으로 가장 적절한 것은?

① Effective Technology to Fix Underground Pipes

② Complexities of Digging Holes and Repairing Old Pipes

③ A Company Named Insituform

④ A Long History of the Sewers of the White House

⑤ Diverse Kinds of Underground Utilities in Cities

80 다음 중 빈칸에 들어갈 말로 가장 적절한 것은?

① and it leads to a comfortable digging

② but it's not enough

③ and it makes both ends meet

④ but it makes matters complex

⑤ and it usually continues for a few days

1퍼센트의 가능성, 그것이 나의 길이다.

- 나폴레옹 -

출제유형 & 학습전략

한국사의 전체적 난이도는 어렵지 않은 편이지만 짧은 시간 안에 문제를 해결해야 하므로 굵직한 사건들이나 중요한 유물 등을 바탕으로 한국사의 흐름을 파악하는 것이 중요하다. 지금까지의 출제유형을 살펴보면 시기별 지배세력을 등장 순서에 따라 나열하는 문제, 왕의 업적으로 옳지 않은 것을 찾는 문제, 제시된 국가의 건국자를 찾는 문제, 시대별 유물 사진을 제시하고 순서대로 나열하는 문제 등이 출제되었다.

한국사 시험에서 출제빈도가 높은 사건과 인물 위주로 정리를 해두면 도움이 되며, 한국사 연표를 바탕으로 시대별 유물과 유적, 큰 사건들을 함께 보아야 하고, 한 시대 안에서 비중 있는 사건들을 시대 순으로 암기해야 한다. 또한 지난 시험들의 난이도가 어렵지 않다고 하여도 앞으로 시행될 시험의 난이도는 누구도 예측할 수 없는 것이므로 한국사의 정치·경제·사회·문화 등 다양한 부분을 두루 공부해두는 것이 좋으며, 무엇보다 시대별로 중요한 사건이나 인물 등은 따로 정리를 해 두고, 인물이나 문화재 사진 자료도 꼼꼼히 챙겨봐야 한다.

1. 원시시대와 고조선

(1) 정치

① 정치제도

군장 중에서 왕을 추대 → 왕의 권력 취약

② 지방행정

군장세력이 각기 자기 부족 통치 : 군장의 관료 명칭이 왕의 관료와 동일한 명칭으로 사용 → 왕의 권력 취약

③ 군사제도 : 군장세력이 독자적으로 지휘

(2) 사회

① 신분제

㉠ 구석기 : 무리 생활, 평등사회(이동 생활)

㉡ 신석기 : 부족사회, 평등사회(정착 생활 시작)

㉢ 청동기 : 사유재산제, 계급 발생(고인돌), 군장국가(농경 보편화)

㉣ 초기 철기 : 연맹왕국 형성

② 사회조직

㉠ 구석기 : 가족 단위의 무리 생활

㉡ 신석기 : 씨족이 족외혼을 통해 부족 형성

㉢ 청동기 : 부족 간의 정복활동, 군장사회

㉣ 초기 철기 : 군장이 부족을 지배하면서 국왕 선출

(3) 경제

① 구석기

㉠ 빙하기 : 고기잡이와 사냥, 채집 생활 → 무리 생활 → 이동 생활 → 동굴과 막집 생활(뗀석기, 골각기)

㉡ 주먹도끼 : 연천군 전곡리 출토 → 서구 우월주의적 모비우스 학설 폐기

② 신석기

㉠ 농경의 시작 → 정착 생활 → 강가나 해안가(물고기 잡이 병행) : 움집 생활, 씨족 공동체사회(부족·평등사회)

㉡ 빗살무늬 토기, 간석기 사용, 원시 신앙 발달

③ 청동기
 ㉠ 청동기 사용 → 전반적인 기술의 급격한 발달 → 부와 권력에 의한 계급 발생 → 국가(고조선)
   등장
 ㉡ 비파형 동검과 미송리식 토기(고조선의 세력 범위와 일치)
 ㉢ 벼농사의 시작과 농경의 보편화 → 구릉지대 생활

〈동이족과 고조선의 세력 범위〉

④ 철기
 ㉠ 세형동검, 명도전과 거푸집, 암각화
 ㉡ 연맹왕국이 나타나기 시작
 ㉢ 배산임수의 취락 구조 정착, 장방형 움집, 지상가옥화

(4) 문화

① **신석기** : 애니미즘, 샤머니즘, 토테미즘, 영혼숭배와 조상숭배(원시신앙)
② **청동기** : 선민사상(정치이념)

(5) 고조선

① 청동기 문화를 바탕으로 기원전 2333년에 건국
② 만주의 요령 지방과 한반도 서북 지방의 여러 부족을 통합
③ **건국이념** : 홍익인간(弘益人間, 널리 인간을 이롭게 한다)
④ **변천과정** : 건국 → 중국의 연과 대립으로 쇠퇴 → 철기 도입 → 위만조선 건국(기원전 194년) →
   철기와 중계무역으로 성장 → 한의 침입으로 멸망
⑤ **의의** : 민족사의 유구성과 독자성

⑥ 사회 모습
　　㉠ 선민사상 : 환인과 환웅의 후손
　　㉡ 농경사회 : 농사에 필요한 비, 바람, 구름을 주관
　　㉢ 토테미즘 : 곰과 호랑이 숭배
　　㉣ 제정일치 사회

(6) 여러 나라의 성장
① 고조선이 멸망할 무렵 철기 문화를 바탕으로 성립 → 각 부족의 연합 또는 전쟁을 통해 국가 형성
② 만주지방 : 부여, 고구려
③ 한반도 북부 동해안 : 옥저, 동예
④ 한반도 남부 : 마한, 변한, 진한
　　㉠ 마한 : 54개의 소국, 목지국의 지배자가 마한의 왕으로 행세
　　㉡ 진한과 변한 : 각각 12개의 소국으로 구성

2. 삼국시대와 남북국시대(통일신라와 발해)

(1) 정치
① 삼국시대(민족 문화의 동질적 기반 확립)
　　㉠ 정치제도(왕권강화와 중앙 집권화)
　　　• 왕위세습, 율령반포, 관등제
　　　• 귀족합의제도 : 제가, 정사암, 화백회의는 국가 중대사 결정 → 왕권 중심의 귀족국가정치
　　㉡ 지방행정
　　　• 군사적 성격, 부족적 전통
　　　• 고구려 : 5부(욕살)
　　　• 백제 : 5방(방령)
　　　• 신라 : 5주(군주)
　　㉢ 군사제도 : 군사조직은 지방제도와 관련, 국왕이 직접 군사를 지휘
② 남북국시대
　　㉠ 정치제도(왕권의 전제화 – 신라 중대)
　　　• 집사부 시중의 권한 강화
　　　• 국학설치 : 유교정치이념 수용
　　　　※ 발해 : 왕위의 장자상속, 독자적 연호 사용
　　㉡ 지방행정(지방 제도 정비)
　　　• 신라
　　　　－ 9주(도독) : 행정 중심
　　　　－ 5소경 : 지방세력 통제
　　　• 발해 : 5경 · 15부 · 62주

© 군사제도
- 신라 : 9서당(왕권강화, 민족 융합), 10정(지방군)
- 발해 : 8위

(2) 경제
① 토지제도
 ㉠ 왕토사상 : 토지 공유
 ㉡ 통일신라의 토지 분급, 녹읍(귀족의 농민 징발도 가능) → 관료전 지급(신문왕, 왕권강화) → 녹읍의 부활(신라 하대, 왕권약화)
 ㉢ 농민에게 정전 분급
② 조세제도
 ㉠ 조세 : 생산량의 1/10
 ㉡ 역 : 군역과 요역
 ㉢ 공물 : 토산물세
③ 산업
 ㉠ 신석기 : 농경 시작
 ㉡ 청동기 : 벼농사 시작, 농경의 보편화
 ㉢ 철기 : 철제농기구 사용 → 경작지 확대
 ㉣ 지증왕 : 우경 시작
 ㉤ 신라통일 후 상업 발달, 아라비아 상인 출입(울산항)

(3) 사회
① 신분제(신분제도 성립)
 ㉠ 지배층 특권을 유지하기 위해 율령제도, 신분제도 마련
 ㉡ 신분은 친족의 사회적 위치에 따라 결정
  - 귀족 : 권력과 경제력 독점
  - 평민 : 생산 활동에 참여, 조세 부담
  - 천민 : 노비, 부곡민
 ㉢ 신라 골품제
  - 골품은 개인의 신분과 정치활동 제한
  - 관등조직은 골품제와 연계 편성, 복색은 관등에 따라 지정
② 사회조직
 ㉠ 골품제도 : 중앙집권국가 성립시기에 군장세력 재편 → 신라 하대에 골품제도의 모순 노출
 ㉡ 귀족합의기구 : 화백, 정사암, 제가회의 → 왕권 견제
 ㉢ 화랑제도 : 교육의 기능, 계급갈등을 조절
 ㉣ 진골 귀족의 왕위 쟁탈전
 ㉤ 반신라 세력 : 호족, 6두품, 도당유학생, 선종, 풍수지리설
 ㉥ 신라 하대 전국적 농민 봉기

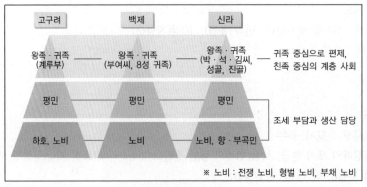

<삼국의 신분 구조>

(4) 문화

① 삼국시대

  ㉠ 불교
- 수용 : 중앙 집권 체제 확립과 통합
- 발전 : 왕실불교, 귀족불교

  ㉡ 유교
- 고구려 : 태학, 경당(모든 계층 망라)
- 백제 : 5경 박사
- 신라 : 임신서기석

  ㉢ 전통사상 및 도교
- 시조신 숭배 : 지배층
- 샤머니즘, 점술 : 민중
- 도교 : 사신도, 산수무늬 벽돌, 사택지적비, 백제 봉래산 향로

② 남북국시대

  ㉠ 불교
- 원효의 정토종 : 불교의 대중화, 화쟁 사상(불교 통합)
- 의상의 화엄종 : 전제왕권 지지
- 교종 : 경전, 귀족 – 신라 중대
- 선종 : 참선, 호족 – 신라 하대(반신라), 개인의 정신 중시 → 신라 중대에 탄압
- 발해 : 고구려 불교 계승

  ㉡ 유교
- 유교이념 수용 : 국학, 독서삼품과(귀족의 반대로 실패)
- 강수 : 외교 문서
- 설총 : 이두 정리
- 김대문 : 주체적
- 최치원 : 사회개혁

ⓒ 전통사상 및 도교
- 도교 : 최치원의 난랑비, 정효공주 묘비
- 풍수지리설 : 중국에서 전래, 국토 재편론(호족 지지) → 신라 왕권의 권위 약화

3. 고려시대

(1) 정치

① 정치제도
 ㉠ 최승로의 시무28조 : 중앙집권적, 귀족정치, 유교정치이념 채택
 ㉡ 귀족제 : 공음전과 음서제
 ㉢ 합좌기구 : 도병마사 → 도평의사사(귀족연합체제)
 ㉣ 지배계급 변천 : 호족 → 문벌귀족 → 무신 → 권문세족 → 신진사대부
 ㉤ 서경제 : 관리임명 동의, 법률개폐 동의

② 지방행정
 ㉠ 지방제도의 불완전성(5도 양계 : 이원화)
 ㉡ 중앙집권의 취약성(속군, 속현)
  ※ 속군과 속현 : 지방관이 파견 안 된 곳으로 향리가 실제 행정을 담당. 이들 향리가 후에 신진
   사대부로 성장
 ㉢ 중간행정기구의 미숙성(임기 6개월, 장관품계의 모순)
 ㉣ 지방의 향리세력이 강함

③ 군사제도
 ㉠ 중앙 : 2군 6위(직업군인)
 ㉡ 지방 : 주현군, 주진군(국방담당)
 ㉢ 특수군 : 광군, 별무반, 삼별초
 ㉣ 합의기구 : 중방

(2) 경제

① 토지제도(전시과 체제 정비)
 ㉠ 역분전(공신)
 ㉡ 전시과 제도 : 수조권만 지급, 시정전시과 → 개정전시과(직·산관) → 경정전시과(직관)
 ㉢ 귀족의 경제 기반 : 공음전
 ㉣ 고려 후기 : 농장 발달(권문세족)

② 조세제도
 ㉠ 전세 : 민전은 1/10세
 ㉡ 공납 : 상공, 별공
 ㉢ 역 : 정남(16 ~ 60세), 강제노동
 ㉣ 잡세 : 어세, 염세, 상세

③ 산업
 ㉠ 농업 중심의 자급자족사회 : 유통경제 부진
 ㉡ 농업 : 심경법, 2년 3작, 시비법, 목화
 ㉢ 상업 : 화폐주조
 ㉣ 무역발달(송, 여진, 거란, 일본, 아랍), 예성강 입구의 벽란도

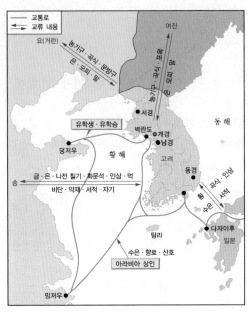

〈고려 전기의 대외 무역〉

(3) 사회
① 신분제(신분제도의 재편성)
 ㉠ 골품제도의 붕괴 : 호족 중심의 중세 사회 형성
 ㉡ 호족의 문벌 귀족화
 ㉢ 중간계층의 대두
  • 귀족 : 왕족, 문무고위 관리
  • 중간계층 : 남반, 서리, 향리, 군인
  • 양인 : 농, 상, 공 → 조세부담
  • 천민 : 노비, 향·소·부곡민
 ㉣ 여성의 지위가 조선 시대보다 높음
② 사회조직
 ㉠ 법률 : 대가족 제도를 운영하는 관습법 중심
 ㉡ 지배층의 성격 비교
  • 문벌귀족(고려 중기) : 과거나 음서를 통해 권력 장악
  • 권문세족(몽골간섭기) : 친원파로 권력 독점, 농장소유
  • 사대부(무신집권기부터) : 성리학자, 지방향리출신, 중소지주

ⓒ 사회시설
- 의창·제위보 : 빈민구제
- 상평창 : 물가 조절

(4) 문화

① 불교
- ㉠ 숭불정책(훈요 10조 : 연등회, 팔관회)
- ㉡ 연등회, 팔관회 : 왕실 권위 강화
- ㉢ 불교의 통합운동(원효 화쟁론의 영향)
  - 의천의 천태종 : 교종 중심, 귀족적(중기)
  - 지눌(돈오점수, 정혜쌍수)의 조계종 : 선종 중심, 무신정권기
  - 혜심의 유불일치설

② 유교
- ㉠ 유교정치이념 채택(최승로의 시무 28조)
- ㉡ 유학성격변화 : 자주적(최승로) → 보수적(김부식) → 쇠퇴(무신)
- ㉢ 성리학의 수용(몽골간섭기) : 사대부의 정치사상으로 수용, 사회개혁 촉구
- ㉣ 이제현의 사략(성리학적 사관)

③ 전통사상 및 도교
- ㉠ 도교행사 빈번 : 장례
- ㉡ 풍수지리설 : 서경길지설(북진정책 기반 – 묘청의 서경천도 운동)
- ㉢ 묘청의 서경천도 운동 : 귀족사회의 구조적 모순에서 비롯됨

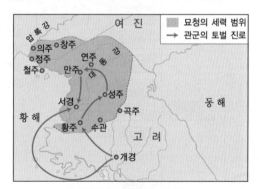

〈묘청의 서경천도 운동〉

4. 조선시대(전기)

(1) 정치

① 정치제도(15C : 훈구파 주도, 16C : 사림파의 성장과 주도)
  - ㉠ 왕권과 신권의 균형(성리학을 바탕으로 한 왕도정치)
  - ㉡ 의정부 : 합의기구, 왕권강화
  - ㉢ 6조 : 행정분담
  - ㉣ 3사 : 왕권견제
  - ㉤ 승정원·의금부 : 왕권강화

② 지방행정(중앙집권과 지방자치의 조화)
  - ㉠ 8도(일원화) : 부, 목, 군, 현 – 면, 리, 통
  - ㉡ 모든 군현에 지방관 파견
  - ㉢ 향리의 지위 격하(왕권강화)
  - ㉣ 향·소·부곡 소멸 : 조세를 부담할 양인의 수 증가
  - ㉤ 유향소·경재소 운영 : 향촌자치를 인정하면서도 중앙집권강화
  - ㉥ 사림은 향약과 서원을 통해 향촌지배

③ 군사제도(양인개병제, 농병일치제)
  - ㉠ 중앙 : 5위, 궁궐 수비·수도 방비
  - ㉡ 지방 : 영진군
  - ㉢ 잡색군 : 전직관리, 서리, 노비로 구성된 예비군

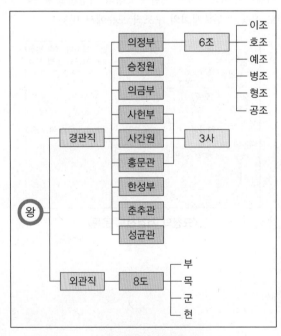

〈조선의 통치 체제〉

(2) 경제

① 토지제도(과전법 체제)

  ㉠ 과전법 : 사대부의 경제기반 마련

  ㉡ 직전법(세조, 직관) : 농장의 출현

  ㉢ 관수관급제(성종) : 국가의 토지 지배 강화, 양반의 농장 보편화 촉진

  ㉣ 녹봉제(명종) : 과전법 체제의 붕괴, 지주 전호제 강화, 농민 토지 이탈 → 부역제와 수취제의
     붕괴(임란과 병란이 이를 촉진시킴)

② 조세제도

  ㉠ 전세 : 수확의 1/10세, 영정법(4두)

  ㉡ 공납 : 호구세, 상공과 별공

  ㉢ 군역 : 양인개병제, 농병일치제

③ 산업(중농억상 정책으로 상공업 부진)

  ㉠ 농업 : 이앙법 시작, 이모작 보급

  ㉡ 상업 : 시전 중심, 지방 중심, 화폐유통 부진

  ㉢ 수공업 : 장인은 관청에 부역

  ㉣ 무역 : 조공무역 중심

(3) 사회

① 신분제(양반 관료제 사회)

  ㉠ 양인수 증가 : 향·소·부곡의 해체, 다수의 노비 해방

  ㉡ 양천제 실시(양인과 천민)

  ㉢ 과거를 통한 능력 중심의 관료 선발

  ㉣ 16C 이후 양반, 중인, 상민, 천민으로 구별

② 사회조직

  ㉠ 법률 : 경국대전 체제(성리학적 명분질서의 법전화)

  ㉡ 종법적 가족제도 발달 : 유교적 가족제도로 가부장의 권한 강화, 적서차별

  ㉢ 사회시설

    • 환곡 : 의창 → 상평창(1/10)

    • 사창 : 양반지주층 중심의 자치적인 구제기구

  ㉣ 사회통제책 : 오가작통법, 호패법

(4) 문화

① 불교

  ㉠ 불교의 정비 : 유교주의적 국가기초확립

  ㉡ 재정확보책 : 도첩제, 사원전 몰수, 종파의 통합

    ※ 고대 : 불교, 중세 : 유·불교, 근세 : 유교

② 유교

  ㉠ 훈구파(15C) : 중앙집권, 부국강병, 사장중시, 과학기술 수용, 단군숭배

  ㉡ 사림파(16C) : 향촌자치, 왕도정치, 경학중시, 과학기술 천시, 기자숭배

     © 주리론 : 이황(영남학파, 남인)

     ② 주기론 : 이이(기호학파, 서인)

  ③ 전통사상 및 도교

     ㉠ 도교 행사 정비 : 소격서(중종 때 조광조에 의해 폐지)

     ㉡ 풍수지리설 : 한양천도(왕권강화), 풍수·도참사상 – 관상감에서 관리

     ㉢ 민간신앙의 국가신앙화

       ※ 기타 종교와 사상에 대한 국가 관리는 유교사회를 확립하려는 의도

5. 조선시대(후기)

(1) 정치

  ① 정치제도

     ㉠ 임란을 계기로 비변사의 강화 → 왕권의 약화(상설기구 전환)

     ㉡ 정쟁의 심화 → 서인의 일당 독재화, 영·정조의 탕평책 실패 → 세도정치의 등장 → 대원군의
       개혁(왕권강화, 농민 안정책)

  ② 군사제도

     ㉠ 중앙 : 5군영(용병제), 임란과 병란으로 인한 부역제의 해이로 실시

     ㉡ 지방 : 속오군(향촌자체방위, 모든 계층)

     ㉢ 조선 초기(진관체제) → 임란(제승방략체제) → 조선 후기(진관체제 복구, 속오군 편성)

(2) 경제

  ① 토지제도

     중농학파 "농민의 토지 이탈과 부역제의 붕괴를 막는 것은 체제의 안정을 유지하는 것"

     ㉠ 유형원 : 균전제(계급 차등분배)

     ㉡ 이익 : 한전제(영업전 지급)

     ㉢ 정약용 : 여전제(급진적 내용, 공동생산과 공동분배)

  ② 조세제도

     농민의 불만 해소와 재정 확보를 위해, 궁극적으로는 양반지배체제의 유지를 위하여 수취제도를 개편

     ㉠ 영정법(전세) : 1결 4두 → 지주 유리

     ㉡ 대동법(공납) : 공납의 전세화, 토지 결수로 징수

     ㉢ 균역법 : 2필 → 1필, 선무군관포, 결작

       ※ 조세의 전세화, 금납화 → 화폐경제, 도시와 시장 발달 → 수요 증대 → 상품경제와 상공업
         발달 ⇒ 자본주의 맹아

  ③ 산업

     서민경제의 성장 → 서민의식의 향상

     ㉠ 농업 : 이앙법, 견종법의 보급 → 광작 → 농촌사회의 계층 분화

     ㉡ 상업 : 사상, 도고의 성장 → 상인의 계층 분화, 장시의 발달 → 도시의 발달

ⓒ 민영수공업 발달 : 납포장, 선대제

ⓔ 광업

- 17C : 사채의 허용과 은광 개발이 활발(대청 무역)
- 18C : 상업 자본의 광산 경영 참여로 잠채성행(금·은광)
- 자본과 경영의 분리 : 덕대가 채굴 노동자 고용

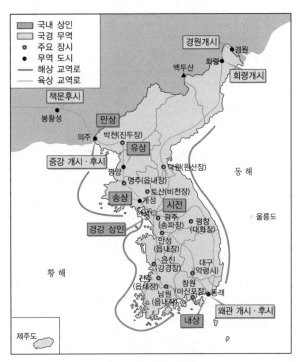

〈조선 후기의 상업〉

(3) 사회

① 신분제(신분제도의 동요)

ⓐ 양반수의 증가 : 납속책, 공명첩, 족보 위조

ⓑ 중인층의 지위 향상 : 서얼의 규장각 등용, 역관

ⓒ 평민의 분화 : 농민(경영형 부농, 임노동자), 상인(도고상인, 영세상인)

ⓓ 노비 수의 감소 : 공노비 해방(순조), 양인 확보

② 사회조직(사회 불안의 고조)

ⓐ 신분제의 동요 : 몰락양반의 사회개혁 요구

ⓑ 삼정(전정, 군정, 환곡)의 문란 : 서민의식의 향상(비판의식)

ⓒ 위기의식의 고조 : 정감록 유행, 도적의 출현, 이양선의 출몰

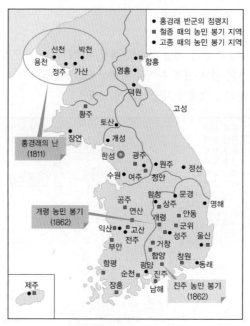

〈19세기의 농민 운동〉

(4) 문화

① 불교 : 불교의 민간 신앙화

② 유교

 ㉠ 양명학의 수용 : 정제두의 강화학파

  ※ 실학 : 통치 질서의 붕괴와 성리학의 한계, 서학의 전래, 고증학의 영향으로 등장

 ㉡ 중농학파 : 토지제도 개혁

 ㉢ 중상학파 : 상공업 진흥책, 박제가(소비론), 박지원(화폐유통론)

 ㉣ 국학 : 동사강목(한국사의 정통론), 해동역사(다양한 자료 이용), 동사·발해고(반도 사관 극복),
연려실기술(실증적 연구)

③ 전통사상 및 도교(사회의 동요)

 천주교 수용, 동학의 발전, 정감록 등 비기도참 사상, 미륵신앙 유행 → 현실 비판(서민문화의 발달)

6. 근·현대

(1) 정치

Ⅰ. 개항과 근대 변혁 운동

① 흥선대원군의 정책

 ㉠ 19세기 중엽의 상황 : 세도정치의 폐단, 민중 세력의 성장, 열강의 침략적 접근

 ㉡ 흥선대원군의 집권(1863 ~ 1873)

  • 왕권강화정책 : 서원 철폐, 삼정의 문란 시정, 비변사 폐지, 의정부와 삼군부의 기능 회복, 대전
회통 편찬

  • 통상수교거부정책 : 병인양요, 신미양요, 척화비 건립

② 개항과 개화정책

　　㉠ 개항 이전의 정세

　　　• 개화 세력의 형성

　　　• 흥선대원군의 하야와 민씨 세력의 집권(1873)

　　　• 운요호 사건(1875)

　　㉡ 문호개방

　　　• 강화도 조약(1876) : 최초의 근대적 조약, 불평등 조약

　　　• 조·미 수호통상조약(1882) : 서양과의 최초 수교, 불평등 조약

③ 갑신정변(1884) : 최초의 근대화 운동(정치적 – 입헌군주제, 사회적 – 신분제 폐지 주장)

　　㉠ 전개 : 급진개화파(개화당) 주도

　　㉡ 실패원인 : 민중의 지지 부족, 개혁 주체의 세력 기반 미약, 외세 의존, 청의 무력간섭

　　㉢ 결과 : 청의 내정 간섭 심화

　　㉣ 1880년대 중반 조선을 둘러싼 열강의 대립 심화

④ 동학농민운동의 전개

　　㉠ 배경

　　　• 대외적 : 열강의 침략 경쟁에 효과적으로 대응하지 못함

　　　• 대내적 : 농민 수탈, 일본의 경제적 침투

　　　• 농민층의 상황 : 불안과 불만 팽배 → 농촌 지식인들과 농민들 사이에서 사회 변화 움직임 고조

　　㉡ 전개 과정

　　　• 고부 봉기 : 전봉준을 중심으로 봉기

　　　• 1차 봉기 : 보국안민과 제폭구민을 내세움 → 정읍 황토현 전투의 승리 → 전주성 점령

　　　• 전주 화약기 : 폐정개혁 12개조 건의, 집강소 설치

　　　• 2차 봉기 : 항일 구국 봉기 → 공주 우금치 전투에서 패배

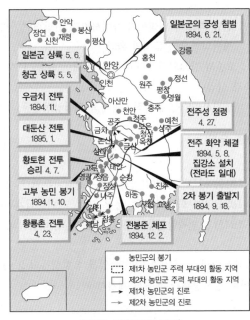

〈동학농민운동의 전개〉

⑤ 갑오개혁과 을미개혁

  ㉠ 갑오개혁(1894)

    • 군국기무처 설치 : 초 정부적 회의 기관으로 개혁 추진

    • 내용 : 내각의 권한 강화, 왕권 제한, 신분제 철폐

    • 과정 : 홍범 14조 반포

    • 한계 : 군사적 측면에서의 개혁이나 농민들의 요구에 소홀

  ㉡ 을미개혁(1895)

    • 과정 : 일본의 명성 황후 시해 → 친일 내각을 통해 개혁 추진

    • 내용 : 단발령, 태양력 사용 등

⑥ 독립협회와 대한제국

  ㉠ 독립협회(1896 ~ 1898)

    • 배경 : 아관파천으로 인한 국가 위신 추락

    • 활동 : 국권·이권수호 운동, 민중계몽운동, 입헌군주제 주장

    • 만민공동회(1898) : 최초의 근대식 민중대회

    • 관민공동회 : 헌의 6조 결의

  ㉡ 대한제국 성립(1897)

    • 배경 : 고종의 환궁 여론 고조

    • 자주 국가 선포 : 국호 – 대한제국, 연호 – 광무

    • 성격 : 구본신참의 복고주의, 전제 황권 강화

⑦ 일제의 국권 강탈

  ㉠ 러·일 전쟁 : 일본의 승리(한반도에 대한 일본의 독점적 지배권)

  ㉡ 을사조약(1905, 제2차 한·일 협약)

⑧ 항일의병전쟁과 애국계몽운동

  ㉠ 항일의병운동

    • 을미의병(1895) : 한말 최초의 의병봉기(을미사변과 단발령이 원인)

    • 을사의병(1905) : 평민의병장 신돌석의 활약

    • 정미의병(1907) : 고종의 강제퇴위와 군대 해산에 대한 반발, 13도 창의군 조직, 서울진공작전

  ㉡ 애국계몽운동(교육과 산업)

    • 신민회(1907) : 비밀결사 조직, 문화적·경제적 실력양성운동, 105인 사건으로 강제 해산

II. 민족의 수난과 항일 민족 운동

① 일제의 식민정책

  ㉠ 1910년대(1910 ~ 1919) : 무단통치(헌병경찰제 – 즉결처분권 부여)

  ㉡ 1920년대(1919 ~ 1931) : 문화통치(민족 분열 정책, 산미증식계획)

  ㉢ 1930년대(1931 ~ 1945) : 민족말살통치(병참기지화 정책, 내선일체, 황국신민화, 창씨개명 강요)

② 3·1운동(1919)

  ㉠ 배경 : 미국 윌슨 대통령의 '민족자결주의'와 일본 유학생들의 2·8독립선언

  ㉡ 3·1운동은 대한민국 임시정부가 세워진 계기가 됨

③ 대한민국 임시정부(1919. 9. 상하이)
  ㉠ 한성정부의 법통 계승
  ㉡ 연통제, 교통국, 외교활동(구미위원부)
④ 국내외 항일민족운동
  ㉠ 국내 항일운동
    • 신간회(1927) : 비타협적 민족주의자와 사회주의 세력 연합 → 노동·소작쟁의, 동맹 휴학 등을 지원
    • 학생운동 : 6·10만세운동(1926), 광주학생 항일운동(1929)
  ㉡ 국외 항일운동 : 간도와 연해주 중심
    • 대표적 전과 : 봉오동 전투, 청산리 전투(1920)
    • 간도 참변(1920) : 봉오동·청산리 전투에 대한 일제의 보복
    • 자유시 참변(1921) : 러시아 적군에 의한 피해
    • 3부의 성립(1920년대) : 정의부, 참의부, 신민부
    • 중국군과 연합하여 항일전 전개(1930년대)
    • 한국광복군(1940, 충칭)
  ㉢ 사회주의 세력 : 중국 공산당과 연계 – 화북 조선 독립 동맹 결성, 조선 의용군 조직

Ⅲ. 대한민국의 성립과 발전

① 광복 직후의 국내 정세
  ㉠ 모스크바 3상회의 : 한반도 신탁통치 결정
  ㉡ 미·소 공동위원회 : 남북한 공동 정부 수립 논의 – 결렬
② 대한민국 정부의 수립 : 5·10총선거 → 제헌국회 → 대통령 선출 → 정부수립

(2) 경제

① 토지제도
  ㉠ 동학농민운동에서만 토지의 평균분작 요구
  ㉡ 대한제국 : 지계발급
  ㉢ 일제의 수탈
    • 토지조사사업(1910 ~ 1918) : 조선의 토지약탈을 목적으로 실시
    • 산미증식계획(1920 ~ 1935) : 농지개량, 수리시설 확충 비용을 소작농이 부담, 증산량보다 많은 수탈량
    • 병참기지화 정책(1930 ~ 1945) : 중화학공업, 광업 생산에 주력(기형적 산업구조) – 군사적 목적
② 조세제도
  ㉠ 갑신정변 : 지조법 개정
  ㉡ 동학농민운동 : 무명잡세 폐지
  ㉢ 갑오·을미개혁 : 조세 금납화
  ㉣ 독립협회 : 예산공표 요구
③ 산업
  ㉠ 근대적 자본의 성장
  ㉡ 일제 강점기 : 물산장려운동

(3) 사회

① 신분제(평등 사회로의 이행)
  ㉠ 갑신정변(1884) : 문벌폐지, 인민평등권
  ㉡ 동학농민운동(1894) : 노비제 폐지, 여성지위 상승
  ㉢ 갑오개혁(1894) : 신분제 폐지, 봉건폐습 타파
  ㉣ 독립협회(1896) : 민중의식 변화, 민중과 연대
  ㉤ 애국계몽운동(1905) : 민족교육운동, 실력양성

② 사회조직
  ㉠ 개혁 세력 : 민권사상을 바탕으로 평등사회 추구
  ㉡ 위정척사파 : 양반 중심의 봉건적 신분질서 유지
  ㉢ 동학농민운동 : 반봉건, 반제국주의의 개혁 요구
  ㉣ 독립협회 : 자주, 자유, 자강 개혁 요구
  ㉤ 광무개혁 : 전제 군주제를 강화하기 위한 개혁
  ㉥ 의병활동 : 반제국주의의 구국 항전
  ㉦ 애국계몽단체 : 자주독립의 기반 구축 운동

(4) 문화

① 동도서기(東道西器) : 우리의 정신문화는 지키고 서양의 과학 기술을 받아들이자는 주장(중체서용, 구본신참) → 양무운동, 대한제국
② 불교 유신론 : 미신적 요소를 배격하고 불교의 쇄신을 주장
③ 민족사학의 발전 : 신채호, 박은식, 최남선
④ 기독교계는 애국계몽운동에 힘씀

(5) 광복 전후의 국제 논의

① 카이로 회담(1943)
  ㉠ 일본에 대한 장래 군사행동 협정
  ㉡ 한국을 자유국가로 해방시킬 것을 결의
② 얄타 회담(1945)
  ㉠ 한국에 대한 신탁통치 결의
  ㉡ 한국 38도 군사경계선 확정
③ 포츠담 회담(1945)
  ㉠ 일본 군대 무장 해제
  ㉡ 한국 자유국가 해방 약속 재확인(카이로 회담의 선언)
④ 모스크바 3상 회의(1945)
  ㉠ 5년간 미국, 영국, 소련, 중국 정부의 한국 신탁통치 결정
  ㉡ 미국, 소련 공동 위원회(임시정부) 설치

(6) 대한민국 정부 수립

    ① 5 · 10 총선거

        ㉠ 남한 단독 선거

        ㉡ 남북 협상파 불참

        ㉢ 이승만, 한국민주당 압승

        ㉣ 제헌국회 구성 및 민주공화국 체제의 헌법 제정

    ② 대한민국 정부 수립

        ㉠ 대통령은 이승만, 부통령에 이시영 선출

        ㉡ 대한민국 성립 선포

    ③ 반민족 행위 처벌법 제정

        ㉠ 일제 강점기 시대에 친일 행위를 한 자를 처벌하기 위한 법

        ㉡ 이승만의 소극적 태도로 처벌 실패

    ④ 6 · 25 전쟁(1950)

        ㉠ 북한의 무력 통일 정책

        ㉡ 이승만의 정치 · 경제 불안

        ㉢ 과정

            • 무력 남침 → 서울 함락, 낙동강까지 후퇴 → 유엔국 참전 및 인천상륙작전 → 서울 탈환, 압록
강까지 전진 → 중공군 개입 → 후퇴 → 휴전 협정

        ㉣ 경제적 · 인적 피해 및 한미상호방위조약 체결(1953)

PART 4

정답 및 해설 p.058

대표유형	한국사

다음에서 설명하는 시대의 유물로 옳은 것은?

벼농사가 시작되었고 한반도의 경우 이 시대에 최초의 국가인 고조선이 형성되었다. 사회적으로는 불평등이 발생하며 계급과 국가가 생겼다.

① 민무늬 토기   ② 뗀석기
③ 뼈바늘   ④ 빗살무늬 토기
⑤ 세형동검

| 해설 | 제시문은 청동기시대에 대한 설명이며, 청동기시대의 대표적인 유물은 민무늬 토기이다. 청동기시대는 청동기가 생산되어 도구로 사용하기 시작한 때로부터 철기를 처음 사용하기 시작한 때까지를 가리킨다. 한반도에서는 청동기 생산이 어렵고 양이 적었기 때문에 청동기시대 전 기간 동안은 마제석기를 병용해서 사용하였다. 또한 청동기시대를 청동단검의 출현 시기와 그 이전 시기로 구분하기도 한다.
청동기시대에는 축적된 농경기술로 벼농사가 시작되었으며, 주거형식 또한 땅 위로 올라온 '지상가옥'으로 변화하고, 화덕의 위치도 방 한가운데에서 가장자리로 옮기게 된다. 또한 청동기시대는 사유 재산을 바탕으로 '지배층'이 탄생하게 되는 시기로, 이를 보여주는 대표적인 유물이 '고인돌'이다.

오답분석
② 구석기시대
③·④ 신석기시대
⑤ 철기시대

정답 ①

01 다음 중 선사시대에 대한 설명으로 옳지 않은 것은?

① 구석기시대에는 뗀석기를 사용하였는데, 처음에는 찍개, 주먹도끼 등과 같이 하나의 도구를 여러 용도로 사용했으나 점차 자르개, 밀개, 찌르개 등 쓰임새가 정해진 도구를 만들어 사용하였다.

② 신석기시대에는 사람들이 돌을 갈아 다양한 모양의 간석기를 만들고, 조리나 식량 저장에 사용할 수 있는 토기를 만들었다.

③ 신석기시대부터 도구를 사용하였을 뿐만 아니라 불을 이용하기 시작했고 언어를 구사하였다.

④ 청동기시대에는 일부 지역에서 벼농사가 시작되는 등 농경이 더 발달했으며, 농경의 발달에 따라 토지와 생산물에 대한 사유재산 개념이 발생하면서 빈부의 차가 생기고 계급이 분화되었다.

⑤ 청동 무기의 보급으로 정복 활동이 활발해져 점차 계급 분화가 뚜렷해지고, 막강한 권력과 경제력을 가진 지배자인 군장이 등장하였다.

02 다음 중 (가) 시대에 처음 등장한 모습으로 옳은 것은?

> ___(가)___ 시대에는 농업 생산력이 향상되고 사유 재산 제도와 계급이 발생하였습니다. 이 시대의 대표적인 유적지로 부여 송국리, 여주 흔암리 등이 있습니다.

① 가락바퀴를 이용하여 실을 뽑았다.

② 슴베찌르개를 이용하여 사냥을 하였다.

③ 거푸집을 사용하여 도구를 제작하였다.

④ 주로 동굴이나 강가의 막집에서 살았다.

⑤ 빗살무늬 토기를 이용하여 식량을 저장하였다.

PART 4

03 다음은 고조선 8조법의 내용이다. 이를 통해 유추할 수 있는 시대상으로 옳지 않은 것은?

> … 백성들에게 금하는 법 8조를 만들었다. 그것은 대개 사람을 죽인 자는 즉시 죽이고, 남에게 상처를 입힌 자는 곡식으로 갚는다. 도둑질을 한 자는 노비로 삼는다. 용서받고자 하는 자는 한 사람마다 50만 전을 내야 한다. 비록 용서를 받아 보통 백성이 되어도 풍속에 역시 그들은 부끄러움을 씻지 못하여 결혼을 하고자 해도 짝을 구할 수 없다. 이러해서 백성들은 도둑질을 하지 않아 대문을 닫고 사는 일이 없었다. 여자들은 모두 정조를 지키고 신용이 있어 음란하고 편벽된 짓을 하지 않았다. 농민들은 대나무 그릇에 음식을 먹고, 도시에서는 관리나 장사꾼들을 본받아서 술잔 같은 그릇에 음식을 먹는다.
>
> – 『한서』

① 계급사회였다.
② 화폐를 사용하였다.
③ 사유재산 제도가 정립되었다.
④ 농업사회이며 노동력을 중시하였다.
⑤ 남성 중심보다는 남녀평등에 가까웠다.

04 다음은 『제왕운기』에 실린 나라의 건국과 관련된 내용이다. 이 나라에 대한 설명으로 옳지 않은 것은?

> 처음에 누가 나라를 세워 세상을 열었는가
> 석제의 손자로 이름은 단군이라네
> 요임금과 함께 무진년에 나라를 세워
> 순임금 때를 지나 하나라 때까지 왕위에 계셨도다.

① 철기 문화를 받아들였다.
② 신분제가 존재하였다.
③ 고조선은 중계무역을 하였다.
④ 사유재산을 보호하였다.
⑤ 중국 연나라의 공격으로 멸망하였다.

05 다음과 같은 풍속이 행해진 국가의 사회모습에 대한 〈보기〉의 설명 중 옳은 것을 모두 고르면?

(가) 살인자는 사형에 처하고 그 가족은 노비로 삼았다. 도둑질을 하면 12배로 변상케 했다. 남녀 간에 음란한 짓을 하거나 부인이 투기하면 모두 죽였다. 투기하는 것을 더욱 미워하여, 죽이고 나서 시체를 산 위에 버려서 썩게 했다. 친정에서 시체를 가져가려면 소와 말을 바쳐야 했다.

(나) 귀신을 믿기 때문에 국읍에 각각 한 사람씩 세워 천신에 대한 제사를 주관하게 했다. 이를 천 군이라 했다. 여러 국(國)에는 각각 소도라고 하는 별읍이 있었다. 큰 나무를 세우고 방울과 북을 매달아 놓고 귀신을 섬겼다. 다른 지역에서 거기로 도망쳐 온 사람은 누구든 돌려보내지 않았다.

－『삼국지』

보기
ㄱ. (가) – 왕 아래에는 상가, 고추가 등의 대가가 있었다.
ㄴ. (가) – 농사가 흉년이 들면 국왕을 바꾸거나 죽이기도 하였다.
ㄷ. (나) – 제천행사는 5월과 10월의 계절제로 구성되어 있었다.
ㄹ. (나) – 동이(東夷) 지역에서 가장 넓고 평탄한 곳이라 기록되어 있었다.

① ㄱ, ㄴ
② ㄱ, ㄷ
③ ㄴ, ㄷ
④ ㄴ, ㄹ
⑤ ㄷ, ㄹ

06 다음에서 설명하는 왕의 재위 시기에 있었던 역사적 사실로 옳은 것은?

• 동생 대문예를 보내 흑수 말갈 정벌을 추진하였다.
• 장문휴를 보내 당의 등주를 공격하여 당군을 격파하였다.

① 한성을 공격하여 개로왕을 전사시켰다.
② 사비로 천도하고 국호를 남부여로 바꾸었다.
③ 상대등과 병부를 설치하고 관등을 정비하였다.
④ 인안(仁安)이라는 독자적인 연호를 사용하였다.
⑤ 고구려 유민을 이끌고 지린성 동모산에서 건국하였다.

07 다음 삼국시대 대외 항쟁 사건들 중 전쟁의 주체로 옳은 것을 〈보기〉에서 모두 고르면?

> **보기**
>
> ㄱ. 살수대첩 – 고구려와 당   ㄴ. 황산벌 전투 – 백제와 신라
>
> ㄷ. 안시성 전투 – 고구려와 수   ㄹ. 매소성·기벌포 전투 – 신라와 당

① ㄱ, ㄴ   ② ㄱ, ㄷ

③ ㄴ, ㄷ   ④ ㄴ, ㄹ

⑤ ㄷ, ㄹ

08 다음 사료의 국가에 대한 설명으로 옳은 것은?

> 제가들은 별도로 사출도를 주관하였다. …… 옛 풍속에 가뭄이나 장마가 계속되어 곡식이 영글지 않으면 그 허물 을 왕에게 돌려 '왕을 마땅히 바꾸어야 한다.'고 하거나 '죽여야 한다.'고 하였다. …… 전쟁을 하게 되면 하늘에 제사를 지내고, 소를 잡아 발굽을 보고 길흉을 점쳤다.

① 무천이라는 제천 행사를 거행했다.

② 12월에는 영고라는 제천 행사를 지냈다.

③ 빈민을 구제하기 위하여 진대법을 시행하였다.

④ 소도라 불리는 신성한 지역이 있었다.

⑤ 가족 공동무덤인 큰 목곽에 뼈를 추려 안치하였다.

09 다음 중 신라시대 중앙정부가 지방 세력을 견제하기 위해 지방의 향리 또는 지방 향리의 자제를 일정기간 중앙에 와서 거주하도록 한 제도는?

① 사심관제도   ② 기인제도

③ 상피제도   ④ 상수리제도

⑤ 외사정제도

10 다음 중 근초고왕이 주도한 백제 전성기부터 기벌포 전투가 벌어지기까지 그 사이에 일어난 사건들만 골라 순서대로 나열한 것은?

> ㄱ. 장수왕의 평양 천도   ㄴ. 황산벌 전투
> ㄷ. 진흥왕의 대가야 정복   ㄹ. 신문왕의 국학 설립

① ㄱ - ㄴ - ㄷ

② ㄱ - ㄷ - ㄴ

③ ㄴ - ㄱ - ㄷ

④ ㄱ - ㄴ - ㄷ - ㄹ

⑤ ㄱ - ㄷ - ㄴ - ㄹ

11 다음 중 백제와 관련된 문화유적은?

①

②

③

④

⑤

12 다음 중 고대 삼국시대에 세워진 비석이 아닌 것은?

① 북관대첩비   ② 충주 고구려비

③ 진흥왕순수비   ④ 사택지적비

⑤ 단양 적성비

13 다음 밑줄 친 '그 땅'에 있었던 나라에 대한 〈보기〉의 설명 중 옳은 것을 모두 고르면?

> 제 10대 구해왕(仇亥王)에 이르러 신라에 항복했으므로 <u>그 땅</u>을 금관군으로 삼았다.
>
> — 『삼국사기』

보기
ㄱ. 합천・거창・함양・산청 등을 포괄하는 후기 가야연맹의 맹주로서 등장하였다.
ㄴ. 이 나라의 왕족 출신이었던 김무력(金武力)은 관산성 전투에서 큰 공을 세웠다.
ㄷ. 낙동강 하류에 위치하였고, 바다가 인접하여 수운의 편리함을 이용해 경제적・문화적 발전에 유리하였다.

① ㄱ   ② ㄴ

③ ㄱ, ㄷ   ④ ㄴ, ㄷ

⑤ ㄱ, ㄴ, ㄷ

14 다음 밑줄 친 '이들'의 세력은?

> 신라 말기 <u>이들</u>은 권력 투쟁에서 밀려나 지방에서 세력을 키운 몰락한 중앙 귀족, 무역에 종사하면서 재력과 무력을 축적한 세력, 군진 세력, 지방의 토착 세력인 촌주 출신 등 새로운 세력으로 성장하였다.

① 호족   ② 중인

③ 양반   ④ 사대부

⑤ 권문세족

15 다음 중 역대 신라왕들의 업적으로 바르게 연결되지 않은 것은?

① 지증왕 – 왕호 변경
② 법흥왕 – 율령 반포
③ 진흥왕 – 고구려와 동맹
④ 문무왕 – 삼국 통일
⑤ 신문왕 – 녹읍 폐지

16 다음 신라 왕호의 변천 순서에서 중국식 정치제도를 받아들인 시기에 사용한 왕호로 옳은 것은?

거서간 → 차차웅 → 이사금 → 마립간 → 왕

① 거서간
② 차차웅
③ 이사금
④ 마립간
⑤ 왕

17 다음 연표에 활동했던 백제의 왕을 소재로 영화를 제작하려고 할 때, 등장할 수 있는 장면으로 옳은 것은?

346년 – 백제 제13대 왕위 등극 369년 – 왜왕에게 칠지도 하사, 황해도 치양성 전투에서 태자 근구수의 활약으로 고구려군을 상대하여 승리함 371년 – 평양성 전투에서 고구려 고국원왕을 전사시킴

① 중앙집권을 위해 율령을 반포하는 장면
② 동맹국인 신라의 왕에게 배신당하여 고민하고 있는 장면
③ 사상의 통합을 위해 불교를 공인하는 장면
④ 고흥이 역사책 『서기』를 편찬하는 장면
⑤ 신라 소지왕과 결혼동맹을 추진하는 장면

18 다음 〈보기〉의 역사적 사건을 시간 순서대로 나열한 것은?

ㄱ. 지배층의 내분으로 혼란에 빠져 있던 고구려는 나·당 연합군의 공격으로 멸망하였다.
ㄴ. 당 함대가 신라의 측면인 기벌포로 침입하였으나, 신라 해군은 이에 맞서 싸워 승리하였다.
ㄷ. 고구려의 남쪽 진출을 막기 위해 신라와 백제가 우호동맹을 맺었다.
ㄹ. 나·당 연합군의 공격으로 사비성이 함락되고 의자왕이 항복하면서 백제가 멸망하였다.
ㅁ. 신라군이 매소성 전투에서 당나라군을 상대로 승리를 이끌어냈다.
ㅂ. 진흥왕은 한강 하류지역을 차지하고 신라의 전성기를 열었다.

① ㄷ - ㄹ - ㅂ - ㄱ - ㄴ - ㅁ
② ㄷ - ㄹ - ㅂ - ㅁ - ㄱ - ㄴ
③ ㄷ - ㅂ - ㄹ - ㄱ - ㅁ - ㄴ
④ ㅂ - ㄷ - ㄹ - ㄱ - ㄴ - ㅁ
⑤ ㅂ - ㄷ - ㄹ - ㅁ - ㄱ - ㄴ

19 다음 중 통일신라시대에 대한 설명으로 옳지 않은 것은?

① 교종이 쇠퇴하고 선종이 유행하였다.
② 승려 혜초가 고대 인도의 5천축국을 답사한 뒤 책을 썼다.
③ 신문왕이 왕권 강화를 위해 노력했다.
④ 울산항을 통해서 아라비아 상인들과 교역했다.
⑤ 경덕왕이 아버지인 성덕왕의 공덕을 널리 알리기 위해 종을 만들었다.

20 다음 중 발해에 대한 설명으로 옳지 않은 것은?

① 당과의 무역을 통해 담비 가죽, 인삼, 자기 등을 주로 수입하였고, 비단과 책 등을 수출하였다.
② 문왕 이후 신라와의 관계를 회복하면서 교통도인 신라도를 통한 무역 활동을 하였다.
③ 선왕 때 영토를 확장하여 지방을 5경 15부 62주로 정비하였다.
④ 무왕과 문왕은 독자적인 연호를 사용하였다.
⑤ 발해는 스스로 고구려를 계승한 국가라고 천명하였다.

21 다음 중 고려를 건국한 태조 왕건의 왕권 강화 정책에 대한 설명으로 옳은 것은?

① 지방의 토착 세력들과 혼인 관계를 맺고, 사성(賜姓) 제도를 통해 왕(王)씨 성을 하사함으로써 왕실과 유사 가족 관계를 맺는 것으로 정치적 안정을 노렸다.

② 격렬한 붕당의 갈등을 탕평책으로 진화시키고 공론을 장악하여 왕권 강화를 도모했다.

③ 비판 세력을 견제하기 위해 경연과 집현전을 폐지하고 조직 개편을 통해 왕권 강화에 힘썼다.

④ 의정부를 설치하여 6조 중심의 정치 체제를 운영하였다.

⑤ 노비안검법과 과거 제도를 실시함으로써 지방 호족의 권력을 약화시키고 왕권을 강화하고자 했다.

22 다음 중 고려시대 신분제도에 대한 설명으로 옳지 않은 것은?

① 공노비가 아닌 사노비에는 화척, 재인 등이 있다.

② 백정은 양민으로 농사 등을 주업으로 삼았다.

③ 향·소·부곡의 사람들은 양민이나 차별대우를 받았다.

④ 문벌귀족은 음서, 공음전 등의 특권이 있었다.

⑤ 권문세족은 원과의 관계를 통해 지위를 누렸다.

23 다음 중 고려시대의 사회 모습으로 옳은 것은?

① 법률은 중국의 당률을 참작하였고, 관습법은 거의 사라졌다.

② 가부장적 사회로 일부다처제가 일반적이었다.

③ 특수집단인 향·소·부곡은 양인에 비해 세금이 적은 등의 혜택을 받았다.

④ 향도는 매향활동을 하는 신앙 조직에서 농민 공동체 조직으로 변화하였다.

⑤ 자급자족 및 물물교환의 일반화로 화폐를 제조하지 않았다.

24 다음 중 고려시대 상공업에 대한 〈보기〉의 설명 중 옳은 것을 모두 고르면?

> **보기**
>
> ㄱ. 국내 상업의 발달로 외국과의 무역을 통해 예성항과 같은 무역항이 번성하였다.
> ㄴ. 상업은 지방을 중심으로 발달하였다.
> ㄷ. 사원에서 베, 모시 등의 제품을 생산하였다.
> ㄹ. 도시 상업에서는 행상의 활동이 두드러졌다.

① ㄱ, ㄴ   ② ㄱ, ㄷ
③ ㄴ, ㄷ   ④ ㄴ, ㄹ
⑤ ㄷ, ㄹ

25 다음에서 설명하는 세력으로 옳은 것은?

> 원나라에서 들여온 성리학을 공부하고, 주로 과거를 통해 관직에 진출하였다. 이들은 대부분 하급 관리나 향리 집안 출신으로 부유하지는 않았지만, 가난하지도 않았다. 또한 불교에 대해 비판적인 편이었으며 고려 말에 성장하여 개혁정치를 주도하였다.

① 신진사대부   ② 권문세족
③ 문벌귀족   ④ 호족
⑤ 6두품

26 다음 중 금속활자로 인쇄된 책으로 세계에서 가장 오래된 것은?

① 『동국후생신록』   ② 『직지심체요절』
③ 『팔만대장경』   ④ 『무구정광대다라니경』
⑤ 『용재총화』

27 다음 고려시대 광종이 실시한 정책으로 옳은 것을 〈보기〉에서 모두 고르면?

> **보기**
>
> ㄱ. 과거제 시행 　　　　　　　　ㄴ. 노비안검법 실시
> ㄷ. 교정도감 설치 　　　　　　　ㄹ. 문신월과법 시행
> ㅁ. 백관의 공복 제정

① ㄱ, ㄴ, ㅁ 　　　　　　　　　② ㄱ, ㄷ, ㄹ
③ ㄱ, ㄹ, ㅁ 　　　　　　　　　④ ㄴ, ㄷ, ㅁ
⑤ ㄷ, ㄹ, ㅁ

28 다음 중 고려시대에 '정혜쌍수(定慧雙修)', '돈오점수(頓悟漸修)'를 주장하고, 수선사 결사 운동을 주도한 승려는?

① 지눌 　　　　　　　　　　　② 원효
③ 의천 　　　　　　　　　　　④ 도선
⑤ 일연

29 다음은 어느 학생의 서브 노트 일부이다. 밑줄 친 빈칸에 들어갈 설명으로 옳은 것은?

> 〈고려의 토지제도〉
>
> Ⅰ. 역분전 – 태조 때 공신에게 지급한 토지
> Ⅱ. 전시과
> 　　1. 원칙 – 전지와 시지 지급, 수조권만 지급
> 　　2. 종류 – 한인전, 구분전, 군인전, 공음전, …
> Ⅲ. 민전 – _____

① 일반 백성은 소유할 수 없었다.
② 신진사대부의 경제적 기반을 마련하기 위해 시행한 토지이다.
③ 개인과의 매매는 법으로 금지되어 있었다.
④ 자녀들에게 골고루 상속할 수 있는 재산이었다.
⑤ 당시에는 남녀차별이 존재하였으므로, 남성만 소유할 수 있었다.

30 다음 글이 작성된 시기의 사회 모습으로 옳은 것은?

> 제주 만호 임숙(林淑)이 몹시 탐욕스러워 우리 백성들은 그 고통을 견딜 수가 없었습니다. 죄를 지어 정동행성에 갇혀 있던 그를 제주로 복귀시키다니 도대체 우리가 무슨 죄가 있습니까? 이는 정동행성의 관리들이 임숙으로부터 뇌물을 받고 풀어주었기 때문입니다. 그를 심문하여 처벌하지 않는다면 원의 조정에 고소할 것입니다.

① 만적이 개경에서 반란을 모의하였다.
② 독서삼품과를 실시하여 인재를 등용하였다.
③ 대각국사 의천이 해동 천태종을 개창하였다.
④ 지배층을 중심으로 변발과 호복이 유행하였다.
⑤ 최충이 9재 학당을 설립하여 유학 교육을 실시하였다.

31 다음 중 밑줄 친 '이 왕'이 재위한 시대에 대한 내용으로 옳은 것은?

> <u>이 왕</u>은/는 붕당을 만드는 자는 영원히 정치에 참여시키지 않겠다는 강한 의지를 밝히고, 노론의 강경파를 몰아내고 소론과 남인의 온건파를 고루 등용했다. 강화된 왕권을 바탕으로 민생 안정과 산업 진흥을 위해 백성들의 군포 부담을 줄이는 균역법 등 여러 개혁을 단행했다. 또한 『경국대전』 이후 변화된 법제 관계를 반영해 『속대전』을 편찬하기도 하였다.

① 나선 정벌을 떠났다.
② 서얼이 규장각 검서관으로 등용되었다.
③ 홍경래의 난이 일어났다.
④ 성균관에 탕평비가 건립되었다.
⑤ 장용영이 설치되었다.

32 다음은 조선시대의 토지 제도에 대한 설명이다. 제도가 실시된 시기 순서대로 나열한 것은?

> ㄱ. 풍흉에 관계없이 토지의 비옥도에 따라 9등급으로 구분하여 일정하게 세액을 결정한 제도
> ㄴ. 균역법 실시 이후 세입 감소를 메우기 위해 역의 일부를 전세(田稅)화 하여 시행한 제도
> ㄷ. 토지의 질에 따라 6등급으로 구분하여 수세의 단위로 편성한 제도
> ㄹ. 현직 관료들에게만 토지 수조권을 지급하는 제도

① ㄱ - ㄴ - ㄷ - ㄹ   ② ㄴ - ㄱ - ㄷ - ㄹ
③ ㄷ - ㄱ - ㄴ - ㄹ   ④ ㄷ - ㄹ - ㄱ - ㄴ
⑤ ㄹ - ㄴ - ㄱ - ㄷ

33 다음 중 조선 초기 일본과의 관계에서 세종이 회유책으로 쓴 정책은?

① 3포 개항   ② 4군 6진 개척
③ 사민 정책   ④ 토관 제도
⑤ 쓰시마 토벌

34 다음 지도에 표시된 지역에 대한 설명으로 옳은 것은?

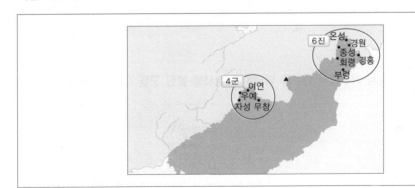

① 삼별초 항쟁이 이루어졌다.   ② 웅진도독부가 설치되었다.
③ 명량대첩에서 대승을 거두었다.   ④ 사민 정책이 시행되었다.
⑤ 위화도 회군이 감행되었다.

35 다음 퀴즈에서 설명하고 있는 인물은?

〈역사인물 다섯 고개〉

첫 번째 : 『성학집요』를 집필하였다.

두 번째 : 십만 양병설, 수미법을 주장하였다.

…(중략)…

다섯 번째 : 주기론을 강조하였다.

① 정약용 ② 이언적

③ 서경덕 ④ 이이

⑤ 이황

36 다음 중 조선시대에 일어난 난으로 옳지 않은 것은?

① 이괄의 난 ② 홍경래의 난

③ 정중부의 난 ④ 이몽학의 난

⑤ 임꺽정의 난

37 다음 중 조선의 왕과 그 업적의 연결로 옳지 않은 것은?

① 태조 – 한양 천도 ② 태종 – 호패법 시행

③ 세종 – 6조 직계제 시행 ④ 세조 – 직전법 시행

⑤ 성종 – 경국대전 반포

38 다음 조선의 정치 기구에서 언론을 담당하며 삼사로 불린 곳을 〈보기〉에서 모두 고르면?

보기

ㄱ. 사헌부 ㄴ. 의금부

ㄷ. 홍문관 ㄹ. 승정원

ㅁ. 한성부 ㅂ. 사간원

① ㄱ, ㄴ, ㄷ ② ㄱ, ㄷ, ㅁ

③ ㄱ, ㄷ, ㅂ ④ ㄴ, ㄹ, ㅁ

⑤ ㄷ, ㄹ, ㅂ

39 다음 중 임진왜란과 정유재란의 영향으로 볼 수 없는 것은?

① 훈련도감 설치   ② 속오법 실시

③ 신분제 동요   ④ 군신 관계

⑤ 비변사 권한의 강화

40 다음 중 조선의 신분 제도에 대한 설명으로 옳지 않은 것은?

① 이분법적인 양천 제도를 따랐다.

② 서얼은 관직 진출에 제한이 있어 무반직에 등용되지 않았다.

③ 신량역천은 신분은 양인이나 천역을 담당하였다.

④ 조선 후기의 양반은 문·무반의 관료와 가족을 의미한다.

⑤ 노비는 재산으로 취급되어 매매·상속의 대상이 되었다.

41 다음 폐단을 해결하기 위해 영조가 시행한 정책은?

> 50만 호가 져야 할 양역을 10여만 호가 감당해야 하니 한 집안에 남자가 4, 5명이 있어도 모두 군역에서 벗어나지 못합니다. 그리고 한 사람의 신포(身布) 값이 4, 5냥이니 한 집안의 4, 5명에 모두 소용되는 비용은 20여 냥이나 됩니다. …… 비록 날마다 매질을 하여도 그것을 마련할 수 없어 마침내는 죽지 않으면 도망을 가게 됩니다.
>
> – 『영조실록』

① 신해통공   ② 과전법

③ 호포법   ④ 공법

⑤ 균역법

42 다음 중 조선 후기의 상인과 그 특징이 바르게 연결되지 않은 것은?

① 보부상 – 상품을 위탁 매매하는 중간 상인

② 경강상인(선상) – 한강을 중심으로 정부가 거둔 세금을 수송하는 일에 종사한 상인

③ 송상 – 청·일본 간 중계무역 및 전국적 유통망 조직인 송방을 설치하여 활동한 개성상인

④ 만상 – 공무역과 사무역으로 대청무역을 담당하는 의주상인

⑤ 공인 – 대동법 시행 이후 등장하여 국가 수요품 조달을 담당한 상인

43 다음 밑줄 친 빈칸에 들어갈 조선의 경제 정책은?

> 과전법을 시행한 후 나타난 문제점은 전·현직을 막론하고 과전을 지급하였기에 지급할 토지의 부족이다. 관료가 되어도 과전을 지급받지 못하는 관원이 증가하자 1466년 세조는 과전법을 혁파하고 현직 관료들에게만 토지 수조권을 지급하는 _____을/를 도입하였다.

① 대동법   ② 녹봉
③ 관수관급제   ④ 직전법
⑤ 영정법

44 다음 설명에 해당하는 인물은?

> • 1419년 대마도 정벌
> • 『고려사(高麗史)』 편찬
> • 『효행록(孝行錄)』과 「삼강행실도(三綱行實圖)」 편찬을 통한 풍속 권려
> • 1443년 우리의 고유문자이며 표음문자인 한글 창제
> • 1446년 『훈민정음』 반포

① 태조   ② 성종
③ 세조   ④ 세종
⑤ 영조

45 다음 밑줄 친 '이것'이 처음으로 투입된 해전은?

> 신이 일찍이 왜적들의 침입이 있을 것을 염려하여 별도로 이것을 만들었는데, 앞에는 용머리를 붙여 그 입으로 대포를 쏘게 하고, 등에는 쇠못을 꽂았으며 안에서는 능히 밖을 내다볼 수 있어도 밖에서는 안을 들여다볼 수 없게 하여 비록 적선 수백 척 속에라도 쉽게 돌입하여 포를 쏘게 되어 있으므로 이번 출전 때에 돌격장이 이것을 타고 나왔습니다.
>
> – 「당포파왜병장(唐浦破倭兵狀)」

① 옥포해전   ② 명량해전
③ 한산도해전   ④ 노량해전
⑤ 사천해전

46 다음에서 설명하는 조선시대의 발명품은?

이것은 파수호 4개와 수수호 2개, 12개의 살대, 동력 전달 장치 및 자동 시보 장치로 되어 있다. 시각을 알리는 장치는 자동으로 움직이는 인형들로 이루어져 있다. 인형들은 각각 한 시씩 12시를 맡은 것이다. 이것은 공학적으로 부력에 의해 얻은 힘으로써 1차적으로 시보용 시간 신호를 발생시키고, 그것으로 기계적인 2차 구동 신호를 발생시켜, 12시계(시간)와 밤 시계(시간)의 시보 장치를 동작하게 하는 자동 시계 장치였다.

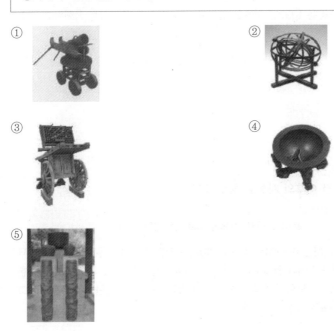

① ② ③ ④ ⑤

47 다음은 어떤 조약의 일부 내용이다. 이 조약이 체결된 원인이 된 사건은?

제3관 조선국이 지불한 5만 원은 해를 당한 일본 관원의 유족 및 부상자에게 지급하여 특별히 돌보아 준다.
제5관 일본 공사관에 일본군 약간명을 두어 경비를 서게 한다.
제6관 조선국은 대관을 특별히 파견하고 국서를 지어 일본국에 사과한다.

① 동학농민운동　　　　　　　② 갑신정변
③ 임오군란　　　　　　　　　④ 병인양요
⑤ 청일전쟁

48 다음 중 대한제국에 대한 설명으로 옳지 않은 것은?

① 아관파천 이후 정부는 일본의 강요로 급진적으로 추진되었던 갑오개혁의 제도 개혁을 재조정하는 작업에 착수하였다.

② 1899년 제정된 대한국 국제는 대한제국이 만세불변의 민주주의 국가임을 천명하였다.

③ 광무개혁은 '옛것을 근본으로 하고 새로운 것을 참작한다'는 구본신참을 원칙으로 황제의 주도 하에 진행되었다.

④ 경운궁으로 환궁한 고종은 1897년 연호를 광무로 정하고 황제 즉위식을 거행하고 국호를 대한제 국이라 선포하였다.

⑤ 양지아문을 설치하여 일부 지역에서 양전 사업을 실시하였다.

49 다음 기사에 보도된 사건 이후의 사실로 옳은 것은?

> **헤이그 국제 회의에 우뚝 선 대한 청년**
>
> 헤이그에서 온 전보에 의하면 이위종은 국제 회의에서 기자들이 모인 가운데 을사늑약이 무효인 이유를 프랑스어로 3시간 동안이나 연설하였다고 한다. 이위종은 진정한 애국지사이며 출중한 인물이다. 오늘날 한국에 이러한 청년들이 수백 수천이 있어 각각 어깨 위에 대한 강토를 걸머지고 있으면 한국이 장차 국권을 회복할 것을 믿어 의심치 않는다.

① 고종이 국외 중립을 선언하였다.

② 김옥균 등 개화 세력이 정변을 일으켰다.

③ 군국기무처를 중심으로 개혁이 추진되었다.

④ 보안회가 일제의 황무지 개간권 요구를 철회시켰다.

⑤ 13도 창의군이 결성되어 서울 진공 작전을 전개하였다.

50 다음 중 흥선대원군에 대한 설명으로 옳지 않은 것은?

① 비변사를 사실상 폐지하고 의정부와 삼군부의 기능을 부활시켰다.

② 『대전회통』, 『육전조례』 등 새로운 법전을 편찬하였다.

③ 양반들의 근거지인 향교를 47개 4소만 남기고 철폐하였다.

④ 임진왜란 때 불타버린 경복궁을 중건하였다.

⑤ 상민들만 내던 군포를 양반에게도 징수하는 호포제를 실시하였다.

51 다음 사료에 해당하는 당시의 사회상에 대한 설명으로 옳은 것은?

> 제1조 국가총동원이란 전시에 국방목적을 달성하기 위해 국가의 전력을 가장 유효하게 발휘하도록 인적 및 물적 자원을 운용하는 것을 말한다.
> 제4조 정부는 전시에 국가총동원상 필요할 때는 칙령이 정하는 바에 따라 제국신민을 징용하여 총동원 업무에 종사하게 할 수 있다. 단 병역법의 적용을 방해하지 않는다.

① 태형이 이루어졌다.
② 헌병들이 경찰을 하였다.
③ 조선 총독부의 허가가 있어야 회사를 설립할 수 있었다.
④ 수많은 조선인들이 강제 징용되었다.
⑤ 치안유지법으로 인해 사회운동단체를 조직하기 어려웠다.

52 다음 빈칸에 들어갈 단체는?

> 안중근의 사촌동생 안명근이 황해도 일원에서 독립자금을 모금하다가 적발되자 이를 빌미로 일제는 항일 기독교세력과 _____을/를 탄압하기 위해 데라우치 총독 암살 미수 사건으로 날조하여 민족지도자 122명을 기소하고 105명이 유죄를 받았다.

① 보안회   ② 헌정 연구회
③ 대한 자강회   ④ 대한 협회
⑤ 신민회

53 다음 중 1882년 6월 9일 군인들의 군료분쟁에서 발단하여 고종 친정 이후 실각한 흥선대원군의 재집권 계기가 된 정변은?

① 갑신정변   ② 갑오개혁
③ 임오군란   ④ 동학운동
⑤ 을미의병

54 다음 1910년대 일제의 식민 정책으로 옳은 것을 〈보기〉에서 모두 고르면?

> **보기**
>
> ㄱ. 헌병 경찰제도   ㄴ. 신문지법 제정
> ㄷ. 토지조사 사업   ㄹ. 회사령 제정
> ㅁ. 산미 증식 계획   ㅂ. 일본 상품 관세 폐지

① ㄱ, ㄴ, ㄷ, ㄹ   ② ㄱ, ㄴ, ㄷ, ㅂ
③ ㄱ, ㄹ, ㅁ, ㅂ   ④ ㄴ, ㄷ, ㄹ, ㅁ
⑤ ㄴ, ㄷ, ㅁ, ㅂ

55 다음 중 대한민국 임시정부의 주석인 김구를 책임자로 하는 위원회를 구성하여 1940년 9월 17일 창설한 독립단체는?

① 한국광복군   ② 한인애국단
③ 대한독립군   ④ 고려혁명단
⑤ 대한광복군정부

56 다음 중 미·영·소 3개국이 5년간의 신탁 통치안을 결의한 회의는?

① 카이로 회담   ② 얄타 회담
③ 모스크바 3상 회의   ④ 포츠담 선언
⑤ 대서양 헌장

57 다음 내용과 관련 있는 인물은?

> • 1880년대 초부터 정부의 개화 정책을 뒷받침
> • 박영효 등과 일본의 메이지 유신을 모방하여 개혁 추진
> • 1884년 친청 정책에 반대하고 갑신정변을 주도

① 유관순   ② 김옥균
③ 김원봉   ④ 신채호
⑤ 윤봉길

58 다음 중 (ㄱ), (ㄴ)에 들어갈 사건이 바르게 연결되지 않은 것은?

> 강화도 조약 – (ㄱ) – 3·1 운동 – (ㄴ) – 광복

	(ㄱ)	(ㄴ)
①	제너럴 셔먼호 사건	청산리 대첩
②	대한매일신보 발간	한국광복군 창설
③	수신사 파견	국채보상운동
④	광무개혁	물산장려운동
⑤	가쓰라 – 태프트 밀약	대한민국 임시정부 수립

59 다음은 19세기에 있었던 사건들이다. 이 사건들을 순서대로 나열한 것은?

> ㄱ. 강화도 조약   ㄴ. 병인박해
> ㄷ. 운요호 사건   ㄹ. 병인양요
> ㅁ. 오페르트 도굴 미수 사건

① ㄴ - ㄹ - ㅁ - ㄱ - ㄷ   ② ㄴ - ㄹ - ㅁ - ㄷ - ㄱ
③ ㄴ - ㅁ - ㄹ - ㄷ - ㄱ   ④ ㄹ - ㄴ - ㄱ - ㅁ - ㄷ
⑤ ㄹ - ㄴ - ㅁ - ㄷ - ㄱ

60 다음 중 홍범도가 이끈 독립군이 일본군을 상대로 승리를 거둔 전투는?

① 봉오동 전투   ② 온성 전투

③ 쌍성보 전투   ④ 청산리 전투

⑤ 우금치 전투

61 다음 중 우리나라 최초의 순 한글 신문은?

① 「제국신문」   ② 「만세보」

③ 「한성일보」   ④ 「독립신문」

⑤ 「해조신문」

62 다음 중 밑줄 친 빈칸에 해당하는 단체로 옳은 것은?

> 안창호 선생은 1908년에 평양에 대성 학교를 세우고 1913년 _____을/를 결성하였다. 1919년 대한민국 임시 정부 내무 총장 겸 국무총리 대리 등을 역임하면서 독립을 위해 힘썼고, 1932년 일본 경찰에 체포되어 옥고를 치르다 병을 얻어 1938년에 순국하였다.

① 의열단   ② 대한 광복회

③ 신민회   ④ 한인 애국단

⑤ 흥사단

63 다음 중 1919년에 수립된 대한민국 임시정부에 대한 설명으로 옳지 않은 것은?

① 삼권 분립에 기초한 민주공화정체였다.

② 초대 대통령은 이승만, 국무총리는 김구였다.

③ 본국과의 연락을 위해 연통제를 실시했다.

④ 사료편찬부에서 박은식의 『한국독립운동지혈사』를 간행하였다.

⑤ 기관지로 「독립신문」을 발행하였다.

64 다음 중 1929년 일어난 광주 학생 항일운동을 지원했던 항일단체는?

① 의열단   ② 한인애국단
③ 신민회   ④ 신간회
⑤ 북로군정서

65 다음에서 설명하고 있는 전쟁이 발발한 시점은?

> 북위 38도선 전역에 걸쳐 북한군이 불법 남침함으로써 일어난 전쟁으로, 한반도 전역에서 1953년
> 7월 27일까지 벌어진 민족내부의 전쟁이자 국제전이다.

① 1949년   ② 1950년
③ 1951년   ④ 1952년
⑤ 1953년

66 다음은 같은 해에 벌어졌던 역사적 사건들이다. 이러한 사건들로 인해 나타난 사실로 옳은 것은?

> • 박종철 사건   • 4 · 13 호헌 조치
> • 6 · 10 국민 대회 개최   • 민주헌법쟁취 국민운동본부 결성

① 국가보위비상대책위원회가 구성되었다.
② 5년 단임의 대통령 직선제 개헌이 이루어졌다.
③ 전국에 계엄령을 선포하고, 모든 정치활동을 정지시켰다.
④ 대통령의 중임 제한을 없애고 간선제를 골자로 하는 헌법을 제정하였다.
⑤ 발췌 개헌안을 무력으로 통과시켰다.

67 다음 역사적 사건을 시대 순으로 바르게 나열한 것은?

> ㄱ. 부마항쟁   ㄴ. 5 · 18 민주화 운동
> ㄷ. 4 · 19 혁명   ㄹ. 6월 민주 항쟁

① ㄱ - ㄷ - ㄴ - ㄹ   ② ㄱ - ㄷ - ㄹ - ㄴ
③ ㄷ - ㄱ - ㄴ - ㄹ   ④ ㄷ - ㄱ - ㄹ - ㄴ
⑤ ㄹ - ㄷ - ㄱ - ㄴ

68 다음 선언문을 발표한 남북정상회담으로 옳은 것은?

> 1. 남과 북은 남북 관계의 전면적이며 획기적인 개선과 발전을 이룩함으로써 끊어진 민족의 혈맥을 잇고 공동 번영과 자주 통일의 미래를 앞당겨 나갈 것이다.
> 2. 남과 북은 한반도에서 첨예한 군사적 긴장상태를 완화하고 전쟁 위험을 실질적으로 해소하기 위하여 공동으로 노력해 나갈 것이다.
> 3. 남과 북은 한반도의 항구적이며 공고한 평화체제 구축을 위하여 적극 협력해 나갈 것이다.

① 7 · 4 남북 공동 성명　　　　② 6 · 15 남북 공동 선언
③ 10 · 4 남북 공동 선언　　　　④ 판문점 선언
⑤ 9월 평양 공동 선언

69 다음 중 (가)에 들어갈 내용으로 옳은 것은?

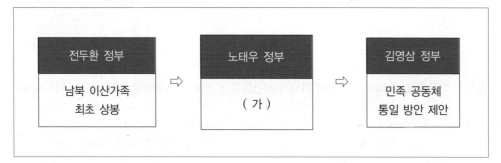

① 남북 조절 위원회 구성
② 경의선 복구 사업 시작
③ 남북 기본 합의서 채택
④ 7 · 4 남북 공동 성명 발표
⑤ 남북 정상 회담 최초 개최

70 다음 역사적 사건들을 과거부터 바르게 나열한 것은?

> ㄱ. 국가인권위원회 발족　　　　ㄴ. 제1차 연평해전
> ㄷ. 한 · 일 월드컵 공동 개최　　　　ㄹ. 서울 G20 정상회의 개최

① ㄱ - ㄴ - ㄷ - ㄹ　　　　② ㄴ - ㄱ - ㄷ - ㄹ
③ ㄴ - ㄷ - ㄱ - ㄹ　　　　④ ㄷ - ㄴ - ㄱ - ㄹ
⑤ ㄷ - ㄴ - ㄹ - ㄱ

PART

5

인성검사

PART 5   인성검사

개인이 업무를 수행하면서 성과물을 능률적으로 만들기 위해서는 개인의 능력과 경험 그리고 회사의 교육 및 훈련 등이 필요하지만, 개인의 성격이나 성향 역시 중요하다. 여러 직무분석 연구에서 나온 결과들에 따르면, 직무에서의 성공과 관련된 특성들 중 최고 70% 이상이 능력보다는 성격과 관련이 있다고 한다. 그래서 최근 기업들은 인성검사의 비중을 높이고 있는 추세이다.

현재 기업들은 인성검사를 KIRBS(한국행동과학연구소)나 SHR(에스에이치알) 등의 전문기관에 의뢰해서 시행하고 있다. 전문기관에 따라서 인성검사 방법에 차이가 있고, 보안을 위해서 인성검사를 의뢰한 기업을 공개하지 않을 수 있기 때문에 특정 기업의 인성검사를 정확하게 판단할 수 없지만, 지원자들이 후기에 올린 문제를 통해 유형을 예상할 수 있다.

01   인성검사 수검요령

인성검사에서 가장 중요한 것은 솔직한 답변이다. 지금까지 경험을 통해서 축적되어 온 생각과 행동을 허구 없이 솔직하게 기재하는 것이다. 예를 들어, "나는 타인의 물건을 훔치고 싶은 충동을 느껴본 적이 있다."라는 질문에 지원자는 많은 생각을 하게 된다. 유년기에 또는 성인이 되어서도 타인의 물건을 훔치는 일을 한 적이 없더라도, 훔치고 싶은 마음의 충동은 누구나 조금이라도 느껴 보았을 것이다. 그런데 이 질문에 고민을 하는 지원자는 "예"라고 답하면 검사결과에 자신이 사회적으로 문제가 있는 사람으로 나오지 않을까 하는 생각에 "아니오"라는 답을 기재하게 된다. 이런 솔직하지 않은 답은 답안의 신뢰와 타당성 척도에 좋지 않은 점수를 주게 된다.

일관성 있는 답 역시 중요하다. 인성검사의 수많은 문항 중에는 비슷한 내용의 질문이 여러 개 숨어 있는 경우가 많다. 이러한 질문들은 지원자의 솔직한 답변과 심리적인 상태를 알아보기 위한 것이다. 가령 "나는 유년시절 타인의 물건을 훔친 적이 있다."라는 질문에 "예"라고 답했는데, "나는 유년시절 타인의 물건을 훔쳐보고 싶은 충동을 느껴본 적이 있다."라는 질문에는 "아니오"라고 답을 기재한다면 어떻겠는가. 일관성 없이 '대충 기재하자.'라는 식의 무성의한 답안이 되거나, 정신적으로 문제가 있는 사람으로 보일 수 있다.

02 인성검사 시 유의사항

(1) 충분한 휴식으로 불안을 없애고 정서적인 안정을 취한다. 심신이 안정되어야 자신의 마음을 표현할 수 있다.

(2) 생각나는 대로 솔직하게 응답한다. 자신을 너무 과대포장하지도, 너무 비하시키지도 마라. 답변을 꾸며서 하면 앞뒤가 맞지 않게끔 구성돼 있어 불리한 평가를 받게 되므로 솔직하게 답하도록 한다.

(3) 검사문항에 대해 지나치게 생각해서는 안 된다. 지나치게 몰두하면 엉뚱한 답변이 나올 수 있으므로 불필요한 생각은 삼간다.

(4) 검사시간에 너무 신경 쓸 필요는 없다. 인성검사는 시간제한이 없는 경우가 많으며 시간제한이 있다 해도 충분한 시간이다.

(5) 인성검사는 대개 문항수가 많기에 자칫 건너뛰는 경우가 있는데, 가능한 한 모든 문항에 답해야 한다. 응답하지 않은 문항이 많을 경우 평가자가 정확한 평가를 내리지 못해 불리한 평가를 내릴 수 있기 때문이다.

※ 인성검사는 정답이 따로 없는 유형의 검사이므로 결과지를 제공하지 않습니다.

유형 1

※ 다음 질문내용을 읽고 "예", "아니요"에 ○표 하시오. [1~30]

번호	질문	응답	
1	장래의 일을 생각하면 불안해질 때가 있다.	예	아니요
2	소외감을 느낄 때가 있다.	예	아니요
3	훌쩍 여행을 떠나고 싶을 때가 자주 있다.	예	아니요
4	복잡한 문제가 생기면 뒤로 미루는 편이다.	예	아니요
5	자신의 권리를 주장하는 편이다.	예	아니요
6	나는 낙천가라고 생각한다.	예	아니요
7	싸움을 한 적이 없다.	예	아니요
8	병은 없는지 걱정할 때가 있다.	예	아니요
9	다른 사람의 충고를 기분 좋게 듣는 편이다.	예	아니요
10	다른 사람에게 의존할 때가 많다.	예	아니요
11	타인에게 간섭받는 것은 싫다.	예	아니요
12	자의식 과잉이라는 생각이 들 때가 있다.	예	아니요
13	수다 떠는 것을 좋아한다.	예	아니요
14	잘못된 일을 한 적이 한 번도 없다.	예	아니요
15	신경이 예민한 편이라고 생각한다.	예	아니요
16	쉽게 침울해진다.	예	아니요
17	쉽게 싫증낸다.	예	아니요
18	옆에 사람이 있으면 싫다.	예	아니요
19	토론에서 이길 자신이 있다.	예	아니요
20	친구들과 남의 이야기를 하는 것을 좋아한다.	예	아니요
21	푸념을 한 적이 없다.	예	아니요
22	당황하면 갑자기 땀이 나서 신경 쓰일 때가 있다.	예	아니요
23	친구들이 진지한 사람으로 생각하고 있다.	예	아니요
24	감정적으로 될 때가 많다.	예	아니요
25	다른 사람의 일에 관심이 없다.	예	아니요
26	다른 사람으로부터 지적받는 것은 싫다.	예	아니요
27	지루하면 마구 떠들고 싶어진다.	예	아니요
28	부모에게 불평을 한 적이 한번도 없다.	예	아니요
29	항상 천재지변을 당하지 않을까 걱정하고 있다.	예	아니요
30	때로는 후회할 때도 있다.	예	아니요

※ 다음 질문을 읽고, ① ~ ⑥ 중 자신에게 해당하는 것을 고르시오(① 전혀 그렇지 않다, ② 그렇지 않다, ③ 약간 그렇지 않다, ④ 약간 그렇다, ⑤ 그렇다, ⑥ 매우 그렇다). [1~30]

번호	질문	응답
1	되도록 애매한 상황을 피하려고 한다.	① ② ③ ④ ⑤ ⑥
2	복잡한 문제를 푸는 것을 좋아한다.	① ② ③ ④ ⑤ ⑥
3	어떤 경우에도 법을 어겨서는 안 된다.	① ② ③ ④ ⑤ ⑥
4	예술과 문학에 관심이 있다.	① ② ③ ④ ⑤ ⑥
5	뉴스보다 신문을 많이 본다.	① ② ③ ④ ⑤ ⑥
6	나는 꼭 성공할 것이다.	① ② ③ ④ ⑤ ⑥
7	상대방의 기분을 잘 이해한다.	① ② ③ ④ ⑤ ⑥
8	시간을 분 단위로 나눠 쓴다.	① ② ③ ④ ⑤ ⑥
9	일이 가장 중요하다.	① ② ③ ④ ⑤ ⑥
10	다른 사람의 다음 행동을 잘 예측할 수 있다.	① ② ③ ④ ⑤ ⑥
11	공식적인 요청이 없더라도 회사의 행사에는 참여해야 한다.	① ② ③ ④ ⑤ ⑥
12	아이디어 회의 중 모든 의견은 존중되어야 한다.	① ② ③ ④ ⑤ ⑥
13	나는 애매한 상황을 잘 참는다.	① ② ③ ④ ⑤ ⑥
14	나는 야망이 있다.	① ② ③ ④ ⑤ ⑥
15	걸리지만 않는다면 법을 조금은 어겨도 괜찮다.	① ② ③ ④ ⑤ ⑥
16	긴 기간의 프로젝트보다 단기간에 성과를 볼 수 있는 프로젝트가 좋다.	① ② ③ ④ ⑤ ⑥
17	상대방의 행동에 숨겨진 의미를 잘 파악한다.	① ② ③ ④ ⑤ ⑥
18	나는 애매한 상황을 견디기 힘들다.	① ② ③ ④ ⑤ ⑥
19	가족이 가장 소중하다.	① ② ③ ④ ⑤ ⑥
20	월간 정보, 공지사항은 꼼꼼하게 확인한다.	① ② ③ ④ ⑤ ⑥
21	결점을 지적받아도 아무렇지 않다.	① ② ③ ④ ⑤ ⑥
22	피곤할 때도 명랑하게 행동한다.	① ② ③ ④ ⑤ ⑥
23	실패했던 경험을 생각하면서 고민하는 편이다.	① ② ③ ④ ⑤ ⑥
24	언제나 생기가 있다.	① ② ③ ④ ⑤ ⑥
25	선배의 지적을 순수하게 받아들일 수 있다.	① ② ③ ④ ⑤ ⑥
26	매일 목표가 있는 생활을 하고 있다.	① ② ③ ④ ⑤ ⑥
27	열등감으로 자주 고민한다.	① ② ③ ④ ⑤ ⑥
28	남에게 무시당하면 화가 난다.	① ② ③ ④ ⑤ ⑥
29	무엇이든지 하면 된다고 생각하는 편이다.	① ② ③ ④ ⑤ ⑥
30	자신의 존재를 과시하고 싶다.	① ② ③ ④ ⑤ ⑥

※ 다음 질문을 읽고 ① ~ ⑥ 중 자신에게 해당하는 것을 고르시오. [1~4]

01 프로젝트 일정을 회의 없이 팀장님이 나눠서 정해주었다. 그런데 업무가 나를 포함한 몇몇 사람에게 과중하게 편중되어 있다.

(1) 나는 이 일정에 어느 정도 동의하는가?

① 0%   ② 20%   ③ 40%   ④ 60%   ⑤ 80%   ⑥ 100%

(2) 팀 사람들은 이 일정에 어느 정도 동의할 것 같은가?

① 0%   ② 20%   ③ 40%   ④ 60%   ⑤ 80%   ⑥ 100%

02 우연히 직장 상사의 영업방식을 알게 되었다. 그 방식은 회사의 방침과 다르지만 그것으로 회사는 수익을 올리고 있고 나는 팀원으로 성과금을 받고 있다.

(1) 당신은 이 상황에서 알릴 것인가?

① 0%   ② 20%   ③ 40%   ④ 60%   ⑤ 80%   ⑥ 100%

(2) 위의 영업방침이 업계의 관행인지 알아볼 것인가?

① 0%   ② 20%   ③ 40%   ④ 60%   ⑤ 80%   ⑥ 100%

03 최대리가 회계 보고서 작성 후 오류를 발견했지만 바로잡기엔 시간이 부족하여 그냥 제출했다.

(1) 다른 직원들도 그 상황에 동의할 것 같은가?

① 0%   ② 20%   ③ 40%   ④ 60%   ⑤ 80%   ⑥ 100%

(2) 자신이라도 그렇게 할 것인가?

① 0%   ② 20%   ③ 40%   ④ 60%   ⑤ 80%   ⑥ 100%

04 상사가 아침마다 생산성이 없는 회의를 형식적으로 매일 진행한다. 이 사항에 대해 건의를 하면 인사고과에 불이익이 있을 수도 있다.

(1) 상사에게 그 회의에 대해 건의할 것인가?

① 0%   ② 20%   ③ 40%   ④ 60%   ⑤ 80%   ⑥ 100%

(2) 만약 자신이 상사라면 인사고과에 기록을 할 것인가?

① 0%   ② 20%   ③ 40%   ④ 60%   ⑤ 80%   ⑥ 100%

※ 다음 질문을 읽고, A, B 중 자신에게 해당하는 것을 고르시오. [1~5]

01 일을 하는 중간에 잘못된 방식인 것을 알았다.

    A. 새로운 방식으로 빨리 바꾼다.
    B. 조금 더 고민해 본 후 신중하게 바꾼다.

02 새로 산 물건을 잃어버렸다.

    A. 두고두고 생각이 난다.
    B. 금방 잊는다.

03 중요한 약속을 지키지 못했다.

    A. 계속 신경이 쓰인다.
    B. 금방 잊는다.

04 해야 하는 일을 깜빡 잊고 하지 못했다.

    A. 계속 신경이 쓰인다.
    B. 금방 잊는다.

05 팀의 일이 많은데 팀원이 결근을 했다.

    A. 내 일은 아니지만 팀의 일이니 돕는다.
    B. 내 일부터 한다.

유형 5

※ 각 문항을 읽고, ① ~ ⑦ 중 자신의 성향과 가까운 정도에 따라 ① 전혀 그렇지 않다, ② 그렇지 않다, ③ 조금 그렇지 않다, ④ 보통이다, ⑤ 조금 그렇다, ⑥ 그렇다, ⑦ 매우 그렇다 중 하나를 선택하시오. 그리고 3개의 문장 중 자신의 성향에 비추어볼 때 가장 먼 것(멀다)과 가장 가까운 것(가깝다)을 하나씩 선택하시오. **[1~4]**

01

질문	답안 1							답안 2	
	①	②	③	④	⑤	⑥	⑦	멀	가
1. 사물을 신중하게 생각하는 편이라고 생각한다.	☐	☐	☐	☐	☐	☐	☐	☐	☐
2. 포기하지 않고 노력하는 것이 중요하다.	☐	☐	☐	☐	☐	☐	☐	☐	☐
3. 자신의 권리를 주장하는 편이다.	☐	☐	☐	☐	☐	☐	☐	☐	☐

02

질문	답안 1							답안 2	
	①	②	③	④	⑤	⑥	⑦	멀	가
1. 노력의 여하보다 결과가 중요하다.	☐	☐	☐	☐	☐	☐	☐	☐	☐
2. 자기주장이 강하다.	☐	☐	☐	☐	☐	☐	☐	☐	☐
3. 어떠한 일이 있어도 출세하고 싶다.	☐	☐	☐	☐	☐	☐	☐	☐	☐

03

질문	답안 1							답안 2	
	①	②	③	④	⑤	⑥	⑦	멀	가
1. 다른 사람의 일에 관심이 없다.	☐	☐	☐	☐	☐	☐	☐	☐	☐
2. 때로는 후회할 때도 있다.	☐	☐	☐	☐	☐	☐	☐	☐	☐
3. 진정으로 마음을 허락할 수 있는 사람은 없다.	☐	☐	☐	☐	☐	☐	☐	☐	☐

04

질문	답안 1							답안 2	
	①	②	③	④	⑤	⑥	⑦	멀	가
1. 한번 시작한 일은 끝을 맺는다.	☐	☐	☐	☐	☐	☐	☐	☐	☐
2. 다른 사람들이 하지 못하는 일을 하고 싶다.	☐	☐	☐	☐	☐	☐	☐	☐	☐
3. 좋은 생각이 떠올라도 실행하기 전에 여러모로 검토한다.	☐	☐	☐	☐	☐	☐	☐	☐	☐

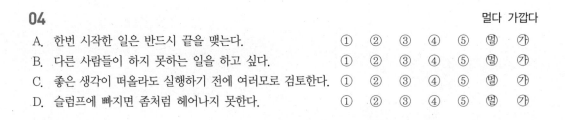

유형 6

※ 다음 질문을 읽고, ① ~ ⑤ 중 자신에게 맞는 것을 선택하시오. 그리고 4문항 중 자신의 성격과 가장 먼 문항(멀다)과 가까운 문항(가깝다)을 하나씩 선택하시오(① 전혀 그렇지 않다, ② 그렇지 않다, ③ 보통이다, ④ 그렇다, ⑤ 매우 그렇다). [1~4]

01   멀다 가깝다

A. 사물을 신중하게 생각하는 편이라고 생각한다.   ① ② ③ ④ ⑤   멀 ㉮
B. 포기하지 않고 노력하는 것이 중요하다.   ① ② ③ ④ ⑤   멀 ㉮
C. 자신의 권리를 주장하는 편이다   ① ② ③ ④ ⑤   멀 ㉮
D. 컨디션에 따라 기분이 잘 변한다.   ① ② ③ ④ ⑤   멀 ㉮

02   멀다 가깝다

A. 노력의 여하보다 결과가 중요하다.   ① ② ③ ④ ⑤   멀 ㉮
B. 자기주장이 강하다.   ① ② ③ ④ ⑤   멀 ㉮
C. 어떠한 일이 있어도 출세하고 싶다.   ① ② ③ ④ ⑤   멀 ㉮
D. 반성하는 일이 거의 없다.   ① ② ③ ④ ⑤   멀 ㉮

03   멀다 가깝다

A. 다른 사람의 일에 관심이 없다.   ① ② ③ ④ ⑤   멀 ㉮
B. 때로는 후회할 때도 있다.   ① ② ③ ④ ⑤   멀 ㉮
C. 진정으로 마음을 허락할 수 있는 사람은 없다.   ① ② ③ ④ ⑤   멀 ㉮
D. 고민이 생겨도 심각하게 생각하지 않는다.   ① ② ③ ④ ⑤   멀 ㉮

04   멀다 가깝다

A. 한번 시작한 일은 반드시 끝을 맺는다.   ① ② ③ ④ ⑤   멀 ㉮
B. 다른 사람들이 하지 못하는 일을 하고 싶다.   ① ② ③ ④ ⑤   멀 ㉮
C. 좋은 생각이 떠올라도 실행하기 전에 여러모로 검토한다.   ① ② ③ ④ ⑤   멀 ㉮
D. 슬럼프에 빠지면 좀처럼 헤어나지 못한다.   ① ② ③ ④ ⑤   멀 ㉮

PART 5

혁신을 일으키기 위한 시스템은 시스템을 가지지 않는 것이다.

– 스티브 잡스 –

01 면접 주요사항

면접의 사전적 정의는 면접관이 지원자를 직접 만나보고 인품(人品)이나 언행(言行) 따위를 시험하는 일로, 흔히 필기시험 후에 최종적으로 심사하는 방법이다.

최근 주요 기업의 인사담당자들을 대상으로 채용 시 면접이 차지하는 비중을 설문조사했을 때, 50 ~ 80% 이상이라고 답한 사람이 전체 응답자의 80%를 넘었다. 이와 대조적으로 지원자들을 대상으로 취업 시험에서 면접을 준비하는 기간을 물었을 때, 대부분의 응답자가 2 ~ 3일 정도라고 대답했다.

지원자가 일정 수준의 스펙을 갖추기 위해 자격증 시험과 토익을 치르고 이력서와 자기소개서까지 쓰다 보면 면접까지 챙길 여유가 없는 것이 사실이다. 그리고 서류전형과 인적성검사를 통과해야만 면접을 볼 수 있기 때문에 자연스럽게 면접은 취업시험 과정에서 그 비중이 작아질 수밖에 없다. 하지만 아이러니하게도 실제 채용 과정에서 면접이 차지하는 비중은 절대적이라고 해도 과언이 아니다.

기업들은 채용 과정에서 토론 면접, 인성 면접, 프레젠테이션 면접, 역량 면접 등의 다양한 면접을 실시한다. 1차 커트라인이라고 할 수 있는 서류전형을 통과한 지원자들의 스펙이나 능력은 서로 엇비슷하다고 판단되기 때문에 서류상 보이는 자격증이나 토익 성적보다는 지원자의 인성을 파악하기 위해 면접을 더욱 강화하는 것이다. 일부 기업은 의도적으로 압박 면접을 실시하기도 한다. 지원자가 당황할 수 있는 질문을 던져서 그것에 대한 지원자의 반응을 살펴보는 것이다.

면접은 다르게 생각한다면 '나는 누구인가'에 대한 물음에 해답을 줄 수 있는 가장 현실적이고 미래적인 경험이 될 수 있다. 취업난 속에서 자격증을 취득하고 토익 성적을 올리기 위해 앞만 보고 달려온 지원자들은 자신에 대해서 고민하고 탐구할 수 있는 시간을 평소 쉽게 가질 수 없었을 것이다. 자신을 잘 알고 있어야 자신에 대해서 자신감 있게 말할 수 있다. 대체로 사람들은 자신에게 관대한 편이기 때문에 스스로에 대해서 어떤 기대와 환상을 가지고 있는 경우가 많다. 하지만 면접은 제삼자에 의해 개인의 능력을 객관적으로 평가받는 시험이다. 어떤 지원자들은 다른 사람에게 자신을 표현하는 것을 어려워한다. 평소에 잘 사용하지 않는 용어를 내뱉으면서 거창하게 자신을 포장하는 지원자도 많다. 면접에서 가장 기본은 자기 자신을 면접관에게 알기 쉽게 표현하는 것이다.

이러한 표현을 바탕으로 자신이 앞으로 하고자 하는 것과 그에 대한 이유를 설명해야 한다. 최근에는 자신감을 향상시키거나 말하는 능력을 높이는 학원도 많기 때문에 얼마든지 자신의 단점을 극복할 수 있다.

1. 자기소개의 기술

자기소개를 시키는 이유는 면접자가 지원자의 자기소개서를 압축해서 듣고, 지원자의 첫인상을 평가할 시간을 가질 수 있기 때문이다. 면접을 위한 워밍업이라고 할 수 있으며, 첫인상을 결정하는 과정이므로 매우 중요한 순간이다.

(1) 정해진 시간에 자기소개를 마쳐야 한다.

쉬워 보이지만 의외로 지원자들이 정해진 시간을 넘기거나 혹은 빨리 끝내서 면접관에게 지적을 받는 경우가 많다. 본인이 면접을 받는 마지막 지원자가 아닌 이상, 정해진 시간을 지키지 않는 것은 수많은 지원자를 상대하기에 바쁜 면접관과 대기 시간에 지친 다른 지원자들에게 불쾌감을 줄 수 있다.

또한 회사에서 시간관념은 절대적인 것이므로 반드시 자기소개 시간을 지켜야 한다. 말하기는 1분에 200자 원고지 2장 분량의 글을 읽는 만큼의 속도가 가장 적당하다. 이를 A4 용지에 10point 글자 크기로 작성하면 반 장 분량이 된다.

(2) 간단하지만 신선한 문구로 자기소개를 시작하자.

요즈음 많은 지원자가 이 방법을 사용하고 있기 때문에 웬만한 소재의 문구가 아니면 면접관의 관심을 받을 수 없다. 이러한 문구는 시대적으로 유행하는 광고 카피를 패러디하는 경우와 격언 등을 인용하는 경우, 그리고 지원한 회사의 IC나 경영이념, 인재상 등을 사용하는 경우 등이 있다. 지원자는 이러한 여러 문구 중에 자신의 첫인상을 북돋아 줄 수 있는 것을 선택해서 말해야 한다. 자신의 이름을 문구 속에 적절하게 넣어서 말한다면 좀 더 효과적인 자기소개가 될 것이다.

(3) 무엇을 먼저 말할 것인지 고민하자.

면접관이 많이 던지는 질문 중 하나가 지원동기이다. 그래서 성장기를 바로 건너뛰고, 지원한 회사에 들어오기 위해 대학에서 어떻게 준비했는지를 설명하는 자기소개가 대세이다.

(4) 면접관의 호기심을 자극해 관심을 불러일으킬 수 있게 말하라.

면접관에게 질문을 많이 받는 지원자의 합격률이 반드시 높은 것은 아니지만, 질문을 전혀 안 받는 것보다는 좋은 평가를 기대할 수 있다. 지원한 분야와 관련된 수상 경력이나 프로젝트 등을 말하는 것도 좋다. 이는 지원자의 업무 능력과 직접 연결되는 것이므로 효과적인 자기 홍보가 될 수 있다. 일부 지원자들은 자신만의 특별한 경험을 이야기하는데, 이때는 그 경험이 보편적으로 사람들의 공감대를 얻을 수 있는 것인지 다시 생각해봐야 한다.

(5) 마지막 고개를 넘기가 가장 힘들다.

첫 단추도 중요하지만, 마지막 단추도 중요하다. 하지만 왠지 격식을 따지는 인사말은 지나가는 인사말 같고, 다르게 하자니 예의에 어긋나는 것 같은 기분이 든다. 이때는 처음에 했던 자신만의 문구를 다시 한 번 말하는 것도 좋은 방법이다. 자연스러운 끝맺음이 될 수 있도록 적절한 연습이 필요하다.

2. 1분 자기소개 시 주의사항

(1) 자기소개서와 자기소개가 똑같다면 감점일까?

아무리 자기소개서를 외워서 말한다 해도 자기소개가 자기소개서와 완전히 똑같을 수는 없다. 자기소개서의 분량이 더 많고 회사마다 요구하는 필수 항목들이 있기 때문에 군이 고민할 필요는 없다. 오히려 자기소개서의 내용을 잘 정리한 자기소개가 더 좋은 결과를 만들 수 있다. 하지만 자기소개서와 상반된 내용을 말하는 것은 적절하지 않다. 지원자의 신뢰성이 떨어진다는 것은 곧 불합격을 의미하기 때문이다.

(2) 말하는 자세를 바르게 익혀라.

지원자가 자기소개를 하는 동안 면접관은 지원자의 동작 하나하나를 관찰한다. 그렇기 때문에 바른 자세가 중요하다는 것은 우리가 익히 알고 있다. 하지만 문제는 무의식적으로 나오는 습관 때문에 자세가 흐트러져 나쁜 인상을 줄 수 있다는 것이다. 이러한 습관을 고칠 수 있는 가장 좋은 방법은 캠코더 등으로 자신의 모습을 담는 것이다. 거울을 사용할 경우에는 시선이 자꾸 자기 눈과 마주치기 때문에 집중하기 힘들다. 하지만 촬영된 동영상은 제삼자의 입장에서 자신을 볼 수 있기 때문에 많은 도움이 된다.

(3) 정확한 발음과 억양으로 자신 있게 말하라.

지원자의 모양새가 아무리 뛰어나도, 목소리가 작고 발음이 부정확하면 큰 감점을 받는다. 이러한 모습은 지원자의 좋은 점에까지 악영향을 끼칠 수 있다. 직장을 흔히 사회생활의 시작이라고 말하는 시대적 정서에서 사람들과 의사소통을 하는 데 문제가 있다고 판단되는 지원자는 부적절한 인재로 평가될 수밖에 없다.

3. 대화법

전문가들이 말하는 대화법의 핵심은 '상대방을 배려하면서 이야기하라.'는 것이다. 대화는 나와 다른 사람의 소통이다. 내용에 대한 공감이나 이해가 없다면 대화는 더 진전되지 않는다.

베스트셀러 『카네기 인간관계론』의 작가인 철학자 카네기가 말하는 최상의 대화법은 자신의 경험을 토대로 이야기하는 것이다. 즉, 살아오면서 직접 겪은 경험이 상대방의 관심을 끌 수 있는 가장 좋은 이야깃거리인 것이다. 특히, 어떤 일을 이루기 위해 노력하는 과정에서 겪은 실패나 희망에 대해 진솔하게 얘기한다면 상대방은 어느새 당신의 편에 서서 그 이야기에 동조할 것이다.

독일의 사업가이자 동기부여 트레이너인 위르겐 힐러의 연설법 중 가장 유명한 것은 '시즐(Sizzle)'을 잡는 것이다. 시즐이란, 새우튀김이나 돈가스가 기름에서 지글지글 튀겨질 때 나는 소리이다. 즉, 자신의 말을 듣고 시즐처럼 반응하는 상대방의 감정에 적절하게 대응하라는 것이다.

말을 시작한 지 10 ~ 15초 안에 상대방의 '시즐'을 알아차려야 한다. 자신의 이야기에 대한 상대방의 첫 반응에 따라 말하기 전략도 달라져야 한다. 첫 이야기의 반응이 미지근하다면 가능한 한 그 이야기를 빨리 마무리하고 새로운 이야깃거리를 생각해내야 한다. 길지 않은 면접 시간 내에 몇 번 오지 않는 대답의 기회를 살리기 위해서 보다 전략적이고 냉철해야 하는 것이다.

4. 차림새

(1) 구두

면접에 어떤 옷을 입어야 할지를 며칠 동안 고민하면서 정작 구두는 면접 보는 날 현관을 나서면서 즉흥적으로 신고 가는 지원자들이 많다. 구두를 보면 그 사람의 됨됨이를 알 수 있다고 한다. 면접관 역시 이러한 것을 놓치지 않기 때문에 지원자는 자신의 구두에 더욱 신경을 써야 한다. 스타일의 마무리는 발끝에서 이루어지는 것이다. 아무리 멋진 옷을 입고 있어도 구두가 어울리지 않는다면 전체 스타일이 흐트러지기 때문이다.

정장용 구두는 디자인이 깔끔하고, 에나멜 가공처리를 하여 광택이 도는 페이턴트 가죽 소재 제품이 무난하다. 검정 계열 구두는 회색과 감색 정장에, 브라운 계열의 구두는 베이지나 갈색 정장에 어울린다. 참고로 구두는 오전에 사는 것보다 발이 충분히 부은 상태인 저녁에 사는 것이 좋다. 마지막으로 당연한 일이지만 반드시 면접을 보는 전날 구두 뒤축이 닳지는 않았는지 확인하고 구두에 광을 내 둔다.

(2) 양말

양말은 정장과 구두의 색상을 비교해서 골라야 한다. 특히 검정이나 감색의 진한 색상의 바지에 흰 양말을 신는 것은 시대에 뒤처지는 일이다. 일반적으로 양말의 색깔은 바지의 색깔과 같아야 한다. 또한 양말의 길이도 신경 써야 한다. 바지를 입을 경우, 의자에 바르게 앉거나 다리를 꼬아서 앉을 때 다리털이 보여서는 안 된다. 반드시 긴 정장 양말을 신어야 한다.

(3) 정장

지원자는 평소에 정장을 입을 기회가 많지 않기 때문에 면접을 볼 때 본인 스스로도 옷을 어색하게 느끼는 경우가 많다. 옷을 불편하게 느끼기 때문에 자세마저 불안정한 지원자도 볼 수 있다. 그러므로 면접 전에 정장을 입고 생활해보는 것도 나쁘지는 않다.

일반적으로 면접을 볼 때는 상대방에게 신뢰감을 줄 수 있는 남색 계열의 옷이나 어떤 계절이든 무난하고 깔끔해 보이는 회색 계열의 정장을 많이 입는다. 정장은 유행에 따라서 재킷의 디자인이나 버튼의 개수가 바뀌기 때문에 너무 오래된 옷을 입어서 다른 사람의 옷을 빌려 입고 나온 듯한 인상을 주어서는 안 된다.

(4) 헤어스타일과 메이크업

헤어스타일에 자신이 없다면 미용실에 다녀오는 것도 좋은 방법이다. 또한 자신에게 어울리는 메이크업을 하는 것도 괜찮다. 메이크업은 상대에 대한 예의를 갖추는 것이므로 지나치게 화려한 메이크업이 아니라면 보다 준비된 지원자처럼 보일 수 있다.

5. 첫인상

취업을 위해 성형수술을 받는 사람들에 대한 이야기는 더 이상 뉴스거리가 되지 않는다. 그만큼 많은 사람이 좁은 취업문을 뚫기 위해 이미지 향상에 신경을 쓰고 있다. 이는 면접관에게 좋은 첫인상을 주기 위한 것으로, 지원서에 올리는 증명사진을 이미지 프로그램을 통해 수정하는 이른바 '사이버 성형'이 유행하는 것과 같은 맥락이다. 실제로 외모가 채용 과정에서 영향을 끼치는가에 대한 설문조사에서도 60% 이상의 인사담당자들이 그렇다고 답변했다.

하지만 외모와 첫인상을 절대적인 관계로 이해하는 것은 잘못된 판단이다. 외모가 첫인상에서 많은 부분을 차지하지만, 외모 외에 다른 결점이 발견된다면 그로 인해 장점들이 가려질 수도 있다. 이러한 현상은 아래에서 다시 논하겠다.

첫인상은 말 그대로 한 번밖에 기회가 주어지지 않으며 몇 초 안에 결정된다. 첫인상을 결정짓는 요소 중 시각적인 요소가 80% 이상을 차지한다. 첫눈에 들어오는 생김새나 복장, 표정 등에 의해서 결정되는 것이다. 면접을 시작할 때 자기소개를 시키는 것도 지원자별로 첫인상을 평가하기 위해서이다. 첫인상이 중요한 이유는 만약 첫인상이 부정적으로 인지될 경우, 지원자의 다른 좋은 면까지 거부당하기 때문이다. 이러한 현상을 심리학에서는 초두효과(Primacy Effect)라고 한다.

그래서 한 번 형성된 첫인상은 여간해서 바꾸기 힘들다. 이는 첫인상이 나중에 들어오는 정보까지 영향을 주기 때문이다. 첫인상의 정보가 나중에 들어오는 정보 처리의 지침이 되는 것을 심리학에서는 맥락효과(Context Effect)라고 한다. 따라서 평소에 첫인상을 좋게 만들기 위한 노력을 꾸준히 해야만 하는 것이다. 좋은 첫인상이 반드시 외모에만 집중되는 것은 아니다. 오히려 깔끔한 옷차림과 부드러운 표정 그리고 말과 행동 등에 의해 전반적인 이미지가 만들어진다. 누구나 이러한 것 중에 한두 가지 단점을 가지고 있다. 요즈음은 이미지 컨설팅을 통해서 자신의 단점들을 보완하는 지원자도 있다. 특히, 표정이 밝지 않은 지원자는 평소 웃는 연습을 의식적으로 하여 면접을 받는 동안 계속해서 여유 있는 표정을 짓는 것이 중요하다. 성공한 사람들은 인상이 좋다는 것을 명심하자.

---

02   면접의 유형 및 실전 대책

1. 면접의 유형

과거 천편일률적인 일대일 면접과 달리 면접에는 다양한 유형이 도입되어 현재는 "면접은 이렇게 보는 것이다."라고 말할 수 있는 정해진 유형이 없어졌다. 그러나 대기업 면접에서는 현재까지는 집단 면접과 다대일 면접이 진행되고 있으므로 어느 정도 유형을 파악하여 사전에 대비가 가능하다. 면접의 기본인 단독 면접부터, 다대일 면접, 집단 면접의 유형과 그 대책에 대해 알아보자.

(1) 단독 면접

단독 면접이란 응시자와 면접관이 1대1로 마주하는 형식을 말한다. 면접위원 한 사람과 응시자 한 사람이 마주 앉아 자유로운 화제를 가지고 질의응답을 되풀이하는 방식이다. 이 방식은 면접의 가장 기본적인 방법으로 소요시간은 10 ~ 20분 정도가 일반적이다.

① 장점

필기시험 등으로 판단할 수 없는 성품이나 능력을 알아내는 데 가장 적합하다고 평가받아 온 면접방식으로 응시자 한 사람 한 사람에 대해 여러 면에서 비교적 폭넓게 파악할 수 있다. 응시자의 입장에서는 한 사람의 면접관만을 대하는 것이므로 상대방에게 집중할 수 있으며, 긴장감도 다른 면접방식에 비해서는 적은 편이다.

② 단점

면접관의 주관이 강하게 작용해 객관성을 저해할 소지가 있으며, 면접 평가표를 활용한다 하더라도 일면적인 평가에 그칠 가능성을 배제할 수 없다. 또한 시간이 많이 소요되는 것도 단점이다.

단독 면접 준비 Point

단독 면접에 대비하기 위해서는 평소 1대1로 논리 정연하게 대화를 나눌 수 있는 능력을 기르는 것이 중요하다. 그리고 면접장에서는 면접관을 선배나 선생님 혹은 아버지를 대하는 기분으로 면접에 임하는 것이 부담도 훨씬 적고 실력을 발휘할 수 있는 방법이 될 것이다.

(2) 다대일 면접

다대일 면접은 일반적으로 가장 많이 사용되는 면접방법으로 보통 2 ~ 5명의 면접관이 1명의 응시자에게 질문하는 형태의 면접방법이다. 면접관이 여러 명이므로 다각도에서 질문을 하여 응시자에 대한 정보를 많이 알아낼 수 있다는 점 때문에 선호하는 면접방법이다.

하지만 응시자의 입장에서는 질문도 면접관에 따라 각양각색이고 동료 응시자가 없으므로 숨 돌릴 틈도 없게 느껴진다. 또한 관찰하는 눈도 많아서 조그만 실수라도 지나치는 법이 없기 때문에 정신적 압박과 긴장감이 높은 면접방법이다. 따라서 응시자는 긴장을 풀고 한 시험관이 묻더라도 면접관 전원을 향해 대답한다는 기분으로 또박또박 대답하는 자세가 필요하다.

① 장점

면접관이 집중적인 질문과 다양한 관찰을 통해 응시자가 과연 조직에 필요한 인물인가를 완벽히 검증할 수 있다.

② 단점

면접시간이 보통 10 ~ 30분 정도로 좀 긴 편이고 응시자에게 지나친 긴장감을 조성하는 면접방법이다.

다대일 면접 준비 Point

질문을 들을 때 시선은 면접위원을 향하고 다른 데로 돌리지 말아야 하며, 대답할 때에도 고개를 숙이거나 입속에서 우물거리는 소극적인 태도는 피하도록 한다. 면접위원과 대등하다는 마음가짐으로 편안한 태도를 유지하면 대답도 자연스러운 상태에서 좀 더 충실히 할 수 있고, 이에 따라 면접위원이 받는 인상도 달라진다.

(3) 집단 면접

집단 면접은 다수의 면접관이 여러 명의 응시자를 한꺼번에 평가하는 방식으로 짧은 시간에 능률적으로 면접을 진행할 수 있다. 각 응시자에 대한 질문내용, 질문횟수, 시간배분이 똑같지는 않으며, 모두에게 같은 질문이 주어지기도 하고, 각각 다른 질문을 받기도 한다.

또한 어떤 응시자가 한 대답에 대한 의견을 묻는 등 그때그때의 분위기나 면접관의 의향에 따라 변수가 많다. 집단 면접은 응시자의 입장에서는 개별 면접에 비해 긴장감은 다소 덜한 반면에 다른 응시자들과의 비교가 확실하게 나타나므로 응시자는 몸가짐이나 표현력·논리성 등이 결여되지 않도록 자신의 생각이나 의견을 솔직하게 발표하여 집단 속에 묻히거나 밀려나지 않도록 주의해야 한다.

① 장점

집단 면접의 장점은 면접관이 응시자 한 사람에 대한 관찰시간이 상대적으로 길고, 비교 평가가 가능하기 때문에 결과적으로 평가의 객관성과 신뢰성을 높일 수 있다는 점이며, 응시자는 동료들과 함께 면접을 받기 때문에 긴장감이 다소 덜하다는 것을 들 수 있다. 또한 동료가 답변하는 것을 들으며, 자신의 답변 방식이나 자세를 조정할 수 있다는 것도 큰 이점이다.

② 단점

응답하는 순서에 따라 응시자마다 유리하고 불리한 점이 있고, 면접위원의 입장에서는 각각의 개인적인 문제를 깊게 다루기가 곤란하다는 것이 단점이다.

집단 면접 준비 Point

너무 자기 과시를 하지 않는 것이 좋다. 대답은 자신이 말하고 싶은 내용을 간단명료하게 말해야 한다. 내용이 없는 발언을 한다거나 대답을 질질 끄는 태도는 좋지 않다. 또 말하는 중에 내용이 주제에서 벗어나거나 자기 중심적으로만 말하는 것도 피해야 한다. 집단 면접에 대비하기 위해서는 평소에 설득력을 지닌 자신의 논리력을 계발하는 데 힘써야 하며, 다른 사람 앞에서 자신의 의견을 조리 있게 개진할 수 있는 발표력을 갖추는 데에도 많은 노력을 기울여야 한다.
- 실력에는 큰 차이가 없다는 것을 기억하라.
- 동료 응시자들과 서로 협조하라.
- 답변하지 않을 때의 자세가 중요하다.
- 개성 표현은 좋지만 튀는 것은 위험하다.

---

(4) 집단 토론식 면접

집단 토론식 면접은 집단 면접과 형태는 유사하지만 질의응답이 아니라 응시자들끼리의 토론이 중심이 되는 면접방법으로 최근 들어 급증세를 보이고 있다. 이는 공통의 주제에 대해 다양한 견해들이 개진되고 결론을 도출하는 과정, 즉 토론을 통해 응시자의 다양한 면에 대한 평가가 가능하다는 집단 토론식 면접의 장점이 널리 확산된 데 따른 것으로 보인다. 사실 집단 토론식 면접을 활용하면 주제와 관련된 지식 정도와 이해력, 판단력, 설득력, 협동성은 물론 리더십, 조직 적응력, 적극성과 대인관계 능력 등을 쉽게 파악할 수 있다.

토론식 면접에서는 자신의 의견을 명확히 제시하면서도 상대방의 의견을 경청하는 토론의 기본자세가 필수적이며, 지나친 경쟁심이나 자기 과시욕은 접어두는 것이 좋다. 또한 집단 토론의 목적이 결론을 도출해 나가는 과정에 있다는 것을 감안하여 무리하게 자신의 주장을 관철시키기보다 오히려 토론의 질을 높이는 데 기여하는 것이 좋은 인상을 줄 수 있다는 점을 알아야 한다. 취업 희망자들은 토론식 면접이 급속도로 확산되는 추세임을 감안해 특히 철저한 준비를 해야 한다. 평소에 신문의 사설이나 매스컴 등의 토론 프로그램을 주의 깊게 보면서 논리 전개방식을 비롯한 토론 과정을 익히도록 하고, 친구들과 함께 간단한 주제를 놓고 토론을 진행해 볼 필요가 있다. 또한 사회·시사문제에 대해 자기 나름대로의 관점을 정립해두는 것도 꼭 필요하다.

집단 토론식 면접 준비 Point

- 토론은 정답이 없다는 것을 명심한다.
- 내 주장을 강요하지 않는다.
- 남이 말할 때 끼어들지 않는다.
- 필기구를 준비하여 메모하면서 면접에 임한다.
- 주제에 자신이 없다면 첫 번째 발언자가 되지 않는다.
- 자신의 입장을 먼저 밝힌다.
- 상대측의 사소한 발언에 집착하지 않고 전체적인 의미에 초점을 놓치지 않아야 한다.
- 남의 의견을 경청한다.
- 예상 밖의 반론에 당황스럽다 하더라도 유연함을 잃지 않아야 한다.

(5) PT 면접

PT 면접, 즉 프레젠테이션 면접은 최근 들어 집단 토론 면접과 더불어 그 활용도가 점차 커지고 있다. PT 면접은 기업마다 특성이 다르고 인재상이 다른 만큼 인성 면접만으로는 알 수 없는 지원자의 문제해결 능력, 전문성, 창의성, 기본 실무능력, 논리성 등을 관찰하는 데 중점을 두는 면접으로, 지원자 간의 변별력이 높아 대부분의 기업에서 적용하고 있으며, 확산되는 추세이다.

면접 시간은 기업별로 차이가 있지만, 전문지식, 시사성 관련 주제를 제시한 다음, 보통 20~50분 정도 준비하여 5분가량 발표할 시간을 준다. 면접관과 지원자의 단순한 질의응답식이 아닌, 주제에 대해 일정 시간 동안 지원자의 발언과 발표하는 모습 등을 관찰하게 된다. 정확한 답이나 지식보다는 논리적 사고와 의사표현력이 더 중시되기 때문에 자신의 생각을 어떻게 설명하느냐가 매우 중요하다.

PT 면접에서 같은 주제라도 직무별로 평가요소가 달리 나타난다. 예를 들어, 영업직은 설득력과 의사소통 능력에 중점을 둘 수 있겠고, 관리직은 신뢰성과 창의성 등을 더 중요하게 평가한다.

PT 면접 준비 Point

- 면접관의 관심과 주의를 집중시키고, 발표 태도에 유의한다.
- 모의 면접이나 거울 면접을 통해 미리 점검한다.
- PT 내용은 세 가지 정도로 정리해서 말한다.
- PT 내용에는 자신의 생각이 담겨 있어야 한다.
- 중간에 자문자답 방식을 활용한다.
- 평소 지원하는 업계의 동향이나 직무에 대한 전문지식을 쌓아둔다.
- 부적절한 용어 사용이나 무리한 주장 등은 하지 않는다.

2. 면접의 실전 대책

(1) 면접 대비사항

① 지원 회사에 대한 사전지식을 충분히 준비한다.

필기시험에서 합격 또는 서류전형에서의 합격통지가 온 후 면접시험 날짜가 정해지는 것이 보통이다. 이때 수험자는 면접시험을 대비해 사전에 자기가 지원한 계열사 또는 부서에 대해 폭넓은 지식을 준비할 필요가 있다.

지원 기관에 대해 알아두어야 할 사항

- 회사의 연혁
- 회장 또는 사장의 이름, 출신학교, 관심사
- 회장 또는 사장이 요구하는 신입사원의 인재상
- 회사의 사훈, 사시, 경영이념, 창업정신
- 회사의 대표적 상품, 특색
- 업종별 계열회사의 수
- 해외지사의 수와 그 위치
- 신 개발품에 대한 기획 여부
- 자기가 생각하는 회사의 장단점
- 회사의 잠재적 능력개발에 대한 제언

② 충분한 수면을 취한다.

충분한 수면으로 안정감을 유지하고 첫 출발의 상쾌한 마음가짐을 갖는다.

③ 얼굴을 생기 있게 한다.

첫인상은 면접에 있어서 가장 결정적인 당락요인이다. 면접관에게 좋은 인상을 줄 수 있도록 화장하는 것도 필요하다. 면접관들이 가장 좋아하는 인상은 얼굴에 생기가 있고 눈동자가 살아 있는 사람, 즉 기가 살아 있는 사람이다.

④ 아침에 인터넷 뉴스를 읽고 간다.

그날의 뉴스가 질문 대상에 오를 수가 있다. 특히 경제면, 정치면, 문화면 등을 유의해서 볼 필요가 있다.

출발 전 확인할 사항

이력서, 자기소개서, 성적증명서, 졸업(예정)증명서, 지갑, 신분증(주민등록증), 손수건, 휴지, 볼펜, 메모지, 예비스타킹 등을 준비하자.

(2) 면접 시 옷차림

면접에서 옷차림은 간결하고 단정한 느낌을 주는 것이 가장 중요하다. 색상과 디자인 면에서 지나치게 화려한 색상이나, 노출이 심한 디자인은 자칫 면접관의 눈살을 찌푸리게 할 수 있다. 단정한 차림을 유지하면서 자신만의 독특한 멋을 연출하는 것, 지원하는 회사의 분위기를 파악했다는 센스를 보여주는 것 또한 코디네이션의 포인트이다.

복장 점검

- 구두는 잘 닦여 있는가?
- 옷은 깨끗이 다려져 있으며 스커트 길이는 적당한가?
- 손톱은 길지 않고 깨끗한가?
- 머리는 흐트러짐 없이 단정한가?

(3) 면접요령

① 첫인상을 중요시한다.

상대에게 인상을 좋게 주지 않으면 어떠한 얘기를 해도 이쪽의 기분이 충분히 전달되지 않을 수 있다. 예를 들어, '저 친구는 표정이 없고 무엇을 생각하고 있는지 전혀 알 길이 없다.'처럼 생각되면 최악의 상태이다. 우선 청결한 복장, 바른 자세로 침착하게 들어가야 한다. 건강하고 신선한 이미지를 주어야 하기 때문이다.

② 좋은 표정을 짓는다.

얘기를 할 때의 표정은 중요한 사항의 하나다. 거울 앞에서 웃는 연습을 해본다. 웃는 얼굴은 상대를 편안하게 하고, 특히 면접 등 긴박한 분위기에서는 천금의 값이 있다 할 것이다. 그렇다고 하여 항상 웃고만 있어서는 안 된다. 자기의 할 얘기를 진정으로 전하고 싶을 때는 진지한 얼굴로 상대의 눈을 바라보며 얘기한다. 면접을 볼 때 눈을 감고 있으면 마이너스 이미지를 주게 된다.

③ 결론부터 이야기한다.

자기의 의사나 생각을 상대에게 정확하게 전달하기 위해서 먼저 무엇을 말하고자 하는가를 명확히 결정해 두어야 한다. 대답을 할 경우에는 결론을 먼저 이야기하고 나서 그에 따른 설명과 이유를 덧붙이면 논지(論旨)가 명확해지고 이야기가 깔끔하게 정리된다.

한 가지 사실을 이야기하거나 설명하는 데는 3분이면 충분하다. 복잡한 이야기라도 어느 정도의 길이로 요약해서 이야기하면 상대도 이해하기 쉽고 자기도 정리할 수 있다. 긴 이야기는 오히려 상대를 불쾌하게 할 수가 있다.

④ 질문의 요지를 파악한다.

면접 때의 이야기는 간결성만으로는 부족하다. 상대의 질문이나 이야기에 대해 적절하고 필요한 대답을 하지 않으면 대화는 끊어지고 자기의 생각도 제대로 표현하지 못하여 면접자로 하여금 수험생의 인품이나 사고방식 등을 명확히 파악할 수 없게 한다. 무엇을 묻고 있는지, 무슨 이야기를 하고 있는지 그 요점을 정확히 알아내야 한다.

면접에서 고득점을 받을 수 있는 성공요령

1. 자기 자신을 겸허하게 판단하라.
2. 지원한 회사에 대해 100% 이해하라.
3. 실전과 같은 연습으로 감각을 익히라.
4. 단답형 답변보다는 구체적으로 이야기를 풀어나가라.
5. 거짓말을 하지 말라.
6. 면접하는 동안 대화의 흐름을 유지하라.
7. 친밀감과 신뢰를 구축하라.
8. 상대방의 말을 성실하게 들으라.
9. 근로조건에 대한 이야기를 풀어나갈 준비를 하라.
10. 끝까지 긴장을 풀지 말라.

면접 전 마지막 체크 사항

• 기업이나 단체의 소재지(본사·지사·공장 등)를 정확히 알고 있다.
• 기업이나 단체의 정식 명칭(Full Name)을 알고 있다.
• 약속된 면접시간 10분 전에 도착하도록 스케줄을 짤 수 있다.
• 면접실에 들어가서 공손히 인사한 후 또렷한 목소리로 자기 수험번호와 성명을 말할 수 있다.
• 앉으라고 할 때까지는 의자에 앉지 않는다는 것을 알고 있다.
• 자신에 대해 3분간 이야기할 수 있는 준비가 되어 있다.
• 자신의 긍정적인 면을 상대방에게 바르게 전달할 수 있다.

1. 삼성

(1) 삼성전자

- 1분 PR 또는 자기소개를 간단히 해 보시오.
- 해당 직무 지원동기에 대해서 말해 보시오.
- 직무와 관련한 자신의 역량을 말해 보시오.
- 전공 관련 용어에 대해서 말해 보시오.
- ESG 경영의 중요성에 대해 말해 보시오.
- 학창시절 자신에 대해 말해 보시오.
- 부모님은 어떤 사람인지 이야기해 보시오.
- 가장 존경하는 사람이 있는가? 있다면 누구이며, 존경하는 이유를 말해 보시오.
- 삼성전자가 왜 당신을 채용해야 하는가?
- 최근에 가장 인상 깊게 읽었던 책은 무엇인가?
- 삼성전자에 대해 아는 대로 말해 보시오.
- 살면서 좌절했던 경험과 이를 극복한 방법에 대해 말해 보시오.
- 자신을 한 단어로 표현한다면 무엇이라고 생각하는가?
- 주위에서 자신을 어떻게 평가하는가?
- 기억에 남거나 관심 있던 과목은 무엇인가?
- 왜 대학에 가지 않았는가?
- 옆 친구의 장단점을 말해 보시오.
- 생활기록부에 지각이 조금 있는데 왜 그랬는가?
- 세상은 공평한 것 같은가?
- 자신의 단점 때문에 충고를 들으면 기분이 나쁘지 않은가?
- 면접 보러 온 같은 학교 친구들의 성적은 어떠한가?
- 살면서 힘들었던 일과 기뻤던 일에 대해 말해 보시오.
- 자신은 잘못하거나 실수를 하지 않았는데 상사가 혼내면 어떻게 할 것인가?
- 다른 사람과 함께한 활동이 있는가?
- 친구란 무엇이라고 생각하는가?
- 자격증이 많은데, 가장 애착이 가는 자격증은 무엇인가?
- 친구들 사이에서 가장 입에 많이 오르내리는 기업은 어디인가?
- 창원지역에 삼성계열사는 어떤 것이 있는지 아는가?
- 자신의 좌우명은 무엇이며, 왜 그것으로 정했는가?
- 삼성전자에 입사해서 어떤 일을 하고 싶은가?
- 스트레스는 어떻게 해소하는가?
- 자신의 강점은 무엇이라고 생각하는가?
- 지금까지 살면서 가장 힘들거나 어려웠던 경험을 말해 보시오.
- 지방근무나 비연고지 근무가 가능한가?
- 마지막으로 하고 싶은 말이 있으면 해 보시오.

(2) 삼성전기

- 삼성전기에 지원한 이유는 무엇인가?
- 우리 회사가 만드는 것 중에 아는 것이 있는가?
- 준비해온 자기소개 말고, 즉석으로 자기소개를 해 보시오.
- 자신의 장단점에 대해 말해 보시오.
- 같이 일하는 동료와 의견충돌이 생겼을 경우 어떻게 해결하겠는가?
- 지금까지 살면서 불이익을 당한 경험이 있는가?
- 마지막으로 하고 싶은 말이 있으면 해 보시오.

(3) 삼성SDS

- 자기소개를 해 보시오.
- 입사하게 된다면 군대는 어떻게 할 것인가?
- 입사 후 구체적으로 어떻게 잘 할 것인가?
- 본인이 만족하지 못하는 직무를 주면 어떻게 할 것인가?
- 마지막으로 하고 싶은 말을 해 보시오.

(4) 삼성에스원

- 자신만의 경쟁력을 말해 보시오.
- 일이 힘든데 할 수 있겠는가?
- 자신을 표현할 수 있는 단어를 말해 보시오.
- 본인의 아버지를 소개해 보시오.
- 좋아하는 운동은 무엇인가?
- 지금 보는 면접이 처음으로 보는 것인가?
- 자기소개서가 있지만, 다시 한 번 자기소개를 해 보시오.
- 가족 안에서 자신의 역할은 무엇이라고 생각하는가?
- 친구들이 당신에 대하여 어떻다고 말을 하는가?
- 좌절을 경험해 본 적이 있는가?
- 본인이 생각하는 자신의 단점은 무엇이라 생각하는가?
- 가족 소개를 해 보시오.
- 자신의 강점에 대해 말해 보시오.
- 자신의 단점과 장점에 대해 말해 보시오.
- 최근 읽은 책이 있는가? 그 책에 대해 간단하게 설명해 보시오.
- 춤과 노래를 잘하는가?
- 마지막으로 하고 싶은 말을 해 보시오.
- 가장 스트레스 받은 일은 무엇인가?
- 친구랑 싸우면 먼저 사과하는 편인가, 아니면 사과할 때까지 기다리는 편인가?
- 교과목 중에서 좋아하는 과목은 무엇이며, 그 이유는 무엇인가?
- 방과 후에 무엇을 하는가?

- 우리 회사 홈페이지에 들어가 봤는가?
- 우리 회사를 어떤 회사라고 생각하는가?
- 친구들이랑 면접 준비할 때 무슨 질문을 해봤는가?
- 같은 학교의 앞 지원자보다 나은 점은 무엇인가?
- 학생과 사회인의 차이점은 무엇인가?
- 좋아하는 연예인은 누구인가?
- 자신의 장단점을 말해 보시오.
- 고민이 있을 경우 누구에게 말하는가?
- 친구와의 의견이 다르면 어떻게 하는가?
- 최근에 읽은 책에 대해 말해 보시오.
- 자신의 별명은 무엇이며, 그 이유를 말해 보시오.
- 학교 출결사항은 어떠했나?
- 교복 입고 온 것은 학교에서 지시한 것인가, 스스로 결정한 것인가?

(5) 삼성화재

- 이곳에 몇 시에 도착했는가?
- 월급을 받는다면 얼마를 어떻게 사용할 생각인가?
- 삼성화재에 들어오기 위해 무슨 일을 했는가?
- 보험회사 업무를 잘 알고 있는가?
- 지금 가입되어 있는 보험이 있는가?
- 입사 후, 근무지가 생각했던 것과 다르다면 어떻게 하겠는가?
- 상사가 비효율적인 업무를 강요한다면 어떻게 하겠는가?
- 자기소개 아이디어는 어떻게 나왔는가?
- 가족 소개를 해 보시오.
- 운동은 어떻게 하는가?
- 올 때 뭐 타고 왔는가?
- 친구랑 같이 왔는가?
- 그 친구와 학교에서도 친하게 지내는가?
- 대학교에 진학하는 친구들 보면 공부하고 싶거나 부럽지 않은가?
- 자신의 장단점에 대해 말해 보시오.
- 자신이 학교에서 성공했다고 생각하는 게 있다면?
- 자신의 성격의 장단점에 대해 말해 보시오.
- 근무지가 생각과 다르다면 어떻게 하겠는가?
- 마지막으로 하고 싶은 말이 있으면 해 보시오.

(6) 삼성생명

- 삼성생명에서 본인이 펼칠 수 있는 능력에 대해 말해 보시오.
- 존경하는 인물은 누구인가?
- 사는 곳이나 가족 또는 학교 자랑을 해 보시오.
- 어머니께 배울 점은 무엇인가?
- 한 달 용돈은 얼마이며, 어떻게 쓰는가?
- 시간근로를 해본 적이 있는가?
- 1지망과 2지망과 3지망은 왜 중복지원을 안했는가?
- 가족 소개를 해 보시오.
- 마지막으로 하고 싶은 말이 있으면 해 보시오.

(7) 삼성물산

- 자기소개를 해 보시오.
- 지원동기를 말해 보시오.
- 왜 실업계 고등학교를 선택했는가?
- 이곳에서 무슨 일을 하는지 알고 있는가?
- 10년 후의 자신의 모습은 어떨 것 같은가?
- 마지막으로 하고 싶은 말이 있으면 해 보시오.

(8) 삼성카드

- 핸드폰에 친구 전화번호가 몇 개 있는가?
- 지금까지 살아오면서 행복하다고 생각하며 살았는가?
- 이력서에 적은 취미와는 다른 취미나 특기가 있는가?
- 삼성카드에 대해 어느 정도 알고 있는가? 5가지만 말해 보시오.
- 스트레스는 어떻게 푸는가?
- 면접이 끝나면 제일 먼저 어디에 가고 싶은가?
- 자신의 장점 1개와 단점 2개를 말해 보시오.
- 삼성카드에서 무슨 일을 하는지 아는가?
- 현재 가장 갖고 싶은 것이 무엇인가?
- 자신의 성격 중에서 고치고 싶은 점은 무엇인가?
- 친구들이 바라보는 자신의 모습은?
- 살면서 가장 좌절감이 들었던 적은 있는가?
- 반에서 몇 등 하는가?
- 선생님들과 친하게 지내서 친구들이 시기하지 않았는가?
- 적극적인 성격은 선천적인가, 후천적인가?
- 손님과 종업원 입장을 둘 다 경험해봤는데, 손님에게 어떻게 대해야겠다고 생각하는가?

2. SK

(1) SK이노베이션

- 자기소개를 해 보시오.
- (자기소개서 및 이력서 확인 후) 창업을 하기에 적절해 보이는데, 취업을 선택한 이유가 있는가?
- 백신과 바이오 시밀러의 차이점에 대해 말해 보시오.
- 셀 컬쳐를 해본 경험이 있다면 말해 보시오.
- 취미는 무엇인가?
- 학창시절 가장 기억에 남는 것은 무엇인가?
- 기존의 틀을 벗어난 방법으로 문제를 해결해 본 경험이 있는가?
- 본인이 한 일 중 가장 성취도가 높았던 경험을 말해 보시오.
- 부당한 지시를 받았다면 어떻게 행동할 것인가?
- 동아리 활동 경험에 대해 말해 보시오.
- 법이나 규칙 등을 위반했던 경험을 말해 보시오.
- 지금까지 가장 열정을 다했던 경험에 대해 말해 보시오.
- SK이노베이션에 입사하기 위해 어떠한 노력을 했는지 말해 보시오.

(2) SK하이닉스

- 1분간 자기소개를 해 보시오.
- 하이닉스에 지원한 동기는 무엇인가?
- 우리 회사의 무엇을 보고 지원하였는가?
- 본인의 장점과 단점에 대해 말해 보시오.
- 협업에 있어서 가장 중요한 역량은 무엇이라고 생각하는가?
- 본인을 동물에 비유한다면 어떤 동물인가? 그 이유는 무엇인가?
- 반도체 8대 공정 중 가장 잘 아는 공정을 말하고 그 공정에 대해 설명해 보시오.
- 엔트로피에 대하여 설명해 보시오.
- 좋아하는 과목은 무엇인가?
- 취미는 무엇인가?
- 최근에 본 영화는 무엇인가?
- 학교를 소개해 보시오.
- 전공이 직무와 관련이 없는데, 왜 이 일을 하려고 하는가?
- 하이닉스에 공장이 몇 개 있는지 아는가?
- 도체와 부도체의 차이는 무엇인가?
- 공장에서 어떤 제품을 만드는지 아는가?
- 우리 회사가 본인을 왜 뽑아야 하는지 말해 보시오.
- SK하이닉스에 입사 후 20년 뒤의 자신의 모습은 어떨지 말해 보시오.
- 마지막으로 하고 싶은 말이 있다면 해 보시오.

(3) SK케미칼

- 우리 회사가 본인을 뽑아야 하는 이유는 무엇인가?
- 자신의 장단점에 대해 말해 보시오.
- 체력은 좋은 편인가?
- 직무에 대해 아는 것이 있는가?

(4) SK에너지

- 개인이 의도했던 목표를 달성하기 위해 열정을 다했던 경험에 대해 말해 보시오. 그 열정은 언제 시작했고, 왜 시작하게 되었는가? 그 과정에서 시행착오는 무엇이었고, 구체적인 성과는 무엇이었나?
- 의도했던 목표를 초과 달성했던 경험이 있었는가?
- 책임감을 느껴본 경험이 있는가?
- 주어진 규칙을 위반한 경험이 있다면 그 사례는 무엇인가?
- 인간관계에서 가장 어려웠던 경험과 해결 방안은 무엇이었는가?
- 실패한 경험이 있는가? 실패의 이유는 무엇이고, 그것을 극복하기 위해 어떻게 해야 할 것인가?
- 창의적으로 문제를 해결한 경험이 있는가?
- 학생과 직장인의 차이는 무엇인가?
- 동시에 일을 수행하여 성공해 본 경험이 있는가?
- 휴일근무를 계속 해야 한다면 어떻게 하겠는가?
- 리더십 발휘 경험이 있는가?

(5) SK지오센트릭

- 컴퓨터 능력은 어느 정도인가?
- 직무를 행하는 데 있어서 중요한 것은 무엇이라 생각하는가?
- 학연, 지연, 인맥이라는 것에 대해 어떻게 생각하는가?
- 자신의 미래는 어떻게 되리라 보는가?
- 친구들과 있을 때 의견을 내는 편인가, 따르는 편인가?
- 본인이 생각하는 리더의 자질은 무엇인가?
- 스트레스를 받았던 경험을 말해 보시오.
- 입사를 한다고 가정하고 자신만의 각오를 말해 보시오.
- 신입사원이 갖추어야 할 자질과 덕목은 무엇인가?

3. 포스코

- 1분 동안 자기소개를 해 보시오.
- 지원동기 및 포부를 말해 보시오.
- (이직한 경험이 있다면) 이직 사유는 무엇인가?
- 포스코그룹에 입사하려고 하는 이유는 무엇인가?
- 자격증이 별로 없는데 그 이유는 무엇인가?
- 본인이 가지고 있는 자격증과 그 자격증을 취득한 이유를 말해 보시오.
- 휴무일 때 설비가 고장 났다는 연락이 왔다. 어떻게 행동할 것인가?
- 협력사와 본사에서 같은 급여를 받는 것에 대해 어떻게 생각하는가?
- 사무직과 기술직의 차이는 무엇이라고 생각하는가?
- 자신의 단점은 무엇인가? 그 단점이 생활 속에서 나타난 경험을 말해 보시오.
- 20대 이후로 자신이 가장 잘했다고 생각하는 일과 후회하는 일은 무엇인가?
- 사람을 사귈 때 본인만의 기준이 있다면 말해 보시오.
- 회사 또는 국가가 역사관, 국가관을 중요시하는 이유를 무엇이라고 생각하는가?
- 최근에 읽은 책은 무엇이며 읽고 무엇을 느꼈는지 말해 보시오.
- 기업시민이란 무엇인지에 대해서 말해 보시오.

4. GS칼텍스

- 자기 PR을 해 보시오.
- 취미는 무엇인가?
- 자신의 성실함을 증명해 보시오.
- 자신의 목표에 대해 말해 보시오.
- 자신의 특기에 대해 말해 보시오.
- 교내 활동이나 동아리 활동을 한 적이 있는가? 있다면 그 경험에 대해 말해 보시오.
- 입사 후 포부는 무엇인가?
- 주량은 얼마나 되는가?
- 부모님 직업은 무엇인가?
- 학창시절, 군대시절, 그리고 현재 자신에 대해 표현해 보시오.
- 준비해 왔는데 아직 하지 못한 말이 있는가? 있다면 해 보시오.
- 30대, 또는 40대가 되었을 때 자신이 어떤 모습일지 말해 보시오.
- 최근에 본 영화가 있는가?
- 살면서 가장 힘들거나 어려웠던 때는 언제인가?
- 당신이 정말 마음을 터놓고 모든 것을 이야기할 수 있는 친구는 몇 명이나 되는가?
- 친구들이 말하는 자신의 장점은 무엇인가?
- GS칼텍스에 지원하기 위해 무엇을 준비하였는가?
- 본인이 지원한 직무가 정확히 어떠한 일을 하는 것인지 알고 있는가?
- 친한 친구가 있는지, 어떤 친구인가?
- 기계 관련하여 일해본 경험이 있는가?
- 존경하는 사람이 누구인가?
- 직무에 대해 아는 것을 말해 보시오.
- 하기 싫은 일을 했던 경험에 대해 말해 보시오.
- 최근에 읽은 책은 무엇인가?

우리가 해야 할 일은 끊임없이 호기심을 갖고
새로운 생각을 시험해 보고 새로운 인상을 받는 것이다.

- 월터 페이터 -

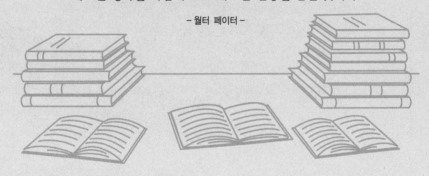

앞선 정보 제공! 도서 업데이트

언제, 왜 업데이트될까?

도서의 학습 효율을 높이기 위해 자료를 추가로 제공할 때!
공기업 · 대기업 필기시험에 변동사항 발생 시 정보 공유를 위해!
공기업 · 대기업 채용 및 시험 관련 중요 이슈가 생겼을 때!

01 시대에듀 도서
www.sdedu.co.kr/book
홈페이지 접속

02 상단 카테고리
「도서업데이트」
클릭

03 해당
기업명으로
검색

참고자료, 시험 개정사항 등 정보 제공으로 학습효율을 높여 드립니다.

더 이상의
고졸 · 전문대졸 필기시험 시리즈는 없다!

"알차다"
꼭 알아야 할 내용을 담고 있으니까

"친절하다"
핵심 내용을 쉽게 설명하고 있으니까

"핵심을 뚫는다"
시험 유형과 유사한 문제를 다루니까

"명쾌하다"
상세한 풀이로 완벽하게 익힐 수 있으니까

성공은 나를 응원하는 사람으로부터 시작됩니다.
시대에듀가 당신을 힘차게 응원합니다.

SDC

SDC는 시대에듀 데이터 센터의 약자로
약 30만 개의 NCS·적성 문제 데이터를
바탕으로 최신 출제경향을 반영하여
문제를 출제합니다.

누적 판매량
1위
고졸채용
시리즈

최 신 판

2025

고졸·전문대졸

편저 | **SDC(Sidae Data Center)**

정답 및 해설

생산직 · 기술직

인적성검사 필기시험

삼성 | SK | 포스코 | S-OIL | GS칼텍스 등

시대에듀

PART

1

적성검사

끝까지 책임진다! 시대에듀!

QR코드를 통해 도서 출간 이후 발견된 오류나 개정법령, 변경된 시험 정보, 최신기출문제, 도서 업데이트 자료 등이 있는지 확인해 보세요! **시대에듀 합격 스마트 앱**을 통해서도 알려 드리고 있으니 구글 플레이나 앱 스토어에서 다운받아 사용하세요. 또한, 파본 도서인 경우에는 구입하신 곳에서 교환해 드립니다.

01	02	03	04	05	06	07	08	09	10
①	③	⑤	①,③	②,④	④	④	③	④	④
11	12	13	14	15	16	17	18	19	20
②	⑤	②	④	④	③	④	④	④	④
21	22	23	24	25	26	27	28	29	30
③	⑤	④	①	③	④	⑤	④	②	⑤
31	32	33	34	35	36	37	38	39	40
①	①	①	⑤	⑤	④	②	④	③	⑤
41	42	43	44	45	46	47	48	49	50
①	②	③	①	⑤	②	④	④	③	④

01 정답 ①

• 무녀리 : '(처음으로) 문을 열고 나온'이라는 의미로, 한 태에 낳은 여러 마리 새끼 가운데 가장 먼저 나온 새끼 또는 말이나 행동이 좀 모자란 듯이 보이는 사람을 비유적으로 이르는 말
• 못난이 : 못나고 어리석은 사람

오답분석
② 어룽이 : 어룽어룽한 점이나 무늬. 또는 그런 점이나 무늬가 있는 짐승이나 물건
③ 암무당 : 여자 무당을 이르는 말
④ 더펄이 : 성미가 침착하지 못하고 덜렁대는 사람. 또는 성미가 스스럼이 없고 붙임성이 있어 꽁하지 않은 사람
⑤ 헛똑똑이 : 겉으로는 아는 것이 많아 보이나, 정작 알아야 하는 것은 모르거나 어떤 것을 선택해야 하는 상황에서 판단을 제대로 하지 못하는 사람을 놀림조로 이르는 말

02 정답 ③

• 성취 : 목적한 바를 이룸
• 달성 : 목적한 것을 이룸

오답분석
① 성장 : 사물의 규모나 세력 따위가 점점 커짐
② 번성 : 한창 성하게 일어나 퍼짐
④ 취득 : 자기 것으로 만들어 가짐
⑤ 고취 : 의견이나 사상 따위를 열렬히 주장하여 불어넣음

03 정답 ⑤

• 이목 : 주의나 관심
• 시선 : 주의 또는 관심을 비유적으로 이르는 말

오답분석
① 괄목 : 눈을 비비고 볼 정도로 매우 놀람
② 경계 : 사물이 어떠한 기준에 의하여 분간되는 한계
③ 기습 : 적이 생각지 않았던 때에 갑자기 들이쳐 공격함
④ 정도 : 알맞은 한도

04 정답 ①, ③

• 기근 : 흉년으로 먹을 양식이 모자라 굶주림
• 기아 : 먹을 것이 없어 배를 곯는 것

오답분석
② 나태 : 행동, 성격 따위가 느리고 게으름
④ 성실 : 정성스럽고 참됨
⑤ 단념 : 품었던 생각을 아주 끊어 버림

05 정답 ②, ④

• 평안 : 걱정이나 탈이 없음. 또는 무사히 잘 있음
• 안전 : 위험이 생기거나 사고가 날 염려가 없음

오답분석
① 실의 : 뜻이나 의욕을 잃음
③ 재능 : 어떤 일을 하는 데 필요한 재주와 능력
⑤ 기교 : 기술이나 솜씨가 아주 교묘함. 또는 그런 기술이나 솜씨

06 정답 ④

• 결핍 : 있어야 할 것이 없어지거나 모자람
• 충족 : 넉넉하여 모자람이 없음

오답분석
① 결여 : 마땅히 있어야 할 것이 빠져서 없거나 모자람
② 억제 : 감정이나 욕망, 충동적 행동 따위를 내리눌러서 그치게 함
③ 행복 : 생활에서 충분한 만족과 기쁨을 느끼어 흐뭇함
⑤ 쾌락 : 유쾌하고 즐거움

07

- 망각 : 어떤 사실을 잊어버림
- 기억 : 이전의 인상이나 경험을 의식 속에 간직하거나 도로 생각해 냄

오답분석
① 밀집 : 빈틈없이 빽빽하게 모임
② 정신 : 육체나 물질에 대립되는 영혼이나 마음
③ 내포 : 어떤 성질이나 뜻 따위를 속에 품음
⑤ 착각 : 어떤 사물이나 사실을 실제와 다르게 지각함

08
정답 ③

- 꿉꿉하다 : 조금 축축하다(≒눅눅하다).
- 강마르다 : 물기가 없이 바싹 메마르다. 성미가 부드럽지 못하고 메마르다. 또는 살이 없이 몹시 수척하다.

오답분석
① 강샘하다 : 부부 사이나 사랑하는 이성(異性) 사이에서 상대되는 이성이 다른 이성을 좋아할 경우에 지나치게 시기하다(≒질투하다).
② 꽁꽁하다 : 아프거나 괴로워 앓는 소리를 내다. 강아지가 짖다. 또는 작고 가벼운 물건이 자꾸 바닥이나 물체 위에 떨어지거나 부딪쳐 소리가 나다.
④ 눅눅하다 : 축축한 기운이 약간 있다. 또는 물기나 기름기가 있어 딱딱하지 않고 무르며 부드럽다.
⑤ 끌탕하다 : 속을 태우며 걱정하다.

09
정답 ④

'우호 – 친교'는 유의 관계이다.
- 우호 : 개인끼리나 나라끼리 서로 사이가 좋음
- 친교 : 친밀하게 사귐 또는 그런 교분

10
정답 ④

'유미 – 탐미'는 동의 관계이다.
- 유미 : 아름다움을 추구하여 거기에 빠지거나 깊이 즐김
- 탐미 : 아름다움을 추구하여 거기에 빠지거나 깊이 즐김

11
정답 ②

제시문의 '뽑다'는 '박힌 것을 잡아당기어 빼내다.'의 의미로 쓰였으며, 이와 같은 의미로 사용된 것은 ②이다.

오답분석
① 무엇에 들인 돈이나 밑천 따위를 도로 거두어들이다.
③ 길게 늘이어 솟구다.
④ 속에 들어 있는 기체나 액체를 밖으로 나오게 하다.
⑤ 여럿 가운데에서 골라내다.

12
정답 ⑤

제시문의 '말'은 '일정한 주제나 줄거리를 가진 이야기'를 의미하므로 이와 같은 의미로 사용된 것은 ⑤이다.

오답분석
① 사람의 생각이나 느낌 따위를 표현하고 전달하는 데 쓰는 음성 기호
② 단어, 구, 문장 따위를 통틀어 이르는 말
③ 음성 기호로 생각이나 느낌을 표현하고 전달하는 행위. 또는 그런 결과물
④ 소문이나 풍문 따위를 이르는 말

13
정답 ②

②의 '고치다'는 '고장이 나거나 못 쓰게 된 물건을 손질하여 제대로 되게 하다.'라는 의미이다.

오답분석
①·③·④·⑤ '잘못되거나 틀린 것을 바로 잡다.'라는 의미이다.

14
정답 ④

- 난립(亂立) : 질서 없이 여기저기서 나섬

15
정답 ④

'꾸러미'는 달걀 10개를 묶어 세는 단위이므로 달걀 한 꾸러미는 10개이다.

오답분석
① 굴비를 묶어 세는 단위인 '갓'은 '굴비 10마리'를 나타내므로 굴비 두 갓은 20마리이다.
② 일정한 길이로 말아 놓은 피륙을 세는 단위인 '필'의 길이는 40자에 해당되므로 명주 한 필은 40자이다.
③ '제'는 한약의 분량을 나타내는 단위로, 한 제는 탕약 스무 첩을 나타내므로 탕약 세 제는 60첩이다.
⑤ '거리'는 오이나 가지 따위를 묶어 세는 단위로, 한 거리는 오이나 가지 50개를 나타내므로 오이 한 거리는 50개이다.

16
정답 ③

- 손 : 생선 2마리

오답분석
① 톳 : 김 100장
② 강다리 : 장작 100개비
④ 우리 : 기와 2,000장
⑤ 접 : 과일 100개

17
정답 ③

미수(米壽)는 88세를 이르는 말로, 80세를 의미하는 말은 '산수(傘壽)'이다.

18
정답 ④

부인의 남동생의 아내를 '처남댁'이라고 부른다.

19
정답 ④

공식적인 자리에서 다수의 청자에게 이야기할 때, '해요체'를 사용한다면 부자연스러울 수 있다. 따라서 '합쇼체'를 사용하는 것이 청자를 정중히 예우하는 높임법이다.

20
정답 ④

오답분석
① 공간 : 아무것도 없는 빈 곳
② 광장 : 많은 사람이 모일 수 있게 거리에 만들어 놓은 넓은 빈터
③ 백발 : 하얗게 센 머리털
⑤ 역전 : 역의 앞쪽

21
정답 ③

오답분석
① 일일히 → 일일이
② 맞대고 → 맞대고
④ 흐터지면 → 흩어지면
⑤ 낳은 → 나은

22
정답 ⑤

'뇌졸중(腦卒中)'은 뇌에 혈액 공급이 제대로 되지 않아 손발의 마비, 언어 장애 등을 일으키는 증상을 일컬으며, '뇌졸증'은 '뇌졸중'의 잘못된 표현이다.
'꺼림칙하다'와 '꺼림직하다' 중 기존에는 '꺼림칙하다'만 표준어로 인정되었으나, 2018년 표준국어대사전이 수정됨에 따라 '꺼림직하다'도 표준어로 인정되었다. 따라서 '꺼림칙하다', '꺼림직하다' 모두 사용할 수 있다.

23
정답 ③

• 웬지 → 왠지
• 어떡게 → 어떻게
• 말씀드리던지 → 말씀드리든지
• 바램 → 바람

24
정답 ①

'본받다'는 '본을 받다'에서 목적격 조사가 생략되고, 명사 '본'과 동사 '받다'가 결합한 합성어이다. 따라서 하나의 단어로 '본받는'이 옳은 표기이다.

25
정답 ③

• 내로라하다 : '어떤 분야를 대표할 만하다.'는 뜻으로 한 단어이다.
• 그러다 보니 : 보조용언 '보다'가 앞 단어와 연결어미로 이어지는 '-다 보다'의 구성으로 쓰이면 앞말과 띄어 쓴다.

오답분석
① 무엇 보다 → 무엇보다 / 인식해야 만 → 인식해야만
 • 무엇보다 : 앞말이 부사어임을 나타내는 조사로 붙여 쓴다.
 • 인식해야만 : '만'은 한정, 강조를 의미하는 보조사로 붙여 쓴다.
② 두가지를 → 두 가지를 / 조화시키느냐하는 → 조화시키느냐 하는
 • 두 가지를 : 수 관형사는 뒤에 오는 명사 또는 의존명사와 띄어 쓴다.
 • 조화시키느냐 하는 : 어미 다음에 오는 말은 띄어 쓴다.
④ 심사하는만큼 → 심사하는 만큼 / 한 달 간 → 한 달간
 • 심사하는 만큼 : 뒤에 나오는 내용의 원인, 근거를 의미하는 의존명사로 띄어 쓴다.
 • 한 달간 : '동안'을 의미하는 접미사로 붙여 쓴다.
⑤ 창문밖에 → 창문 밖에 / 너 밖에 → 너밖에
 • 창문 밖에 : 바깥(外)의 의미를 지니고 있으면 명사이므로 앞말과 띄어 쓴다.
 • 너밖에 : 한정의 의미를 지니고 있으면 조사이므로 앞말과 붙여 쓴다.

26
정답 ④

제시문은 동양과 서양에서 서로 다른 의미를 부여하고 있는 달에 대해 설명하고 있는 글이다. 따라서 (나) 동양에서 나타나는 해와 달의 의미 - (라) 동양과 상반되는 서양에서의 해와 달의 의미 - (다) 최근까지 지속되고 있는 달에 대한 서양의 부정적 의미 - (가) 동양에서의 변화된 달의 이미지의 순으로 나열하는 것이 적절하다.

27
정답 ⑤

먼저 귀납에 대해 설명하고 있는 (나) 문단이 오는 것이 적절하다. 다음으로 (라) 귀납의 특성으로 인한 논리적 한계가 나타남 - (다) 이러한 한계에 대한 흄의 의견 - (가) 구체적인 흄의 주장과 이에 따른 귀납의 정당화 문제 순으로 나열하는 것이 적절하다.

28 정답 ④

제시문은 우리나라의 인구감소 시대 진입으로 인해 늘어나는 복지수요와 그에 따른 공공재원 확보를 위한 방안에 대해 설명하는 글이다. 따라서 (나) 우리나라의 인구감소 시대의 진입 가능성으로 인한 복지수요 증가 예상 – (라) 어려워지는 공공재원의 확보 및 확충으로 인해 효율적 재원의 활용이 요구됨 – (가) 효율적 공공재원의 활용을 위해 사회 생산성 기여를 위한 공간정책의 필요성 대두 – (다) 인구감소 시대 대비 방안에 대한 지속적 논의 필요 순으로 나열하는 것이 적절하다.

29 정답 ②

제시문은 베토벤의 9번 교향곡에 대해 설명하고 있으며, 보기는 9번 교향곡이 '합창교향곡'이라는 명칭이 붙은 이유에 대해 말하고 있다. 제시문의 세 번째 문장까지는 교향곡에 대해 설명을 하고 있으며, 네 번째 문장부터는 교향곡에 대한 현대의 평가 및 가치에 대해 설명을 하고 있다. 따라서 보기의 문장은 교향곡에 대한 설명과 교향곡에 성악이 도입되었다는 설명을 한 다음 문장인 (나)에 들어가는 것이 가장 적절하다.

30 정답 ⑤

보기는 관심사가 하나뿐인 사람을 1차원 그래프로 표시할 수 있다는 내용이다. 따라서 제시문의 1차원적 인간에 대한 구체적인 예시에 해당하므로 (마)에 들어가는 것이 가장 적절하다.

31 정답 ①

• 첫 번째 빈칸 : 빈칸 앞의 '원체는 ~ 과학적 방식에 의거하여 설득하려는 정치·과학적 글쓰기라고 할 수 있다.'라는 내용을 통해 빈칸에는 다산이 이러한 원체의 정치·과학적 힘을 인식하여 「원정(原政)」이라는 글을 남겼다는 ㉠이 적절함을 알 수 있다.

• 두 번째 빈칸 : 빈칸 뒤에서는 다산의 원체와 비슷한 예로 당시 새롭게 등장한 미술 사조인 시각의 정식화를 통해 만들어진 진경 화법을 들고 있다. 따라서 빈칸에는 다산이 원체를 개인적인 차원에서 선택한 것이 아니라 당대의 문화적 추세를 반영한 것이라는 내용의 ㉡이 적절함을 알 수 있다.

• 세 번째 빈칸 : 빈칸 뒤 문장의 다산이 쓴 「원정」은 '정치에 대한 새로운 관점을 정식화하여 제시한 것'이라는 내용을 통해 빈칸에는 '새로운 기법'의 진경 화법과 '새로운 관점'의 원체를 공통점으로 도출하는 ㉢이 적절함을 알 수 있다.

32 정답 ①

빈칸의 다음 문장에서 '외래어가 넘쳐나는 것은 그간 우리나라의 고도성장과 절대 무관하지 않다.'라고 했다. 따라서 빈칸에 들어갈 내용은 '사회의 성장과 외래어의 증가는 관계가 있다.'는 의미를 포함하는 진술이다.

33 정답 ①

제시문은 '전통 단절론의 오류와 전통 탐구의 현대적 의의'에 대해 말하고 있다. 글쓴이는 '전통'의 의미를 '상당히 이질적인 것이 교차하여 견고 튼 끝에 이루어진 것', '어느 것이나 우리화시켜 받아들인 것'으로 규정하고, '전통의 혼미란 곧 주체의식의 혼미란 뜻에 지나지 않는다.'라는 주장을 펴고 있다. 따라서 빈칸에 들어갈 내용은 이러한 의미를 담고 있는 ①이다.

34 정답 ⑤

얼렌 증후군 환자들은 사물이 흐릿해지면서 두세 개로 보이는 것과 같은 시각적 왜곡을 경험한다. 따라서 이들은 어두운 곳에서 책을 보고 싶어 하는 경우가 많다고 한 내용을 보아 밝은 곳에서 난독증 증상이 더 심해진다는 것을 알 수 있다.

오답분석

① 난독증은 지능에는 문제가 없으며, 단지 언어활동에만 문제가 있는 질환이기 때문에 지능에 문제가 있는 사람에게서 주로 나타난다고 보기 어렵다.

② 문자열을 전체로는 처리하지 못하고 하나씩 취급하여 전체 문맥을 이해하지 못하는 것 역시 난독증의 증상 중 하나이다.

③ 지능과 시각, 청각이 모두 정상임에도 난독증을 경험하는 경우가 있는 것으로 밝혀졌다.

④ 난독증의 원인 중 하나인 얼렌 증후군은 시신경 세포가 정상인보다 적은 경우에 발견되는데, 보통 유전의 영향을 많이 받는다.

35 정답 ⑤

제시문을 통해 언어가 시대를 넘어 문명을 전수하는 역할을 한다는 걸 알 수 있다. 언어를 통해 전해진 선인들의 훌륭한 문화유산이나 정신 자산은 당대의 문화나 정신을 살찌우는 밑거름이 되었으며, 이러한 언어가 없었다면 인류 사회는 앞선 시대와 단절되어서 이상의 발전을 기대할 수 없었을 것이다. 따라서 문명의 발달은 언어와 더불어 이루어져 왔음을 의미한다.

36

임마누엘 칸트는 단순히 이 세상의 행복을 얻으려는 욕심의 지배를 받아 이를 실천의 원리로 삼는 것을 악으로 규정했을 뿐, 행복 그 자체를 악으로 판단하진 않았다.

37

청색기술의 대상이 되는 동식물은 오랫동안 진화를 거듭하여 자연에 적응한 동식물이다.

38

오답분석
① 두 번째 문장에서 확인할 수 있다.
② 제시문의 흐름을 통해 확인할 수 있다.
③ · ⑤ 마지막 문장에서 확인할 수 있다.

39

제목은 주제와 관련이 있는데 주제는 제시문의 앞부분인 '미래 사회에서는 산업 구조의 변화에 따라 전반적인 사회조직의 원리도 바뀔 것이다.'이다. 따라서 ③이 제시문의 제목으로 가장 적절하다.

오답분석
④ 제시문의 초점은 '미래 사회의 산업 구조' 자체가 아니라 '산업 구조의 변화에 따른 사회조직 원리의 변화'이다.

40

제시문에서는 인지부조화의 개념과 과정을 설명한 후, 이러한 인지부조화를 감소시키는 행동에 자기방어적인 행동을 유발하는 비합리적인 면이 있음을 지적하며, 이러한 행동이 부정적 결과를 초래할 수 있음을 말하고 있다.

41

첫 번째 단락의 글은 도입부라 볼 수 있으며, 두 번째 단락의 첫 문장이 제시문의 주제문이다. 이에 이어서 서구와의 비교를 통해 연고주의의 장점을 강화하고 있다.

42

'미국 사회에서 동양계 ~ 구성된다.'에서 '모범적 소수 인종'의 인종적 정체성은 백인의 특성이 장점이라고 생각하는 것과 동양인의 특성이 단점이라고 생각하는 것의 사이에서 구성된다. 따라서 '모범적 소수 인종'은 특유의 인종적 정체성을 내면화하고 있음을 추론할 수 있다.

오답분석
① 제시문의 논점은 '동양계 미국인 학생들(모범적 소수 인종)'이 성공적인 학교 생활을 통해 주류 사회에 동화되고 있는 것이 사실인지 여부이다. 그에 따라 사회적 삶에서 인종주의의 영향이 약화될 수 있는지에 대한 문제이다. 따라서 '모범적 소수 인종'의 성공이 일시적 · 허구적인지에 대한 논점은 확인할 수 없다.
③ 인종차별을 의식하는 것은 알 수 있지만 한정된 자원의 배분을 놓고 갈등하는지는 제시문을 통해서 알 수 없다.
④ 인종차별을 은폐된 형태로 지속시킨다는 것은 제시문을 통해서 알 수 없다.
⑤ 동양계 미국인 학생들은 인종적인 차별을 의식하고 있다고 말할 수 있지만 소수 인종 모두가 의식하고 있는지는 제시문을 통해서 추측할 수 없다.

43

무게 중심이 지지점과 연직 방향에서 벗어난다면, 중력에 의한 회전력을 받게 되어 지지점을 중심으로 회전하며 넘어지게 된다.

44

제시문에서는 영리병원 도입으로 중장기적 고용 창출 효과가 있을 것이라고 주장하고 있다.

45

두 번째 문단을 통해 '셉테드'는 건축물 설계 과정에서부터 범죄를 예방 · 차단하기 위해 공간을 구성하는 것임을 알 수 있다. 따라서 각 가정에 방범창을 설치하는 것으로 셉테드와는 관련이 없다.

46

직장에서의 프라이버시 침해 위협에 대해 우려하는 것이 이 글의 논지이다. 따라서 ②는 제시문에 대한 반응으로 적절하지 않다.

47

정답 ④

제시문은 서구화된 우리 문화의 현실 속에서 민족 문화의 전통을 계승하자는 논의가 결코 보수적인 것이 아님을 밝히고 구체적인 사례를 검토하면서 전통의 본질적 의미와 그것의 올바른 계승 방법을 모색한 논설문이다. 글쓴이는 전통이란 과거의 것 중에서 현재의 문화 창조에 이바지하는 것이라고 보고 우리 스스로 전통을 찾고 창조해야 한다고 주장한다. 따라서 ④의 관점이 적절하다.

48

정답 ④

제시문에서 전통은 과거에서 이어와 현재의 문화 창조에 이바지할 수 있다고 생각되는 것이라고 설명하였다.

49

정답 ③

제시문에서는 철도 발달로 인한 세계 표준시 정립의 필요성, 세계 표준시.정립에 기여한 샌퍼드 플레밍과 본초자오선 회의 등의 언급을 통해 세계 표준시가 등장하게 된 배경을 구체적으로 소개하고 있다.

50

정답 ④

우리나라에 세계 표준시가 도입된 대한제국 때에는 동경 127.5도 기준으로 세계 표준시의 기준인 영국보다 8시간 30분(127.5/15＝8.5)이 빨랐다. 그러나 현재 우리나라의 표준시는 동경 135도 기준으로 변경되었기 때문에 영국보다 9시간(135/15＝9)이 빠르다. 따라서 현재 우리나라의 시간은 대한제국 때 지정한 시각보다 30분 빠르다.

CHAPTER 02 수리능력 적중예상문제

01	02	03	04	05	06	07	08	09	10
③	④	②	③	②	②	③	③	⑤	②
11	12	13	14	15	16	17	18	19	20
③	④	①	④	②	③	③	④	①	③
21	22	23	24	25	26	27	28	29	30
②	④	⑤	②	③	①	③	③	①	②
31	32	33	34	35	36	37	38	39	40
②	④	④	②	③	①	④	②	②	⑤
41	42	43	44	45	46	47	48	49	50
②	④	④	③	②	②	③	①	③	④
51	52	53	54	55	56	57	58	59	60
④	③	④	②	⑤	①	⑤	①	①	②
61	62	63	64	65	66	67	68	69	70
④	③	③	③	②	②	②	③	②	④
71	72	73	74	75	76	77	78	79	80
⑤	③	③	④	①	①	②	③	①	④

01   정답 ③

$21 \times 44 + 646 - 887$
$= 924 + 646 - 887$
$= 1,570 - 887$
$= 683$

02   정답 ④

$3,684 - 62.48 \div 0.55$
$= 3,684 - 113.6$
$= 3,570.4$

03   정답 ②

$0.28 + 2.4682 - 0.9681$
$= 2.7482 - 0.9681$
$= 1.7801$

04   정답 ③

$5,322 \times 2 + 3,190 \times 3$
$= 10,644 + 9,570$
$= 20,214$

05   정답 ②

$4.7 + 22 \times 5.4 - 2$
$= 4.7 + 118.8 - 2$
$= 121.5$

06   정답 ②

$(59,378 - 36,824) \div 42$
$= 22,554 \div 42$
$= 537$

07   정답 ③

$7 - \left(\dfrac{5}{3} \times \dfrac{21}{15} \times \dfrac{9}{4} \right)$
$= 7 - \dfrac{21}{4}$
$= \dfrac{28}{4} - \dfrac{21}{4}$
$= \dfrac{7}{4}$

08   정답 ③

$545 - 245 - 247 + 112$
$= 657 - 492$
$= 165$

09   정답 ⑤

$512,745 - 425,427 + 23,147$
$= 535,892 - 425,427$
$= 110,465$

10

정답 ②

$255+476+347+107$
$=731+454$
$=1,185$

11

정답 ③

$3.432+2.121-0.878-1.271$
$=5.553-2.149$
$=3.404$

12

정답 ④

$457+55\times429\div33$
$=457+23,595\div33$
$=457+715$
$=1,172$

13

정답 ①

$3-3.8\times\dfrac{2}{5}=3-1.52=1.48$

오답분석

②·③·④·⑤ 1.2

14

정답 ④

$7\times8\times2+8=112+8=120$

오답분석

①·②·③·⑤ 130

15

정답 ②

$\dfrac{1}{7}<(\ \ )<\dfrac{4}{21} \rightarrow \dfrac{12}{84}<(\ \ )<\dfrac{16}{84}$

$\dfrac{12}{84}<\left(\dfrac{1}{6}=\dfrac{14}{84}\right)<\dfrac{16}{84}$

오답분석

① $\dfrac{1}{28}=\dfrac{3}{84}$　　　　③ $\dfrac{2}{7}=\dfrac{24}{84}$

④ $\dfrac{1}{3}=\dfrac{28}{84}$　　　　⑤ $\dfrac{3}{7}=\dfrac{36}{84}$

16

정답 ③

$-\dfrac{13}{8}=-1.625,\ -\dfrac{2}{5}=-0.4$

$-1.625<(\ \ )<-0.4$

$-1.625<\left(-\dfrac{14}{11}≒-1.273\right)<-0.4$

오답분석

① $-\dfrac{1}{7}≒-0.143$　　　② $-\dfrac{3}{8}=-0.375$

④ $-\dfrac{16}{9}≒-1.778$　　　⑤ $-\dfrac{11}{4}=-2.75$

17

정답 ③

$0.71<(\ \ )<\dfrac{9}{12} \rightarrow 0.71<(\ \ )<0.75$

$0.71<\left(\dfrac{145}{200}=0.725\right)<0.75$

오답분석

① $\dfrac{695}{1,000}=0.695$

④ $\dfrac{3}{4}=0.75$

18

정답 ④

$(1◎6)+(4◎2)$
$=(1-6)+6^2+(4-2)+2^2$
$=(-5)+6^2+2+2^2$
$=81$

19

정답 ①

1크로나는 0.12달러이므로 120크로나는 $120\times0.12=14.4$ 달러이다.

20

정답 ③

1위안은 0.16달러이므로 55위안은 $55\times0.16=8.8$달러이다.

21

정답 ②

박대리의 이동 시간을 x시간이라 가정하면, 김부장의 이동 시간은 $\left(x+\dfrac{1}{2}\right)$시간이 된다. 두 사람의 이동 거리가 같아지는 시간을 구하면, 다음과 같은 식이 성립한다.

$x\times 4 = \left(x+\dfrac{1}{2}\right)\times 3 \rightarrow 4x-3x=\dfrac{3}{2}$

$\therefore\ x=\dfrac{3}{2}$

따라서 박대리가 회사에서 출발하여 90분$\left(=\dfrac{3}{2}\text{시간}\right)$ 후에 김부장을 따라잡는다.

22

정답 ④

- 아이스크림의 정가 : $2,000(1+a\%)$원
- 아이스크림의 할인율 : $\dfrac{a}{2}\%$
- 할인된 아이스크림의 가격 : $2,000(1+a\%)\times\left(1-\dfrac{a}{2}\%\right)$원
- 아이스크림 1개당 이익 : $2,000(1+a\%)\times\left(1-\dfrac{a}{2}\%\right)-2,000=240$원

이를 활용하여 a를 구하면 다음과 같은 식이 성립한다.

$2,000(1+a\%)\times\left(1-\dfrac{a}{2}\%\right)-2,000=240$

$2,000\left(1+\dfrac{a}{100}\right)\left(1-\dfrac{a}{200}\right)-2,000=240$

$a^2-100a+2,400=0$

$(a-40)(a-60)=0$

$\therefore\ a=40$ 또는 $a=60$

따라서 40%나 60%를 할인한 경우에 240원의 이익이 발생한다.

23

정답 ⑤

A와 B가 서로 반대 방향으로 돌면, 둘이 만났을 때 A가 걸은 거리와 B가 걸은 거리의 합이 운동장의 둘레와 같다.
따라서 $100\times 12+80\times 12=2,160$m이다.

> 두 사람이 반대 방향(또는 같은 방향)으로 움직이는 경우
> 전체거리=두 사람이 움직인 거리의 합(또는 차)
> → 두 사람이 만날 때까지 걸린 시간이 같음

24

정답 ②

나래가 자전거를 탈 때의 속력을 $x$km/h, 진혁이가 걷는 속력을 $y$km/h라고 하자.
$1.5(x-y)=6\cdots$㉠
$x+y=6\cdots$㉡
㉠과 ㉡을 연립하면 다음과 같다.
$\therefore\ x=5,\ y=1$
따라서 나래의 속력은 5km/h이다.

25

정답 ③

농도 13% 식염수의 양이 xg이라고 하면, 농도 8% 식염수의 양은 $(500-x)$g이므로 다음과 같은 식이 성립한다.

$\dfrac{8}{100}\times(500-x)+\dfrac{13}{100}\times x=\dfrac{10}{100}\times 500$

$\therefore\ x=200$

따라서 식염수의 양은 200g이다.

26

정답 ①

전 세계 인구를 100명라 가정하면, 실제로 C병에 걸린 사람은 10%로 10명이며, 90명은 병에 걸리지 않았다. 하지만 오진일 확률이 90%이므로 검사결과가 정확할 확률은 10%이다. 그러므로 C병에 걸린 사람 10명 중 C병에 걸리지 않은 오진 판명된 사람은 $10\times 0.9=9$명이고, 병에 걸리지 않은 사람 90명 중 걸리지 않았다고 정확한 결과가 나온 사람은 $90\times 0.1=9$명이 된다.
따라서 C병에 걸리지 않았다고 진단받은 사람들 18명 중 오진이 아닌 사람은 9명으로, A가 검사 후 병에 걸리지 않았다고 진단받았을 때 오진이 아닐 확률은 $\dfrac{9}{18}\times 100=50\%$이다.

27

정답 ③

반장과 부반장을 서로 다른 팀에 배치하는 경우는 2가지이다.
2명을 제외한 인원을 2명, 4명으로 나누는 경우는 먼저 6명 중 2명을 뽑는 방법을 구하면 $_6C_2=\dfrac{6\times 5}{2}=15$가지이다.
따라서 래프팅을 2팀으로 나눠 타는 경우의 수는 $2\times 15=30$가지이다.

28
정답 ③

아버지의 나이가 아들의 나이의 2배가 되는 시간을 x년이라고 하면 x년 후의 아버지, 아들의 나이는 각각 $(35+x)$, $(10+x)$세이다.

$35+x=2(10+x)$

$\therefore\ x=15$

따라서 아버지 나이가 아들 나이의 2배가 되는 것은 15년 후이다.

29
정답 ①

막내의 나이를 x세, 서로 나이가 같은 3명의 멤버 중 1명의 나이를 y세라고 하자.

$y=105\div5=21(\because\ y=5$명의 평균 나이$)$

$24+3y+x=105$

$x+3\times21=81$

$\therefore\ x=18$

따라서 막내의 나이는 18세이다.

30
정답 ②

12와 32의 최소공배수는 96이므로 100 이하 자연수 중 96의 배수는 1개이다.

31
정답 ②

327보다 작으면서 가장 큰 2^ng의 추는 $2^8=256$g이다. 그 다음에 남는 무게는 71g인데 이 역시 앞의 과정과 마찬가지로 하면 필요한 추는 $2^6=64$g, 그 다음에 남는 무게인 7g에는 2^2g, 2^1g, 1g의 추가 필요하다.

따라서 최소로 필요한 추의 개수는 5개이다.

32
정답 ④

아이들의 수를 x명이라고 하자.

$7(x-14)+2=6(x-11)+2\ \rightarrow\ x=32$

즉, 아이들의 수는 32명, 노트의 개수는 $7\times(32-14)+2=128$권이다.

따라서 1명당 나누어줄 노트의 개수는 $128\div32=4$권이다.

33
정답 ④

작년보다 제주도 숙박권은 20%, 여행용 파우치는 10% 더 늘린다고 했으므로 제주도 숙박권은 $10\times0.2=2$명, 여행용 파우치는 $20\times0.1=2$명이 더 경품을 받을 수 있다.

따라서 작년보다 증가한 경품받는 인원은 총 4명이다.

34
정답 ②

어른과 어린이의 비율이 2 : 1이므로 150명 중 어린이는 $150\times\dfrac{1}{3}=50$명이다.

따라서 남자 어린이는 $50\times\dfrac{2}{5}=20$명이다.

35
정답 ②

줄이려고 하는 가로의 길이를 $x$cm라고 하자.

직사각형의 넓이를 반으로 즉, $20\times15\div2=150$cm² 이하로 줄이려고 한다면 다음과 같은 부등식이 성립한다.

$(20-x)\times15\leq150\ \rightarrow\ 15x\geq150$

$\therefore\ x\geq10$

따라서 가로의 길이는 최소 10cm 이상 줄여야 한다.

36
정답 ①

밭은 한 변의 길이가 12m인 정사각형 모양이다. 한 변의 양 끝에 점을 찍고 그 사이에 1m 격자 형태로 점을 찍으면 한 변에 13개의 점이 찍히므로 인접한 점 사이의 거리는 1m가 된다. 또한 사과나무 169그루는 13^2그루이기 때문에 각 격자 점에 1그루씩 심으면 일정 간격으로 심을 수 있게 된다.

따라서 나무와 나무 사이의 거리는 1m이다.

37
정답 ④

지하철이 A, B, C역에 동시에 도착하였다가 다시 동시에 도착하는 데까지 걸리는 시간은 3, 2, 4의 최소공배수인 12분이다.

따라서 세 지하철역에서 5번째로 지하철이 동시에 도착하는 시각은 $12\times4=48$분 후인 5시 18분이다.

38
정답 ②

분수쇼는 시작하고 나서 매 45분마다 시작이며, 퍼레이드는 60분마다 하고 있다. 그러므로 45와 60의 최소공배수를 구하면 180분이 나온다. 즉, 두 이벤트의 시작을 함께 볼 수 있는 시간은 10시 이후 3시간마다 가능하다.

따라서 오후 12시부터 오후 7시 사이에서는 오후 1시와 오후 4시에 볼 수 있으므로 2번 볼 수 있다.

39 정답 ②

6개의 숫자를 가지고 여섯 자리 수를 만드는 경우의 수는 $6!$가지인데, 그중 1이 3개, 2가 2개로 중복되어 $(3! \times 2!)$가지의 경우가 겹친다.

따라서 가능한 모든 경우의 수는 $\dfrac{6!}{3! \times 2!} = 60$가지이다.

40 정답 ⑤

두 사람이 내릴 수 있는 층은 $1 \sim 8$층이다.
그러므로 두 사람이 엘리베이터에서 내리는 경우의 수는 $8 \times 8 = 64$가지이고, 같은 층에서 내리는 경우의 수는 8가지이다.
따라서 두 사람이 같은 층에서 내릴 확률은 $\dfrac{8}{64} = \dfrac{1}{8}$이고, 서로 다른 층에서 내릴 확률은 $1 - \dfrac{1}{8} = \dfrac{7}{8}$이다.

41 정답 ②

ㄷ. 전년 대비 국·영·수의 월 최대 수강자 수가 증가한 해는 2020년과 2024년이고, 증가율은 다음과 같다.
- 2020년 : $\dfrac{385 - 350}{350} \times 100 = 10\%$
- 2024년 : $\dfrac{378 - 360}{360} \times 100 = 5\%$

따라서 증가율은 2020년에 가장 높다.

[오답분석]

ㄱ. 2021년 국·영·수의 월 최대 수강자 수는 전년 대비 감소했지만, 월 평균 수강자 수는 전년 대비 증가하였다.

ㄴ. 2021년 국·영·수의 월 최대 수강자 수는 전년 대비 감소했지만, 월 평균 수업료는 전년 대비 증가하였다.

ㄹ. 2019 ~ 2024년 동안 월 평균 수강자 수가 국·영·수 과목이 최대, 최소인 해는 각각 2021년, 2019년이고, 탐구 과목이 최대, 최소인 해는 2022년, 2020년이다.

42 정답 ④

2021년부터 2023년까지 경기 수가 증가하는 스포츠는 배구와 축구 2종목이다.

[오답분석]

① 2021년 농구의 전년 대비 경기 수 감소율은 $\dfrac{413 - 403}{413} \times 100 = 2.4\%$이며, 2024년 전년 대비 경기 수 증가율은 $\dfrac{410 - 403}{403} \times 100 = 1.7\%$이다.
따라서 2021년 전년 대비 경기 수 감소율이 더 높다.

② 2020년 농구와 배구의 경기 수 차이는 $413 - 226 = 187$회이고, 야구와 축구의 경기 수 차이는 $432 - 228 = 204$회이다.
따라서 $\dfrac{187}{204} \times 100 = 91.7\%$이므로 90% 이상이다.

③ 5년 동안의 종목별 스포츠 경기 수 평균은 다음과 같다.
- 농구 : $\dfrac{413 + 403 + 403 + 403 + 410}{5} = 406.4$회
- 야구 : $\dfrac{432 + 442 + 425 + 433 + 432}{5} = 432.8$회
- 배구 : $\dfrac{226 + 226 + 227 + 230 + 230}{5} = 227.8$회
- 축구 : $\dfrac{228 + 230 + 231 + 233 + 233}{5} = 231$회

따라서 야구 평균 경기 수는 축구 평균 경기 수의 약 1.87배로 2배 이하이다.

⑤ 2024년 경기 수가 5년 동안 각 종목의 평균 경기 수보다 적은 스포츠는 야구이다.

43 정답 ④

2024년에 세 번째로 많은 생산을 했던 분야는 일반기계 분야이다.
따라서 일반기계 분야의 2022년 대비 2023년의 변화율은 $\dfrac{4,020 - 4,370}{4,370} \times 100 = -8\%$이므로 약 8% 감소하였다.

44 정답 ③

ㄱ. $35,075 - 32,052 = 3,023$이므로 3,000명 이상 적다.

ㄷ. A, C, D유형에서 비정규직 인원은 여성이 항상 더 많다.

[오답분석]

ㄴ. 개인지원방식의 훈련에서 C유형과 D유형의 집체훈련 비중을 구하면 다음과 같다.
- C유형 : $\dfrac{(29,138 + 8,216)}{(29,138 + 8,216 + 414)} \times 100 = 98.9\%$
- D유형 : $\dfrac{(16,118 + 1,764)}{(16,118 + 1,764 + 633)} \times 100 = 96.6\%$

따라서 D유형이 C유형보다 낮으므로 옳지 않다.

ㄹ. C유형 인터넷과정의 남성 수는 217명으로 197명인 여성보다 많다.

45 정답 ②

A유형으로 훈련을 받는 정규직 근로자 중 남성의 비율은 약 64.7%, B유형으로 훈련을 받는 정규직 근로자 중 남성의 비율은 약 82.8%이다. 따라서 그 차이는 18.1%p이다.

46 정답 ②

C유형의 비정규직 인원 중 남성의 비중은 $\frac{733}{2,693}\times100 ≒$

27.2%, A유형의 비정규직 인원 중 남성의 비중은 $\frac{4,372}{10,547}\times$

$100 ≒ 41.4$%이다.

오답분석

① 여성이 남성보다 비정규직 수가 많으므로 옳은 설명이다.
③ C유형의 훈련 인원이 D유형보다 2배 정도 많은데 외국어
과정은 4배 이상 많기 때문에 옳은 설명이다.
④ 개인지원방식에서 원격훈련 인원이 차지하는 비중은
$\frac{(414+633)}{56,273}\times100 ≒ 1.8$%이므로 옳은 설명이다.
⑤ D유형의 집체훈련과 원격훈련 모두 여성의 수가 많으므
로 옳은 설명이다.

47 정답 ③

• 2020년 대비 2021년 사고 척수의 증가율
$: \frac{2,400-1,500}{1,500}\times100=60$%
• 2020년 대비 2021년 사고 건수의 증가율
$: \frac{2,100-1,400}{1,400}\times100=50$%

48 정답 ①

연도별 사고 건수당 인명피해의 인원수를 구하면 다음과 같다.

• 2020년 : $\frac{700}{1,400}=0.5$명/건

• 2021년 : $\frac{420}{2,100}=0.2$명/건

• 2022년 : $\frac{460}{2,300}=0.2$명/건

• 2023년 : $\frac{750}{2,500}=0.3$명/건

• 2024년 : $\frac{260}{2,600}=0.1$명/건

따라서 사고 건수당 인명피해의 인원수가 가장 많은 연도는
2020년이다.

49 정답 ③

전년 대비 2024년의 축구 동호회 인원 증가율은 $\frac{120-100}{100}$

$\times100=20$%이다.
따라서 2025년 축구 동호회 인원은 $120\times1.2=144$명일 것
이다.

50 정답 ④

2022년 전체 동호회의 평균 인원은 $\frac{420}{7}=60$명이다.

따라서 2022년 족구 동호회 인원이 65명이므로 전체 동호회
의 평균 인원보다 많다.

오답분석

① 2022년 배구와 족구 동호회의 순위가 다른 연도들과 다르다.
② 2021 ~ 2024년 동호인 인원 전체에서 등산이 차지하는
비중은 다음과 같다.

• 2021년 : $\frac{18}{360}\times100=5$%

• 2022년 : $\frac{42}{420}\times100=10$%

• 2023년 : $\frac{44}{550}\times100=8$%

• 2024년 : $\frac{77}{700}\times100=11$%

따라서 동호인 인원 전체에서 등산이 차지하는 비중은
2022년과 2024년에는 전년 대비 증가하였으나 2023년
에는 전년 대비 감소하였다.
③ 2021 ~ 2024년 동호인 인원 전체에서 배구가 차지하는
비중은 다음과 같다.

• 2021년 : $\frac{72}{360}\times100=20$%

• 2022년 : $\frac{63}{420}\times100=15$%

• 2023년 : $\frac{88}{550}\times100=16$%

• 2024년 : $\frac{105}{700}\times100=15$%

따라서 동호인 인원 전체에서 배구가 차지하는 비중은
2022년과 2024년에는 전년 대비 감소하였으나 2023년
에는 전년 대비 증가하였다.
⑤ 2021 ~ 2024년 등산과 여행 동호회 인원의 합을 축구 동
호회 인원과 비교하면 다음과 같다.
• 2021년 : $18+10=28<77$
• 2022년 : $42+21=63<92$
• 2023년 : $44+40=84<100$
• 2024년 : $77+65=142>120$

따라서 2024년 등산과 여행 동호회 인원의 합은 같은 해
의 축구 동호회 인원보다 많으므로 옳지 않은 설명이다.

51 정답 ④

앞의 항에 5×2^0, 5×2^1, 5×2^2, 5×2^3, 5×2^4, 5×2^5, …를
더하는 수열이다.
따라서 ( )$=-115+5\times2^3=-75$이다.

52　정답 ③

앞의 항에 $+7 \times 2$, $+7 \times 3$, $+7 \times 4$, …인 수열이다.
따라서 (　)$=64+35=99$이다.

53　정답 ④

앞의 항에 -2^5, -2^4, -2^3, -2^2, …인 수열이다.
따라서 (　)$=55-2^2=55-4=51$이다.

54　정답 ②

홀수 항은 $\div 2$, 짝수 항은 $\times 2$인 수열이다.
따라서 (　)$=13.5 \div 2=6.75$이다.

55　정답 ⑤

앞의 항에 $\times 3$과 $\div 9$을 번갈아 가며 적용하는 수열이다.
따라서 (　)$=3 \times 3=9$이다.

56　정답 ①

앞의 항에 $+11$, -14을 번갈아 가며 적용하는 수열이다.
따라서 (　)$=5+11=16$이다.

57　정답 ⑤

홀수 항은 -4, 짝수 항은 -7인 수열이다.
따라서 (　)$=23-4=19$이다.

58　정답 ①

홀수 항은 $+10$, 짝수 항은 $\div 6$인 수열이다.
따라서 (　)$=36 \div 6=6$이다.

59　정답 ①

n을 자연수라고 하면 n항에서 $(n+1)$항을 더하고 -1을 한 값이 $(n+2)$항인 수열이다.
따라서 (　)$=4+1-2=3$이다.

60　정답 ②

n을 자연수라고 하면 n항에서 $(n+1)$항을 더하고 $+2$를 한 값이 $(n+2)$항인 수열이다.
따라서 (　)$=(-8)-9+2=-15$이다.

61　정답 ④

홀수 항은 $+1$, 짝수 항은 $+1$, $+2$, $+3$, $+4$, …인 수열이다.
따라서 (　)$=4+3=7$이다.

62　정답 ③

홀수 항은 $+1^2$, $+2^2$, $+3^2$, …인 수열이고, 짝수 항은 -1, -2, -3, …인 수열이다.
따라서 (　)$=68+1=69$이다.

63　정답 ③

홀수 항은 $+4$, 짝수 항은 $\times(-3)$인 수열이다.
따라서 (　)$=6 \times(-3)=-18$이다.

64　정답 ③

홀수 항은 $+1$, $+2$, $+3$, …이고, 짝수 항은 $\times 1$, $\times 3$, $\times 5$, …인 수열이다.
따라서 (　)$=6,000 \times 5=30,000$이다.

65　정답 ②

n을 자연수라고 하면 n항과 $(n+1)$항을 곱한 값이 $(n+2)$항인 수열이다.
따라서 (　)$=3 \times 5=15$이다.

66　정답 ②

앞의 항에 $+2^1$, $+2^2$, $+2^3$, $+2^4$, …인 수열이다.
따라서 (　)$=25+2^5=25+32=57$이다.

67　정답 ②

홀수 항은 $\times(-3)$이고, 짝수 항은 $\div 5$인 수열이다.
따라서 (　)$=3 \div(-3)=-1$이다.

68　정답 ③

각 항을 3개씩 묶고 각각 A, B, C라고 하면 다음과 같다.
$\underline{A \ B \ C} \rightarrow (A-B) \times 2 = C$
$\underline{19 \ (\ ) \ 10} \rightarrow [19-(\ )] \times 2 = 10$
따라서 (　)$=-\left(\dfrac{10}{2}-19\right)=14$이다.

69
정답 ②

각 항을 3개씩 묶고 각각 A, B, C라고 하면 다음과 같다.
$$\underline{A \ B \ C} \rightarrow A - B = C$$
$$\underline{20 \ 12 \ (\ )} \rightarrow 20 - 12 = (\ )$$
따라서 $(\ ) = 20 - 12 = 8$이다.

70
정답 ④

각 항을 3개씩 묶고 각각 A, B, C라고 하면 다음과 같다.
$$\underline{A \ B \ C} \rightarrow (A + C) \times 2 = B$$
$$\underline{2 \ (\ ) \ 4} \rightarrow (2 + 4) \times 2 = (\ )$$
따라서 $(\ ) = (2 + 4) \times 2 = 12$이다.

71
정답 ⑤

등차수열의 첫 항을 a, 공차를 d라 하면 다음과 같은 식이 성립한다.
$$a_1 + a_5 = a + a + 4d = 12$$
$$a_3 + a_7 = a + 2d + a + 6d = 20$$
두 식을 연립하면 다음과 같다.
$$4d = 8 \rightarrow d = 2$$
$$2a + 4d = 2a + 8 = 12$$
$$\therefore a = 2$$
따라서 $a_2 = a + d = 4$이다.

72
정답 ③

$a_{n+1} = \dfrac{2n}{n+1} a_n$ 이므로 $\dfrac{a_{n+1}}{a_n} = \dfrac{2n}{n+1}$ 이다.

$\dfrac{a_2}{a_1} \times \dfrac{a_3}{a_2} \times \dfrac{a_4}{a_3} \times \cdots \times \dfrac{a_{n+1}}{a_n} = \dfrac{a_{n+1}}{a_1} = \dfrac{2^n n!}{(n+1)!}$ 이므로

$a_{n+1} = a_1 \times \dfrac{2^n n!}{(n+1)!}$ 이다.

따라서 $a_8 = a_1 \times \dfrac{2^7 \times 7!}{(7+1)!} = \dfrac{2^7}{8} = 16$이다.

73
정답 ③

등비수열의 첫 항을 a, 공비를 r이라 하면 다음과 같다.
$$a_2 a_4 = ar \times ar^3 = a^2 r^4 = 16$$
$$a_3 a_5 = ar^2 \times ar^4 = a^2 r^6 = r^2 (a^2 r^4) = 64$$
두 식을 연립하면 다음과 같다.
$$r^2 = 4 \rightarrow r = 2$$
$$a^2 r^4 = 16 a^2 = 16 \rightarrow a = 1$$
따라서 $a_6 = ar^5 = 1 \times 2^5 = 32$이다.

74
정답 ④

$$(f \circ (g \circ f)^{-1} \circ f)(3) = (f \circ f^{-1} \circ g^{-1} \circ f)(3)$$
$$= (g^{-1} \circ f)(3) = g^{-1}(f(3)) = g^{-1}(5)$$
이때 $g^{-1}(5) = a$라 하면 $g(a) = 5$이므로
$$a - 4 = 5 \rightarrow a = 9$$
따라서 $(f \circ (g \circ f)^{-1} \circ f)(3) = 9$이다.

75
정답 ①

• 두 점 $A(-3, -4)$, $B(5, 2)$를 지름의 양 끝점으로 하는
  원의 중심 : $\left(\dfrac{-3+5}{2}, \dfrac{-4+2}{2} \right) = (1, -1)$

• 반지름의 길이 : $\dfrac{1}{2} \overline{AB} = \dfrac{1}{2} \sqrt{(5+3)^2 + (2+4)^2} = 5$

따라서 구하는 원의 중심이 $(1, -1)$, 반지름의 길이가 5이므로 원의 방정식은 $(x-1)^2 + (y+1)^2 = 25$이다.

76
정답 ①

$\dfrac{1+\sin\theta}{1-\sin\theta} = \dfrac{1}{3}$에서 $1 - \sin\theta = 3(1+\sin\theta) \rightarrow 4\sin\theta = -2$

$\therefore \sin\theta = -\dfrac{1}{2}$

$\sin^2\theta + \cos^2\theta = 1$이므로 $\cos^2\theta = 1 - \sin^2\theta$

$\rightarrow \cos^2\theta = 1 - \left(-\dfrac{1}{2} \right)^2 = \dfrac{3}{4}$

$\therefore \cos\theta = -\dfrac{\sqrt{3}}{2}$ 또는 $\cos\theta = \dfrac{\sqrt{3}}{2}$

θ는 제3사분면의 각이므로 $\cos\theta < 0$

따라서 $\cos\theta = -\dfrac{\sqrt{3}}{2}$ 이다.

77
정답 ②

이차방정식의 근과 계수의 관계에 의하여 $\alpha + \beta = 10$, $\alpha\beta = 8$이다.

따라서 $\log_2 \alpha + \log_2 \beta = \log_2 \alpha\beta = \log_2 8 = \log_2 2^3 = 3$이다.

78 정답 ③

$A \cap B = \{2, 5\}$이므로 $A = \{2, 3, x^2 + 4\}$에서

$x^2 + 4 = 5 \rightarrow x^2 = 1$

$\therefore x = \pm 1$

ⅰ) $x = 1$일 때

　　$A = \{2, 3, 5\}$, $B = \{2, 4, 5\}$

　　$\therefore A \cap B = \{2, 5\} \rightarrow$ 성립

ⅱ) $x = -1$일 때

　　$A = \{2, 3, 5\}$, $B = \{0, 4, 1\}$

　　$\therefore A \cap B = \phi \rightarrow$ 모순

따라서 ⅰ), ⅱ)에서 $A \cap B = \{2, 5\}$를 만족하는 실수 x의 값
은 1이다.

79 정답 ①

공식 $\dfrac{1}{A} - \dfrac{1}{B} = \dfrac{B - A}{A \times B}$ 를 적용하여 구하면 다음과 같다.

$\dfrac{1}{1 \times 2} + \dfrac{1}{2 \times 3} + \dfrac{1}{3 \times 4} + \cdots + \dfrac{1}{99 \times 100}$

$= \left(\dfrac{1}{1} - \dfrac{1}{2}\right) + \left(\dfrac{1}{2} - \dfrac{1}{3}\right) + \left(\dfrac{1}{3} - \dfrac{1}{4}\right) + \cdots + \left(\dfrac{1}{99} - \dfrac{1}{100}\right)$

$= 1 - \dfrac{1}{100} = \dfrac{99}{100}$

80 정답 ④

$\log_2 2 = 1$이고, $\log_2 x$를 t로 치환하면 다음과 같은 식이 성립
한다.

$y = (\log_2 x)^2 + \log_2 (2x)^2 + 2\log_2 x + 2$

$\quad = (\log_2 x)^2 + 2\log_2 (2x) + 2\log_2 x + 2$

$\quad = (\log_2 x)^2 + 2(\log_2 2 + \log_2 x) + 2\log_2 x + 2$

$\quad = t^2 + 2(1 + t) + 2t + 2$

$\quad = t^2 + 4t + 4$

$\quad = (t + 2)^2$

$x \geq 2$이므로 $\log_2 x = t \geq 1$이다.

따라서 y의 최솟값은 x가 2일 때 9의 값을 갖는다.

01	02	03	04	05	06	07	08	09	10
⑤	①	④	③	⑤	①	①	①	③	③
11	12	13	14	15	16	17	18	19	20
①	④	①	③	③	④	③	②	④	①
21	22	23	24	25	26	27	28	29	30
③	①	①	④	①	⑤	⑤	①	④	④
31	32	33	34	35					
③	②	④	②	②					

01 정답 ⑤
'요리사'는 '주방'에서 요리를 하고, '학생'은 '학교'에서 공부를 한다.

02 정답 ①
제시된 단어는 반의 관계이다.
'보강'은 '보태거나 채워서 본디보다 더 튼튼하게 함'을 뜻하는 말로 '상반되는 것이 서로 영향을 주어 효과가 없어지는 일'을 뜻하는 '상쇄'의 반의어이다.

오답분석
④ 감쇄 : 단순히 '줄어 없어짐'을 뜻하는 말로 보태어진 것에 영향을 받는 '보강', '상쇄'와는 다르다.

03 정답 ④
'지우개'의 원료는 '고무'이고, '옷'의 원료는 '직물'이다.

04 정답 ③
제시된 단어는 반의 관계이다.
'출발선'은 '결승선'의 반의어이며, '천당'은 '지옥'의 반의어이다.

05 정답 ⑤
제시된 단어는 주어와 서술어의 관계이다.
• 성격이 차다.
• 온도가 내려가다.

06 정답 ①
제시된 단어의 관계는 도시와 그를 상징하는 랜드마크이다. '뉴욕'의 랜드마크는 '자유의 여신상'이고, '오페라하우스'는 '시드니'의 랜드마크이다.

07 정답 ①
도구(연장)와 그것을 주로 사용하는 사람의 관계이다.

오답분석
② 몽짜는 '음흉하고 심술궂게 욕심을 부리는 짓'을, 껄떡이는 '음식이나 재물 따위에 욕심을 내는 사람'을 뜻한다.
③ 자격루는 세종대왕의 명을 받아 장영실 등이 만든 물시계이다. 표준시는 현대 각 나라·지방에서 태양이 자오선을 통과하는 때를 기준으로 정한 표준 시각이다.
④ 마마(媽媽)는 천연두를 일상적으로 이르는 말이며, 종두법은 천연두를 예방하기 위하여 백신을 접종하는 방법을 뜻한다.
⑤ 도리깨는 곡식의 낟알을 떠는 데 쓰는 농기구이며, 보리타작을 할 때에 주로 도리깨를 사용한다.

08 정답 ①
'커피를 마신다'를 A, '치즈케이크를 먹는다'를 B, '마카롱을 먹는다'를 C, '요거트를 먹는다'를 D, '초코케이크를 먹는다'를 E, '아이스크림을 먹는다'를 F라고 하면, 'C → ~D → A → B → ~E → F'가 성립한다.
따라서 마카롱을 먹으면 아이스크림을 먹는다.

09 정답 ③
명제가 참이면 대우 명제도 참이다. 즉, '유민이가 좋아하는 과일은 신혜가 싫어하는 과일이다.'가 참이면 '신혜가 좋아하는 과일은 유민이가 싫어하는 과일이다.'도 참이다. 따라서 신혜는 딸기를 좋아하고, 유민이는 사과와 포도를 좋아한다.

10
정답 ③

'A카페에 간다.'를 p, '타르트를 주문한다.'를 q, '빙수를 주문한다.'를 r, '아메리카노를 주문한다.'를 s라고 하면, $p \rightarrow q \rightarrow \sim r$, $p \rightarrow q \rightarrow s$의 관계가 성립한다. 따라서 'A카페를 가면 아메리카노를 주문한다.'는 참인 명제이므로 이의 대우 명제인 '아메리카노를 주문하지 않으면 A카페를 가지 않았다는 것이다.' 역시 참이다.

11
정답 ①

'음악을 좋아하다.'를 p, '상상력이 풍부하다'를 q, '노란색을 좋아하다.'를 r이라고 하면, 첫 번째 명제는 $p \rightarrow q$, 두 번째 명제는 $\sim p \rightarrow \sim r$이다. 이때, 두 번째 명제의 대우 $r \rightarrow p$에 따라 $r \rightarrow p \rightarrow q$가 성립한다. 따라서 $r \rightarrow q$이므로 빈칸에 들어갈 명제는 '노란색을 좋아하는 사람은 상상력이 풍부하다.'이다.

12
정답 ④

'경찰에 잡히지 않음 → 도둑질을 하지 않음, 감옥에 가지 않음 → 도둑질을 하지 않음'에서 주어진 명제가 성립하려면 '감옥에 안 가면 경찰에 잡히지 않은 것이다.'라는 명제가 필요하다. 따라서 빈칸에 들어갈 명제는 이 명제의 대우 명제인 '경찰에 잡히면 감옥에 간다.'이다.

13
정답 ①

주어진 명제가 성립하려면 '타인을 사랑하면 서로를 사랑한다.'라는 명제가 필요하다. 따라서 빈칸에 들어갈 명제는 이 명제의 대우 명제인 '서로를 사랑하지 않는다는 것은 타인을 사랑하지 않는다는 것이다.'이다.

14
정답 ③

을과 정은 상반된 이야기를 하고 있다. 만일 을이 참이고 정이 거짓이라면 합격자는 병, 정이 되는데 합격자는 1명이어야 하므로 모순이다. 따라서 을은 거짓이고 합격자는 병이다.

15
정답 ③

주어진 조건에 따라 A ~ E의 시험 결과를 정리하면 다음과 같다.

구분	맞힌 문제의 수	틀린 문제의 수
A	19개	1개
B	10개	10개
C	20개	0개
D	9개 이하	11개 이상
E	16개 이상 19개 이하	1개 이상 4개 이하

따라서 B는 D보다 많은 문제의 답을 맞혔지만, E보다는 적게 답을 맞혔다.

16
정답 ④

주어진 조건을 정리하면 다음과 같다.

제네시스	그랜저	투싼	싼타페	소나타
흰색	검은색	흰색	파란색	흰색

따라서 싼타페는 파란색, 그랜저는 검은색이다.

오답분석

① 흰색 차량은 제네시스, 투싼, 소나타 총 3대이다.
② 그랜저는 제네시스의 바로 오른쪽으로, 왼쪽에서 두 번째에 있다.
③ 그랜저는 검은색, 싼타페는 파란색으로, 검은색과 파란색 차량은 각각 1대씩 있다.
⑤ 그랜저는 검은색 차량으로, 검은색 차량은 1대이다.

17
정답 ③

E가 당직을 하면 세 번째, 네 번째 조건이 모순이다. 그러므로 E는 당직을 하지 않는다. 또한 E가 당직을 하지 않으므로 두 번째, 다섯 번째 조건에 따라 A, C, D는 당직 근무를 하지 않는다. 따라서 당직을 맡을 수 있는 사람은 B, F이다.

18
정답 ②

제시된 진료 현황을 각각의 명제로 보고 이들을 수식으로 설명하면 다음과 같다(단, 명제가 참일 경우 그 대우도 참이다).
- B병원이 진료를 하지 않을 때 A병원이 진료한다($\sim$B → A / $\sim$A → B).
- B병원이 진료를 하면 D병원은 진료를 하지 않는다(B → $\sim$D / D → $\sim$B).
- A병원이 진료를 하면 C병원은 진료를 하지 않는다(A → $\sim$C / C → $\sim$A).
- C병원이 진료를 하지 않을 때 E병원이 진료한다($\sim$C → E / $\sim$E → C).

이를 하나로 연결하면, D병원이 진료를 하면 B병원이 진료를 하지 않고, B병원이 진료를 하지 않으면 A병원은 진료를 한다. A병원이 진료를 하는 경우 C병원은 진료를 하지 않고, C병원이 진료를 하지 않으면 E병원은 진료를 한다(D → ~B → A → ~C → E).

명제가 참일 경우 그 대우도 참이므로 ~E → C → ~A → B → ~D가 성립하고, 공휴일일 경우는 E병원이 진료를 하지 않을 때이므로 위의 명제를 참고하면 C와 B병원만이 진료를 한다. 따라서 공휴일에 진료를 하는 병원은 2곳이다.

19 정답 ④
홀수 항은 +2, 짝수 항은 ×2로 나열된 수열이다.

H	ㄷ	(J)	ㅂ	L	ㅌ
8	3	10	6	12	12

20 정답 ①
−1, +2, −3, +4, −5, …인 수열이다.

ㄹ	ㄷ	ㅁ	ㄴ	ㅂ	(ㄱ)
4	3	5	2	6	1

21 정답 ③
앞의 항에 +1, +2, +4, +8, +16, …인 수열이다.

C	D	(F)	J	R	H
3	4	6	10	18	34(8)

22 정답 ①
앞의 항에 +3, ÷2가 반복되는 수열이다.

캐	해	새	채	매	애	(래)
11	14	7	10	5	8	4

23 정답 ①
앞의 항에 +3, +4, +5, +6, +7, …인 수열이다.

ㄴ	ㅁ	ㅈ	ㅎ	ㅂ	(ㅍ)
2	5	9	14	20(6)	27(13)

24 정답 ④
앞의 항에 +2⁰, +2¹, +2², +2³, +2⁴ …인 수열이다.

ㄱ	B	ㄹ	H	ㄴ	(F)
1	2	4	8	16(2)	32(6)

25 정답 ①
홀수 항과 짝수 항에 각각 +5, +6, +7, …으로 나열된 수열이다.

E	C	J	H	P	N	(W)
5	3	10	8	16	14	23

26 정답 ⑤
오답분석
①·②·③·④ 앞 문자에 +2를 더한 것이다.

27 정답 ⑤
오답분석
①·②·③·④ 앞 문자에 +3, −1, −2를 한 것이다.

28 정답 ①
정사각형 4개의 칸을 기준으로 바깥쪽에 있는 직각삼각형은 정사각형의 변을 따라 시계 방향으로 90° 회전하며 시계 방향으로 한 칸씩 이동한다. 오각형은 정사각형 4개의 칸 안에서 180° 회전하며 시계 반대 방향으로 한 칸씩 이동한다. 회색 칸은 시계 방향으로 한 칸씩 이동하며, 이때 오각형이 회색 칸에 있으면 색 반전한다.

29 정답 ④
첫 번째 도형을 기준으로 3번째와 4번째 줄 오른쪽 하단에 있는 두 개의 사각형은 대각선 방향으로 대칭하고 있으며, 첫 번째 줄 오른쪽에 색칠된 사각형은 시계 방향으로 90° 회전하고 있다.

30 정답 ④
왼쪽 도형을 상하 대칭한 것이 오른쪽 도형이다.

31

정답 ③

각 점을 좌우 대칭하고 가운데 세로줄을 색 반전한 것이 오른쪽 도형이다.

32

정답 ②

규칙은 가로로 적용된다.
첫 번째 도형을 수평으로 반을 잘랐을 때의 위쪽 도형이 두 번째 도형이고, 두 번째 도형을 시계 방향으로 90° 회전했을 때의 도형이 세 번째 도형이다.

33

정답 ④

규칙은 세로로 적용된다.
첫 번째 도형과 두 번째 도형의 색칠된 부분을 합친 도형이 세 번째 도형이다.

34

정답 ②

규칙은 세로로 적용된다.
첫 번째 도형과 두 번째 도형을 합친 후 겹치는 선을 제외하면 세 번째 도형이 된다.

35

정답 ②

규칙은 가로로 적용된다.
첫 번째 도형과 두 번째 도형의 색칠된 부분을 합친 도형이 세 번째 도형이다.

01	02	03	04	05	06	07	08	09	10	11	12	13	14	15	16	17	18	19	20
③	⑤	③	⑤	④	②	①	②	②	①	⑤	⑤	④	②	①	⑤	①	②	③	④
21	22	23	24	25	26	27	28	29	30	31	32	33	34	35	36	37	38	39	40
①	①	①	②	④	⑤	④	②	④	④	③	⑤	④	②	②	④	①	①	③	③

01
정답 ③

02
정답 ⑤

03
정답 ③

2489	5892	8291	4980	2842	5021	5984	1298	8951	3983	9591	5428
5248	5147	1039	7906	9023	5832	5328	1023	8492	6839	7168	9692
7178	1983	9572	5928	4726	9401	5248	5248	4557	4895	1902	5791
4789	9109	7591	8914	9827	2790	9194	3562	8752	7524	6751	1248

04
정답 ⑤

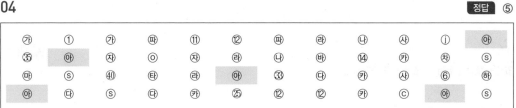

05
정답 ④

難	羅	卵	落	諾	拉	衲	捺	廊	朗	尼	內
奈	老	怒	路	懦	蘿	瑙	泥	多	羅	羅	茶
對	代	臺	道	都	羅	搗	儺	邏	頭	杜	羅
羅	徒	團	但	答	踏	蘿	累	淚	畓	荳	屠

06
정답 ②

1141049657 – 1141048657

07
정답 ①

제시된 문자열 같음

08
정답 ②

やづごしどなる – やづごじどなる

09
정답 ②

傑琉浴賦忍杜家 – 傑瑜浴賦忍杜家

10
정답 ①

제시된 문자열 같음

11
정답 ⑤

와하현희황홍흑향 – 와하현희횡홍욱향

12
정답 ⑤

CVNUTQERL – CBNUKQERL

13
정답 ④

AiioXTVcp – AIIoxTvcb

14
정답 ②

五十一萬二千七百 – 五十一萬三千七白

15

UI	GN	WG	LA	GM	WI	CA	GU	LQ	MB	AL	ZJ
OK	RP	AI	NF	KW	VS	FI	EQ	FL	WJ	CA	QW
KW	CA	WJ	MB	QW	WG	CA	WI	RP	FI	FL	EQ
GN	ZJ	AI	GM	UI	OK	LQ	LA	VS	GU	NF	AL

16

정답 ⑤

팜	탈	밥	션	탐	폭	콕	헐	달	합	한	번
한	랄	발	밫	팝	턴	핮	뽑	선	팝	협	곡
팔	혹	곰	독	견	랄	팔	팍	톡	변	밤	갈
콕	합	편	던	할	펍	협	신	촉	날	함	팝

17

정답 ①

1457	4841	3895	8643	3098	4751	6898	5785	6980	4617	6853	6893
1579	5875	3752	4753	4679	3686	5873	8498	8742	3573	3702	6692
3792	9293	8274	7261	6309	9014	3927	6582	2817	5902	4785	7389
3873	5789	5738	8936	4787	2981	2795	8633	4862	9592	5983	5722

18

정답 ②

98406198345906148075634361456234

19

정답 ③

82058305898678232078340853989832 53

20

정답 ④

제시된 도형을 180° 회전한 것이다.

21

정답 ①

제시된 도형을 시계 반대 방향으로 90° 회전한 것이다.

22

정답 ①

제시된 도형을 시계 방향으로 90° 회전한 것이다.

23

정답 ①

24

정답 ②

25

정답 ④

26

정답 ⑤

27

정답 ④

28

정답 ②

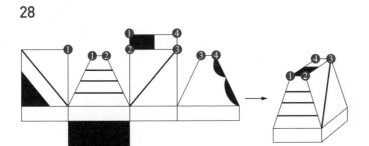

29

정답 ④

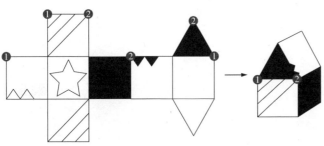

30

정답 ④

(라)　(나)　(가)　(다)

31

정답 ③

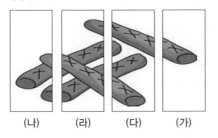

(나)　(라)　(다)　(가)

32

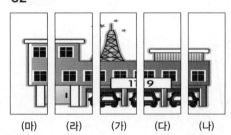

(마) (라) (가) (다) (나)

정답 ⑤

33

정답 ④

- 1층 : $5 \times 3 - 2 = 13$개
- 2층 : $15 - 5 = 10$개
- 3층 : $15 - 9 = 6$개
- ∴ $13 + 10 + 6 = 29$개

34

정답 ②

- 1층 : $4 \times 3 - 1 = 11$개
- 2층 : $12 - 3 = 9$개
- 3층 : $12 - 5 = 7$개
- 4층 : $12 - 8 = 4$개
- ∴ $11 + 9 + 7 + 4 = 31$개

35

정답 ②

오답분석

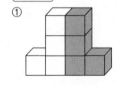

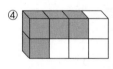
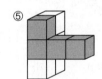

36

정답 ④

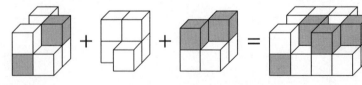

37

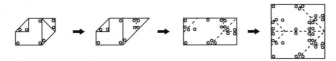

38

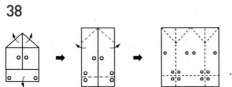

39

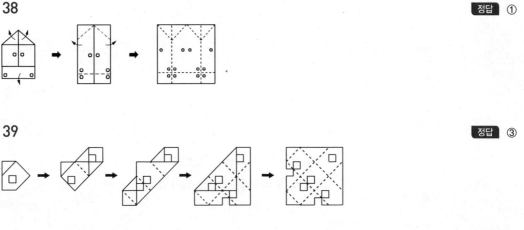

40

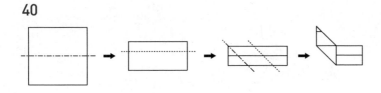

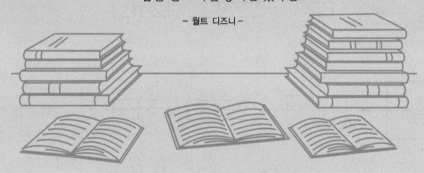

우리의 모든 꿈은 실현된다.
그 꿈을 밀고 나갈 용기만 있다면.

– 월트 디즈니 –

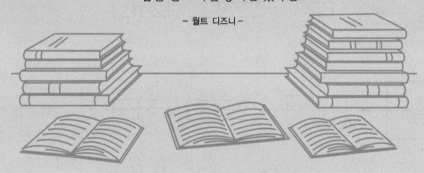

PART

2

기초과학

CHAPTER 01 물리 적중예상문제

01	02	03	04	05	06	07	08	09	10
④	③	①	①	①	④	④	②	③	②
11	12	13	14	15	16	17	18	19	20
④	④	④	④	③	⑤	④	③	②	④
21	22	23	24	25	26	27	28	29	30
③	③	③	④	③	④	③	③	④	④
31	32	33	34	35	36	37	38	39	40
①	③	③	①	②	④	③	④	①	⑤
41	42	43	44	45	46	47			
①	①	③	④	②	①	③			

01
정답 ④

고속열차를 설계할 때 공기저항을 최소화하기 위해 유선형으로 설계한다. 하지만 이는 양력의 발생과는 거리가 멀다.

오답분석
① 경주용 자동차의 후미에 아래쪽이 더 두꺼운 날개를 설치하면 고속 주행 시 날개에 의해 발생하는 양력이 차체를 아래로 누르는 효과가 있다.
② 골프공에 있는 홈은 양력을 증가시켜 골프공을 더 멀리 보낼 수 있게 한다.
③ 공을 찰 때 회전을 넣어서 차면 공의 진행 방향과 회전 방향에 따라 양력이 발생하여 공이 크게 휠 수 있다.
⑤ 부메랑을 던지면 던진 방향과 부메랑의 회전 방향에 따라 양력이 발생하여 부메랑이 휘어 제자리로 돌아올 수 있다.

02
정답 ③

높이가 30m인 지점에서 공을 던졌을 때의 역학적 에너지와 지면에 도달할 때의 역학적 에너지는 같다.

$$\frac{1}{2} \times 0.5 \times 5^2 + 0.5 \times 10 \times 10 = \frac{1}{2} \times 0.5 \times v^2 + 0$$

$$v^2 = 5^2 + 10 \times 10 \times 2 = 225$$

$$v = 15\text{m/s}$$

따라서 지면에 도달할 때의 공의 속력은 15m/s이다.

03
정답 ①

가속도는 시간에 대한 속도 변화의 비율을 나타내는 양으로, 질량을 m, 가속도를 a, 힘을 F라고 하면 운동 방정식 $F = ma$가 성립한다. 따라서 그림에서 질량은 1kg이므로, 가속도 a는 힘 F와 같고, 힘이 서로 반대 방향으로 작용하므로 가속도의 크기는 $a = \frac{F}{m} = \frac{8-4}{1} = 4\text{m/s}^2$가 된다.

04
정답 ①

물체에 힘이 작용할 때, 가속도는 힘의 크기에 비례하고, 질량에 반비례하므로 $a = \frac{F}{m} = \frac{4}{2} = 2\text{m/s}^2$이다.

05
정답 ①

ㄱ·ㄷ. 작용·반작용

오답분석
ㄴ. 중력, ㄹ. 관성

06
정답 ④

b의 길이와 한 일의 양은 관계 없으므로 한 일의 양은 변함이 없다.

오답분석
①·⑤ ㄱ은 작용점으로 a, b의 길이와 관계없다.
② b가 길어질수록 힘은 적게 든다.

07
정답 ④

추의 무게는 지구가 추를 당기는 힘이다. 따라서 이의 반작용은 추가 지구를 당기는 힘이다.

> **작용·반작용의 법칙**
> 한 물체가 다른 물체에 힘(작용)을 가하면, 힘을 받은 물체도 힘을 가한 물체에 크기가 같고 방향이 반대인 힘(반작용)을 가한다.

08
정답 ②

서로 반대되는 힘의 합력

$-10N+4N=-6N[(-)$는 힘의 방향(왼쪽)을 뜻한다]

뉴턴의 운동 제2법칙(가속도의 법칙)에 따라 $F=ma$이다.

따라서 $a=\dfrac{F}{m}=\dfrac{6}{3}=2\text{m/s}^2$이다.

09
정답 ③

분자의 상대적 질량이 작은 기체일수록 분자의 평균 운동 속력이 크다. 따라서 분자량과 평균 속도는 반비례하므로, 평균 속도가 가장 큰 수소가 분자량이 가장 작다.

10
정답 ②

뉴턴의 운동 제2법칙(가속도의 법칙)은 $F=ma$이고 $a=\dfrac{F}{m}$

이다. 따라서 $a_A=F$이고 $a_B=\dfrac{F}{2}$이므로, $a_A:a_B=2:1$

이다.

11
정답 ④

자료에서 접촉 면적이 작을수록 스펀지의 들어간 정도가 커지고, 벽돌의 무게가 클수록 스펀지는 더 많이 들어간다. 따라서 압력은 힘의 크기에 비례하고, 접촉면적에 반비례한다.

12
정답 ④

ㄱ. 칼은 음식에 닿는 면적이 좁아 압력을 크게하여 적은 힘으로 자를 수 있다.

ㄴ. 못의 뾰족한 부분은 면적이 아주 좁아 압력을 크게하여 쉽게 벽에 박을 수 있다.

ㄹ. 축구화 바닥에 도드라진 부분으로 땅과 닿는 면적이 작아 공을 찰 때, 쉽게 넘어지지 않는다.

오답분석

ㄷ. 눈 위에 닿는 면적을 넓게 하여 신발을 신을 때와 달리 썰매를 탈 때는 눈 속으로 들어가지 않고 탈 수 있다.

13
정답 ④

제시문에서 설명하는 내용은 케플러 법칙 중 하나인 제2법칙 면적 속도 일정의 법칙이다. 행성과 태양을 연결한 선이 같은 시간 동안 움직여 만드는 부채꼴 면적은 언제나 같다. 또한 행성은 태양에 가장 가까울 때 만유인력이 커져 가장 빠르게 움직인다.

14
정답 ④

행성의 공전 주기를 x일이라 할 때 $1:6=60:x \rightarrow x=360$이다. 따라서 이 행성의 공전 주기는 360일이다.

15
정답 ③

힘$(F)=$질량$(m)\times$가속도(a)

$\therefore\ m=\dfrac{F}{a}=\dfrac{8}{2}=4\text{kg}$

16
정답 ⑤

(던졌을 때의 역학적 에너지)=(지면에 떨어질 때의 역학적 에너지)이다. 따라서 던졌을 때의 역학적 에너지는 (위치 에너지)+(운동 에너지)이므로 역학적 에너지는 $0.5\times10\times10+\dfrac{1}{2}\times0.5\times2^2=51$J이고, 지면에 떨어졌을 때 역학적 에너지 또한 51J이므로 (지면에 떨어졌을 때의 운동에너지)=$\dfrac{1}{2}\times0.5\times v^2=51$이다.

따라서 $v=\sqrt{51\times4}=2\sqrt{51}$ m/s이다.

17
정답 ④

모든 마찰과 저항을 무시할 경우 경사면과 상관 없이 공이 지면에 도달하는 순간 속력은 모두 동일하다. 역학적 에너지 보존 법칙에 따라 처음 출발할 때는 운동 에너지가 0이고, 나중 지면에 도달한 순간은 위치 에너지가 0이 된다$(h=0m)$. 따라서 처음 위치 에너지는 지면에 도달한 순간 모두 운동 에너지로 전환되어 물체의 무게와 상관 없이 같은 높이에서 속력이 같음을 알 수 있다.

(처음 위치 에너지)=(지면에서의 운동 에너지)

$\rightarrow mgh=\dfrac{1}{2}mv^2 \rightarrow v=\sqrt{2gh}$

18
정답 ③

시간-속도 그래프에서 기울기는 가속도를 나타낸다. A, B, C에 모두 같은 힘을 주었다고 했으므로 $F=ma$에서 가속도(기울기)가 크면 질량(m)이 작아져야 한다. 따라서 질량이 가장 큰 것은 가속도가 가장 작은 C임을 알 수 있다.

19

$$(\text{에너지 효율})=\frac{(\text{유용하게 사용된 에너지의 양})}{(\text{공급한 에너지의 양})}\times100$$

- A : $\frac{5}{20}\times100=25\%$

- B : $\frac{10}{20}\times100=50\%$

- C : $\frac{5}{40}\times100=12.5\%$

- D : $\frac{10}{40}\times100=25\%$

- E : $\frac{15}{40}\times100=37.5\%$

따라서 B조명기구가 효율이 가장 높다.

20

정답 ④

진공 상태에서 물체가 떨어지는 속도는 무게의 영향을 받지 않고 높이와 중력가속도의 크기로 정해진다. 즉, 같은 높이에서 같은 크기의 중력가속도가 작용하여 지면에 도달할 때 속도가 같다. 따라서 지면에 도달하는 순간까지 걸리는 시간 또한 같다.

21

정답 ③

A공과 B공의 높이 차이가 3m이고, 질량과 중력가속도는 같으므로 위치 에너지의 차이는 $5\times9.8\times(5-2)=147\text{J}$이다.

22

정답 ③

막대의 중점은 15cm 지점이므로 받침점에서 5cm 떨어진 지점이다. 왼쪽 힘과 오른쪽 힘의 균형에 대한 식은 다음과 같다.

$40\text{N}\times10\text{cm}=(\text{막대 무게})\times5\text{cm}+10\text{N}\times20\text{cm}$

따라서 막대 무게는 40N임을 알 수 있다.

23

정답 ③

일의 공식은 $W=F\times s$이다. 따라서 $2\times4=8\text{J}$이다.

24

정답 ①

역학적 에너지는 보존되므로 위치 에너지가 가장 낮은(높이가 가장 낮은) A지점의 운동 에너지가 가장 높다.

25

정답 ④

건물 옥상에서 수평으로 던진 공은 위치 에너지와 운동 에너지가 계속 변화하지만 위치 에너지와 운동 에너지의 합은 항상 일정한 값을 유지한다. 따라서 역학적 에너지는 변하지 않고 보존된다.

26

정답 ③

공기 저항을 무시하면 역학적 에너지는 보존된다. (역학적 에너지)=(운동 에너지)+(위치 에너지)이므로, 떨어질 때 높이가 감소하면서 감소한 위치 에너지만큼 운동 에너지는 증가하고 떨어지는 높이가 높을수록 역학적 에너지는 커진다.

27

정답 ④

(역학적 에너지)=(운동 에너지)+(위치 에너지)

$\frac{1}{2}mv^2+mgh=\frac{1}{2}\times2\times3^2+2\times10\times5=109\text{J}$

28

정답 ③

역학적 에너지 보존으로 감소한 운동 에너지는 증가한 위치 에너지와 같다.

따라서 (위치 에너지)=(질량)×(중력가속도)×(높이)$=2\times9.8\times3=58.8\text{J}$이다.

29

정답 ④

질량이 m인 추가 길이가 l인 실에 매달려 진자 운동을 할 때, 그 주기는 $T=2\pi\sqrt{\dfrac{l}{g}}$ 으로 질량은 주기에 영향을 주지 않는다.

오답분석

① 진자 운동의 높이가 가장 낮은 점에서는 역학적 에너지가 모두 운동 에너지로 전환되므로 운동 에너지는 최대이다.

② 진자 운동의 높이가 가장 높은 점에서는 역학적 에너지가 모두 위치 에너지로 전환되므로 운동 에너지는 0이다.

③ $T=2\pi\sqrt{\dfrac{l}{g}}$ 에서 실의 길이가 증가하면 주기 또한 증가한다.

⑤ $T=2\pi\sqrt{\dfrac{l}{g}}$ 에서 중력가속도(g)가 감소하면 주기는 증가한다.

30
정답 ④

태양 전지는 태양광을 활용한 것으로 태양 전지판을 이용하여 태양의 빛 에너지를 전기 에너지로 변환한다.

31
정답 ①

제시된 설명에 해당하는 발전 방식은 지열 발전으로, 열 에너지를 전기 에너지로 전환한다. 지열 발전은 좁은 면적에 설비·설치가 가능하며, 날씨의 영향을 받지 않는 반면, 설치 장소에는 제한이 있고, 설치 비용이 많이 들며 장기적인 보수를 필요로 한다.

32
정답 ③

모든 저항이 병렬로 연결되어 있으므로 다음과 같은 식이 성립한다.

$\dfrac{1}{R} = \dfrac{1}{R_1} + \dfrac{1}{R_2} + \dfrac{1}{R_3}$

$\dfrac{1}{R} = \dfrac{1}{10} + \dfrac{1}{20} + \dfrac{1}{10} = \dfrac{2+1+2}{20} = \dfrac{5}{20}$

따라서 $R = \dfrac{20}{5} = 4\,\Omega$ 이다.

33
정답 ③

• 열렸을 때 전압 $V = IR = 2 \times (15+30) = 90$

• 닫혔을 때 저항 $R = 15 + \dfrac{1}{\dfrac{1}{30} + \dfrac{1}{30}} = 30$

따라서 전류의 세기는 $90 \div 30 = 3$A이다.

34
정답 ②

전류의 방향은 전자의 이동 방향과 반대 방향이다.

35
정답 ②

두 전하 사이에 작용하는 전기력은 $F = k\dfrac{Q_1 Q_2}{r^2}$ 로 나타낼 수 있다.

따라서 (가)는 (나)에 비해서 거리가 2배이고, 전하량의 곱이 2배이므로 힘은 $\dfrac{1}{2}$ 배가 된다.

36
정답 ①

솔레노이드 내부의 자기장의 세기는 단위 길이당 감은 수와 전류의 세기에 비례한다.

37
정답 ①

먼저 병렬로 연결되어 있는 3개($2\,\Omega$, $4\,\Omega$, $6\,\Omega$)의 저항들 중 윗부분의 직렬로 연결된 두 전구의 저항 합은 $R = 2+4 = 6\,\Omega$이며, 이 두 저항과 $6\,\Omega$ 전구의 저항 합은 $R' = \dfrac{6 \times 6}{6+6} = 3\,\Omega$이다.

따라서 4개의 전구 전체 저항은 $R'' = 1+3 = 4\,\Omega$이 된다.

38
정답 ④

발광 다이오드는 p형 반도체와 n형 반도체를 접합하여 만든 것으로 p-n형과 n-p형이 있다. 또한 발광 다이오드는 한쪽 방향으로만 전류가 흐르고, 전류가 흐를 때 빛을 방출한다.

39
정답 ①

전류의 세기를 구하는 식은 다음과 같다.

$I = \dfrac{V}{R} = \dfrac{10}{5} = 2$A

따라서 전류의 세기는 2A이다.

40
정답 ⑤

파동의 주기는 6초이고 첫 번째 마루에 도달하기까지 걸린 시간은 1.5초이다. 따라서 세 번째 마루에 도달하기까지 걸린 시간은 $1.5+6+6 = 13.5$초이다.

오답분석

① 파동의 주기는 6초이다.
② 파동의 진폭은 4m이다.
③ 제시된 그래프로는 파장을 알 수 없으므로 파동의 속력을 알 수 없다.
④ 제시된 그래프로는 파동의 진행 방향을 알 수 없다.

41
정답 ①

전기장과 자기장이 서로 수직으로 교차하면서 전기장과 자기장과 수직인 방향으로 발생하는 전자기파는 감마선, X선, 자외선, 가시광선, 적외선, 마이크로파, 전파 등이 있으며, 특히 가시광선은 우리 눈에 보이는 전자기파다. 매질이 있어야 에너지를 전달할 수 있는 다른 파동과는 달리 전자기파는 매질이 없어도 에너지를 전달할 수 있다. 한편 전자기파는 진공에서 초속 300,000km의 속도로 진행한다.

42
정답 ①

그래프에서 파장이 450nm일 때 빛을 흡수하는 스펙트럼은 청원뿔 세포뿐이다.

43

정답 ③

양성자는 중성자와 함께 원자핵을 구성하며 업 쿼크$\left(+\dfrac{2}{3}\right)$ 2개, 다운 쿼크$\left(-\dfrac{1}{3}\right)$ 1개로 양의 전하를 가지고 있다.

44

정답 ④

자료는 허블의 법칙을 나타낸 그래프로 은하의 후퇴 속도는 거리에 비례한다. 따라서 은하의 후퇴 속도는 거리가 먼 은하일수록 빠르다.

45

정답 ②

행성의 공전 속도는 태양과 가까워지면 빨라지고 멀어지면 느려지므로 이 행성의 공전 속도는 B에서 가장 빠르고, D에서 가장 느리다.

46

정답 ①

A는 전자이며, (−)전하를 띠는 부분으로 원자핵을 제외한 원자 모든 부분에 퍼져 있다.

47

정답 ③

ㄱ. A는 원자 2개가 융합하여 새로운 원자와 에너지가 생성되었으므로 핵융합 과정이고, B는 하나의 원자가 입자와 충돌하여 여러 입자로 분열되었으므로 핵분열 반응이다.
ㄷ. 전하량 보존의 법칙에 의해 핵반응 전 전하량의 합과 핵반응 후 전하량은 같고, 질량수 보존의 법칙에 따라 핵반응 전 질량수의 합과 핵반응 후 질량수의 합은 같다. 따라서 (가)와 (나) 모두 중성자이다.

오답분석

ㄴ. (가)는 중성자이다.

CHAPTER 02 화학 적중예상문제

01	02	03	04	05	06	07	08	09	10
④	④	③	①	②	③	①	③	②	④
11	12	13	14	15	16	17	18	19	20
④	①	④	④	①	⑤	①	④	④	③
21	22	23	24	25	26	27	28	29	30
④	③	②	④	①	②	②	②	②	①
31	32	33	34	35	36	37	38	39	40
①	⑤	②	③	②	①	③	①	①	①
41	42	43	44	45	46	47	48		
④	②	①	①	③	②	④	④		

01　정답 ④

물의 전기분해 실험 진행 시 순수한 물에 약간의 전해질을 섞는 가장 큰 이유는 순수한 물은 전기전도성이 약해 이온화 진행이 더디므로 약간의 전해질을 추가하여 전기전도성을 높인 후(이온화 진행을 촉진시킨 후) 전기분해 실험을 진행한다.

02　정답 ④

강한 전해질은 물에 녹은 대부분이 이온이 되어 전류가 강하게 흐르는 물질이고, 약한 전해질은 일부만 이온이 되어 전류가 약하게 흐르는 물질이다. 강한 전해질에는 염화나트륨, 수산화나트륨, 황산구리 등이 있고, 약한 전해질에는 아세트산, 암모니아, 탄산 등이 있다.

03　정답 ③

비금속 원자들이 서로 전자를 내놓아 전자쌍을 이루고 공유하는 결합을 '공유 결합'이라 한다. 두 원자 사이의 공유 전자쌍 수에 따라 단일 결합, 2중 결합, 3중 결합 등으로 나누며 결합의 수가 많을수록 결합의 세기가 강해진다.

04　정답 ①

오답분석
② 전자를 잃거나 얻어서 전기를 띤 원자 혹은 원자단을 말한다.
③ 원자로 이루어진 물질로서, 원자의 결합체 중 독립 입자로서 작용하는 단위체를 말한다.
④ 원자를 구성하고 있는 입자의 한 종류를 말하며, 전하를 띠지 않는다.
⑤ 소립자의 하나로 핵자보다 가벼우며, 전자와 뉴트리노는 렙톤이다.

05　정답 ②

공유 전자쌍이란 2개의 원자가 공유 결합을 할 때 각각의 원자가 공유한 전자쌍을 말한다. 따라서 산소와 수소가 공유 결합하여 서로 공유하는 전자쌍은 2개이다.

06　정답 ③

염화나트륨(소금)은 고체 상태에서 전류가 흐르지 않는 부도체이면서 수용액 상태에서는 전류가 흐르는 전해질이다. 전해질은 고체 상태에서 전류가 흐르지 않고 수용액 상태에서는 이온화되어 전류가 흐르는 물질을 뜻하며, 수산화나트륨, 아세트산, 질산칼륨 등이 있다.

오답분석
ㄹ. 설탕은 부도체이고, 물에 녹아 전류가 흐르지 않는 비전해질이다.

07　정답 ①

오답분석
② 양이온은 전자를 잃어 (+)전하를 띤다.
③ 음이온은 중성 원자가 전자를 얻어 (−)전하가 된다.
④ 양이온에는 수소 이온, 암모늄 이온, 구리 이온 등이 있다.
⑤ 음이온에는 수산화 이온, 탄산 이온, 염화 이온 등이 있다.

08　정답 ③

• Ca(칼슘) − 주황색

09
정답 ②

금속은 열전도성과 전기전도성이 크고, 대부분 상온에서 고체로 존재한다.

[오답분석]
① 전성과 연성이 큰 것은 금속이다.
③ 금속은 전자를 잃고 양이온이 되기 쉽다.
④ 비금속은 전자를 얻어 음이온이 되기 쉽다(18족 원소 제외).
⑤ 금속 중에 수은과 비금속 중 브로민은 상온에서 액체로 존재한다.

10
정답 ④

나트륨 이온과 칼륨 이온은 앙금을 생성하지 않으므로 불꽃 반응으로 원소를 확인할 수 있다.

11
정답 ④

이온 결합은 고체 상태에서는 이온들이 자유롭게 이동할 수 없으므로 전류가 흐르지 않지만, 액체나 수용액 상태일 때는 양이온과 음이온이 자유롭게 이동하여 전하를 운반할 수 있기 때문에 전류가 흐른다.

12
정답 ①

불꽃 반응은 화합물의 양이온을 알아보는 실험이므로 각각 물질의 양이온에 따른 불꽃 반응색만 알면 된다.
각 금속 원소의 불꽃색은 다음과 같다.

나트륨	노란색
리튬	빨간색
칼륨	보라색
구리	청록색
바륨	황록색
칼슘	주황색
스트론튬	진한 빨강색

나트륨(Na)은 노란색, 칼륨(K)은 보라색, 구리(Cu)는 청록색이므로, ①이 답임을 알 수 있다.

13
정답 ④

1족에 있는 수소는 비금속원소로 1족의 금속원소들과 화학적 성질이 다르다.

14
정답 ④

원자는 양성자, 전자, 중성자로 구성되어 있으며, 양성자 개수와 전자 개수가 같아 전기적으로 중성이다. 중성의 원자는 전자를 얻어 음이온이 되거나, 전자를 잃어 양이온이 된다. 한 원자에 있는 양성자와 중성자에 비해 전자는 질량이 매우 작아 그 크기를 무시하여 양성자 개수와 중성자 개수의 합을 질량수라고 한다. 예컨대, $^{16}_{8}O$의 경우, 양성자 수는 8개, 질량 수는 16개이며, 중성자 수는 $16-8=8$개이다.
따라서 ㉠은 전자, ㉡은 중성자이다.

15
정답 ①

탄소의 동소체인 풀러렌은 분자식이 C_{60}인 나노 물질이다. 풀러렌의 구성 모형은 오각형과 육각형 형태로 이루어진 축구공 모양인 ①이다.

[오답분석]
② 탄소 나노 튜브 : 정육각형 모양으로 연결된 나노미터 크기의 관모양으로 전기전도성, 열전도성, 강도가 크다.
③ 흑연 : 탄소 원자 3개의 공유 결합으로 정육각형을 이루고, 전기전도성이 있다.
④ 그래핀 : 한 층의 정육각형 모양이며, 강도와 전기전도성이 매우 크다.
⑤ 다이아몬드 : 녹는점이 매우 높고 가장 단단하며 정사면체를 이루는 그물 구성으로, 전기는 통하지 않는다.

16
정답 ⑤

A는 직선형, B는 평면 삼각형, C는 정사면체로 각각의 결합각은 180°, 120°, 109.5°이다.

17
정답 ①

ㄱ. 모양이 대칭이어서 쌍극자 모멘트 합이 0인 무극성 분자는 (가), (다) 2개이다.
ㄷ. (나)는 삼각뿔형 구성으로 결합각은 107°로 제일 작고, (다)의 결합각은 109.5°이다.

[오답분석]
ㄴ. 입체구성은 (나) 삼각뿔형, (다) 정사면체형 2개이며, (가)는 180°로 직선형 구성이다.
ㄹ. (가), (다) 분자의 중심원자 비공유 전자쌍은 없지만 분자에 속한 원자 F는 원자 하나당 3개의 비공유 전자쌍이 존재한다. 따라서 (가)의 비공유 전자쌍은 6개이고, (다)는 12개가 존재한다.

18

정답 ④

전자는 높은 전자껍질로 올라가기 위해 에너지를 흡수한다. 반대로 에너지를 방출하면 에너지 준위가 낮은 전자껍질로 내려간다.

19

정답 ④

분자는 원자 1개로 이루어진 경우도 있다. 예를 들어 헬륨(He), 네온(Ne), 아르곤(Ar)과 같은 비활성 기체들이 대표적이며, 단원자 분자라고도 한다.

20

정답 ③

극성 분자는 극성 용매에 잘 용해되고, 무극성 분자는 무극성 용매에 잘 용해된다.

오답분석
① 물은 극성 분자이다.
② 극성 분자는 분자 내 결합이 비대칭적이다.
④ 극성 분자는 전기적 성질을 가진다.
⑤ 극성 분자에는 물, 염화수소, 암모니아 등이 있다.

21

정답 ④

ㄴ. (나)의 분자량에서 H의 원자량의 합을 뺀 값이 C의 원자량의 합이다. 따라서 C 원자 수는 $(54-6) \div 12 = 4$이므로 분자식은 C_4H_6이다.
ㄷ. (나)에서 C와 H의 질량(=몰수×원자량)비는 $x : y = (4 \times 12) : (6 \times 1) = 8 : 1$이다.

오답분석
ㄱ. (가)에서 C와 H의 몰수$\left(=\dfrac{질량}{원자량}\right)$비는

$C : H = \dfrac{6}{12} : \dfrac{1}{2} = 1 : 2$이므로 실험식은 CH_2이고, 분자량이 42이므로 분자식은 C_3H_6이다.

22

정답 ③

(가) ~ (다)는 각각 보어, 현대, 톰슨의 원자 모형이다.
ㄱ. 보어는 수소 원자의 선 스펙트럼을 설명하기 위하여 전자가 궤도를 따라 원운동하는 모형을 제시하였다.
ㄷ. 톰슨은 음극선 실험 결과로 (+)전하를 띠는 물질에 전자가 박혀 있는 모형을 제시하였다.

오답분석
ㄴ. 러더퍼드는 알파 입자 산란 실험의 결과로 원자핵 주변에 전자가 움직이고 있는 모형을 제시하였다.

23

정답 ②

화학 반응이 일어나기 전 물질의 총 질량과 반응이 일어난 후 물질의 총 질량은 같다. 또한 반응 전 원자 또는 이온의 종류 및 개수와 반응 후 이온 또는 원자의 종류 및 개수가 같다.
• 반응 후 칼륨의 원자 수는 2개이므로 반응 전 아이오딘화칼륨의 계수는 2이다.
• 반응 전 아이오딘 원자의 수가 2개이므로 반응 후 아이오딘화납의 아이오딘 원자 수는 2개이다.
• 반응 후 질산 이온의 수는 2개이므로 반응 전 질산 이온의 수는 2개이다.
따라서 빈칸에 들어갈 모든 수의 합은 $2+2+2=6$이다.

24

정답 ④

메테인 화학 반응식 : $C + 2H_2 \rightarrow CH_4$

25

정답 ①

오답분석
② $H_2 + S \rightarrow H_2S$
③ $2C + 2O_2 \rightarrow 2CO_2$
④ $N_2 + 3H_2 \rightarrow 2NH_3$
⑤ $2C + 2H_2 \rightarrow C_2H_4$

26

정답 ②

물(H_2O)은 반응 후 결과물이므로 물이 산소를 얻은 것이 아니라 반응 전 식에서 수소(H_2)가 산소(O)를 얻어 산화가 된 것이다.

오답분석
①·③ 산화구리(CuO)는 산소를 잃어 환원된 것이며, 산화와 환원은 동시에 일어나는 동시성을 가진다.
⑤ 화학 반응식에서 원소는 구리(Cu), 수소(H), 산소(O) 3개이다.

27

정답 ②

• 녹는점 : 고체가 녹아 액체로 되는 과정에서 일정하게 유지되는 온도
• 끓는점 : 액체가 끓어 기체로 되는 과정에서 일정하게 유지되는 온도
따라서 녹는점은 B구간이며, 끓는점은 D구간이다.

28
정답 ②

부피, 길이, 질량 등은 물질의 양에 따라 크기가 달라지는 성질이다. 그러나 녹는점, 용해도, 밀도, 끓는점 등은 물질의 종류에 따라 다르며, 물질의 양과 상관없이 일정하므로 물질의 특성이 될 수 있다.

29
정답 ②

오답분석

① 식물의 가장 중요한 저장 영양소로, 전분이라고도 불린다.
③ 탄소, 수소 및 산소로 구성된 유기화합물로, 단맛을 지닌다.
④ 1897년 헬릭스 호프만이 개발한 가정상비약을 말한다.
⑤ 나트륨과 염소의 화합물로 짠맛을 지닌다.

30
정답 ①

온도가 높아지면 부피가 증가하므로 밀도는 감소한다.

오답분석

② 고체와 액체의 밀도는 온도에 영향을 받지만 압력의 영향은 받지 않는다.
③ 물은 예외적으로 고체보다 액체일 때 밀도가 더 크다.
④ 밀도는 물질의 고유한 특성이다.
⑤ (밀도)$= \dfrac{(질량)}{(부피)}$

31
정답 ①

두 액체가 섞이지 않는 것은 밀도가 다르기 때문에 밀도가 큰 액체는 가라앉고 밀도가 작은 액체는 위에 떠 있어 층이 생겼기 때문이다. 밀도에 따라 층으로 나눠진 액체는 분별깔때기나 스포이트를 이용해 분리가 가능하다.

32
정답 ⑤

증류탑의 위쪽에서부터 끓는점이 낮은 성분이 분리가 된다. 따라서 끓는점이 높은 순서는 '아스팔트 – 중유 – 경유 – 등유 – 가솔린 – 액화석유가스' 순이다.

33
정답 ②

보기에서 설명하는 원소는 탄소이며, 탄소는 호흡이나 화석 연료의 연소 반응에 의해 이산화탄소로 전환된다.

34
정답 ③

탄소 나노 튜브
탄소(C)가 지름이 몇 나노미터밖에 안 되는 매우 가늘고 긴 대롱 모양으로 연결된 것으로, 강도가 철강보다 100배 높다. 초강력 섬유나 열과 마찰에 잘 견디는 표면재료로 사용될 수 있다.

35
정답 ②

철은 현대 문명에서 가장 많이 활용하는 금속으로 쉽게 녹슬며 탄소 함유량이 높을수록 강도가 높아지지만, 연성과 전성이 줄어든다.

36
정답 ①

물은 산소 원자 1개와 수소 원자 2개로 구성되어 있으며, 사람의 체중에서 가장 큰 비율을 차지하고, 끓으면 수증기로 변하는 성질을 가지고 있다.

37
정답 ③

산은 수용액에서 수소 이온을 내놓는 물질이며, 마그네슘(Mg), 아연(Zn) 등과 같은 수소(H)보다 산화되기 쉬운 금속을 산 수용액에 넣으면 산화 – 환원 반응이 일어나 수소 기체가 발생한다. 탄산칼슘($CaCO_3$)이 주성분인 석회석, 대리석 등과 반응하여 이산화탄소(CO_2) 기체를 발생시킨다.

오답분석

ㄹ. 붉은색 리트머스 종이를 푸르게 변화시키는 것은 염기이며, 산은 푸른색 리트머스 종이를 붉게 변화시킨다.

38
정답 ①

산소 농도가 높을수록 연소 반응 속도도 빠르다.

39
정답 ①

묽은 염산과 탄산칼슘이 반응하여 이산화탄소 기체를 생성하므로, 시간에 따른 이산화탄소 기체의 발생량이 많을수록 반응 속도가 빠르다. 따라서 평균 반응 속도가 가장 빠른 구간은 부피 변화가 가장 크고, 기울기가 가파른 0 ~ 5초 구간이다.

40
정답 ①

화학적 변화는 물질이 원래의 물질과는 성질이 다른 새로운 물질로 변하는 현상으로, 물이 얼음이 되는 것은 대표적인 물리적 변화의 예이다.

41
정답 ④

반응 물질의 농도가 증가하면 입자수가 많아지고, 충돌 횟수가 증가한다. 이에 따라 반응이 빨리 일어나 반응 속도가 증가하게 된다.

42
정답 ②

기체가 액체에 용해될 때 열을 방출하므로 일정한 압력에서 온도를 낮추어야 용해도가 증가한다.

오답분석
ㄱ. 기체의 용해도는 기체의 온도와 압력, 종류에 따라 크게 변화한다.
ㄷ. 헨리의 법칙이란 일정한 온도에서 기체의 용해도는 기체의 압력이 클수록 증가하는 것으로 무극성 분자의 기체인 산소(O_2), 수소(H_2), 일산화탄소(CO) 등이 해당한다.

43
정답 ①

물리적 변화는 물질의 화학적 성질은 동일하고 물질의 형태만 변형된 것이고, 화학적 변화는 물질의 원래 성질이 변하여 새로운 물질이 되는 것이다.
ㄱ, ㄴ은 화학적 성질은 변하지 않고, 형태만 바뀌어 물리적 변화에 속하고, ㄷ, ㄹ, ㅁ은 발효와 부식, 부패로 인한 화학적 변화이다.

44
정답 ①

메틸오렌지는 산성에서 '붉은색'으로 변하고, 페놀프탈레인은 중성에서 산성과 같이 '무색'이다. BTB용액은 염기성에서 '푸른색'으로 변하므로 답은 ①이다.

45
정답 ③

철이 물에 녹아있는 산소와 만나면 산소를 얻고 산화반응이 일어나 산화철이 된다.

오답분석
① 식물은 광합성을 통해 이산화탄소와 물을 포도당과 산소로 바꾼다. 이때, 이산화탄소는 산소를 잃고 수소를 얻어 환원반응이 일어나 포도당을 만든다.
② 메테인이 완전연소하면 메테인 분자는 수소를 잃고 산소를 얻어 산화반응이 일어나 이산화탄소가 되고, 산소 분자는 산소를 잃고 수소를 얻어 환원반응이 일어나 물이 된다.
④ 철광석에 포함되어 있는 산소 원소가 용광로 속에서 코크스, 석회석과 반응하여 산소를 잃어 환원반응이 일어난다. 이를 통해 순수한 철을 얻을 수 있다.

⑤ 구리판을 질산은 수용액에 넣으면 구리는 전자를 잃어 산화반응이 일어나고, 은은 전자를 얻어 환원반응이 일어나 구리 표면에 붙게 된다.

46
정답 ②

• 단단한 정도 : 금속>플라스틱>나무>고무
• 구부러지는 정도 : 고무>플라스틱>나무>금속

47
정답 ④

오답분석
ㄴ. 모든 실험에서 염산의 농도는 일정하다.

48
정답 ④

염산과 석회암이 반응물이므로 반응물의 농도가 같으면 생성물의 양도 같다.

오답분석
① 온도가 높으면 반응 속도가 빨라지고, 발생하는 이산화탄소(CO_2)도 많다.
② 석회암의 양은 일정하므로 석회암의 양과 이산화탄소와의 관계는 알 수 없다.
③ 석회암은 조각보다 가루로 넣었을 때 접촉 면적이 더 넓으므로, 이산화탄소 발생량이 많다.
⑤ 2·3번 실험을 보면 온도가 높으면 이산화탄소 발생량도 많음을 알 수 있다.

교육은 우리 자신의 무지를 점차 발견해 가는 과정이다.

- 윌 듀란트 -

PART

3

영어

01	02	03	04	05	06	07	08	09	10
⑤	①	②	③	④	③	④	④	③	②
11	12	13	14	15	16	17	18	19	20
②	③	②	③	②	③	①	①	④	⑤
21	22	23	24	25	26	27	28	29	30
⑤	②	③	③	③	①	①	①	①	②
31	32	33	34	35	36	37	38	39	40
④	④	①	①	②	②	③	⑤	③	②
41	42	43	44	45	46	47	48	49	50
①	②	④	⑤	③	③	③	④	④	④
51	52	53	54	55	56	57	58	59	60
③	④	①	②	②	④	③	④	⑤	④
61	62	63	64	65	66	67	68	69	70
②	⑤	④	④	②	⑤	②	③	②	③
71	72	73	74	75	76	77	78	79	80
③	③	②	④	④	⑤	⑤	②	①	②

01   정답 ⑤

제시된 단어의 의미는 '비평하다'로, 이와 같은 의미를 가진 단어는 ⑤이다.

[오답분석]
① 칭찬하다
② 기부하다
③ 소모하다
④ 보호하다

02   정답 ①

제시된 단어의 의미는 '보장하다'이며, 이와 비슷한 의미를 지닌 단어는 ①이다.

[오답분석]
② 노력, 수고
③ 위험한
④ 확신하는, 확실히 하는
⑤ 비참한

03   정답 ②

제시된 단어의 의미는 '다치게 하다'로, 이와 같은 의미를 가진 단어는 ②이다.

[오답분석]
① 개선하다
③ 번성하다
④ 나아가게 하다
⑤ 지지하다

04   정답 ③

제시된 단어의 의미는 '보통'으로, 이와 같은 의미를 가진 단어는 ③이다.

[오답분석]
① 특별히
② 분명히
④ 당연히
⑤ 반드시

05   정답 ④

제시된 단어의 의미는 '성취하다'로, 이와 같은 의미를 가진 단어는 ④이다.

[오답분석]
① 설립하다
② 개선하다
③ 향상시키다
⑤ 나오다

06   정답 ③

제시된 단어의 의미는 '얕은'으로, 이와 반대되는 '깊은'의 의미를 가진 단어는 ③이다.

[오답분석]
① 키가 큰
② 뚱뚱한
④ 커다란
⑤ 작은

07

정답 ④

제시된 단어의 의미는 '아픈'으로, 이와 반대되는 '건강한'의 의미를 가진 단어는 ④이다.

오답분석

① 시달리다
② 에너지
③ ~ 할 가치가 있는
⑤ 어려운

08

정답 ④

제시된 단어의 의미는 '공유하다'로, 이와 반대되는 '독점하다'의 의미를 가진 단어는 ④이다.

오답분석

① 사과하다
② 허락하다
③ 모방하다
⑤ 저장하다, 구하다

09

정답 ③

제시된 단어의 의미는 '나아가다'로, 이와 반대되는 '물러나다'의 의미를 가진 단어는 ③이다.

오답분석

① 진압하다
② 정착하다
④ 적응하다
⑤ 분투하다

10

정답 ②

민들레를 제외한 ①·③·④·⑤는 동물이다.

오답분석

① 얼룩말
③ 토끼
④ 악어
⑤ 코끼리

11

정답 ②

제시된 단어의 의미는 '해외의'이다.

오답분석

① horizontal
③ internal
④ urban
⑤ seaside

12

정답 ③

제시된 단어의 의미는 '요약', '개요'이다.

오답분석

① listening
② summerly
④ concentration
⑤ title

13

정답 ②

좋아하는, 선호하는 : favorite

| 해석 |

내가 <u>좋아하는</u> 영화배우는 브래드 피트이다.

오답분석

①·③ 싫어하는, 미워하는 : hate
④ 존경하는 : respect
⑤ 멀리하는 : avoid

14

정답 ③

벗다, 제거하다 : take off

| 해석 |

이 방에서는 모자를 <u>벗어야</u> 합니다.

오답분석

①·② 입다, 쓰다 : put on
④ 먹다 : eat
⑤ 버리다 : throw away

15

정답 ②

industry를 의미하는 선행사 one이 있고, 관계절의 문장은 수동태로 주어와 동사가 갖춰진 완벽한 문장이므로 전치사+관계대명사 또는 관계부사가 와야 한다. 따라서 in which가 가장 적절하다.

| 해석 |

판매 산업은 지속적인 상호작용이 <u>요구되는</u> 것이므로 훌륭한 사회적 기술이 필수 조건이다.

16

정답 ③

적절한 단어의 형태를 고르는 문제이다.

전치사 'on' 뒤에 올 수 있는 형태는 명사 또는 동명사이다. 제시된 보기에는 명사가 없으므로 동명사 'watching'이 빈칸에 들어가야 한다.

|어휘|

• spend＋시간＋on : ~에 시간을 소비하다

|해석|

그는 웃긴 동영상을 <u>보는 것</u>에 하루 종일 시간을 소비했다.

오답분석

① watch는 본동사 'spent'가 이미 문장에 포함되어 있으므로 답이 될 수 없다.
② watches는 3인칭 단수형태의 동사이다.
④ watched는 과거형 동사이다.

17

정답 ①

시간을 나타내는 부사절 안에서는 미래시제를 현재시제로 표현한다.

|해석|

다음 주에 샘이 여기 <u>오면</u>, 제가 돌아와서 그것에 대해 말할게요.

오답분석

② be＋~ing는 진행형이다.

18

정답 ①

비교급에 대해 묻는 문제이다. ①을 제외한 나머지 보기들은 모두 관계대명사이다.

|어휘|

• more B than A : A보다 더 B한

|해석|

그녀는 <u>나보다 더</u> 스포츠에 관심이 많다.

19

정답 ④

소유격 관계대명사에 대해 묻는 문제이다. 제시된 문장에서 whose가 이끄는 관계대명사 절은 수동태 형태로 완전한 문장이므로 목적어가 올 필요가 없다.

|어휘|

• climbed : 오르다, 등산을 가다
• be covered with : ~에 덮이다

|해석|

나는 등산을 했는데, <u>그 산의 정상은</u> 눈으로 덮여 있었다.

오답분석

① who는 바로 앞의 선행사를 수식하므로 뒤에는 명사가 올 수 없다.

20

정답 ⑤

동의문의 문법적 형태를 고르는 문제이다. '나도 그렇다.'는 뜻의 동의문은 긍정문일 때는 'so＋동사＋주어', 부정문일 때는 'neither＋동사＋주어'의 형태로 쓴다. 따라서 제시된 문장은 부정문이므로 뒤에 오는 동의문도 부정의 형태인 'neither can I'가 된다.

|해석|

서진이는 스키를 잘 못 타. 그리고 <u>나도 그래</u>.

오답분석

③ 앞 문장에서 조동사 can이 쓰였으므로 뒤에 오는 동의문에 be동사가 올수 없다.

21

정답 ⑤

|해석|

나는 어떤 뉴스를 <u>듣자마자</u> 너에게 전화를 걸 것이다.

오답분석

①·②·③·④ 접속사로 쓰이지 못하기 때문에 답이 될 수 없다.

22

정답 ②

동사 'eat'을 빈칸에 들어가야 하는 문장 성분에 맞게 바르게 변형한 것을 고르는 문제이다. As soon as가 이끄는 절에서 빈칸은 목적어가 나와야 하는 자리인데, finish는 동명사를 목적어로 취하는 동사이므로 eating이 들어가야 한다.

|해석|

그녀는 <u>밥</u>을 다 먹자마자 학교로 출발했다.

오답분석

① 동사원형은 목적어로 사용될 수 없다.
③ to부정사는 finish의 목적어가 될 수 없다.
④ 빈칸은 동사가 아닌 목적어 자리이다.
⑤ 분사는 동사의 목적어가 될 수 없다.

23

정답 ③

'It ~ for' 구문을 정확히 알고 있는지 확인하는 문제이다. 'It ~ for+목적격+to부정사'이므로 빈칸에는 목적격인 me가 와야 한다.

| 해석 |

> 내가 숙제를 언니의 도움 없이 하는 것은 어렵다.

24

정답 ③

빈칸에 알맞은 관계대명사를 고르는 문제이다. 빈칸은 선행사를 포함하는 관계대명사가 와야 하므로 what이 들어가야 한다.

| 해석 |

> 그것이 내가 말하고자 한 것이다.

오답분석

① · ⑤ and와 but은 관계대명사가 아니므로 사용할 수 없다.
② 관계대명사 that 앞에는 선행사가 와야 한다.
④ 관계대명사 which 앞에는 선행사가 와야 한다.

25

정답 ③

'우리가' 당신의 상황을 고려하겠다고 했으므로, 이를 확인하기 위한 대답은 'Oh, will you?'가 되어야 한다. 'Oh, will they?'는 적절하지 않다.

| 해석 |

> A : 우리는 당신의 상황을 고려할 것입니다.
> B : 오, 그들이요?

오답분석

① A : 이 학교는 1975년에 설립되었어.
　 B : 오, 그 학교가?
② A : 우리 엄마는 선생님으로 일하고 있어.
　 B : 오, 네 엄마가?
④ A : 너 발표 잘 했어.
　 B : 오, 제가요?
⑤ A : 전 당신에게 약간의 금전적인 보상을 드리고 싶습니다.
　 B : 오, 당신이요?

26

정답 ①

보건교사에게 가보는 것이 좋겠다고 했으므로 교사와 학생의 관계가 적절하다.

| 해석 |

> A : 얼굴이 창백해보여. 무슨 일이니?
> B : 복통이 심해요. 너무 아프네요. 토할 것 같아요.
> A : 언제부터 아프기 시작했니?
> B : 1교시 후부터요.
> A : 왜 그러는지 알겠니?
> B : 제가 먹은 무언가 때문인 게 틀림없어요.
> A : 어디 보자. 오, 너 열도 있구나. 보건교사에게 즉시 가보는 게 좋겠다.

오답분석

② 의사 – 환자
③ 약사 – 고객
④ 엄마 – 아들
⑤ 점원 – 손님

27

정답 ①

1인용 객실을 예약한 것에 대한 안내를 받고 있으므로 호텔 직원과 고객의 관계이다.

| 어휘 |

• make a reservation : 예약을 하다
• book : 예약하다

| 해석 |

> A : 좋은 아침입니다. 무엇을 도와드릴까요?
> B : 예약을 했는데요.
> A : 성함을 알 수 있을까요?
> B : 제 이름은 Glen Williams입니다.
> A : 5월 21일에 1인용 객실 하나를 예약하셨네요. 열쇠 여기 있습니다.

오답분석

② 선생님 – 학생
③ 목수 – 고객
④ 약사 – 고객
⑤ 엄마 – 아들

28

학교 도서관에서 책 대출을 하는 대화가 이루어지고 있으므로 사서와 학생의 관계이다.

| 어휘 |
• student ID card : 학생증
• return : 반납하다

| 해석 |

A : 이 책 2권을 집에 가져갈 수 있을까요?
B : 그럼요, 여기 학생이신가요?
A : 네.
B : 그럼 학생증을 저한테 보여주세요.
A : 여기 있어요.
B : 좋아요. 책들은 1주일 안에 반납해주세요.

오답분석
② 의사 – 환자
③ 선생님 – 학생
④ 판매원 – 고객
⑤ 경찰 – 시민

29

정답 ①

shirts, fitting room과 관련된 장소는 옷가게이므로 판매원과 고객의 관계이다.

| 해석 |

A : 저 이 셔츠가 마음에 들어요. 입어 봐도 되나요?
B : 그럼요. 탈의실은 저쪽에 있습니다.
A : 저에게 딱 맞네요. 이걸로 주세요.

오답분석
② 엔지니어 – 고객
③ 편집자 – 작가
④ 경찰 – 시민
⑤ 변호사 – 의뢰인

30

정답 ②

| 어휘 |
• out of order : 고장이 난

| 해석 |

A : 시간 좀 알려 주시겠습니까?
B : 아, 죄송합니다. 제 시계가 고장 났습니다.

31

정답 ④

| 해석 |

A : 지하철에서 시계를 잃어버렸어.
B : 그것 참 안됐구나. 분실물센터에 확인해 보는 게 어때?
A : 고마워. 그렇게 할게.

오답분석
① 다음에 가자(하자).
② 너는 무엇에 흥미를 느끼니?
③ 우체국까지는 어떻게 가야 하나요?
⑤ 새 시계가 맘에 드니?

32

정답 ④

| 해석 |

A : 오늘 학교에 늦게 가서 너무 미안해.
B : 네가 자주 늦지 않잖아. 나는 네가 충분한 이유를 가지고 있다고 생각해.
A : 열차를 놓쳐서 다음 열차를 20분 동안 기다려야만 했어.
B : 괜찮아.

33

정답 ①

| 해석 |

A : 어서오세요, 손님. 무엇을 도와드릴까요?
B : 네, 아들에게 줄 조그만 망원경을 찾고 있어요.
A : 당신이 원하시는 것이 여기 있어요. 품질이 우수합니다.
B : 좋아보이는군요. 가격은 얼마인가요?
A : 20달러에 판매하고 있습니다.
B : 가격이 적당하군요.

34

공원에 가자는 제안을 받았지만, 빈칸 뒤에 숙제를 해야 한다고 했으므로 거절하는 표현이 나와야 한다.

| 해석 |

A : 제인, 우리 공원갈래?
B : 미안하지만, 못 가. 나 숙제해야 해.
A : 알겠어. 다음에 가자.

오답분석
② 네 의견에 동의해.
③ 물론, 나도 가고 싶어.
④ 너 정말 잘했다.
⑤ 내 새로운 모자를 가져가도 될까?

35

정답 ②

출장 때문에 갔다고 대답하고 있으므로 왜 갔는지 이유를 물어보는 표현이 나와야 한다.

| 해석 |

A : 오랜만이야. 그동안 어디서 지낸 거야?
B : 나 이탈리아에 다녀왔어.
A : 거기는 왜 간 거야?
B : 출장 때문에 간 거야.

오답분석
① 어디로 간 거야?
③ 언제 간 거야?
④ 누구랑 같이 간 거야?
⑤ 가장 좋은 장소는 어디야?

36

정답 ④

제시문은 인구 폭발이 야기하는 문제를 지적하는 내용으로 문제점을 구체적으로 제시하는 (C), 문제점을 걱정하는 (A), 그래서 점점 더 많은 문제와 직면하게 된다는 결론의 (B) 순서가 적절하다.

| 해석 |

인구 폭발은 많은 문제를 야기한다.
(C) 그것들 중 하나는 세상의 모든 이들에게 공급할 충분한 식량과 관련이 있다.
(A) 또한, 이 염려는 그들 모두, 특히 나이 든 사람들에 대한 적절한 의학적 보살핌과 관련이 있다.
(B) 따라서, 우리는 점점 더 많은 문제와 직면하게 된다.

37

정답 ③

| 어휘 |
• recommend : 추천하다
• museum : 박물관

| 해석 |

저는 한국 역사에 관심이 있습니다. 어떤 곳을 추천해 주실래요?
(B) 저는 한국 역사박물관을 추천해 드리겠습니다.
(C) 그거 좋은 생각이네요. 여긴 월요일마다 문을 여나요?
(A) 아니요, 여긴 매주 월요일에 문을 닫습니다.

38

정답 ⑤

소식을 들었냐는 질문에 무슨 소식인지 물어보자, 우리 축구팀이 시합에서 이겼다는 소식임을 알려주고, 이에 대한 놀라움을 표현하고 있다.

| 해석 |

너 그 소식 들었니?
(C) 무슨 소식?
(B) 우리 축구팀이 시합에서 이겼어.
(A) 오! 대단해!

39

정답 ③

(B) 추천 메뉴 묻기 → (C) 메뉴 추천 → (A) 메뉴 결정 순서로 말하는 것이 자연스럽다.

| 어휘 |
• order : 주문
• recommend : 추천하다
• tuna : 참치

| 해석 |

안녕하세요. 주문하시겠어요?
(B) 음, 어떤 걸 추천해 주시겠어요?
(C) 참치 샌드위치는 어떠세요? 여기서 인기 있어요.
(A) 감사합니다. 그걸로 할게요.

40

두 사람 또는 2명의 파트너 선수를 위한 운동이면서 그물을 가로질러 공을 치는 운동은 테니스이다.

| 어휘 |
• back and forth : 앞뒤[좌우]로의, 여기저기의, 오락가락 하는

| 해석 |

이것은 2명 또는 2명의 파트너 선수들[단식(1:1), 복식 (2:2)]에 의한 스포츠 게임의 한 종류이다. 이것은 운동 장에서 행해진다. 선수들은 낮은 그물을 가로질러 앞뒤로 작은 공을 치기 위하여 라켓을 사용한다.

41

정답 ①

| 어휘 |
• traditional clothing : 전통의상

| 해석 |

이것은 한국의 전통의상이다. 우리는 설날, 추석과 많은 특별한 날에 이것을 입는다. 이것은 또한 많은 외국인에게 사랑받고 있다.

42

정답 ②

| 해석 |

이것은 인기 있는 한국식 쌀밥 요리이다. 그릇에 채소, 고기, 달걀 등을 쌀밥과 함께 넣고 섞어서 이것을 만들 수 있다. 이것은 한국과 세계 곳곳에서 사랑받고 먹는 음식이다.

43

정답 ④

Soy는 언니가 아닌 친구에게서 Kevin의 주소를 얻었다.

| 어휘 |
• freshman : 신입생
• nervous : 불안한, 초조한

| 해석 |

Kevin에게
안녕. 내 이름은 Jeong Soy이고, 여고 1학년이야. 난 네 친구가 되고 싶어. 친구에게서 네 주소를 얻었어. 이건 내가 처음 영어로 써 보는 편지야. 그래서 지금 약간은 긴장돼. 네가 이해해주길 바라.

44

정답 ⑤

운영 기간, 개설 과목, 신청 방법과 등록 가능한 날짜에 대한 내용이 순서대로 글에 나와 있으며, 폐강 조건에 대한 내용은 알 수 없다.

| 어휘 |
• run : 운영하다, 제공하다
• course : 수업
• offer : 제안하다
• register : 등록하다

| 해석 |

우리 방과 후 프로그램은 3월 19일부터 6월 29일까지 운영됩니다. 영어, 생물학, 한국사를 포함한 수업들이 개설됩니다. 여러분은 3월 16일에 학교 홈페이지에서 등록할 수 있습니다.

45

정답 ③

Jane과 Mary는 어머니에게 편지를 쓴 것이 아니고, 선물을 준 숙모에게 감사의 편지를 쓸 것이라는 것을 제시문에서 알 수 있다.

| 어휘 |
• living room : 거실
• aunt : (외)숙모, 이모, 고모
• immediately : 즉시, 당장

| 해석 |

어느 일요일 아침, Jane과 그녀의 여동생 Mary는 거실에서 크리스마스에 대해 이야기하고 있었다. 그때 그들의 어머니가 상자 하나를 가지고 방으로 들어왔다. 그것은 매우 큰 상자였다.
"이 상자는 서울에 계신 너희 숙모한테서 온 선물이란다."하고 그녀는 말했다. 거기에는 2개의 예쁜 한국 인형이 들어 있었다. Mary는 "우리는 정말 행복해!"하고 외쳤다. 그들의 어머니는 Jane과 Mary에게 "즉시 그녀에게 편지를 쓰도록 하렴."이라고 말했다.

46

정답 ③

제시문은 비행기에서 승객들을 위한 매우 중요한 사람을 이야기하고 있으므로 승무원임을 알 수 있다.

| 어휘 |
• passenger : 승객
• comfortable : 안락한
• pillow : 베개
• blanket : 담요
• point out : 지적하다, 언급하다

그녀는 비행기에서 매우 중요한 사람이다. 그녀는 승객들이 편안하도록 도와준다. 그녀는 사용을 원하는 사람들을 위해 베개, 담요, 신문을 가지고 있다. 그녀는 승객들을 찾아다니며 비행기가 날고 있는 재미있는 곳들을 언급해 준다.

47
정답 ③

flu(독감)나 prescription(처방)을 통해 화자가 의사임을 알 수 있다.

| 어휘 |
• prescription : 처방전

| 해석 |

"좋아, 한번 보자. 내 생각엔 감기인 것 같구나. 처방전을 써줄게. 네 시간마다 한 티스푼씩 먹으렴. 그리고 다음 주에 연락해. 좋아지길 바랄게."

(오답분석)
④ 배관공

48
정답 ④

음악을 틀어준다는 언급과 함께 마지막 문장에서 구체적인 음악 프로그램명이 나오고 있으므로 화자의 직업이 음악 프로그램 진행자임을 알 수 있다.

| 어휘 |
• try one's best ~ : ~에 최선을 다하다
• share : 공유하다
• company : 동료, 친구

| 해석 |

방문해 주셔서 감사합니다. 저희는 가슴을 울리는 좋은 음악을 틀어 드리기 위해 최선을 다할 것입니다. 저는 당신의 전화를 받고, 이야기를 공유하며 밤 동안 당신과 함께 하기 위해 이곳에 있습니다. 당신은 지금 Light Rock 93.5를 듣고 계십니다.

(오답분석)
① 제시문 중간에 전화를 받고 이야기를 공유한다는 언급이 있지만, 프로그램상의 전화연결을 의미하며 전화 교환을 해주는 것은 아니다.

49
정답 ④

transact(거래하다)와 account(계좌)를 통해 은행의 텔러임을 유추할 수 있다.

| 어휘 |
• transact : 거래하다
• account : 계좌

| 해석 |

고객이 창구에 오면 "안녕하세요."라고 말하는 것이 내가 할 일이다. 그들이 나에게 올 때 나는 대개 "무엇을 도와드릴까요?"라고 묻고, 그들의 계좌에 입금하거나 출금하는 일을 한다.

(오답분석)
② 회계원, 회계사
③ 수위(문지기)
⑤ 거리 청소부

50
정답 ④

마지막 문장에서 배우의 risky acts(위험한 연기)를 막는다는 내용을 통해 스턴트맨이 정답임을 알 수 있다.

| 해석 |

이 사람은 영화나 텔레비전에서 위험한 연기를 수행하는 사람이다. 그는 배우의 나이가 많아 신체 활동이 제한되거나 배우가 위험한 연기를 하는 것이 계약상 금지되었을 때 활동한다.

51
정답 ③

'two basic things'가 가리키는 것은 바로 뒤의 문장에 나와 있다. 따라서 두 가지 기본적인 사항은 안전거리 확보와 좌석벨트(안전벨트) 착용이다.

| 어휘 |
• ignore : 무시하다
• wear seat belts : 좌석벨트(안전벨트)를 착용하다

| 해석 |

운전은 재밌다. 그러나 대부분의 운전자들이 두 가지 기본적인 사항을 무시한다. 그들은 앞차와의 안전거리 확보를 잊어버리고, 또한 좌석벨트(안전벨트)를 착용하지 않는다.

52

정답 ④

청개구리는 엄마 개구리가 죽고 나서야 과거에 지은 잘못을 후회하였다. 따라서 제시문의 주제로는 '불효하면 부모가 돌아가신 후에 후회한다.'가 적절하다.

| 어휘 |
- bury : 묻다, 매장하다
- perverse : 비뚤어진, 심술궂은
- repent : 후회하다, 뉘우치다
- misdeed : 나쁜 짓, 범죄
- grave : 무덤

| 해석 |

옛날에 엄마의 말을 전혀 듣지 않는 청개구리가 살았다. 엄마 개구리는 늙어서 결국 병이 들었다. 엄마가 아들에게 말했다. "내가 죽거든 산에 말고 강가에 묻어다오." 이렇게 말한 것은 그녀가 아들 개구리의 심술궂은 행동 방식을 잘 알고 있었기 때문이었다.
엄마 개구리가 죽었을 때, 과거에 지은 모든 죄를 후회하면서 청개구리는 엄마를 강가에 묻었다. 청개구리는 비가 올 때마다 엄마의 무덤이 떠내려갈까 봐 걱정을 했다.

53

정답 ①

두 번째 문장 'We need more guards'을 통해 주제를 알 수 있다.

| 어휘 |
- escape : 벗어나다, 탈출하다
- guard : 경비원
- run away : 도망가다, 달아나다
- provide : 제공하다

| 해석 |

우리는 동물원에서 사자가 탈출했다는 소식을 듣고 놀랐다. 우리는 동물들이 달아나는 것을 막기 위한 더 많은 경비원들이 필요하다. 다시 한 번 말하지만 공공의 안전을 제공하기 위해서 더 많은 경비원이 필요하다.

54

정답 ②

제시문은 전화예절에 대해 말하고 있으므로 'How to speak over the telephone(전화를 통해서 어떻게 말해야 하는가)'가 적절하다.

| 어휘 |
- daily : 매일의
- manner : 예절
- necessary : 필요한
- polite : 예의바른, 정중한

| 해석 |

전화는 우리의 일상생활의 큰 부분을 차지하게 되었다. 전화로 분명하게 이야기하는 것은 좋은 예절이다. 당신이 소리를 지를 필요는 없다. 당신은 이야기를 나누고 있는 사람에게 정중해야 한다.

55

정답 ②

두 번째 문장의 'traditional classrooms hold many advantages(전통 학교가 많은 장점을 가지고 있다)'를 통해, 'Benefits of Traditional Schools'이 제시문의 주제임을 알 수 있다.

| 어휘 |
- in spite of : ~에도 불구하고
- hold : 가지고 있다
- first of all : 우선(다른 무엇보다 먼저)
- relate to : ~와 관계가 있다
- one another : 서로
- face to face : 서로 얼굴을 맞대고
- take part in : ~에 참여하다

| 해석 |

사이버 학교가 언젠간 전통 학교들을 대체할 것인가? 전통 학교의 문제점들에도 불구하고, 전통의 교실들은 온라인상의 학급보다 많은 장점들을 가지고 있다.
우선, 전통 교실들은 학생들이 서로 얼굴을 맞대고 관계를 맺을 수 있는 장소이다. 키보드는 절대 따뜻한 악수를 대신할 수 없고, 모니터는 학생들의 미소를 대신할 수 없다. 또한 전통 학교에서 학생들은 컴퓨터를 통해서는 불가능한 운동, 동아리, 페스티벌 등에 참여할 수 있다.

56

정답 ④

| 어휘 |
- breakfast : 아침 식사
- teenagers : 10대
- researcher : 연구자

| 해석 |

아침 식사를 하는 것은 10대들의 학습에 매우 좋은 것이다. 많은 연구자는 아침을 먹지 않는 학생들보다 먹는 학생들이 학습 활동을 더 잘한다는 연구를 발표해왔다.

57
정답 ③

석면을 제거할 때 공기 중에 석면 가루가 떠다니는 것을 방지하기 위해 물을 뿌리도록 하였다.

| 어휘 |
- asbestos : 석면
- airborne dust : 대기 중 먼지, 분진
- fiber : 섬유
- electrocution : 감전사

| 해석 |

> 1980년대에는 석면 제거 프로젝트가 많았다. 정부는 건물에서 석면이 함유된 자재들을 제거하는 방법에 대한 모든 세부 사항들을 서술하는 수백 페이지에 달하는 일련의 규칙들을 출간했다. 노동자들이 마스크를 쓰는 것과 대기 중의 분진을 줄이기 위해 석면이 젖은 상태이어야 한다고 요구하는 것과 같은 규칙들 대부분은 사람들이 석면 섬유를 들이마시는 것을 막기 위해 만들어진 것이다. 사람들은 이러한 규칙을 따르는 것과 석면 섬유를 들이마시는 것을 피하는 것에 너무 주의를 기울인 나머지 물(석면이 젖은 상태에 있도록 하는)과 전기(조명과 장비의 필요로 인한)가 혼합될 때 무엇이 일어나는지를 잊었다. 따라서 이러한 장소에서 일어나는 피해의 주된 원인은 감전사였다.

58
정답 ④

| 어휘 |
- ension : 연금
- enefits : 보조금

| 해석 |

> 1960년대 이후로 65세 이상의 미국인들은 그들의 인생을 설계하는 데에 도움을 주는 정부의 프로그램 때문에 더 나은 삶을 살고 있다. 비록 65세 이상의 시민들이 인구의 13%밖에는 차지하지 않고 있지만, 거의 연방 예산의 반이 두 가지 형태로 그들에게 지급되고 있다. 활동으로부터 퇴직한 후에 지불되는 사회 복지 연금과 의료 건강 보조금이다.

59
정답 ⑤

마지막 문장에서 'No children allowed(어린이는 허용되지 않는다).'라고 제시되어 있다.

| 어휘 |
- available : 가능한
- at once : 한번에, 한 때
- allowed : 허락되는, 허용되는

| 해석 |

> **공중 목욕탕**
> 열탕과 냉탕, 사우나, 운동실, 독서실 있음. 무료 수건 있음. 한 번에 450명 이용 가능함. 여탕은 오후 10시까지만 이용 가능함. 어린이 이용 불가.

60
정답 ④

제시문은 좋아하는 여자에게 자신의 감정을 표현해도 될지 고민된다고 상담하는 글이다.

| 어휘 |
- Mrs. : ~ 여사, ~ 부인
- boyfriend : 남자친구
- seems to : ~인 것 같다

| 해석 |

> 김여사님께
> 우리 반에 제가 좋아하는 여자아이가 있어요. 나는 그녀의 남자친구가 되고 싶은데 그녀는 다른 남자아이를 좋아하는 것 같아요. 제가 그녀에게 제 감정을 말해야 할까요? 제가 무엇을 해야 하는지 알려주세요.

61
정답 ②

| 어휘 |
- volunteer : 자원봉사자
- activity : 활동, 행사

| 해석 |

> 우리 사회 봉사단은 여러분들을 위해 많은 좋은 활동들을 벌이고 있다. 이러한 활동들은 여러분들이 다른 사람들을 돕도록 기회를 준다. 우리는 당신이 우리와 함께하기를 바란다.

62

'Could you be more flexible with your service?'라고 요청하는 바를 직접적으로 언급하고 있다. 여기서 'service'가 의미하는 바는 육아 서비스이다.

| 해석 |

저는 지난 7년 동안 직장 여성으로 일해 왔습니다. 첫째 딸을 출산한 후 2년 동안, 제가 일하면서 동시에 그 아이를 돌보는 것이 참으로 힘들었습니다. 그래서 저는 귀하께서 제공하는 육아 서비스가 얼마나 필요한지 알고 있습니다. 그리고 저는 그 서비스에 정말 고마움을 느끼기도 합니다. 하지만 저는 귀하께서 고려해 주셨으면 하는 것이 한 가지 있습니다. 현재 베이비시터가 제 둘째 딸을 오전 9시에서 오후 5시까지 8시간 동안 돌보고 있습니다. 제게는 그 서비스의 이용 시간이 오전 8시에서 오후 4시까지 된다면 한층 더 유용할 것입니다. (육아) 서비스를 더 탄력적으로 운영해주실 수 있겠습니까? 그러면 참으로 감사하겠습니다.

63

글쓴이는 의료검사 결과 처리에 대해 자신의 남편의 예를 들어 고발하고 있다.

| 어휘 |

• opportunity : 기회
• respect : 명성
• check-up : 건강검진

| 해석 |

나는 이번 기회를 이용하여 병원에서 받는 검사와 X-ray에 대해 이야기를 하려고 한다. 단지 통보를 받지 못했다고 해서 사람들이 모든 것이 괜찮다고 생각해서 안 된다. 환자에게 알리지 않고 검사 보고서가 철해져 보관될 가능성도 있다. 작년에 내 남편은 아주 명성 있는 대학병원에서 내과 레지던트로부터 "이상이 나타나면" 남편에게 전화를 할 것이라는 말을 들었다. 남편은 아무 연락을 듣지 못했고 그는 모든 것이 괜찮다고 생각했다. 지난주 그는 매년 하는 정기 검진을 받았다. 의사가 물었다. "당신은 왜 세포 변화를 발견한 걸 알리지 않았죠?" 물론 대답은 "나는 그것에 대해 몰랐습니다." 였다.

64

Joni의 조랑말은 너무 작아 Joni는 비가 와서 불어난 하천에 쓸려 내려갈 위기에 처해 있는 상황이다. 따라서 Joni는 무척 '겁이 나' 있을 것이라 추측할 수 있다.

| 해석 |

Joni는 자신의 언니들과 승마를 하러 갔다. 그녀의 조랑말은 언니 말들의 절반 크기라서 언니들에게 보조를 맞추느라 힘들었다. 큰 말들을 탄 언니들은 가장 깊은 부분에서 하천을 건너는 것이 재미있다고 생각했다. 그들은 Joni의 작은 조랑말이 조금 더 깊이 빠지는 것을 결코 알아차리지 못한 것처럼 보였다. 그 주 초에 비가 와서 하천은 갈색이고 물이 불었다. 자신의 조랑말이 하천의 한가운데로 걸어 들어가면서, Joni는 소용돌이치는 강물이 자신의 조랑말 다리를 세차게 흘러 돌아가는 것을 응시하며 창백해졌다. 그녀의 심장은 빨리 뛰기 시작했고, 입은 말라갔다.

65

제시문은 2000년 시드니 올림픽에서 정식 종목으로 채택된 태권도를 이야기하고 있다.

| 어휘 |

• Olympic : 올림픽 경기(의)
• flag : 깃발
• lighting : 점화
• flame : 불꽃
• in the end : 마침내, 결국
• dove : 비둘기
• be held : 개최되다

| 해석 |

태권도는 2000년 올림픽 공식 종목이 되었다. 경기는 시드니 시내에 있는 State Sports Center에서 열렸다. 8개의 금메달이 수여될 예정이었다. 각 나라는 여자 2명, 남자 2명씩 4명의 선수만 보낼 수 있었다. 태권도는 전신 접촉 종목이기 때문에 선수들은 경기장에 들어가기 전에 보호 장비를 착용해야 했다. 시드니 올림픽에서 한국은 이 새로운 정식 종목에서 3개의 금메달을 획득했다.

66
정답 ⑤

제시문은 같은 제스처도 문화에 따라 다르게 해석될 수 있다고 말하고 있으므로 주의해서 사용해야 한다고 말하고 있다.

| 어휘 |
- gesture : 몸짓
- for example : 예를 들어
- thumb : 엄지손가락
- commonly : 흔히, 보통
- rude : 무례한

| 해석 |

문화 사이에서 같은 제스처가 다른 의미를 가질 수 있다. 예를 들어 엄지손가락을 들어올리는 '승인(찬성)' 표시는 흔히 '잘했다'는 의미로 쓰이곤 한다. 그러나 그 몸짓은 매우 무례한 몸짓으로 간주될 수 있기 때문에 나이지리아에서는 그 몸짓을 사용하지 않도록 해야 한다.

67
정답 ②

제시문은 교우관계를 증대시키기 위해서 필요한 것들에 대해 설명하고 있으므로 글의 제목은 어떻게 교우관계가 성장하는가?(How friendships grow?)가 가장 적절하다.

| 어휘 |
- friendships : 교우관계
- involve : 포함하다
- careful : 조심하는, 주의 깊은

| 해석 |

교우관계는 정원의 꽃처럼 많은 관심을 필요로 한다. 좋은 교우관계는 경청, 정직, 존경, 그리고 믿음을 포함한다. 이러한 것들이 없는 교우관계는 유리처럼 약하다. 그러나 노력과 함께라면 교우관계는 돌보다 단단해 질 수 있다.

오답분석
① 어떻게 꽃이 죽는가?
③ 어떻게 정직함이 이득이 되는가?
④ 어떻게 유리가 깨지는가?
⑤ 어떻게 돌이 더 단단해지는가?

68
정답 ③

제시문은 웃음의 효과에 대해서 설명하고 있다. 혈액순환이 증가하고 몸 전체가 강해지며 신체적 상태가 더 좋아진다고 하였으므로 웃음은 최고의 약이라는 표현이 가장 적절하다.

| 어휘 |
- effect : 효과
- circulation : 순환
- physical : 신체적인, 물리적인
- get better : 좋아지다

| 해석 |

웃음의 효과는 생각보다 크다. 당신이 웃을 때 몸 전체의 혈액순환이 증가하고 몸 전체가 강해진다. 덧붙여서, 당신이 웃으면, 당신의 신체적 상태가 더 좋아진다.

오답분석
① 조급함은 쓰레기를 만든다(급할수록 돌아가라).
② 시작이 좋으면 반은 이룬 것이다(시작이 반이다).
④ 마지막에 웃는 자가 진짜 웃는 자이다.
⑤ 소귀에 경 읽기

69
정답 ②

필자의 상태가 안 좋다고 의사가 말을 했기 때문에 필자는 절망감을 느꼈을 것이라고 추측할 수 있다.

| 해석 |

나는 나의 병이 앞으로 더 악화될 것이라는 것과 그들이 할 수 있는 것이 아무것도 없다는 것을 의사를 통하여 알고 있었다. 나는 더 자세히 물어보고 싶은 기분이 들지 않았다.

70
정답 ③

미래에 로봇이 사용 가능한 장소로 공장과 병원, 농장, 사무실이 그 예로 나와 있지만 교실에 대한 내용은 어디에도 없다.

| 해석 |

미래에는 우리가 많은 장소에서 로봇을 사용할 수 있을지도 모른다. 과학자들은 우리가 공장에서 많은 수의 로봇을 사용할지도 모른다고 예견한다. 우리는 병원, 농장 그리고 사무실에서 또한 그것들을 사용할지도 모른다.

오답분석
① factory라는 단어를 사용하여 공장에서 사용될 수 있음을 말하고 있다.
② · ④ · ⑤ 마지막 문장에서 hospital과 farm, office를 통해 알 수 있다.

71

정답 ③

두 번째 문장 'A good way to quit smoking is to exercise, drink more water and food with vitamin.'에서 휴식 취하기는 언급되지 않았다.

| 어휘 |
- quit : 중단하다
- exercise : 운동하다

| 해석 |

> 당신이 담배를 끊고 싶다면, 할 수 있다. 담배를 끊는데 할 수 있는 좋은 방법으로 운동하기, 껌 씹기, 물 많이 마시기, 비타민이 함유된 음식 섭취하기가 있다. 기억하라, 담배 끊기를 지체하면 할수록 더 힘들어질 것이다.

72

정답 ③

| 어휘 |
- tablets : 알약
- chewed : 씹다
- swallowed : 삼키다
- out of reach : 손이 닿지 않는 곳에

| 해석 |

> - 4시간마다 2알씩 복용하세요.
> - 알약은 씹어 먹거나 물과 함께 삼켜 드실 수 있습니다.
> - 어린이 손에 닿지 않는 곳에 보관하세요.

오답분석
① · ⑤ Take 2 tables every 4 hours. → 복용량, 복용 간격
② Tablets can be chewed or swallowed with water. → 복용 방법
④ Keep out of reach of children. → 주의사항

73

정답 ②

'come back up to the surface slowly and don't hold your breath'는 '천천히 수면 위로 올라와서 숨을 참지 말아라.'이므로 'scuba diving'이 가장 적절하다.

오답분석
① 자동차 운전, ③ 등산, ④ 승마, ⑤ 스키

74

정답 ④

제시문은 Mark Twain의 인생을 시간의 순서대로 설명한 글이다. 각 문단에 시간을 나타낸 표현들이 있어 이를 토대로 글의 순서를 잡을 수 있다. (C) 작가가 되기 전 인물의 소개(before he became a writer) – (A) 작가 경력의 시작(began his career) – (D) 작가 경력의 중반(at mid-career) – (B) 말년의 투자 실패(in his later life)의 순으로 나열하는 것이 적절하다.

| 어휘 |
- verse : 운문
- evolve into : ~으로 진화하다
- chronicler : 연대기 작가
- vanity : 허영심, 자만심
- hypocrisy : 위선
- typesetter : 식자공
- riverboat pilot : 뱃사공
- sturdy : 견고한
- narrative : 묘사, 서술기법
- distinctive : 독특한
- come off : 벗겨지다

| 해석 |

> (C) 필명인 Mark Twain으로 더 잘 알려진 Samuel Lang horne Clemens는 작가가 되기 전에 식자공과 미시시피 강의 뱃사공으로 일했었다.
> (A) Mark Twain은 그의 경력을 가볍고, 유머러스한 운문을 쓰는 것부터 시작했지만 인류의 허영과 위선의 연대기 작가로 진화하였다.
> (D) 경력의 중반기에 '허클베리핀의 모험'으로 그는 풍부한 유머와 견고한 서술기법, 그리고 사회 비판을 결합하였고, 미국적인 주제와 언어로 독특한 미국 문학을 대중화시켰다.
> (B) Twain은 비록 그의 글과 강의로 많은 돈을 벌었지만, 그는 말년에 벤처기업에 대한 투자로 많은 것을 잃었다.

75

'the'는 이미 언급되었거나 쉽게 알 수 있는 사람·사물 앞에 붙이는 관사로, 대화나 글에서 처음으로 언급될 때는 나올 수 없다. 'he' 또한 앞에 언급되었거나 이미 정체가 알려진 남자나 동물을 가리키는 대명사이므로 이야기의 처음에 등장할 수 없다. 따라서 (A), (D), (E)는 제외한다. 맥락상 (A)의 주어인 'He'는 (C)에서 주어로 나온 'lion'을 의미하므로 (C) 다음에는 (A)가 온다. 그 후에는 여우가 동굴에 들어가지 않는 행동을 보이고 (B), 사자가 이에 대하여 여우에게 물어보는 (E), 여우가 대답하는 (D) 내용 순으로 나열하는 것이 적절하다.

| 어휘 |
- pretend : ~인 체하다
- ruse : 계략, 책략
- one by one : 하나하나씩, 차례대로
- pay respects : 경의를 표하다, 문안을 가다
- track : 길, 자국

| 해석 |

> (C) 사자는 늙고 쇠약해졌다.
> (A) 그는 아픈 척을 했는데, 이는 다른 동물로 하여금 문안을 오게 하려는 계략이었다. 그러면 그는 손쉽게 그들을 차례대로 먹을 수 있었다.
> (B) 한 여우도 왔는데, 그는 동굴 밖에서 사자에게 인사하였다.
> (E) 사자는 여우에게 왜 안으로 들어오지 않느냐고 물었다.
> (D) 여우는 "왜냐하면 안으로 들어간 자국은 보이는데, 밖으로 나온 자국은 없기 때문이에요."라고 대답했다.

76

빈칸 앞에서는 토마토 껍질을 벗기는 것이 매우 어렵다고 언급하고 있으나, 뒤에서는 쉬운 방법이 있다고 말하고 있으므로 빈칸에 들어갈 연결어는 역접의 연결어인 'However'이다.

| 어휘 |
- peel : 벗기다
- skin : 표면
- come off : 벗겨지다

| 해석 |

> 토마토 껍질을 벗기기 위해 노력한 적이 있는가? 그것은 매우 어렵다. 그렇지 않은가? 그러나 여기 쉬운 방법이 있다. 토마토를 뜨거운 물에 넣어라, 그러면 껍질이 아주 잘 벗겨진다.

77

제시문은 Kim의 인생에 영향을 끼친 많은 여자들에 대해 이야기하고 있다. 하지만 마지막 문장인 'But no woman was so vital to his life and work as his spouse(하지만 그의 인생과 일에 있어서 그의 아내만큼 영향력 있는 여성은 없었다).'을 통해 '아내'가 그의 일생에 가장 중요한 사람임을 알 수 있다.

| 어휘 |
- critics : 비평가들
- fate : 운명
- after all : 결국에는, 어쨌든
- carpenter : 목수
- vital : 필수적인, 중요한

| 해석 |

> Kim의 인생을 생각해볼 때, 비평가들은 Kim의 운명이 근본적으로 여자들에 의해 결정되었다는 것을 놀랍지 않게 발견한다. 어쨌든 그의 할머니는 그의 장애의 원인이 된다. 그의 아버지가 그를 목수로 만들려고 할 때 그의 어머니는 그로 하여금 미술을 하게 해서 장애를 가진 아들이 자기 힘으로 살 수 있게끔 했다. 하지만 그의 인생과 일에 있어서 그의 아내만큼 영향력 있는 여성은 없었다.

78

'A little knowledge is dangerous.'는 '선무당이 사람 잡는다.'라는 의미이다.

[79~80]

| 어휘 |

- locate : 위치를 찾다
- substance : 물질
- turn inside out : 뒤집다
- interior : 내부
- sewer : 하수관
- extensive : 대규모의
- lawn : 잔디

| 해석 |

지하 시설의 위치를 찾는 것은 중요하지만, <u>그것만으로는 충분하지 않다.</u> 그것들을 고치는 것은 그 일의 대부분이다. 도시의 지하 시설을 고치고 갱신하는 것은 매우 복잡하다. 그것은 단지 땅에 구멍을 파고, 잘못된 파이프를 꺼내고, 괜찮은 파이프를 설치하는 문제가 아니다. 그 도시와 이웃 도시들은 파이프를 고치는 몇 달 동안 기능을 유지해야 한다.

Insituform이라는 이름의 회사는 땅을 파지 않고도 파이프가 고장 나기 전에 그 내부를 고치는 기능을 개발해 왔다. 그들은 튜브를 끈적끈적한 물질인 특별한 종류의 수지로 채우고, 튜브를 뒤집어 파이프를 통해 그것을 보낸다. 그리고 그들은 파이프 속의 물을 데운다. 그 수지는 밖으로 팽창하여 파이프의 내부 표면에 닿고 나서 단단해진다. 이것은 낡은 파이프 안에 새 파이프를 생성한다.

이 회사는 사실 미국에서 가장 유명한 빌딩 중 하나인 워싱턴 D.C.의 백악관 아래에 있는 하수관에 이 기술을 사용했다. 그 파이프는 세계 대전(1800년대 중반)쯤부터 있었고 대규모의 수리가 필요했다. 보안 문제로 정부는 잔디를 파지 않고 대신 여행객들의 발 아래 지하에서 일하기로 결정했다.

79

정답 ①

제시문에서는 땅을 파지 않고 파이프를 수리하는 기술에 대해 설명하고 있다. 따라서 글의 제목으로는 '지하의 파이프를 수리하는 효과적인 기술'이 가장 적절하다.

오답분석
② 굴을 파고 오래된 파이프를 고치는 일의 어려움
③ Insituform이라는 이름의 회사
④ 백악관 하수관의 오래된 역사
⑤ 도시 지하 시설의 다양한 종류들

80

정답 ②

지하 시설 위치를 찾는 것도 중요하지만 그것들을 고치는 것이 작업의 대부분을 차지하므로, 빈칸에 들어갈 내용은 '지하 시설 위치를 찾는 것만으로는 충분하지 않다'이다.

오답분석
① 그리고 그것은 손쉬운 땅 파기를 가능케 한다.
③ 그리고 그것은 양 끝이 만나게 만든다.
④ 하지만 그것은 문제를 복잡하게 만든다.
⑤ 그리고 그것은 보통 며칠 동안 계속된다.

01	02	03	04	05	06	07	08	09	10
③	③	⑤	⑤	③	④	④	②	④	②
11	12	13	14	15	16	17	18	19	20
⑤	①	④	①	③	⑤	④	③	①	①
21	22	23	24	25	26	27	28	29	30
①	①	④	②	①	②	①	①	④	④
31	32	33	34	35	36	37	38	39	40
④	④	④	④	④	③	③	③	④	②
41	42	43	44	45	46	47	48	49	50
⑤	①	④	④	⑤	⑤	③	②	⑤	③
51	52	53	54	55	56	57	58	59	60
④	⑤	③	①	①	③	②	③	②	①
61	62	63	64	65	66	67	68	69	70
④	⑤	②	④	②	④	②	③	④	②

01 　　정답 ③

인간이 불을 이용하고 언어를 구사하게 된 것은 신석기시대가 아니라 구석기시대부터이다.

02 　　정답 ③

청동기시대의 대표적인 유물에는 비파형 동검, 민무늬 토기, 반달 돌칼, 고인돌, 거친무늬 거울 등이 있는데 거푸집으로 비파형 동검을 제작하면서 독자적인 청동기 문화를 형성하였다. 또한 청동기시대에는 벼농사의 시작으로 농업 생산력이 향상되어 이에 따른 인구 증가와 경제 발달로 사유 재산과 계급이 발생하였으며, 부족을 대표하는 족장의 등장은 고인돌과 돌널무덤을 통해 확인할 수 있다.

03 　　정답 ⑤

'여자들은 모두 정조를 지키고 신용이 있어 음란하고 편벽된 짓을 하지 않았다.'는 내용에서 남성 중심의 가부장적 성격이 있음을 유추할 수 있다.

오답분석
① '도둑질을 한 자는 노비로 삼는다.'는 내용에서 계급이 존재했음을 알 수 있다.
② '용서받고자 하는 자는 한 사람마다 50만 전을 내야 한다.'는 내용에서 화폐를 사용했음을 알 수 있다.
③ '남에게 상처를 입힌 자는 곡식으로 갚는다.'는 내용에서 사유재산을 인정했으며 관련 제도가 정립되었음을 알 수 있다.
④ '사람을 죽인 자는 즉시 죽이고, 남에게 상처를 입힌 자는 곡식으로 갚는다.'는 내용에서 농업사회이며 노동력을 중시하였음을 알 수 있다.

04 　　정답 ⑤

제시문에서 설명하는 나라는 고조선이다. 고조선은 기원전 108년 중국 한나라의 공격으로 멸망하고, 그 자리에 한4군이 설치되었다.

오답분석
① 고조선은 중국의 철기 문화를 받아들였다.
② 고조선은 노예가 존재하는 신분제 사회였다.
③ 고조선은 한나라와 남쪽의 진국 등이 직접 통교하는 것을 막고 중계무역을 하였다.
④ 고조선의 8조법에 남의 물건을 훔친 사람은 그 물건의 주인집의 노예가 되어야 한다고 되어 있어 사유재산을 보호하였음을 알 수 있다.

05 　　정답 ③

(가) 부여의 형벌 제도에 대한 내용이다. 1책 12법과 음란죄, 투기죄를 처벌했다는 내용을 통해 파악할 수 있다.
(나) 삼한의 풍습에 대한 내용이다. '소도', '별읍'이라는 키워드로 파악할 수 있다. 제정 분리가 특징인 삼한에는 제사장인 천군이 다스리는 '소도'라는 별읍이 있었다.
ㄴ. 연맹왕국인 부여에서는 흉년이 들면 제가들이 그 책임을 왕에게 물어 왕을 바꾸거나 죽였다.
ㄷ. 삼한의 제천행사는 5월 수릿날과 10월 계절제이다.

오답분석
ㄱ. 왕 아래 상가, 고추가 등의 대가가 있는 나라는 고구려이다. 부여의 대가들 명칭은 마가, 우가, 저가, 구가이다.
ㄹ. 동이 지역에서 가장 넓고 평탄한 곳이라 기록되어 있는 곳은 부여이다.

06
정답 ④

제시문은 발해 무왕에 대한 설명이다. 대조영의 뒤를 이어 왕위에 오른 무왕은 인안(仁安)이라는 독자적인 연호를 사용하였고, 영토 확장을 통해 동북방의 여러 세력을 복속하며 북만주 지역을 장악하였다. 또한 동생인 대문예를 보내 흑수 말갈 정벌을 추진하였고, 장문휴의 수군으로 당의 등주를 공격하였으며, 돌궐, 일본 등과 화친을 맺고 신라와 당을 견제하면서 동북아시아의 세력 균형을 유지하였다.

오답분석
① 고구려의 장수왕은 한성을 공격하여 백제의 개로왕을 죽이고 한강 유역을 장악하였다(475).
② 백제의 성왕은 수도를 웅진에서 사비로 천도하고, 국호를 남부여로 고쳤다(538).
③ 신라의 법흥왕은 상대등과 병부를 설치하고 관등을 정비하여 중앙 집권적 국가 체제를 갖추었다(517).
⑤ 대조영은 고구려 유민을 이끌고 지린성 동모산에서 발해를 건국하였다(698).

07
정답 ④

오답분석
ㄱ·ㄷ. 살수대첩은 고구려와 수, 안시성 전투는 고구려와 당의 전쟁이다.

08
정답 ②

사출도의 지배, 우제점법 등을 통해 설명하고 있는 국가가 부여임을 알 수 있으며, 부여는 12월에 제천 행사인 영고를 시행하였다.

오답분석
① 동예, ③ 고구려, ④ 삼한, ⑤ 옥저

09
정답 ④

상수리제도는 신라시대 중앙정부가 지방의 향리 또는 지방 향리의 자제를 일종의 볼모로 삼아 지방 세력을 통제하던 방식이다.

10
정답 ②

근초고왕의 통치 하에 백제가 전성기를 구가하던 것은 4C 무렵이며, 신라와 당나라가 기벌포에서 전투를 벌여 신라가 승리한 기벌포 전투는 676년의 일이다.
ㄱ. 고구려 제20대 왕인 장수왕은 427년 도읍을 압록강변의 국내성에서 대동강변의 평양으로 옮겼다. 대내적으로는 기존에 강력한 세력을 형성하고 있던 국내성의 귀족들의 힘을 약화시키고, 대외적으로는 남하 정책을 실시하기 위함이었다.
- ㄷ. 562년 진흥왕은 고령의 대가야를 정복하여 가야 세력

을 완전히 신라에 흡수시켰다. - ㄴ. 황산벌 전투는 660년 계백이 이끄는 백제군과 김유신이 이끄는 신라군 간에 벌어진 전투이다. 이 전투에서 승리한 신라는 삼국통일의 주역으로 한 발짝 다가설 수 있게 되고 백제는 멸망의 길을 걷게 된다.

오답분석
ㄹ. 『삼국사기』에 따르면 신문왕의 국학 설립은 682년인 것으로 추정된다.

11
정답 ⑤

서산 마애삼존불상 - 백제

오답분석
① 광개토대왕릉비 - 고구려
② 석굴암 - 통일신라
③ 관촉사 석조미륵보살입상 - 고려
④ 석가탑 - 통일신라

12
정답 ①

북관대첩비(北關大捷碑)는 조선 숙종 때 함경북도 북평사 직을 맡고 있던 정문부 장군이 임진왜란 중 의병을 모아 왜군을 격퇴한 공을 기려 세운 전공 기념 비석이다.

오답분석
② 충주 고구려비 : '중원 고구려비'라고 부르기도 하는 비석으로, 고구려 장수왕이 남한강 유역의 여러 성을 공략하여 개척한 후 세운 기념비로 추정되는 비석이다.
③ 진흥왕순수비 : 신라 진흥왕이 정복지역을 둘러보고 이를 기념하기 위해 북한산·창녕·마운령·황초령 등 네 곳에 세운 순수비이다.
④ 사택지적비 : 백제 의자왕 때 귀족이었던 사택지적이 인생의 무상함을 탄식하며 사찰을 건립함을 기념하며 세운 비석이다.
⑤ 단양 적성비 : 신라 진흥왕 때 고구려의 영토였던 적성(현재의 단양)을 점령한 뒤 이를 기념하기 위해 세운 비석이다.

13
정답 ④

밑줄 친 '그 땅'은 '금관가야'이며, 제시문은 금관가야의 마지막 왕인 김구해가 신라 법흥왕 때 나라를 바치면서 항복하는 모습을 보여주고 있다.
ㄴ. 김무력은 금관가야의 마지막 왕인 김구해의 아들로 투항 후 관산성 전투에서 백제의 성왕을 전사시키는 큰 공을 세웠다. 신라의 삼국통일에 공헌한 김유신이 그의 손자이다.
ㄷ. 금관가야는 지금의 경남 김해 지역을 중심으로 발전하였으며, 낙동강 하류의 이점을 살려서 바다를 통한 중계무역과 문화적 발전을 하였다.

ㄱ. 후기 가야연맹의 맹주로서 등장한 가야연맹체의 국가는 대가야이다.

14
제시문은 호족에 대한 설명이다. 호족은 신라 말기부터 고려 초기의 사회 변동을 주도적으로 이끌었다.

② 중인 : 조선시대 양반과 상민의 중간에 위치한 신분 계층으로, 주로 기술관원으로 활약했다.
③ 양반 : 조선시대 신분으로 문반과 무반을 합쳐 부르는 말이다.
④ 사대부 : 고려・조선시대 양반 관료를 총칭하는 말이다.
⑤ 권문세족 : 고려 말 원나라를 등에 업고 출세한 지배층이다.

15
진흥왕의 주요 업적은 영토 확장이다. 백제 점령 하의 한강 유역 요지를 획득하고, 백제 성왕을 사로잡아 죽였다. 이어 대가야를 평정하고 새로 개척한 땅에 순수비를 세웠다. 또한 화랑제도를 창시하는 등 군사적・문화적으로 실력을 길러 삼국통일의 기반을 닦았다.

16
신라는 오랜 기간 동안 독자적인 왕호를 사용하다가, 제22대 지증왕 때 나라의 발전을 위하여 적극적인 한화 정책을 추진하면서 중국식 지배자 명칭인 왕을 사용하게 되었다.
• 거서간 : 신령한 제사장
• 차차웅 : 제정일치 시대의 군장
• 이사금 : 연장자, 계승자
• 마립간 : 우두머리
• 왕 : 지배자

17
제시문의 칠지도 하사, 고국원왕 전사를 통해 근초고왕임을 알 수 있다. 근초고왕은 4세기 백제의 왕으로 고구려, 신라보다 앞서 국가를 흥성시켰다. 또 다른 업적으로는 요서・산둥・규슈 진출, 왕위 부자 상속, 고흥의 역사서 『서기』 편찬 등이 있다.

① 백제 고이왕(3세기)
② 백제 성왕(6세기)
③ 백제 침류왕(4세기)
⑤ 백제 동성왕(5세기)

18
ㄷ. 나・제동맹(433)
ㅂ. 신라의 한강 유역 차지(553)
ㄹ. 백제 멸망(660)
ㄱ. 고구려 멸망(668)
ㅁ. 매소성 전투(675)
ㄴ. 기벌포 전투(676)

19
통일신라 후기에는 교종이 쇠퇴하고 선종이 유행하였지만 그 이전에는 교종이 유행하였다.

② 왕오천축국전에 대한 설명이다.
⑤ 성덕대왕신종에 대한 설명이다.

20
발해는 당과의 무역을 통해 담비 가죽, 인삼, 자기 등을 주로 수출하였고, 비단과 책 등을 수입하였다.

21
태조 왕건(재위 918 ~ 943)의 대표적인 업적은 결혼정책을 통한 호족 통합, 사성정책 실시, 민생 안전을 위한 세금 감면, 훈요 10조를 남긴 것 등이다. 또한 북진정책으로 고구려의 넓었던 북쪽 영토를 되찾고자 하였으며, 팔관회나 연등회 같은 불교 행사도 성대하게 열었다.

② 조선 제21대 왕인 영조(재위 1724 ~ 1776)의 업적
③ 조선 제7대 왕인 세조(재위 1455 ~ 1468)의 업적
④ 조선 제1대 왕인 태조 이성계(재위 1392 ~ 1398)의 업적
⑤ 고려 제4대 왕인 광종(재위 949 ~ 975)의 업적

22
화척(도살업자), 재인(광대)은 고려시대의 천민 신분이었으나 노비는 아니다.

② 고려시대의 백정은 농사 등에 종사하는 양민이다.
③ 향・소・부곡은 양민이나 세금, 거주지 이동금지 등 차별 대우를 받았다.
④ 문벌귀족은 음서를 통해 관직, 공음전을 통해 경제적 특권을 누렸다.
⑤ 권문세족은 고려 후기 원과의 관계를 통해 성장하였다.

23
정답 ④

고려 전기의 향도는 매향활동을 하는 신앙조직이었으나, 고려 후기에는 농민 공동체 조직으로 발전하여 마을 노역, 혼례와 상장례, 마을 제사 등 공동체 생활을 주도하였다.

오답분석
① 법률은 중국의 당률을 참작하였으나, 대부분은 관습을 따랐다.
② 일부일처제가 일반적이었다.
③ 향·소·부곡은 양인에 비해 세금이 많은 등 차별을 받았다.
⑤ 건원중보(성종), 삼한통보·활구(숙종) 등의 화폐가 제조되었지만, 자급자족 경제활동으로 화폐의 필요성을 느끼지 못해 유통이 부진하였다.

24
정답 ②

오답분석
ㄴ. 고려시대의 상업은 도시를 중심으로 발달하였다.
ㄹ. 행상의 활동은 지방 상업에서 두드러졌으며, 도시에서는 관영 상점을 두어 수공업장에서 생산한 물품을 판매하였다.

25
정답 ①

신진사대부는 부정부패를 저지르는 권문세족을 비판하고, 이성계와 함께 조선을 건국하였다.

오답분석
② 권문세족 : 고려 후기 대몽 항쟁 이후 형성된 지배세력을 칭하는 말로 주로 친원파이다.
③ 문벌귀족 : 고려 전기의 지배세력, 5품 이상의 관리로 음서 제도, 공음전 등의 특권이 있었으며, 왕실과의 혼인을 통해 권력을 유지하였으나, 무신정변으로 몰락하였다.
④ 호족 : 주로 지방의 토착세력으로 신라 말에 등장하였으며, 일정한 지역에서 독자적 군사력을 보유하였고, 신라의 골품체제로부터 벗어나려는 경향이 강했다.
⑤ 6두품 : 신라의 신분제인 골품제의 등급 중 두품의 가장 높은 등급이다.

26
정답 ②

『직지심체요절』은 현존 최고(最古)의 금속활자 인쇄본으로 1377년에 인쇄되었다. 이는 1455년에 인쇄된 서양 최초의 금속활자 인쇄본인 구텐베르크의 『42행 성서』보다 78년이나 앞섰다.

오답분석
①『동국후생신록』: 흙으로 활자를 만드는 방법이 수록되어 있어 우리나라에서도 활자를 만들어 인쇄하였다는 증거가 되는 책이다.

③『팔만대장경』: 부처의 힘으로 몽골군을 물리치기 위해 만든 경·율·논, 즉 불교 경전을 종합적으로 모은 목판본이다.
④『무구정광대다라니경』: 세계에서 가장 오래된 목판 인쇄물이다.
⑤『용재총화』: 조선 전기의 문신이자 학자인 성현의 수필집이다.

27
정답 ①

ㄱ. 958년 신구 세력의 교체를 위해 쌍기의 건의를 받아들여 과거제도를 시행하였다.
ㄴ. 956년 양인이었다가 노비가 된 사람을 조사하여 다시 양인이 될 수 있도록 하는 노비안검법을 실시해 조세를 부담하는 양인의 수는 늘리고 호족의 경제·군사적 세력을 약화시켰다.
ㄷ. 960년 백관의 공복을 제정해 지배층의 위계질서를 확립하였다.

오답분석
ㄷ. 1209년 고려 무신 정권기에 최충헌이 설치한 최고 권력 기관이다.
ㄹ. 995년 성종이 제정한 것으로 문신들에게 매월 시부(詩賦)를 지어 바치게 한 제도이다.

28
정답 ①

보조국사 지눌(1158 ~ 1210)
• 조계종을 중심으로 한 선종과 교종의 통합 운동 주도
• 수선사 결사 제창, 정혜쌍수·돈오점수를 통해 선교일치 사상을 완성

29
정답 ④

민전은 매매, 상속, 기증, 임대 등이 가능한 사유지로서, 귀족이나 일반 농민의 상속, 매매, 개간을 통하여 형성되었다. 민전은 소유권이 보장되어 함부로 빼앗을 수 없는 토지였으며, 민전의 소유자는 국가에 일정한 세금을 내야 했다. 대부분의 경작지는 개인 소유지인 민전이었지만, 왕실이나 관청의 소유지도 있었다.

30
정답 ④

제시문은 1323년 고려 후기 충숙왕 때의 일이다. 이 시기는 원 간섭기로 고려 국왕은 원의 공주와 혼인하여 원 황제의 부마가 되었고, 왕실의 호칭과 관제도 격하되었다. 일본 원정 때 원에서 설치한 정동행성은 내정 간섭 기구로 유지되었으며, 지배층을 중심으로 몽골의 풍습인 변발과 호복이 유행하였다.

PART 4

PART 4 한국사 • 61

31
정답 ④

밑줄 친 왕은 영조로, 영조는 인재를 고루 등용하는 탕평책을 펼쳐나갔고, 이를 널리 알리기 위해 조선 최고의 교육기관인 성균관에 붕당 사이의 다툼을 금하는 내용의 탕평비를 세웠다.

오답분석
① 조선 효종(재위 1619~1659)
②·⑤ 조선 정조(재위 1776~1800)
③ 조선 순조(재위 1800~1834)

32
정답 ④

ㄷ. 1444년(세종 26) 전분6등법
ㄹ. 1466년(세조 12) 직전법
ㄱ. 1635년(인조 13) 영정법
ㄴ. 1752년(영조 28) 결작

33
정답 ①

조선시대의 외교 정책의 기본 방향은 '사대교린'이다. 사대는 중국, 교린은 일본 및 여진에 대한 외교정책을 뜻한다. 조선은 세력이 강했던 중국에 대한 사대 외교와 달리, 일본과 여진족에 대해 때로는 강경책을, 때로는 회유책을 펼쳤다. 대표적인 강경책은 이종무의 쓰시마 섬 정벌이고, 회유책은 내이포(진해), 부산포(부산), 염포(울산)의 3포 개항이다.

오답분석
②·③·④ 4군 6진 개척, 사민 정책, 토관제도는 조선 초기 여진과의 관계에서 시행한 북방정책이다.

34
정답 ④

조선 세종 때 북쪽 국경 지대에 최윤덕과 김종서를 보내 여진을 토벌하고 4군 6진을 설치하였으며, 남방의 백성을 북방으로 이주시키는 사민 정책을 실시하여 국경 지대를 공고히 하였다.

35
정답 ④

이이는 『성학집요』, 『동호문답』 등의 저술을 남겼으며, 십만 양병설, 수미법 등을 주장하였으나 주변의 반대로 시행되지 못하였다.

오답분석
① 정약용 : 조선 후기 실학자로 『경세유표』, 『목민심서』 등을 저술하였다.
② 이언적 : 조선 중기 유학자로 『구인록』 등을 저술하였다.
③ 서경덕 : 조선 전기의 학자로 『화담집』을 저술하였다.
⑤ 이황 : 조선 전기의 유학자로 『성학십도』, 『주자서절요』 등을 저술하였다.

36
정답 ③

정중부의 난은 고려시대의 난으로 의종 때(1170) 정중부 등의 무신이 문신 귀족정치에 반발하여 일으킨 난이다. '경인의 난' 또는 '무신정변'이라고도 불리며, 반란 이후 무신정권이 수립되어 고려사회에 변혁을 가져왔다.

오답분석
① 이괄의 난 : 인조 때(1624) 인조반정에 공을 세웠으나 대우를 못 받았다고 여긴 이괄이 앙심을 품고 일으킨 난이다.
② 홍경래의 난 : 순조 때(1811) 홍경래 등이 평안도 지역의 차별 등을 이유로 일으킨 난이다.
④ 이몽학의 난 : 임진왜란 중(1596) 이몽학이 주동이 되어 충청도에서 일으킨 반란이다.
⑤ 임꺽정의 난 : 16세기 중반에 임꺽정을 중심으로 황해도 지방에서 일어난 난이다.

37
정답 ③

6조 직계제는 태종 때 처음 시행하였으며, 세종 때 의정부 서사제로 바뀌었다가, 세조 때 6조 직계제가 다시 부활하였다.

38
정답 ③

조선시대 사헌부(감찰기구), 사간원(간쟁), 홍문관(정책결정 자문기관)을 삼사라고 부른다.

오답분석
ㄴ. 의금부 : 중대한 범죄를 다루던 사법기관
ㄹ. 승정원 : 왕명의 출납을 관장하는 관청
ㅁ. 한성부 : 서울의 행정과 치안을 담당하는 관청

39
정답 ④

조선은 병자호란 이후 청과 군신 관계를 맺었다.

오답분석
① 임진왜란 중 훈련도감을 설치하여 포수, 사수, 살수 등의 군병을 개편하였다.
② 임진왜란 중 속오법(양반에서 천민까지 포함)을 실시하여 지방군 편제를 개편하였다.
③ 왜란 이후 공명첩이 발급되고, 군공으로 신분을 올리는 등 신분제가 동요하였다.
⑤ 임진왜란으로 비변사의 권한이 강화되어 국방문제뿐만 아니라 국정의 전반을 비변사 회의에서 토의·결정하게 되었다.

40　　　정답　②

서얼은 한품서용이 적용되어 관직진출에 제한이 있었다. 이로 인해 문과 응시는 금지되었으나, 무반직에 등용되었다.

오답분석

① 조선은 법적으로 양반과 천민으로 구분된 양천 제도 신분제 사회이나, 실제로는 양반, 중인, 상민, 천민으로 신분을 구분된 반상제 사회였다.
③ 신량역천은 양인이나 천역을 담당하여 사회적으로 천시되었다.
④ 조선 초기의 양반은 문반과 무반을 가리켰으나, 16세기 이후 문·무반의 관료와 가족까지 의미하게 되었다.
⑤ 노비는 비자유민으로 교육과 벼슬이 금지되었으며, 재산으로 취급되었다.

41　　　정답　⑤

제시문은 군포 징수의 폐단에 대한 내용으로, 영조는 이러한 폐단을 막기 위해 1년에 군포 1필을 부과하고 부족한 세원을 결작미, 선무군관포, 어장세·선박세 등을 통해 보충하는 균역법(1750)을 시행하였다.

오답분석

① 신해통공 : 시전 상인의 특권인 금난전권을 폐지시킨 정조의 조치이다.
② 과전법 : 전·현직 관리에게 관등에 따라 경기 지역 토지에 한해 수조권을 지급하는 토지제도이다.
③ 호포법 : 신분에 관계없이 군포를 내게 한 세금 제도이다.
④ 공법 : 토지 비옥도와 풍흉에 따라 세를 매긴 제도이다.

42　　　정답　①

상품을 위탁 매매하는 중간 상인은 객주·여각 등이다. 보부상은 대개 장시를 거점으로 활동하는 장돌뱅이이다.

43　　　정답　④

직전법(1466)은 세조 때 현직 관리에게만 수조권을 지급하게 한 법으로, 지급할 토지가 부족해지자 시행되었다. 관리가 죽은 후 부인이 받는 수신전과 어린 자녀가 성장할 때까지 일시적으로 지급된 휼양전 등도 함께 폐지되었다.

오답분석

① 대동법 : 광해군 때 시행된 공물(특산물)을 쌀로 통일하여 바치게 한 제도이다.
② 녹봉 : 관리가 국가로부터 받던 물질적 급여를 통칭한다.
③ 관수관급제 : 성종 때 시행한 법으로 국가에서 직접 세를 거두어 관리에게 지급한 제도이다.
⑤ 영정법 : 인조 때 시행한 법으로 풍흉에 관계없이 토지 1결당 4두를 징수한 제도이다.

44　　　정답　④

제시문은 조선 제4대 왕 세종의 업적과 관련된 설명이다.

45　　　정답　⑤

밑줄 친 '이것'에 해당하는 것은 거북선이며, 거북선이 처음으로 투입된 해전은 사천해전(1592)이다.

46　　　정답　⑤

제시문은 세종 때 장영실이 만든 자격루에 대한 내용이다. 세종은 자동으로 시간을 알려주는 물시계를 제작하기 위해 동래현의 관노였던 장영실을 특별히 등용하여 중국에 파견해서 연구하게 하고, 상의원 별좌의 관직을 주었다. 이에 장영실은 천문학자 김조와 함께 2년이 넘는 노력 끝에 1434년(세종 16) 6월에 자격루를 완성했다. 이 시계는 경복궁 남쪽에 세워진 보루각에 설치되어 표준 시계로 사용되었다.

오답분석

① 중완구 : 조선시대에 사용된 유통식 화포
② 간의 : 조선시대에 사용된 천문 관측기구
③ 신기전 : 조선시대에 사용된 100개를 잇달아 발사할 수 있는 로켓 추진 화살
④ 앙부일구 : 조선시대에 사용된 솥모양의 해시계

47　　　정답　③

제시문은 제물포 조약으로 임오군란이 원인이 되어 체결되었다. 그 결과 군란 주모자들은 처벌하고, 배상금을 지불하였으며, 일본은 공사관에 경비를 구실로 1개 대대 병력을 한성에 파견하였다.

48　　　정답　②

대한제국은 민주주의 국가가 아니라 '만세불변의 전제정치'임을 표방하였다.

49　　　정답　⑤

1907년 네덜란드 헤이그에서 만국 평화 회의가 개최되자 고종은 특사(이준, 이상설, 이위종)를 파견하여 을사늑약의 무효를 알리고자 하였으나, 을사늑약으로 인해 외교권이 없던 대한제국은 회의 참석을 거부당하였다. 이 사건으로 고종이 폐위되고 순종이 즉위하였으며, 한일 신협약의 체결로 해산된 군인들이 의병 활동을 전개하였다. 의병들은 13도 창의군을 결성하여 서울 진공 작전을 전개하였다.

PART 4

50　정답 ③

흥선대원군이 철폐한 것은 향교가 아니라 서원이다.

51　정답 ④

제시문은 1938년에 일제가 공포한 국가총동원법으로 이로 인해 인적, 물적 약탈이 심화되었다. 징용은 일제가 한국 사람들을 강제로 일을 시킨 것을 말하며, 1930년대 이후부터 지원병 제도를 실시하여 한국 젊은 사람들을 군에 동원하였고, 여자들은 정신대라는 명칭으로 강제로 위안부 생활을 하게 하였다. 1940년대 정식으로 징용령을 사용하였다.

오답분석

①・②・③ 1910년대
⑤ 1920년대

52　정답 ⑤

제시문은 105인 사건(1911)에 대한 내용이다. 신민회는 안창호・양기탁 등이 조직한 항일 비밀 결사 단체로 국권 회복과 공화 정체의 근대 국민 국가를 건설하려 하였다. 대성학교 등을 설립하여 민족주의 교육을 실시하고, 민족 산업 육성을 위해 태극 서관 등을 설립하였으며, 만주에 독립 운동기지를 건설하였지만, 105인 사건을 계기로 해체되었다.

오답분석

① 보안회(1904) : 일본의 황무지 개간권 요구 반대운동을 전개하여 철회시켰고, 이후 일제의 탄압으로 해산되었다.
② 헌정 연구회(1905) : 입헌적 정치 체제의 수립과 민권 확대를 주장하였으며, 일진회에 대항하다 해산되었다.
③ 대한 자강회(1906) : 실력 양성 운동을 전개하였으며, 고종 강제 퇴위 반대운동을 전개하다 해산되었다.
④ 대한 협회(1907) : 대한 자강회를 계승한 단체로 경술국치 직후에 해산되었다.

53　정답 ③

오답분석

① 갑신정변 : 1884년 김옥균을 비롯한 급진개화파가 개화 사상을 바탕으로 조선의 자주독립과 근대화를 목표로 일으킨 정변이다.
② 갑오개혁 : 1894년 7월 초부터 1896년 2월 초까지 약 19개월간 3차에 걸쳐 추진된 일련의 개혁운동이다.
④ 동학운동 : 1894년 전라도 고부의 동학접주 전봉준 등을 지도자로 동학교도와 농민들이 합세하여 일으킨 농민운동이다.
⑤ 을미의병 : 1895년 을미사변과 단발령이 원인이 되어 위정척사 사상의 유생들이 주도하고 농민, 동학 농민군의 잔여 세력 등이 가담하여 일으킨 반외세 성격의 의병운동이다.

54　정답 ①

오답분석

ㅁ. 산미 증식 계획(1920 ~ 1934)
ㅂ. 일본 상품 관세 폐지(1923)

55　정답 ①

오답분석

② 한인애국단 : 1931년 중국 상하이에서 김구에 의해 조직된 항일 독립운동 단체이다.
③ 대한독립군 : 1919년 만주에서 홍범도 장군이 창설한 항일 독립군 부대이다.
④ 고려혁명단 : 1926년 만주에서 현기철과 양기탁 등 독립운동가들이 결성한 사회주의적 항일 단체이다.
⑤ 대한광복군정부 : 1914년 러시아 블라디보스토크에서 조국의 독립 쟁취를 위해 수립된 망명정부이다.

56　정답 ③

모스크바 3상 회의는 1945년 12월 16일부터 26일까지 소련의 모스크바에서 개최된 미국, 영국, 소련의 외무장관 회의로, 제2차 세계대전 이후의 일본 점령지역의 관리 문제를 비롯하여 얄타 회담에서 비롯된 한반도 독립 문제를 논했다.

오답분석

① 카이로 회담 : 일본이 점령했던 모든 영토의 반환과 한국의 독립보장을 선언한 회담이다.
② 얄타 회담 : 제2차 세계대전 중 얄타에서 미국・영국・소련의 대표들이 가진 회담이다.
④ 포츠담 선언 : 일본에 대해서 항복을 권고하고 제2차 세계대전 후의 대일처리방침을 표명한 선언이다.
⑤ 대서양 헌장 : 미국의 루스벨트 대통령과 영국의 처칠 총리가 대서양 해상의 영국 군함에서 회담한 후 발표한 공동선언이다.

57　정답 ②

김옥균은 1880년대 초 조사시찰단의 파견을 주선하고, 국내 혁신세력을 모아서 개화당의 세력 확장을 도모했다. 임오군란 이후인 1882년 9월 수신사 박영효의 고문이 되어 함께 일본으로 떠나 『치도약론』을 쓰기도 했다. 또한 1884년 우정국 준공 축하연을 계기로 친청 세력이었던 민씨 수구파의 대신들을 처단하고 갑신정변을 일으켰다.

오답분석

① 유관순 : 일제강점기 때의 독립운동가로 1919년 3・1 운동을 주도했다.
③ 김원봉 : 일제강점기 때의 독립운동가이자 북한의 정치가로, 의열단을 조직하여 국내의 일제 수탈 기관 파괴, 요인 암살 등 아나키즘적 투쟁을 주도했다.

④ 신채호 : 일제강점기의 독립운동가·사학자·언론인으로, '역사라는 것은 아(我)와 비아(非我)의 투쟁이다.'라는 명제를 내걸어 민족사관을 수립, 한국 근대사학의 기초를 확립했다.

⑤ 윤봉길 : 일제강점기의 독립운동가로, 1932년 4월 29일 일왕의 생일날 행사장에 도시락 폭탄을 던져 일본 상하이 파견군 대장 등을 처단하는 거사를 치르고 현장에서 체포되어 총살된 독립운동가이다.

58 　 정답 ③

제시문을 보면 강화도 조약(1876) - 3·1운동(1919) - 광복(1945)의 순서이므로, ㄱ에는 1877년부터 1918년 사이의 사건을, ㄴ에는 1920년부터 1944년 사이의 사건이 오는 것이 적절하다. 따라서 국채보상운동은 1907년 대구에서 일어난 주권수호운동으로, 1919년에 일어난 3·1운동 다음에 오는 것은 적절하지 않다.

59 　 정답 ②

ㄴ. 병인박해(1866) : 프랑스 선교사와 교도를 처형한 사건으로 병인양요의 구실이 되었다.

ㄹ. 병인양요(1866) : 병인박해를 구실로 프랑스 군함이 강화도를 침략하여 외규장각의 문화재 및 서적 등을 약탈한 사건이다.

ㅁ. 오페르트 도굴 미수 사건(1868) : 독일 상인 오페르트의 통상요구를 거절하자 오페르트가 남연군묘를 도굴하려한 사건으로 통상수교 거부의지를 강화하는 계기가 되었다.

ㄷ. 운요 사건(1875) : 일본 군함 운요호를 강화 해역에 보내 군사도발을 한 사건으로 함포의 위협에 강화도 조약을 체결하였다.

ㄱ. 강화도 조약(1876) : 일본과 체결한 최초의 근대적 조약이자 불평등 조약이다.

60 　 정답 ①

봉오동 전투는 홍범도, 최진동, 안무 등이 이끄는 대한북로독군부의 독립군 연합부대가 중국 봉오동에서 일본군을 상대로 크게 승리한 전투이다.

오답분석

② 온성 전투 : 1920년 3월 독립군이 함북 온성에서 일본군과 총 8차례에 걸쳐 벌인 전투

③ 쌍성보 전투: 1932년 만주 쌍성보에서 한·중 연합군과 일본군이 벌인 전투

④ 청산리 전투 : 김좌진이 이끄는 독립군 부대가 10여 차례에 걸쳐 일본군을 대파한 전투

⑤ 우금치 전투 : 동학농민군이 우금치에서 관군 및 일본군과 벌인 전투

61 　 정답 ④

「독립신문」은 조선시대 고종 33년(1896년) 4월 7일 창간되었으며, 한글 띄어쓰기를 선구적으로 실천한 최초의 순 한글 신문이다.

오답분석

① 「제국신문」 : 1898년에 창간되었던 한말의 대표적인 민족주의적 성격의 일간신문이다. 1898년 8월 8일 농상공부로부터 신문 간행을 인가받고, 8월 10일 창간호를 발행했다.

② 「만세보」 : 천도교 교주 손병희의 발의로 1906년에 창간된 일간신문이다.

③ 「한성일보」 : 1946년 2월 26일에 창간되어 6·25전쟁 전까지 발행되던 일간신문으로,「동아일보」,「중앙일보」와 함께 대표적 우익지로 반탁에 앞장섰고 6·25전쟁 후 안재홍의 납북으로 폐간되었다.

⑤ 「해조신문」 : 1908년에 러시아 블라디보스톡에서 창간된 해외 한인 최초의 한글 신문이다.

62 　 정답 ⑤

제시문은 흥사단에 대한 설명이다. 흥사단은 1913년 5월 13일 도산 안창호 선생이 미국 샌프란시스코에서 유학 중인 청년 학생들을 중심으로 조직한 민족운동 단체로, 설립 목표는 민족 부흥을 위한 실력 양성이었다.

오답분석

① 의열단 : 1919년 11월 만주 지린성에서 조직된 무력 독립운동 단체로, 1920년대에 일본 고관 암살과 관공서 폭파 등의 활발한 활동을 전개했다.

② 대한 광복회 : 1915년 7월 대구에서 결성된 독립운동 단체로, 1910년대 독립을 목적으로 무장 투쟁을 전개해 독립을 달성하려 했던 대표적인 국내 독립운동 단체 중의 하나이다.

③ 신민회 : 1907년 조직된 항일 비밀결사 조직으로 전국적인 규모로서 국권을 회복하는 데 목적을 두었다.

④ 한인 애국단 : 대한민국 임시정부의 국무령 김구가 한중 우의와 일본 수뇌 암살을 목적으로 1931년 중국 상해에서 조직한 비밀 결사단체이다.

63 　 정답 ②

대한민국 임시정부의 초대 대통령은 이승만, 국무총리는 이동휘였다.

오답분석

③ 연통제는 임시 정부의 운영비를 조달하려는 데 일차적 목적이 있었다. 이 연통제 조직은 1921년에 발각되어 전면적으로 무너졌다.

64　정답 ④

신간회는 조선 독립을 위해 좌우익 세력이 합작하여 1927년 결성한 항일단체로, 민족주의를 표방하면서 단결을 공고히 했고 기회주의를 배격했다. 강연회 개최 및 한국어 교육에 대한 연구 활동을 했으며 1929년 광주 학생 항일운동이 발생하자 진상조사단을 파견하고 전국적 항일 독립운동으로 확산시키는 등 지원을 했다.

65　정답 ②

한국전쟁(6・25전쟁)은 1950년 6월 25일 새벽에 북한군이 남북군사분계선인 38도선 전역에 걸쳐 감행한 불법 기습 남침으로 일어난 전쟁이다.

66　정답 ②

제시문은 1987년 전개된 6월 민주항쟁에 대한 것으로 국민의 직선제 개헌과 민주화 요구가 반영되어 대통령 선거제도가 간선제에서 직선제로 개헌이 추진되었다.

67　정답 ③

ㄷ. 4・19 혁명(1960) - ㄱ. 부마항쟁(1979) - ㄴ. 5・18 민주화 운동(1980) - ㄹ. 6월 민주 항쟁(1987)

68　정답 ④

2018년 문재인 정부 제3차 남북정상회담에서 발표한 '한반도의 평화와 번영, 통일을 위한 판문점 선언'으로 핵 없는 한반도 실현, 연내 종전 선언, 남북공동연락사무소 설치 등의 내용을 담고 있다.

오답분석
① 1972년 7월 4일 박정희 정부가 남북 간 정치적 대화통로와 한반도 평화정착 계기를 마련하기 위해 발표한 남북한 당사자 간의 최초의 합의 문서이다.
② 2000년 김대중 정부 제1차 남북정상회담에서 발표한 '6・15 남북 공동 선언'으로 남과 북이 함께 통일을 자주적으로 해결하기로 하자는 내용을 담고 있다.
③ 2007년 노무현 정부 제2차 남북정상회담에서 발표한 '10・4 남북 공동 선언'으로 한반도 핵 문제 해결, 남북 경제협력사업의 적극 활성화, 이산가족 상복 확대 등의 내용을 담고 있다.
⑤ 2018년 문재인 정부 평양 남북정상회담에서 발표한 '9월 평양 공동 선언'으로 한반도의 전쟁 위험 제거, 비핵화 등 군사적 긴장 조치 완화와 철도・도로 구축 등 남북경제협력과 관련된 내용을 담고 있다.

69　정답 ③

1991년 노태우 정부는 남북 기본 합의서를 채택하였다.
• 남북한 당국자 간의 통일 논의의 재개를 추진함으로써 남북 이산가족 고향 방문단 및 예술 공연단의 교환 방문이 전두환 정부에서 성사되었다(1985).
• 민족 공동체 통일 방안(1994)은 한민족 공동체 통일 방안(1989)과 3단계 3대 기조 통일 정책(1993)의 내용을 종합한 것으로 공동체 통일 방안이라고도 한다. 따라서 김영삼 정부가 이를 북한에 제안하였고, 자주, 평화, 민주의 3대 원칙과 화해 협력, 남북 연합, 통일 국가 완성의 3단계 통일 방안을 발표하였다.

오답분석
① 박정희 정부는 1972년 7・4 남북 공동 성명 실천을 위해 남북 조절 위원회를 설치하였다.
② 2000년 6・15 남북 공동 선언을 통해 김대중 정부는 경의선(2000) 및 동해선(2003) 철도 연결에 합의하여 진행하였다.
④ 박정희 정부는 1972년 7・4 남북 공동 성명을 통해 자주 통일, 평화 통일, 민족적 대단결의 3대 원칙을 성명하였다.
⑤ 2000년 김대중 정부 당시 분단 이후 처음으로 남북 정상이 평양에서 만나 6・15 남북 공동 선언을 통해 경제적으로 협력하여 민족의 신뢰를 구축하기로 합의하였다.

70　정답 ②

ㄴ. 1999년 6월 15일 서해 연평도 인근 해상에서 북방한계선(NLL)을 넘어 우리 영해를 침범한 북한 경비정을 우리 해군의 고속정이 선체를 충돌시키는 방법으로 밀어내는 과정에서 벌어졌다. - ㄱ. 국가인권위원회는 2001년 5월 「국가인권위원회법」이 제정되고, 2001년 11월 공식 출범하였다. - ㄷ. 2002년 5월 31일부터 같은 해 6월 30일까지 대한민국과 일본에서 치러진 제17회 월드컵 경기로, 월드컵 역사상 최초의 공동개최였다. - ㄹ. G20 정상회의는 G20 주요 경제국 정상들이 모이는 모임으로, 서울 G20 정상회의는 2010년 11월 11~12일 서울에서 열렸다.

2025 최신판 시대에듀 고졸 · 전문대졸 / 생산직 · 기술직 인적성검사 필기시험(기초과학 / 영어 / 한국사) + 무료고졸특강

개정5판1쇄 발행	2025년 04월 15일 (인쇄 2024년 03월 26일)
초 판 발 행	2021년 12월 01일 (인쇄 2019년 11월 22일)
발 행 인	박영일
책 임 편 집	이해욱
편 저	SDC(Sidae Data Center)
편 집 진 행	안희선 · 신주희
표지디자인	박수영
편집디자인	김경원 · 고현준
발 행 처	(주)시대고시기획
출 판 등 록	제10-1521호
주 소	서울시 마포구 큰우물로 75 [도화동 538 성지 B/D] 9F
전 화	1600-3600
팩 스	02-701-8823
홈 페 이 지	www.sdedu.co.kr

I S B N	979-11-383-9105-4 (13320)
정 가	24,000원

고졸 / 전문대졸 취업 기초부터 합격까지! 취업의 문을 여는 **Master Key!**

고졸/전문대졸 필기시험 시리즈

포스코그룹
생산기술직 / 직업훈련생

삼성
GSAT 4급

현대자동차
생산직 / 기술인력

SK그룹 생산직

SK이노베이션
생산직 / 기술직 / 교육 · 훈련생

SK하이닉스
고졸 / 전문대졸

※도서의 이미지 및 구성은 변동될 수 있습니다.

NEXT STEP

시대에듀가 합격을 준비하는
당신에게 제안합니다.

성공의 기회
시대에듀를 잡으십시오.

시대에듀

기회란 포착되어 활용되기 전에는 기회인지조차 알 수 없는 것이다.

- 마크 트웨인 -